Facetten *des* Erwachens

Weitere Bücher von Premananda
Papaji – Kraft der Gnade
Arunachala Satsangs
Arunachala Shiva

Demnächst erscheinende Bücher von Premananda
Facetten des Erwachens – Westliche Meister

Demnächst erscheinende Bücher der Open Sky Press
Deutsche Übersetzung von *Fire of Freedom*
Deutsche Übersetzung von *Face to Face with Ramana*

Facetten *des* Erwachens

**Kostbare Dialoge mit sechzehn indischen Meistern
über die Lehre von Sri Ramana Maharshi
Wer bin ich?**

Premananda

OPEN SKY PRESS
www.openskypress.com

Facetten des Erwachens

Erschienen bei Open Sky Press Ltd.
483 Green Lanes, London N13 4BS
office@openskypress.com

Open Sky Press Distribution
Rheinstr. 54, D-51371 Hitdorf

Die englische Originalausgabe erschien 2008 unter dem
Titel „Blueprints for Awakening" bei Open Sky Press Ltd.

2. Auflage 2009

© Open Sky Press Ltd. 2008

ISBN 978-3-9812313-0-4

Titelgestaltung von Devi
Fotografien aus dem Sri Ramana Maharshi Ashram: Titel, Seite VII, Vorderklappe.
Alle anderen Fotografien aus dem Open Sky House Archiv.

Gedruckt in China

OPEN SKY PRESS
www.openskypress.com

Danksagung

Ich danke zutiefst meinen direkten Meistern Osho und Papaji, zu deren Füßen ich zwanzig Jahre lang saß. Ohne sie würde dieses Buch jetzt nicht existieren. Eher leise und unsichtbar ist Sri Ramana Maharshi in mein Leben gekommen und nach und nach meine wichtigste Inspirationsquelle geworden, mein Begleiter, der mich durchs Leben führt.

Mein Dank gilt auch all den außergewöhnlichen Meistern, die so offen waren für die Interviews und sich die Zeit dafür nahmen. Danke auch für ihre Mühe, die entsprechenden Texte noch einmal Korrektur zu lesen. Ich bin berührt von ihrer Bereitschaft, die vielen Teilnehmer des Arunachala-Retreats Jahr für Jahr bei sich zu empfangen. Dadurch war es möglich, dass der Film zu diesem Buch „Facetten des Erwachens – Das Wissen der Meister" und die 16-teilige Filmreihe „Facetten des Erwachens – Dem Meister begegnen" viel mehr Material enthalten, als ursprünglich abzusehen war.

Ein Interview ist ein spontaner, einmaliger Dialog. Ich möchte Kali Devi danken für ihr sensibles Editieren der Interview-Transkripte, die Aruna und Meenakshi sehr sorgfältig aus den Original-Aufnahmen erstellt haben.

Die Übersetzer haben die Herausforderung, die gleichzeitig ein Geschenk war, die Individualität der Interviews im Deutschen zu wahren, mit großer Sensibilität gemeistert. Dank an Dakini, Hanuman, Mahima und Saraswati, die dieses Buch ins Deutsche übersetzt haben. Ein Dankeschön an Savita und an Saraswati für ihr sorgfältiges Korrekturlesen und auch an Henning Sabo, der im richtigen Augenblick erschien, um uns bei den letzten Übersetzungen und Korrekturlesungen zu unterstützen.

Ich möchte dem Sri Ramana-Ashram danken, der das Bild der Widmung an Sri Ramana Maharshi zur Verfügung stellte, und Kali Devi, Jyoti und

Darshana, die die meisten der Fotos machten, die nicht aus den Video-aufnahmen stammen.

Swamini Pramananda stand nicht nur für ein Interview zur Verfügung, sondern half uns auch durch ihr Expertenwissen in Sachen *Sanskrit*, wofür ich ihr sehr dankbar bin. Ebenso wie Swami Suddhananda, der in letzter Minute ein Vorwort schrieb, das seine Interview-Aussagen wunderbar ergänzt. Danke.

Ein Dank geht an Arjuna für seine Gestaltung der interaktiven Webseite, die Videoausschnitte der Interviews im Internet bereitstellt, ebenso wie an Devi und Parvati für ihr Graphikdesign sowie an Shivananda für seine Ratschläge und Unterstützung bei der Gestaltung des Buchcovers.

Danke an Darshana für ihre sensible Zusammenstellung und den Schnitt der Filme „Facetten des Erwachens – Das Wissen der Meister", des DVD-Samplers im Buch und der 16-teiligen Filmreihe. Außerdem für ihre Beteiligung an den Übersetzungen und am Korrekturlesen sowie ihre künstlerischen Ratschläge, mit denen sie das Projekt unterstützte.

Herzlichen Dank auch allen Mitgliedern der Open Sky House Community für ihre liebevolle energetische Unterstützung, mit der sie erst Raum schufen für diejenigen, die direkt am Buch und den Filmen mitgewirkt haben. So sorgte Shanti Devi fast zwei Monate lang dafür, dass das achtköpfige Team, das in der Endphase am Strand von Goa am Buch arbeitete, regelmäßig zu Essen bekam.

Schließlich ein großes Dankeschön an Parvati, die Geschäftsführerin von Open Sky Press, und an Saraswati, die verantwortlich war für die deutsche Ausgabe. Beide haben gewissenhaft und äußerst sorgfältig gearbeitet und waren eine riesige Unterstützung. Parvati formatierte nicht nur das Buch, sondern betreute auch den Druck, so dass die hohe Qualität des Buches wesentlich ihr zu verdanken ist. Sie war wirklich unentbehrlich.

Premananda 2008

Bhagavan Sri
Ramana Maharshi

*Ich widme dieses Buch
Bhagavan Sri Ramana Maharshi, dem Weisen
vom Arunachala. Er kam vor 20 Jahren
leise und unerwartet durch ein Foto in mein
Leben und ist heute zu meiner wichtigsten
Inspirationsquelle geworden.*

*Danke, Ramana, für dein beispielhaftes Leben,
das du geführt hast, und für die Einfachheit und
Klarheit, mit der du uns angeleitet hast. Die
Frage „Wer bin ich?" hat sich als der Goldene
Schlüssel herausgestellt für all jene,
die auf der Suche nach ihrer wahren Natur sind.*

Interview-Fragen

Die folgenden Fragen beleuchten die Lehre von Bhagavan Sri Ramana Maharshi, wie er sie in den Texten „Wer bin ich?"* und „Self-Enquiry" (Die Selbsterforschung) dargelegt hat. Ich denke, diese Lehre spiegelt die alte Weisheit Indiens wieder.

1 Sri Ramana stellte die grundlegende Frage „Wer bin ich?" – Wer bist du?

2 Viele Menschen aus dem Westen kommen nach Indien auf der Suche nach Erleuchtung, als wäre sie lediglich eine Erfahrung. Was ist Erleuchtung?

3 Gibt es irgendwelche Voraussetzungen für die Erleuchtung? Ist eine *Sadhana* (spirituelle Disziplin) notwendig? Wenn ja, welche Form empfiehlst du?

4 Sri Ramana sagte, der direkteste Weg zur Erkenntnis des Selbst sei die Selbsterforschung. Was kannst du über die Selbsterforschung sagen? Wie wendet man sie an?

5 Als Sri Ramana gefragt wurde, wann man das Selbst erkannt hat, antwortete er: **„Wenn die Welt, die das Gesehene ist, entfernt worden ist, wird die Erkenntnis des Selbst als das Sehende geschehen."*** Wie ist die Welt zu verstehen, und wie kann man sie beseitigen?

6 Oft wird behauptet, dass der Verstand erst zerstört werden muss, damit Befreiung stattfinden kann. Hast du einen Verstand? Sri Ramana benutzte den Begriff *Manonasha*, was „zerstörter Verstand" bedeutet, um den Zustand der Befreiung zu beschreiben. Wie zerstört man den Verstand?

7 Kannst du etwas über *Vasanas* sagen, die Neigungen des Verstandes? Müssen diese erst vollständig entfernt werden, damit die Selbsterkenntnis dauerhaft bleiben kann? Oder reicht es, einen *sattvischen* (ruhigen und friedvollen) Verstand zu haben und seine *Vasanas* zu kennen, so dass sie nicht länger wirken können? Wie befreie ich mich von den *Vasanas*?

8 Am Ende seines Buches „Self-Enquiry" (Die Selbsterforschung) sagt Sri Ramana: **„Jemanden mit einem Verstand, der sehr fein unterscheiden kann, und der das Selbst tief erfahren hat, nennt man einen *Jivanmukta*."** Ist das der Zustand, den man auch Selbsterkenntnis nennt?

Weiter heißt es: **„Wenn ein Mensch in den Ozean der Glückseligkeit eingetaucht und ohne jede Abgrenzung Eins geworden ist mit ihm, nennt man ihn einen *Videhamukta*. Dieser transzendentale Zustand von *Videhamukti* heißt auch *Turiya* – er ist das endgültige Ziel."** Kann man diesen Zustand auch Erleuchtung nennen?

9 Es erscheint mir essentiell wichtig zu sein, einem *Guru* zu begegnen und bei diesem *Guru* zu bleiben. Wer ist der *Guru*? Was ist seine Rolle? Wie erkennt man den wahren *Guru*?

10 Sri Ramanas Schüler empfanden sehr große Verehrung für ihn, genauso wie er für den Arunachala. Welche Rolle spielt *Bhakti*, die Hingabe, auf dem Weg zum Erwachen?

11 Suchende haben oft seltsame Vorstellungen vom Zustand der Erleuchtung. Wie sieht dein Alltag aus, und wie nimmst du die Welt wahr?

12 Du hast gerade ausführlich über das Thema Erwachen mit uns gesprochen. Wenn du jemandem mit einer Leidenschaft für das Erwachen begegnen würdest, was wäre dein spontaner Rat an ihn?

---

* „Wer bin ich?" – Übersetzung des Originaltextes „Who am I?" am Ende dieses Buches.

Inhalt

Anmerkung der Übersetzer

Im Deutschen gibt es keine direkte Entsprechung für den englischen Begriff „mind". Wir haben uns für das Wort „Verstand" als Übersetzung entschieden, das jedoch nur zum Teil wiedergeben kann, was das englische „mind" vermittelt. „Verstand" umfasst hier mehr als die bloße Fähigkeit zu Denken und ist nicht auf die Funktion und Anwendung des Intellekts beschränkt.

„Verstand" meint die Summe des gesamten Potenzials an Fertigkeiten und Handlungsweisen, derer sich das Ego bedient. Empfindungen, Gefühle und Gedanken sind ebenso der Verstand, mittels derer er sich selbst und die ihm scheinbar entgegengestellte Welt wahrnimmt, beurteilt und interpretiert.

Einleitung

„Facetten des Erwachens" ist für alle, die ein inneres Feuer in sich tragen und wissen wollen, wer sie sind und was sie hier als Mensch tun; für alle, die sich die Frage „Wer bin ich?" stellen und nach Führung suchen, und für alle, die Bhagavan Sri Ramana Maharshis Rat beherzigen wollen: „Sei wie du bist!" Dieses Buch handelt von den wichtigsten Themen, die auf der spirituellen Reise zur Wahrheit und zum Erwachen auftauchen. Wie Paul Bruntons berühmtes Buch „Von Yogis, Magiern und Fakiren" erkundet es dabei die faszinierenden Tiefen der indischen spirituellen Tradition.

Dazu wurden sechzehn indischen Meistern, die meinen Weg in den letzten fünf Jahren gekreuzt haben, zwölf Fragen gestellt – nicht aus der Sicht eines Suchenden, sondern eher aus der Perspektive eines Lehrers, der sein eigenes Verständnis vertiefen und den Meistern darüber hinaus eine Plattform für ihre Auffassungen und Ansichten geben wollte, in der Hoffnung, dass die Welt, in der ja ein großes Bedürfnis danach besteht, diese Lehren offen aufnimmt. Doch natürlich gibt es keine allgemeingültigen Rezepte, denn der spirituelle Weg eines jeden Menschen ist einzigartig.

Mein eigener Meister war Papaji, dessen Meister wiederum in den 1940ern Sri Ramana Maharshi war. Sri Ramana war, ein paar Jahre bevor ich Papaji traf, durch ein Foto in mein Leben getreten. In einem Zimmer, das ich gemietet hatte, fand ich zwischen einem Haufen Gerümpel das berühmte Fotoportrait von Welling. Es war das gleiche, dem Papaji während meiner fünf Jahre, die ich bei ihm verbrachte, jeden Morgen seine Ehrerbietung erwies. Er sei ein Kanal für Ramana, sagte Papaji von sich.

In den letzten zehn Jahren haben viele westliche Lehrer begonnen, *Advaita* zu lehren. Auch für die meisten von ihnen ist Sri Ramana zur Inspirationsquelle geworden.

Während seiner letzten Lebensjahre sind noch einige wenige Westler in seinen *Ashram* gekommen, die durch Paul Bruntons Buch angezogen worden waren:

Da sind Momente, in denen ich seine Kraft so deutlich spüre, dass ich weiß: Was immer er auch befiehlt, ich werde ihm gehorchen. Doch der Maharshi ist der letzte Mensch, der von seinen Anhängern verlangen würde, ihm zu dienen. Vielmehr lässt er ihnen jede Freiheit. Darin unterscheidet er sich ziemlich von den meisten anderen Lehrern und Yogis, die ich in Indien getroffen habe.

Auch Maurice Frydman, der Herausgeber von „Ich bin…", der Lehren von Nisargadatta Maharaj, war sehr beeindruckt, als er 1943 Sri Ramana besuchte:

Es war das Privileg des Autors, einige spirituelle Giganten getroffen zu haben, doch keiner von diesen hinterließ einen tieferen Eindruck als Ramana Maharshi. In ihm vereinte sich erhabene Königlichkeit des göttlichen Lebens mit äußerster Einfachheit, so als ob sich das letzte Höchste unmittelbar in ihm verkörperte und das Ungeahnte tatsächlich wurde.

Die Idee für dieses Buch und insbesondere für den Film kam mir 1993 in Lucknow, Nordindien, wo ich in der *Sangha* meines Meisters Papaji lebte. Eines Tages erhielt ich in Form einer Vision die innere Botschaft, die großen spirituellen Meister Indiens auf Film festzuhalten, bevor sie die Welt verlassen. Das berührte mich tief, doch hatte ich keine Idee, wie das zu verwirklichen sein sollte. Zehn Jahre später war ich, nachdem ich fünf Jahre lang in Australien gelebt hatte, auf dem Weg nach Europa. Dabei hatte ich eine einjährige Zwischenstation in Südindien eingelegt, in Tiruvannamalai, am heiligen Berg Arunachala, wo ich einige Interviews mit David Godman führte, dem bekannten Herausgeber der Lehren Sri Ramana Maharshis unter dem Titel „Sei was du bist!" und anderer bekannter Bücher über indische *Gurus*.

Die Interviews, die vom Leben, den Lehren und den Anhängern Bhagavan Sri Ramana Maharshis handeln, werden 2008 von Open Sky Press unter dem Titel „Arunachala Shiva" herausgebracht. Während unserer Gespräche hat David immer wieder die Meinung vertreten, Ramanas Größe rühre daher, dass sein Verstand zerstört worden sei (*Manonasha*) und er folglich wie ein Zeuge aus dem Selbst heraus spräche.

Obwohl ich mit der Idee durchaus sympathisierte, hatte ich andererseits doch meine Zweifel: Wie sollte es möglich sein, mit einem zerstörten Verstand zu leben?

Der folgende Auszug aus dem Interview mit David Godman in „Arunachala Shiva" zeigt meine Neugier; sie war der Ausgangspunkt für dieses Buch. Meine Frage an ihn war:

Du sagst, dass in der Realisation der Verstand tot sei, doch wäre so eine Person dann nicht ein Zombie?

Das ist ein Missverständnis vieler Menschen, denn sie können sich nicht vorstellen, dass jemand auch ohne Verstand funktionieren, Entscheidungen treffen, sprechen kann und so weiter. Da du alle diese Dinge mit deinem Verstand tust, oder zumindest glaubst, es damit zu tun, erwartest du automatisch auch von einem Weisen, dass er seine Aktivitäten durch eine Entität namens Verstand koordiniert. Für die Beschreibung des Zustands der Befreiung benutzte Bhagavan in seinen Schriften den Begriff Manonasha. Es bedeutet ziemlich genau „zerstörter Verstand".

Da diese Auffassung von vielen Suchern überall auf der Welt geglaubt wird (so streben die Buddhisten nach einem Zustand von No-Mind), hatte ich die Idee, verschiedene Meister zu fragen, was sie davon halten. Die Meinungen der meisten kann in der Antwort D.B. Gangollis zusammengefasst werden:

Der Verstand kann nicht getrennt vom Selbst bestehen. Er ist eine Projektion und gleichzeitig ein Missverständnis, ein Trugbild. Die Frage nach der Zerstörung des Verstandes stellt sich also gar nicht. Viele Leute, einschließlich Ramana Maharshi, reden über dieses Manonasha, was wörtlich „zerstörter Verstand" heißt, aber es ist eigentlich nicht das richtige Wort. Man könnte Manonigra benutzen, was bedeutet, die Identifikation mit dem Verstand aufzugeben.

Dem stimmt Swami Dayananda Saraswati zu:

Mit Manonasha *ist demnach die Isolation und Zerstörung des Ich gemeint, das alles andere zu etwas Fremdem macht. Der Verstand wird reduziert auf „Ich", und dieses Ich trennt dich von allem anderen. Was meinen sie, wenn sie von „No-Mind" sprechen? Sie meinen einen Verstand ohne Gedanken. Ein gedankenfreier Verstand ist ein leerer Verstand.*

Und Ramesh Balsekar schreibt:

Der Verstand ist etwas, das man braucht, um in der Welt zu leben. Wenn also Heilige sagen, das Ego müsse zerstört werden, meinen sie damit offensichtlich – auch wenn sie es aus irgendwelchen Gründen nicht deutlich ausdrücken – die Überzeugung des Ego, der Handelnde zu sein.

Mit dieser Grundfrage im Gepäck traf ich mich mit sechzehn Meistern. Einige von ihnen, wie Hans Raj Maharaj, Ramesh Balsekar und Swami Dayananda Saraswati, sind weltweit bekannt. Andere, wie Sri Brahmam und Ma Souris, wiederum weitgehend unbekannt. Wieder andere, wie Ganesan und Radha Ma, wären überrascht zu hören, dass man sie als Meister bezeichnet. Swami Dayananda Saraswati, Swami Satchidananda und Swami Suddhananda leiten riesige *Ashrams*. Thuli Baba und Sri Nannagaru hingegen entschieden, hauptsächlich für indische Sucher erreichbar zu sein. Mit Ma Souris, Radha Ma und Swamini Pramananda sind unter ihnen auch drei Frauen, was wirklich sehr schön ist.

Seit Abschluss der Interviews haben einige ihren Körper verlassen: Ajja, Kiran, D. B. Gangolli und Ma Souris.

Viele der Interviewten sind teure Freunde geworden, die mir erlaubten, während der Arunachala Retreats andere Menschen mit ihnen bekannt zu machen. Aus diesen späteren Begegnungen ergab sich eine Fülle zusätzlichen Materials, das dann in die Original-Interviews eingearbeitet wurde.

Die Grundstruktur jedes Interviews besteht aus den gleichen zwölf Fragen; sie sind am Anfang des Buches zu finden. Zu betonen ist dabei, dass es ein großer Unterschied ist, ob man einen indischen Meister interviewt oder einen Professor bittet, seine Lehre zu erläutern. In jedem der Interviews war die starke Energie ihrer Präsenz zu spüren und oft waren sie umringt von ihren Anhängern. In den ersten frühen Interviews waren die Fragen noch nicht so festgelegt. Später kamen weitere Fragen hinzu, die etwa spontan gestellt wurden, um die vorherigen Antworten zu vertiefen – mit dem Ergebnis, dass es von den ursprünglichen zwölf Fragen viele Abweichungen gibt.

Die Präsenz der Meister fühlte sich immer an wie ein zusätzliches Geschenk, eine zusätzliche vitale Dimension. Deshalb suchte ich nach einem Weg, diese Dimension ins Buch zu bringen. Sie findet sich auf einer DVD hinten im Buch, auf der Teile der Video-Webseite www.blueprintsforawakening.org zu sehen sind. Neben einigen Meister-Portraits enthält die DVD auch einen Trailer des Films „Facetten des Erwachens – Das Wissen der Meister". Dieser Film zeigt eine Auswahl der wichtigsten Aspekte der sechzehn Lehren, die im Buch erläutert werden.

Außerdem gibt es eine Filmreihe, die aus sechzehn einzelnen Filmen besteht: „Dem Meister begegnen" zeigt die jeweiligen kompletten Interviews, ergänzt durch Filmsequenzen, die bei späteren Treffen aufgenommen wurden. Diese siebzehn Filme bilden zusammen mit der Video-Webseite ein einzigartiges Archiv für Menschen, die die indische spirituelle Tradition durch die Gnade dieser Meister erleben wollen.

Viele dieser Meister kommen aus der alten Tradition des *Vedanta*, einer metaphysischen indischen Philosophie, die sich aus den *Upanishaden* ableitet; andere sind am *Advaita Vedanta* orientiert, einer non-dualen Schule des *Vedanta*, die die Einheit von Gott, Seele und Universum lehrt und dessen bedeutendster Vertreter *Adi Shankara* war. Die Ausnahmen sind Kiran und Samdarshi, deren Meister Osho war, Swami Satchidananda, der Papa Ramdas und Mutter Krishnabai verehrte, und Ramesh Balsekar, der ein Schüler von Nisargadatta Maharaj war, aber auch eine starke Verbindung zu Sri Ramana Maharshi hatte.

Alle interviewten Meister, insbesondere die *Vedanta*-Lehrer Swami Dayananda Saraswati, D.B. Gangolli, Swamini Pramananda und Swami Suddhananda, nutzen *Sanskrit*-Begriffe. *Sanskrit*, die alte Sprache der *vedischen* Philosophie, mit einem unvergleichlichen Reichtum an Ausdrucksmöglichkeiten, galt immer als die Sprache der Götter. Die

Sanskrit-Begriffe werden in jedem Kapitel bei ihrer ersten Verwendung kurz erklärt. Ein umfangreiches Glossar bietet dann detailliertere Erklärungen der kursiv gesetzten Begriffe.

Während ich diese Einleitung schreibe, sehe ich einmal mehr die enorme Tiefe der im Buch, in den Filmen und auf der Video-Webseite enthaltenen spirituellen Weisheit. Sie bilden ein wertvolles Archiv, und ich bin froh, dass ich in der Lage war, die Vision, die vor fünfzehn Jahren zu mir gekommen ist, verwirklicht zu haben. Sie war eine rechtzeitige Aufforderung, da mittlerweile vier der Meister ihre Körper verlassen haben. Dieses Archiv betrifft zwar indische Meister, doch, wie Maharaj sagt: Spiritualität ist das Eine. Mit diesem Verständnis habe ich nach westlichen Meistern Ausschau gehalten und werde ihre Weisheit 2009 in einem zweiten Teil veröffentlichen. Dies ist das uralte Wissen der Menschheit, weitergetragen durch die Generationen der Meister und ihrer Schüler.

Premananda 2008

Vorwort
Swami Suddhananda

Über Bhagavan Ramana Maharshi oder einen anderen großen Heiligen zu schreiben, gleicht einer Feier dieser großartigen Verkörperung der ewigen, formlosen, absoluten Existenz. Diese Heiligen sind wunderbare Ikonen, in denen sich die Natur oder Gott in ihrer eigenen Exzellenz zu übertreffen scheint. Wenn uns schon ein majestätisches Bergpanorama oder das weite Blau des Ozeans unbewusst in uns selbst zurückzuwerfen vermag, vermögen das die großen Weisen umso mehr. Mit ihrem Leben, ihrem Handeln, mit ihren Worten und jeder ihrer Bewegungen werden wir ganz bewusst an eben diesen Ort gebracht.

Einer dieser Heiligen der jüngeren Vergangenheit war Bhagavan Sri Ramana Maharshi. Im Laufe der Zeit werden viele dieser großen Heiligen zur Legende, ja zum Mythos; dann können gewöhnliche Menschen kaum noch nachvollziehen, dass die unendliche Weisheit, die diese Heiligen liebten und lebten, auch ihre eigene Natur ist. Zu solch einer Legende wird langsam aber sicher auch Ramana Maharshi werden, der in der Erinnerung vieler noch genauso frisch, lebendig und präsent ist, wie er es – um genau zu sein – vor achtundfünfzig Jahren war. Für ein paar Menschen, die damals noch Kinder waren, ist Bhagavan so etwas wie ein liebender Großvater geblieben. Ohne zu wissen, welch gewaltige Präsenz er war und für immer sein wird, genossen sie einfach die ganze Atmosphäre um ihn herum.

Obwohl es Versuche gab und gibt, aus Sri Ramana Maharshi ein außergewöhnliches Phänomen zu machen, war er einfach direkter Ausdruck dafür, dass jeder Mensch die gleiche Wahrheit erkennen kann, die er bereits als Jugendlicher erkannt hatte. Er war immer ganz alltäglich, einfach und unschuldig – alles Ausdruck einer sehr gewöhnlichen Existenz, die eben deshalb höchst außergewöhnlich war! Ob in den Höhlen, in einsamen Nischen des Tempels, ob im *Ashram*, in der Küche, beim Gespräch mit den Kuhhirten, beim Spiel mit den Kindern oder mit der Kuh Laxmi, ob beim Füttern der Affen oder beim Diskurs mit belesenen Menschen oder orthodoxen Gelehrten, er war immer ganz er selbst – er war immer diese gelassene, stets entspannte, stille und überwältigende Präsenz.

In vielen Erinnerungen und Biografien gibt es liebevolle, fast zärtliche Anekdoten über ihn. Sri Ramana hat nie versucht, sich selbst hervorzuheben, und er hat niemals leichtfertig gehandelt oder gesprochen. Er hat auch nie etwas unternommen, um einen Teil seiner Biographie auszulöschen oder alles als rein oder heilig darzustellen. Er stammte aus einem entlegenen Ort in Tamil Nadu und wuchs in einer Stadt namens Madurai auf, immer umgeben von seiner liebevollen Familie und den überlieferten Traditionen des hinduistischen *Sanatana Dharma* mit seinen zahlreichen Tempel-Festen.

Neugierig, etwas über den Tod zu erfahren, verharrt dieser unschuldige Junge in absoluter Regungslosigkeit, was ihn schließlich in eine tiefe innere Stille versetzt. In dieser Stille scheint alles zu versinken, einzig eine kontinuierliche Präsenz bleibt bestehen, ohne irgendeine Bewegung auf der Ebene der Gedanken oder des Körpers. Dieses Ereignis, das den Jungen völlig unvorbereitet traf, war von unauslöschlicher Intensität, so dass er in diesem Zustand blieb und ihn nie wieder verlassen hat. Erst später hat er im Leben und in den Schriften der großen Heiligen die Beschreibung eben dieses Zustandes gefunden.

Seine ihn umgebende Familie und die große hinduistische Tradition, in der Vision und Verzicht, Weisheit und Verwirklichung, Heilige und die Abenteuer von Göttern in allen Namen und Formen etwas ganz Alltägliches waren, ließen den Jungen zum Berg Arunachala in Tiruvannamalai pilgern. Der Rest ist, wie man so sagt, Geschichte. Nachdem er Tage, Monate und Jahre in stiller Einsamkeit verbracht hatte, fand er sein Erkennen widergespiegelt in den Schriften der Heiligen und wunderbar beschrieben in den Literaturen des *Sanskrit* und des Tamil.

Bhagavan Ramana war sich der Wahrheit gewahr, bevor er gelernt hatte, sie in Form von Sprache auszudrücken. Später, mit der geringen formalen Bildung, die er vor seiner großen Pilgerschaft hatte, begann er, verschiedene Sprachen zu lernen, um seine Vision ausdrücken zu können, dieses Selbst, das er war, ist und immer sein wird! Seine Art, sich in den verschiedenen Sprachen auszudrücken, wurde dabei nicht nur von den großen tamilischen Heiligen, sondern vor allem auch durch die Schriften von *Adi Shankara* geprägt.

In der großen Lehrtradition der *Upanishaden* weisen die Schriften und Lehrer immer wieder darauf hin, dass jeder Mensch bereits die Wahrheit, das Wissen und die Erfahrung ist – er ist sich dessen nur nicht bewusst! Das immense Ausmaß der Glückseligkeit, das Bhagavan Ramana bereits in jungen Jahren erfahren hatte, bestand darin, eben DAS, was ein jeder von uns – ohne dass wir dem Bedeutung schenken – ist, aufrechtzuerhalten und nie wieder zu verlieren. Wenn wir DAS finden, dann ist es uns nicht einfach „nah", es ist ja unser eigenes Selbst! Und wenn wir nach „ihm" suchen, dann ist es immer ganz weit entfernt, denn wenn wir unser eigenes Selbst suchen, verleugnen wir, dass wir es ja bereits jetzt und hier sind! Und dennoch werden wir es nicht finden, wenn wir uns nicht aufmachen, es zu suchen!

Bhagavan Ramana hätte selbst nie seinen Mund geöffnet, um zu sprechen, oder den Versuch unternommen zu schreiben, wäre er der Meinung gewesen, dass weder Lehrer noch Lehren, weder Erwachen noch Denken notwendig sind, um das eigene Selbst zu erfahren und zu verstehen. Er selbst war ein außergewöhnlicher junger Mann, als er zufällig und unmittelbar sein Selbst erkannte und diesen Zustand aufrechterhalten konnte. Doch gleichzeitig war er höchst gewöhnlich, um das menschliche Bedürfnis nach Anleitung und einer Lehre sehen zu können. Und so war Bhagavan Ramana auch ein sehr mitfühlender Lehrer, in seinem Leben, seinem Sprechen und Schreiben. In den täglichen Zwiegesprächen hat er den Stier immer direkt bei den Hörnern gepackt, er ist stets sofort zum „Ich" gekommen. Und in seinen Schriften lag seine besondere Sorge immer darauf, Probleme zu behandeln, mit denen der gewöhnliche Mensch in der relativen Welt konfrontiert ist. Er war in der Tat eine großartige Blüte in der lebendigen Tradition des Lehrens.

Die Schönheit der zeitlosen Tradition dieses uralten Wissens, die in Indien immer noch lebendig ist, liegt darin, dass kein Lehrer oder *Guru* sich selbst als in irgendeiner Weise besonders ansieht. Die Wahrheit ist ewig, niemand „erzeugt" sie. Da die Wahrheit zeitlos ist und daher zu allen Zeiten existiert, an allen Orten, in und durch alles hindurch, ist sie die wahre Natur aller bestehenden Objekte, der belebten und nicht belebten. Da diese Wahrheit also bereits die Natur von allem und jedem ist, kann niemand sie einem anderen „geben".

Nicht viele aber sind sich dessen bewusst. Jeder kann verstehen, dass er unwissend in Bezug auf die Welt ist, aber nur wenige begreifen, dass sie unwissend in Bezug auf ihr eigenes Selbst sind. Wir stellen zwar unsere Erkenntnisse und Erfahrungen infrage, nicht aber den Erkennenden, nicht den Erfahrenden. Das Anzweifeln und Infragestellen unserer Auffassungen mag den Beginn der Wissenschaften markieren; doch erst das Infragestellen des Erkennenden, das Anzweifeln des „Ich" markiert den Beginn des wirklichen Denkens, in dem der Denkende selbst infrage gestellt wird. Es gibt Millionen von Menschen, die ihre Auffassungen niemals infrage stellen, aber es sind Milliarden von Menschen, die weder den Erkennenden noch den Denkenden noch die Gedanken selbst infrage stellen. Das bedeutet, dass die überwältigende Mehrheit der Menschen unter dem Bann der Unwissenheit lebt.

Diese Unwissenheit hat zwei Aspekte; es ist zum einen die Unwissenheit über die relative Welt, die Welt der Objekte, zum anderen die Unwissenheit über das Subjekt, das Absolute. Da jeder tagtäglich der Welt der Objekte begegnet, fällt es uns hier leichter, unsere Unwissenheit zu erkennen. Obwohl wir die Objekte direkt über unsere Sinne „erfahren", „wissen" wir dennoch nichts über sie. Die Erfahrung mag mühelos sein, man mag einen Baum, einen Berg, ein Meer oder eine Person sehen, aber solange all das keinen Namen hat, „weiß" niemand, welchen Baum, welchen Berg, welches Meer oder welche Person er gerade „erfährt". Je mehr wir die Schöpfung entdecken und benennen, um so mehr wird uns bewusst, wie unwissend wir in Bezug auf die meisten Dinge sind.

In unserer Generation fühlen wir diese Unwissenheit über die relative Welt so stark, dass wir die eigentlich wichtige, die zweite Form der Unwissenheit völlig vergessen: die Unwissenheit über unser Selbst. Nicht viele von uns sind sich bewusst, dass sie über ihre wahre Natur nichts wissen, über ihr Selbst, das „Ich". Solange etwas nicht „benannt" ist, wissen wir auch nicht, dass wir darüber unwissend sind.

Kennst du dich selbst, kennst du dieses „Ich"? Auf diese Frage können wir auf verschiedenen Ebenen antworten. Ich erfahre ununterbrochen mein namenloses Sein, dieses Gefühl, ohne Namen zu sein, der Name „Ich" aber bringt mich sofort aus dem Gleichgewicht und wirft mich ganz plötzlich in die Unwissenheit. Weder ich noch irgendjemand sonst kann dem Wort „Ich" eine einzige bestimmte Bedeutung geben. Das Wort „Ich" hat diese besondere Eigenschaft, dass es zwei Ebenen der Bedeutung hat, die relative und die absolute.

Es gibt eine Reihe von Antworten auf die Frage „Wer bin ich?" Diese Antworten beginnen in allen Sprachen mit den gleichen Worten. Im Englischen zum Beispiel heißt es „I am…", im Deutschen „Ich bin…", worauf in beiden Fällen ein Objekt oder eine relative Identität folgt. „Ich" und „bin" sind dabei ein und dasselbe.

Das Subjekt „Ich", dieser universelle Vorname, ist für alle der gleiche. Aber das Objekt, die relativen Identitäten, die Nachnamen, sind unterschiedlich und unzählig viele. Ich bin reich, arm, jung, alt, Hindu, Muslim, Christ, Sozialist, Monarchist. Von diesen relativen Identitäten gibt es Abertausende. Doch wir existieren bereits lange, bevor wir eine weltliche oder religiöse Identität annehmen. Unser Gefühl von „Sein", die Existenz selbst, ist keine Frage von Glauben oder Nichtglauben; all das fügen wir erst später im Leben hinzu. Die Existenz selbst braucht auch den Namen „Ich" nicht, um zu existieren, sie braucht keinen Namen; und in gleicher Weise, in der ich bin, ist auch das Sein, das „Ich", eine namenlose Existenz, die gänzlich unabhängig von irgendwelchen Namen ist.

Diese Existenz ist nicht nur „immer existent", sie ist auch eine kontinuierliche „Erfahrung", in der alle Arten von Erfahrungen, die wir auf der Ebene der Sinne und Gedanken machen, in ihrer absoluten Präsenz erfahren werden. Das Hören, Tasten, Sehen, Schmecken oder Riechen wird jeweils durch die dazugehörigen Sinne erfahren, um auf der Ebene des Körpers Empfindungen und auf der Ebene des Verstandes Eindrücke wachzurufen. Doch „die Erfahrung", das Selbst, das Gewahrsein ist bereits schon eine Erfahrung, noch bevor sie „Ich" genannt wird. Dieses oder jenes namenlose Sein, das immer „Subjekt" ist und nie objektiviert werden kann, ist eine „Unendliche Erfahrung", und jeder oder jedes IST diese „Unendliche Erfahrung"!

Die *Veden*, die *Upanishaden*, die ältesten Schriften, dieses gemeinsame Erbe der Menschheit, offenbaren diese Wahrheit in vielen Worten und sind sich gleichzeitig der Beschränkung durch die Worte bewusst. Obwohl jeder Mensch immer in dieser Erfahrung ist, ist sich doch keiner dessen bewusst, ebenso wie wir den Planeten Erde vergessen, wenn wir uns in unserem Dorf oder in unserer Stadt, in unserem Land oder auf unserem Kontinent bewegen. Während wir dem Klang lauschen, vergessen wir unsere Ohren, während wir die Aussicht genießen, vergessen wir die immer gegenwärtigen Augen hinter unserem Sehen, oder wir vergessen die immer gegenwärtige Zunge, die den Geschmack entwickelt, während wir die verschiedenen Geschmackserlebnisse genießen.

Und ebenso scheinen wir diese „Immer präsente Erfahrung", diese „Sich ewig wahrnehmende Existenz" vollkommen zu vergessen, während wir uns selbst in der Wahrnehmung unterschiedlichster Körpererfahrungen und im Empfinden der Erfahrungen unzähliger Gedanken und Emotionen verlieren. Unser „Sein", „die Erfahrung", ist einfach schon da, lange bevor wir die Erfahrung eines Hörens, Berührens, Schmeckens, eines Sehens oder Riechens, die Erfahrung von Gedanken oder Gefühlen gemacht haben. Lange bevor wir in dem Wort „Ich" eine relative Identität sehen, SIND wir bereits „wir selbst".

Das Wissen um das Selbst ist wie ein Mann, der auf seinem Esel sitzt und diesen Esel sucht. In dem Augenblick, da er nach ihm sucht, verleugnet er, dass er bereits auf ihm sitzt. Aber würde er nicht nach ihm suchen, würde er ihn auch nicht finden. Genauso ist es mit unserer Suche nach dem Glück, nach dem Selbst, nach dem Unendlichen, nach Gott oder nach der Wahrheit. In dem Augenblick, in dem wir danach suchen, verleugnen wir, dass wir all DAS bereits sind; und doch: Würden wir aufhören, danach zu suchen, könnten wir nicht erkennen, dass wir DAS sind.

Das ist der Punkt, an dem ein *Guru* notwendig ist. Der *Guru* vertreibt die Dunkelheit des Unwissens über die Natur unseres Selbst. Ein Geographiebuch erschafft nicht die Länder oder Landschaften, die es beschreibt, und die *Upanishaden* oder die *Veden* erzeugen nicht die Wahrheit, die sie uns enthüllen. Die Wahrheit, das Selbst, Gott, all das existiert nicht aufgrund der *Upanishaden*; nur weil DAS bereits ist, kann in diesem Buch darüber geschrieben werden. „Ich bin" das Unendliche und Absolute nicht deswegen, weil der *Guru* das so behauptet, sondern weil ich DAS bin; und so kann es der *Guru* mir offenbaren. Deshalb sind weder ein *Guru* noch ein Buch die Autorität, um die es hier geht.

Aber das Wissen (*jnana*) muss sowohl frei von Zweifeln als auch frei von Fehlern sein. Ein zweifelsfreies Wissen kann durchaus fehlerhaft sein. Wir mögen keinen Zweifel daran haben, dass die Erde flach ist, doch das ist ein Irrtum, denn die Erde ist rund. Wissenschaft beginnt mit dem Anzweifeln von Annahmen. Wenn wir es als erwiesen ansehen, dass die Erde flach, bewegungslos und das Zentrum unseres Sonnensystems ist, werden wir uns nicht aus dem Bann unserer Unwissenheit befreien können.

Ebenso ist es mit dem Wissen über unser Selbst. Wir mögen keinen Zweifel daran haben, dass für uns wie für jeden anderen gilt: „Ich bin der Körper." Doch das ist ein Irrtum, denn dieses „Ich" wechselt von „ich bin der Körper" zu „ich bin der Geist". Es kann sagen: „Ich bin der Vater", „ich bin die Mutter", „ich bin Lehrerin", „ich bin Gärtner", „ich bin krank", „ich bin gesund" und so weiter. Es geht darum, das „Ich" hinter all diesen Veränderungen zu erkennen.

Wenn jemand dieses „Ich", das so viele Rollen spielt, anzuzweifeln beginnt, markiert das den Anfang des „Wahren Wissens" über das Selbst. Um die Unsterblichkeit des „Seins" zu belegen, untersucht der *Guru* dabei sowohl die immer wechselnden Rollen als auch die unveränderliche Konstante, also das, was dieses „Ich" wirklich ist. Er verwendet Logik, um zu begründen, dass das namenlose Universum schon lange existierte, bevor irgendein Name hinzugefügt wurde. All das, um nachzuweisen, dass das namenlose Sein bereits alles durchdringt, noch ehe der universelle Vorname „Ich" erscheint.

Wir sind ständig aufgefordert, unsere Auffassungen, unsere Gedanken und unsere Persönlichkeit infrage zu stellen. Die meisten Menschen nehmen all dies als erwiesen an und werden nichts davon je hinterfragen. Wird solch mangelhaftes Wissen religiös begründet und getragen, können sich diese Fehler im Lauf der Zeit zum „Einzig wahren Wissen" verhärten, und aus Anhängern werden Fanatiker. Niemand sollte sich hinter der Unfehlbarkeit einer früheren Erklärung verstecken, denn das vereitelt jede Chance, sich aus der Sterblichkeit zur Unsterblichkeit aufzumachen, sich aus dem traurigen Elend zum absoluten Gipfelpunkt zu erheben, sich von der Dunkelheit des Unwissens zum Licht der Erkenntnis zu öffnen.

Die *Upanishaden* hinterfragen das individuelle „Ich" als jenen Fixpunkt, an dem alle Identifizierung geschieht. Es ist natürlich, dass der Körper sich verändert und altert, aber es ist ein Irrtum zu sagen: „Ich verändere mich." Lehrer und Lehre erleichtern es, das „Ich" als die wahre, absolute Identität zu begreifen, und so lernt man, mit all diesen Veränderungen auszukommen und zu leben. Während das Wissen über die Welt der Objekte uns hilft zu lernen, wie wir die Schöpfung effektiver nutzen können, hilft uns das Wissen über das Subjekt, über das „Ich", besser mit all unseren Emotionen und Gedanken – einschließlich des „Ich-Gedankens" – umzugehen.

Die Selbsterkenntnis, das Gewahrsein der eigenen „Wahren Natur" zwingt uns nicht irgendeine Identität auf, sondern enthüllt uns vielmehr den eigentlichen „Akteur", den „Spieler", den Unsterblichen, den absoluten Frieden, der jeder Rolle einen Hauch vollkommener Glückseligkeit verleiht. Das ist es, was der *Guru* uns offenbart. Deshalb ist ein *Guru* oder ein Lehrer absolut notwendig. Wie die Schriften weist auch er auf unsere „Wahre Natur" hin, um dann wieder aus unserem Leben zu verschwinden, damit wir selbst diese Erkenntnis in perfekter Harmonie mit der Schöpfung leben können. Es ist wie mit einem Fahrlehrer, der uns das Fahren beibringt, um dann wieder aus unserem Auto auszusteigen, damit wir selbst unserer eigenen Bestimmung gemäß unseren Wagen steuern.

Während die relative Welt immer ein Ort beständiger Untersuchung und Entdeckung bleibt, wird die absolute Identität des Menschen nur einmal erkannt, und das für immer. Das ist *Vedanta*, das Ende aller Erkenntnis. „Hinter" dem Unendlichen gibt es nichts, das erkannt werden könnte, denn das Unendliche ist alles, was jemals IST! In der endlichen Welt aber kann immer noch ein bisschen mehr entdeckt und der Horizont relativen Wissens beständig erweitert werden!

Vedanta, die *Upanishaden*, die ganzen alten Schriften beginnen mit dem „Ich", dem Individuum, und enden im „Ich", im Unendlichen. Die wahren Lehrer der Tradition enthüllen uns, dass dieses Unendliche sowohl das „Ich" als auch das Individuum ist, dass es also alles beinhaltet und nichts und niemand davon ausgenommen ist. Diese Lehrer können also nie im Widerspruch zu anderen Lehrern oder irgendwelchen Vorstellungen sein. All jene aber, die das Absolute als eine relative Vorstellung oder Identität ansehen, werden irgendwann unausweichlich in Konflikte geraten. Man muss einen hohen Preis zahlen, wenn man die eigenen unbewiesenen und nicht zu beweisenden Urteile aufrechterhält und behütet, anstatt sie infrage zustellen und anfechten zu lassen.

Die meisten Denker, Theologen und Glaubenssysteme sind sehr damit beschäftigt, Schöpfer und Schöpfung zu erklären. Nur wenige beginnen mit dem „Ich", mit jenem Individuum, dessen Dasein Schöpfer und Schöpfung zu einem Mysterium macht. Wenn die Welt infolge globaler Kommunikation zusammenwächst, kann niemand mehr isoliert abseits stehen. Es ist Zeit für die Welt, sich zu öffnen, und die Lehrer aller Glaubensrichtungen sollten offen genug sein, einander infrage zu stellen und einander infrage stellen zu lassen. Sie sollten alle Schattierungen menschlicher Erfahrung in Betracht ziehen, und sich dabei nicht hinter einer Vorstellung, einer Person, einem Buch oder hinter irgendetwas anderem verstecken, um sich einer Untersuchung oder Analyse zu entziehen. Absolute Offenheit ist der Name unseres Lehrens, Lernens und Lebens. Wir können dankbar sein, dass uns Bhagavan Ramana in seiner allgegenwärtigen Präsenz immer wieder daran erinnert.

Swami Suddhananda 2008

Sri
Hans Raj Maharaj

Du versuchst, dich mit der
Gnade des Guru zu reinigen,
aber du kannst dich nicht
selbst reinigen. Du brauchst
die Hilfe eines Guru. Wenn du
ein wirklich heftiges Verlangen
nach Erkenntnis hast, wirst du
einen Guru bekommen. Solange
das Verlangen nicht extrem
stark ist, wirst du keinen Guru
bekommen.

MAHARAJ

Wenn du extreme Sehnsucht hast zu erkennen,
wird dein Guru kommen.

Sri Hans Raj Maharaj

Sri Hans Raj Maharaj

Der *Ashram*, in dem Sri Hans Raj Maharajji lebt, heißt Sacha Dham – Heiliger Ort der Wahrheit. Er befindet sich in einem kleinen Dorf namens Laxman Jhulla, unweit der Millionenstadt Rishikesh in Indien, direkt am Ufer von „Mutter Ganga", des von allen Indern verehrten kraftvollen und heiligen Flusses. Es ist ein sehr traditioneller indischer *Ashram*, klein und einfach, und bietet Maharajji, seinen indischen Anhängern und ihren Familien ein Zuhause.

Ich besuchte Maharaj im Jahre 2000 zusammen mit meinen Schülern aus Australien. Während der Tage im Ashram *beobachteten wir ihn täglich, wie er zum Schrein seines Meisters ging und dort* Darshan *nahm. Wir fühlten uns sehr zu ihm hingezogen, und so hatten wir die seltene Ehre, mit ihm zusammen eine Weile in seinem Zimmer zu sitzen, wo er uns in klaren und einfachen Worten seine Lehre erläuterte. Seine enorme Präsenz berührte uns dabei tief.*

Wir leben in Sydney in Australien, einer sehr schönen Stadt, auch wenn sie sehr materialistisch ist. Gibt es etwas, das du den Menschen hier sagen möchtest? Gibt es eine Botschaft, die wir mitbringen können?

Ich habe nur eine Botschaft: Spiritualität. Das wird Frieden genannt. Liebe ist nicht im Verstand und nicht in den Gedanken. Liebe ist im Herzen, und das ist universell. In Sydney, in Frankreich, England oder in einem anderen Land – Spiritualität ist nicht nur für ein bestimmtes Land.

Spiritualität ist das universelle Thema. Ob der christliche Weg, Mohammeds Weg, *Rams* oder *Krishnas* Weg, jeder versteht das Eine: Liebe ist Gott. Das sagte auch Jesus und auch Mohammed.

Wenn du also Gott erkennen willst, musst du zuerst nach innen schauen. Schau nicht auf die anderen; du hast selbst soviel Ego in dir. Verstehst du das?

Du versuchst, dich mit der Gnade des *Guru* zu reinigen, aber du kannst dich nicht selbst reinigen. Du brauchst die Hilfe eines *Guru*.

Wenn du ein wirklich heftiges Verlangen nach Erkenntnis hast, wirst du einen *Guru* bekommen. Solange das Verlangen nicht extrem stark ist, wirst du keinen *Guru* bekommen. Wenn du einen *Guru* bekommst, wird er dein Herz öffnen. Liebe ist offen. Das Herz ist universell in jedem Land. Du bist aus Australien, ein anderer ist aus England, wieder ein anderer aus Indien. Aber Spiritualität ist nicht für ein bestimmtes Land oder eine bestimmte Religion, Spiritualität ist universell und das Eine. Gott ist das Eine.

Für jeden Menschen sind *Sadhana* (spirituelle Disziplin), Meditation und alle anderen Dinge verschieden. Mancher singt ein Lied, mancher macht *Pranayama* (Kontrolle des Atems), manch anderer *Yoga*, aber das letzte Ziel ist Einheit.

Du musst nach innen gehen zu deinem Ego, und das Ego wird entfernt durch die Gnade des *Guru*, durch seine Hilfe. Du kannst das Ego nicht aus eigener Kraft entfernen. Du musst erst nach einem *Guru* suchen, dann wirst du Erkenntnis, Frieden und Liebe bekommen. Wie schmutziges Wasser, das mit dem Ganges verbunden ist und das der Ganges automatisch reinigt. Hast du verstanden? Der Ganges wird nicht zum schmutzigen Wasser kommen, das schmutzige Wasser wird zum Ganges kommen.

Wenn du extreme Sehnsucht hast zu erkennen, wird dein *Guru* kommen. Dein *Guru* wird dich finden und er wird dir Frieden geben. Er wird dein Herz öffnen.

Es mag eine Methode geben. Vielleicht gehst du den Weg von Jesus, ein Mohammedaner geht seinen eigenen Weg und auch ein Hindu geht seinen eigenen Weg. Aber Gott ist das Eine. Das letzte Ziel ist das Eine.

Für Sydney gibt es also keine besondere Botschaft. (beide lachen) Als spiritueller Mensch ist meine Botschaft für jedes Land die gleiche. Premananda, erkläre diesen Leuten hier, was ich dir sage! Du sprichst

Englisch, erkläre du all das, was ich sage. Wenn du extreme Sehnsucht hast zu erkennen, wirst du einen *Guru* bekommen.

Nimm dieses *Prasad* (süße Speise, die der *Guru* verschenkt). Kommt alle her. Jetzt sofort! (gibt allen *Prasad*)

Ajja

Den Guru kann man nicht mit
Worten beschreiben, er ist
jenseits jeglicher Beschreibung.
Ist er ein wahrer Guru, dann
kommt er in dein inneres Selbst,
um dort an dir zu arbeiten.
Du kannst ihn niemals finden,
er findet dich. Du kannst ihn
nur erkennen und sehen, wer
er ist, wenn dein unbewusster
Verstand erwacht ist.

AJJA

Wenn der Seher Eins mit dem Gesehenen geworden ist und auch
mit dem Sehen selbst, dann hast du deine falsche Identität verloren

Ajja

Ajja

Ajja, als Ramachandra Bhat im indischen Nettar geboren, war ein bescheidener Bauer und Familienmensch – bis ihm im Alter von 36 Jahren ein spontanes und dramatisches Erwachen widerfuhr. Von jenem Tag an erklärte er sich als tot. „Dieser Körper gehört mir nicht", lautete seine Philosophie, die er ab 1970 in Puttur mit anderen Menschen zu teilen begann. An ihr hielt er bis zum 12. März 2007 fest, als er im Alter von 91 Jahren in seinem *Ashram* in Kemmayi (Karnataka) den Körper, der nicht seiner war, verließ.

Immer, wenn ich in den letzten fünf Jahren den **Ashram** *Anand Kutir besuchte, war ich berührt von der liebevollen Atmosphäre dort und der leichten, spielerischen Art Ajjas, der von allen geliebt wurde. Vier Jahre lang hatte ich das Glück, während unseres alljährlichen Retreats am Arunachala viele Menschen zu ihm zu bringen. Jedes Mal wurden wir höchst gastfreundlich empfangen und erhielten einen Geschmack von seiner Weisheit und seinem Humor. Wir musizierten, sangen und tanzten zusammen, und alle waren tief berührt von seiner jederzeit lebendigen Präsenz.*

Diese Fragen wurden entwickelt, um die alte Weisheit Indiens darzulegen.

Es geht nicht nur um Indien, es geht um die universelle Liebe. Außerdem stammt dieses Wissen nicht wirklich aus Indien. Lasst uns lieber von der ganzen Welt sprechen und noch weit über sie hinaus. (alle lachen)

Es gibt diese grundlegende Frage: „Wer bin ich?" – Wer bist du?

Das soll die grundlegende Frage sein? (alle lachen) – Wer bin ich? Das ist erst der zweite Schritt. Ich will eine noch grundlegendere Frage hören, und die sollte von dir kommen.

Ah, jetzt verstehe ich. Aber ich glaube, das musst du uns erklären.

Ganz einfach: Die Frage „Wer bist du?" ist auch meine Frage an dich. Falls ich sie beantworte, wird daraus sofort ein Diskurs entstehen. Doch es ist nicht meine Art, Diskurse zu führen. Du solltest zunächst selbst darüber nachsinnen und mich erst dann fragen.

Bei jedem von euch hier erscheint es mir, als würden wir uns bereits sehr lang kennen. Ich kenne euch alle, kennt ihr auch mich?

Ja, wir kennen dich! Wir gehören alle zu deinem Freundeskreis.

Aber wir sind nicht nur ein Kreis, wir sind weit mehr.

Wir sind Teil des Ganzen.

Vielleicht.

Es gibt keine Trennung.

Letztendlich sind wir alle Eins; und wenn wir alle Eins sind, ist das die letzte Stufe, der letzte Schritt. Das Einssein ist aber auch der erste Schritt. Es ist also der Ursprung und das Ende: Wir sind Eins. Und es gibt etwas dazwischen: das „Ich". Es ist der erste und letzte Schritt, dass dieses „Ich" verschwindet. Übrig bleibt dann: Alles, was ist.

„Ich" oder „du", wir alle sind mit diesem Dazwischen verbunden. Doch wenn wir nur ein Stück darüber hinausgehen, finden wir schon kein „Ich" oder „Du" mehr. Es ist diese letzte Stufe, zu der wir gelangen müssen, die gleichzeitig die erste Stufe war. Doch wir müssen diesen Zwischenschritt machen.

Und was ist diese erste Stufe, die mit der letzten identisch ist? Wisst ihr das?

Sie ist der Beginn von *Jivatman* (individuelle Seele), der Beginn des Selbst. Und dieser Anfang des Selbst ist zugleich das Ende der letzten Stufe des Selbst. Das ist Selbsterkenntnis. Am Anfang war das Selbst zunächst ganz rein, ganz klar. Doch dann kam es zu „Verunreinigungen", so dass wir nun sagen: „Ich mache dies, ich mache jenes." Aber durch die Selbsterkenntnis werden wir wieder so rein und klar werden, wie wir es am Anfang waren. Das ist alles.

Willst du damit sagen, dass dieses Unreinsein in unserer falschen Vorstellung vom „Ich" liegt?

Woran auch immer: es ist bereits geschehen. Statt über Vergangenheit oder Zukunft nachzusinnen, solltest du lieber den gegenwärtigen Moment beobachten, wie wir das Jetzt sehen – das ist das Geheimnis.

Und wie lautet das?

Wenn du wirklich durch und durch rein bist – beim Sprechen, bei der Arbeit, beim Denken, in Worten und Taten – dann ist alles in Ordnung. Doch wir alle sind hier, um erst rein zu werden. Aber wie wird man eine reine Seele? Das wollen wir wissen, und das ist dieses Dazwischen. Wenn ein Mensch vollkommen rein ist, dann braucht er sich keine Sorgen zu machen.

Wir sprechen über das Jetzt, und mit Jetzt meine ich Handeln. Wie handelst du in diesem Moment? Wie lebst du genau jetzt, und wie sieht dein Handeln in diesem Jetzt aus?

Viele Menschen aus dem Westen kommen nach Indien auf der Suche nach Erleuchtung, als wäre sie lediglich eine Erfahrung. Was ist Erleuchtung?

Erleuchtung bedeutet zuallererst, sich selbst zu kennen. Wenn du dich selbst erkennst, werden Erkennender, das zu Erkennende und der Prozess des Erkennens dasselbe. Wenn diese drei Dinge miteinander verschmelzen, werden sie Eins, und dann beginnt Stille.

Die Erleuchtung und die Selbst-Erkenntnis sind ein Prozess, der aus zwei Stufen besteht. Zuerst kommt Transformation, dann folgt Evolution. Zuerst müssen wir das „Ich" transformieren. Das bedeutet, es muss zu einem „Nicht-nur-ich", zu einem „Dein" werden – du, er oder Vater. Dann ist dein Ich zum Beispiel auch der Sohn, und in ein paar Jahren wird es der Vater sein, und ein anderer junger Mann wird der Sohn sein. Nach dieser ersten Stufe folgt die zweite, und du willst jetzt natürlich etwas über diese beiden Stufen wissen.

Ja, ich würde sehr gern über diese beiden Stufen sprechen.

Und zu wem soll ich sprechen?

Du könntest zu jedem sprechen, der nach Erleuchtung sucht.

Das Herz sollte zum Herzen sprechen. Also, wen soll ich ansprechen?

Alle! Wir sind alle ein Herz.

Du sagst, dass ihr in Wahrheit alle Eins seid. Doch erscheint jeder unterschiedlich, die Körper sind alle verschieden. Zu Beginn ist alles Eins und am Ende ist alles Eins, aber in dem Teil dazwischen, dem gegenwärtigen Abschnitt, schaut jeder unterschiedlich aus. Was sagst du nun dazu?

Die Körper, die Formen, sind verschieden, doch der Geist, das Bewusstsein, ist Eins. Das Selbst ist Eins.

Möchtest du über den Geist, das Bewusstsein, sprechen oder über das, was jenseits davon ist?

Du kannst ja über „jenseits des Geistes" sprechen.

Um über den Geist hinauszugehen, musst du zuerst in ihm sein. (lacht) Wisst ihr alle, dass ihr in dieses Leben gekommen seid? Habt ihr wirklich realisiert, dass ihr geboren seid?

Ja, wir sind geboren.

Du glaubst, dass du geboren bist?

Ja, der Körper, also die Form, ist geboren worden, wenn sich auch die essenzielle Natur nie verändert.

Du sagst, dass nur der Körper geboren ist. Also muss es noch etwas anderes geben. Meinst du, dass es außer dem Körper noch etwas anderes gibt?
Ich möchte eine Frage an euch alle stellen. (wendet sich ans Publikum) Glaubt ihr, dass ihr der Körper seid oder dass ihr etwas anderes als der Körper seid?

(Jemand aus dem Publikum): Ich bin nicht der Körper.

Du glaubst also, dass du nicht der Körper bist. Doch wenn nicht der Körper, wer bist du dann?

Ich bin derjenige, der sich des Körpers bewusst ist.

Und wer ist dieses „Ich", das um diesen Körper weiß. Worauf verweist dieses „Ich"?
Jemand, der nicht erleuchtet ist, antwortet darauf gewöhnlich: „Ich weiß nicht." Und jemand, der Selbsterkenntnis erlangt hat, sagt: „Ich selbst habe keine Identität, also gibt es auch nichts, das bleibt." Er ist jenseits jeglicher Identität, und tatsächlich existiert so eine Identität auch nicht wirklich.

Gibt es irgendwelche Voraussetzungen für die Erleuchtung? Ist eine Sadhana *(spirituelle Disziplin) notwendig? Wenn ja, welche Form empfiehlst du?*

Das ist keine Frage von *Sadhana*, es geht hier vielmehr um ein Erforschen, ein Suchen, um *Shodana*. *Sadhana* bedeutet, dass man versucht, etwas zu sehen, das noch nicht da ist. Erforschen, *Shodana*, jedoch bedeutet, nach etwas zu suchen, das bereits da ist. Du siehst das, was da ist, was präsent ist. Dann wirst du erkennen, dass das Gewahrsein des jetzigen Moments das Großartigste ist, was es gibt.

Wenn du forschst, erkennst du etwas im Jetzt und bist dir dessen gewahr – da ist die Handlung des Sehens, da ist der Seher und da ist das Objekt, das gesehen wird. Wenn diese drei miteinander verschmelzen, dann wird daraus Spiritualität. Das ist das Einssein, das du erlangen musst. Wenn der Seher Eins mit dem Gesehenen geworden ist und auch mit dem Sehen selbst, dann hast du deine falsche Identität verloren.

In Indien wird gesagt, dass Meditation dafür notwendig sei. Meinst du das auch?

Meditation nennt man auch *Sadhana*. Und was geschieht in der Meditation? Das „Ich" wird zur Identität.

Das großartigste und subtilste ist die Erforschung des Bekannten, das schon da ist. (er reicht ein Buch) Das kannst du lesen, und dann kannst du darauf basierend deine Fragen stellen.

(liest aus dem Buch vor) „Die Einzelseele verliert ihre Existenz als Individuum durch richtiges Handeln und Wissen. Nur dann wird sie unabhängig. Das ist ein **Jivanmukta***: jemand, der noch zu Lebzeiten befreit wird."*

Es heißt: „Oh Gott, führe mich aus der Dunkelheit ins Licht!"

Deine Aussagen sind ganz schön raffiniert! (alle lachen)

Wir sagen normalerweise, dass wir Menschen sind, aber das ist eigentlich nicht ganz korrekt, denn wir leben nur in einem menschlichen Körper. Und auch dieser Körper stammt eigentlich von unseren Eltern. Dieses „Ich" jedoch, das da drinnen ist, hat keine Eltern. Das ist das *Omkara*, der kosmische Urklang, das höchste Bewusstsein. Das bist du.

Jeder sollte *Karma* (*Karma Yoga*) praktizieren. Wahres *Karma* bedeutet Handeln, und durch Handeln wirst du transformiert. Dem

Karma folgt wahres *Jnana*, was Wissen bedeutet. Wissen bringt dich zum Erblühen. Du musst also über dieses „Ich" nachdenken. Du bist nicht der Körper, du bist der universelle Geist, das höchste Bewusstsein, du bist *Omkara*. Doch das erkennen wir gewöhnlich nicht, zumindest wissen wir es nicht aus eigener Erfahrung. Statt es zu erfahren, haben wir das Wissen nur aus verschiedenen Büchern und Lehren. Doch wir wollen es als Erfahrung wiedererlangen, das ist es, wonach wir alle streben.

Und das ist es, was wir Selbsterforschung nennen.

Das ist der Grund, warum wir wieder an den Anfang zurückkehren müssen.

Die Selbsterforschung erfolgt durch die Frage: „Wer bin ich?" Dabei müssen wir den Moment betrachten, und wenn der Seher dann Eins mit dem Gesehenen wird, löst sich die Identität auf.

Die Frage „Wer bin ich in diesem Moment?" stellst du gewöhnlich zunächst deinem Körper, stimmt's?

Doch wenn du weiter nach innen gehst und dich dann fragst, führt sie dich womöglich woanders hin. Also ist es eine Voraussetzung, sich nach innen auszurichten. Dann führt es dich zur Klarheit, zum *Prakasha*, zum erleuchteten, strahlenden Selbst, zu *Shakti* (universelle weibliche Urkraft).

Ist das das allerletzte Stadium?

Nein, es ist der Beginn!

Wir kommen vom Licht und werden auch wieder zum Licht zurückkehren. Das ist der Prozess. Wir wissen nicht, was wir waren, doch jetzt finden wir es. Das ist der Weg.

Wenn du nach innen gehst und versuchst, dich selbst zu finden, siehst du zunächst immer das Unreale, dann Dunkelheit und schließlich Tod. Das ist das, was wir jetzt sehen. Durch den Prozess der Transformation jedoch wird das Falsche in Wahrheit verwandelt, die Dunkelheit in Licht, und der Tod wird zum Leben. Wahrheit und Licht sind die wirklichen Qualitäten des Lebens. Damit der Tod zum Leben werden kann, müssen wir uns von der Dunkelheit ins Licht bewegen und von der Unwahrheit zur Wahrheit.

Wann ist die Erkenntnis des Selbst erreicht?

Die Antwort darauf ist: Wenn man die Welt verstanden hat. Nur ist es zuvor notwendig, sich selbst zu verstehen. Versuche also erst einmal, dein „Ich" zu erkennen. Danach kannst du über die Welt nachdenken.

Die Antwort ist also die Erkenntnis, wer man wirklich ist. Wie aber wird man die Welt los?

Einfach, indem wir unsere Körper entfernen. Das Selbst ist vom Körper verhüllt, er verbirgt unsere wahre Identität. Lasst uns deshalb zuerst diese Fessel abstreifen, und die ganze Welt wird wie neu geboren sein. Und nicht nur die Welt.

Die Welt loszuwerden bedeutet auch, zuerst einmal den Weg von *Karma*, Handlung, zu befolgen. Er transformiert dich, bringt dich zur Entfaltung und lässt dich erblühen. Das ist die Antwort.

In deinem Buch steht: Ein Mensch erlangt seine wahre Natur, die Glückseligkeit, durch die Erforschung der Frage „Wer bin ich?" und „Was ist das Geheimnis meiner Geburt?" – und indem er seine Pflichten erfüllt. Die Antworten auf diese Fragen offenbaren ihm seine wahre Natur: Glückseligkeit. Ist das richtig?

Ja. Doch zuvor müssen verschiedene Dinge getan werden: regelmäßiges Chanten der Namen Gottes, selbstloses Dienen und Vertrauen in die Wahrheit. All dies muss man getan haben.

Der Weg des Handelns kommt also vor dem Weg des Wissens. Doch wollen die Menschen gewöhnlich nur den Weg des Wissens gehen und über die Wahrheit nachsinnen. Das ist ein kleines Problem.

Lasst uns zur nächsten Frage kommen.

Wenn du deine Fragen stellst, sind die dann zu deinem eigenen Nutzen oder zum Wohl der gesamten Menschheit?

Für das Wohl der Menschheit natürlich.
Deine Augen brauchen keine Übersetzung. (alle lachen)

(Ajja singt ein Lied)

Ich denke, jetzt brauche ich eine Übersetzung. (alle lachen)

Die Bedeutung dieses wunderschönen Liedes ist, dass es keine zwei verschiedenen Menschtypen gibt, sondern nur einen. Genauso wie es nur ein *Dharma* (Lehre der Wahrheit) und ein *Atman* (individueller Aspekt des Selbst) gibt. Ich bin für das Individuum und für die gesamte Menschheit. Doch all diese Menschen folgen so vielen verschiedenen *Dharmas*. Welche Kaste, Hautfarbe oder Glaubensrichtung auch immer – letztendlich gibt es nur das Eine. Es gibt nur eine Religion.

Du bist der Beginn. Und du bist das Ende. Dazwischen liegt das „Ich". Meine Botschaft an die Menschheit ist, dass wir alle Eins sind. Wir müssen deshalb den Glauben, zu verschiedenen Religionen zu gehören, aus unserem Verstand entfernen. Es gibt nur eine einzige Menschheit, und damit auch nur eine Religion, nur ein *Atman*. Was auch immer ich sage, ist für die gesamte Menschheit bestimmt. (alle lachen darüber, wie Ajja dabei seine Hände bewegt)

Deine Hände brauchen keine Übersetzung.

Wenn ihr euch selbst fragt: „Wer bin ich?", kommt sofort die Antwort: „Ich bin dieser Körper." Aber darüber spreche ich nicht. Ich spreche über das ursprüngliche „Ich", das erste „Ich". Ihr müsst zu dieser Glückseligkeit gelangen, die ich *Nithyanandam Paramanandam* (höchster Zustand der Glückseligkeit) nenne. In diesem Zustand höchster Glückseligkeit ist die Welt verschwunden. Dahin müsst ihr kommen, nur dann ist dieses Leben von Wert. Ihr seid nicht die, die aus dem Leib ihrer Mutter geboren wurden. Ihr seid das strahlende Selbst, der Zustand, der kein

Zustand ist, denn in Wirlichkeit gibt es überhaupt keinen Zustand, keine Identiät, kein „Ich". Das ist die wahre Glückseligkeit, das wahre Licht. Wir sind nicht von dieser Welt, wir sind nicht dieser Körper.

Du hast gesagt: „Ajja, wenn ich deine Augen sehe, bin ich glücklich, und es braucht keine Übersetzung mehr." Doch wer soll denn derjenige sein, der sieht? Wenn der Seher mit dem Gesehenen verschmilzt, ist er identitätslos. Wen siehst du also? Was meinst du mit Sehen? Und wer ist der Seher?

In Momenten wie diesem ist da einfach nur Licht.

Ja, hier ist Licht. (alle lachen) Und nur deshalb sind die Dinge sichtbar und wir können sehen.

Das war jetzt aber ein bisschen hinterlistig. (alle lachen)

Was ist dein teuerstes Radio wert?

Ungefähr 2.000 Rupien.

Und was kostet dieses Radio? (er zeigt auf seinen Körper)

Unbezahlbar!

Nein, unbezahlbar ist der Körper nicht, doch gibt es keinen Preis für ihn, denn er wird von einer unsichtbaren Kraft als Medium für deren Worte benutzt. Ich vergleiche diesen Körper deshalb mit einem Radio.

Hast du einen Verstand?

Wer ist es, der die Frage stellt? Wer fragt?

Jetzt versuchst du, mich wieder auszutricksen!

Nein, tue ich nicht! So muss es sein.

Willst du damit sagen, dass die Worte wie aus einem Radio direkt von der Quelle kommen? Also noch einmal meine Frage: Hast du einen Verstand?

Das ist etwas, das jenseits von Verstand und Intellekt liegt, was beide natürlich nicht akzeptieren können.

Können wir dafür auch den Begriff Manonasha, „zerstörter Verstand", verwenden?

Da es niemanden gibt, der so etwas sagen könnte, bleibt es völlig dir überlassen, das zu entscheiden. Du musst die Schranken von Verstand und Intellekt überwinden. Erst dann kannst du verstehen.

Kannst du etwas über Vasanas sagen, die Neigungen des Verstandes?

(Ajja beginnt, ein Lied zu singen) Ajja hat gerade ein sehr schönes Lied gesungen. Es spricht davon, dass die Antwort kommen sollte. Ich kann es nicht wirklich in Worten ausdrücken: Wenn sie kommt, kommt sie. Das ist alles. Sie muss ganz natürlich kommen, dann kann man daraus etwas entnehmen und aufschreiben. Aber das kann man nicht erzwingen.

Ich fragte nach den Neigungen innerhalb des Verstandes, diese alten Muster in unserer Psyche, die sich immer wiederholen und Vasanas genannt werden. Kannst du darüber etwas sagen?

Lies das bitte in dem Buch da nach (Ajjas kleines Lehrbuch). Der Verstand ist momentan nach Außen gewandt, er ist extrovertiert. Die Antwort jedoch ist in deinem Inneren zu finden. Ich bin dabei nur ein Zeuge. Ich versuche lediglich, die Antwort aus dir herauszulocken. Wo es eine Frage gibt, muss es auch eine Antwort geben. Die kann schon bloßes Bezeugen in dir entstehen lassen.

Der Verstand, das „Ich", das jetzt gerade sieht, sollte nach innen genommen werden; ebenso wie das Gesehene und das Sehen selbst, das

35

sich gewöhnlich nur nach Außen richtet. Lass es zu seinem Ursprung zurückfinden.

Ich gebe euch ein Gleichnis: Die Sonne hat viele Strahlen. Würden die sich alle in einem Punkt im Kern der Sonne treffen, gäbe es eine riesige Explosion.

Ebenso ist es mit den Gedanken: Wenn alle sich nach innen richten, ins Zentrum, ins Herz, wird es einen Riesenknall geben und danach eine ungeheure Ausdehnung. Das nennt man *Vikasa* – Erstrahlen, Aufblühen.

Willst du damit andeuten, dass das der Moment der Selbst-Erkenntnis ist? So etwas wie ein „Aha!"

Zu dem Zeitpunkt wird es keine *Vasanas* mehr geben, denn wenn der Mensch, der das *Vasana* fühlt, nicht da ist, ist auch das *Vasana* nicht da. Dann verschmilzt alles miteinander und wird Eins. Das ist das wirkliche Sterben, der wahre Tod. Tod bedeutet hier natürlich nicht Tod des Körpers. Ich spreche vielmehr von einem nicht-dualistischen Leben jenseits des Todes.

Der Verstand reist überall hin, überall suchen wir nach Frieden, wir brauchen Frieden. Doch wer ist das, der den Frieden sucht? Wir müssen uns von der Unwahrheit zur Wahrheit bewegen. Das ist es, was wir *Satsang* (Begegnung in Wahrheit) nennen: die Zusammenkunft der Guten, der Wahren.

Wenn ich hier nicht vom Tod des Körpers spreche, dann deshalb, weil es eine Quelle gibt, eine Energie, nämlich die Urenergie, die vom Ursprung stammt. Und die muss im Herzen gefunden werden. Dann wird es einen Riesenknall geben, einen Knall, der den Verlust der Identität bedeutet. Das ist der Tod all dessen, was geboren wurde. Die dadurch befreite Energie beleuchtet das Selbst. Doch damit wirklich Leben beginnen kann, muss sie dafür ihre Identität verlieren.

Und welches Leben?

Das Leben nach dem Tod! Das wirkliche Leben! In ihm wirst du wahre Glückseligkeit genießen.

Ja, dem stimme ich zu.

Der Verstand sucht immer nach Frieden.

(Frage aus dem Publikum) Bitte verrate uns, wie man das macht!

Wie man den Verstand nach innen bringt? Der Verstand ist bereits innen. Also ist es das Beste, dafür zu sorgen, dass er nicht nach außen geht. Das ist alles. Dafür brauchst du nichts weiter zu tun, außer es einfach nur zu sehen. Sei dir einfach dessen bewusst! Praktiziere *Dhyana* (Meditation) mit offenen Augen und halte dabei deinen Verstand innen. Lass ihn nicht draußen umherwandern.

Dafür ist die Selbsterforschung ein gute Methode.

Ja, genau das meinte ich auch mit Selbsterforschung.

Die Selbsterforschung bringt uns zur Quelle.

Wenn der Verstand nur zum Herzen geht und dort ruht, ist das noch nicht Selbsterkenntnis. Doch können dann *Shodana*, das Suchen nach dem, was wirklich da ist, oder *Vichara*, Erforschen, geschehen. Und das führt am Ende zur Selbsterkenntnis, was bedeutet, die eigene Individualität restlos zu verlieren.

Ich spreche hier über zwei Wege: den Weg des Handelns und den Weg des Wissens oder Erforschens. Durch den Weg des Handelns wird *Jivatman*, die individuelle Seele, transformiert, um sich schließlich durch den Weg des Wissens zu entfalten. Entfaltung, Evolution, bedeutet, dass sie vollständig ihre Individualität verliert.

(Eine Frage aus dem Publikum) Swamiji, du erwähntest die Konzentration des Verstandes. Bei mir zum Beispiel taucht jetzt in diesem Moment ein Hungergefühl auf. Also denkt der Verstand bereits ans Essen, an die Zukunft also. Es scheint sehr schwierig, immer präsent zu bleiben. Was ist da der beste Weg?

Das beste ist, im Wachzustand zu schlafen, denn während des Schlafes ist der Verstand sichtbar. Lass ihn auch im Wachzustand sichtbar werden. Und, das ist der erste Schritt: Lasst uns Mittagessen gehen! (alle lachen)

Wir sind eigentlich noch gar nicht hungrig. Und wenn, dann sind wir hungrig nach deinem Wissen, nicht nach Essen.

Lasst uns zuerst den hier füllen. (streichelt seinen Bauch)

Wie wir erwachen können? Erwachen ist sehr wichtig, denn eigentlich schlafen wir ja und wissen deshalb nicht, wer wir sind. Doch wenn wir erwacht sind, ist dieses Wissen automatisch da, weil es aus unserem Inneren kommt.

Das spirituelle Erwachen ist anders als wir uns das vorstellen. Zuerst müssen wir uns um dieses Erwachen bemühen. Was bedeutet es? Wie können wir aus diesem Schlaf erwachen? Sobald wir einmal wirklich erwacht sind, ist es für immer. Wahres Erwachen geschieht nur einmal. Kein Schlaf mehr danach.

(Nach dem Mittagessen) Ajja, du hast uns so viele wunderbare Dinge erzählt!

Das weißt nur du. Ich kann mich an nichts erinnern.

Es scheint essenziell zu sein, einem **Guru** *zu begegnen und bei ihm zu bleiben. Wer ist der wahre* **Guru***?*

Du bist dein eigener *Guru*. Es gibt keinen anderen *Guru* außer dir selbst. Nur wenn du dein eigener *Guru* bist, kannst du auch einen *Guru* im Außen sehen. Ansonsten wirst du niemals einem *Guru* begegnen.

Der *Guru* kann manifest oder nichtmanifest sein. Er kann in jeglicher Form erscheinen. Er braucht dazu keinen physischen Körper, das ist nicht notwendig. Aber es kann nur geschehen, wenn du in einem erwachten Zustand bist, nicht im Schlafzustand, in dem wir uns jetzt befinden. Im erwachten Zustand können wir beides erfahren:

den Zustand des Schlafes und den des Erwachtseins. Dein Alltag, dein tägliches Handeln werden dann zu Spiritualität.

Unser Verstand weiß sehr viel über die Dinge im Außen. Das nennt man Wissenschaft. Doch wenn du über dieses Wissen hinausgehst, kannst du gleichzeitig das Schlafen und das Erwachtsein sehen.

Später gibt es so etwas wie „dieses und jenes" nicht mehr. Alles ist Eins. Im Moment sind wir alle noch verschieden, doch sobald wir dort angelangt sind, können wir sagen, und das zurecht, dass wir Eins sind. Wenn wir noch nicht erwacht sind, können wir nur sagen, dass wir im Innern alle Eins sind, äußerlich jedoch sind wir verschieden.

Und wir brauchen den Guru, *damit er Licht bringt und uns aufweckt?*

Ja, das ist es, was ich sage. Diese Frage ist sehr wichtig, denn jeder Mensch sollte einen *Guru* haben. Wer ein wahrer *Guru* ist, können wir nur wissen und verstehen, wenn wir erwachen. Bis dahin werden wir überall nach einem *Guru* suchen.

Was ist die Rolle des Guru*?*

Erzähle uns etwas über deine eigene Rolle, dann können wir auch über die Rolle des *Guru* sprechen. Doch zuerst finde heraus, was deine Rolle ist. Danach wirst du wissen, was die Rolle des *Guru* ist.

Jetzt zum Beispiel sind wir zu dir gekommen, weil du jemand bist, der das Licht bringt. Das ist der Guru.

Ich könnte dir dieses Licht geben, wenn kein Licht in dir wäre. Wenn es allerdings schon da ist...

... brauchen wir keinen Guru.

Also brauchst du ihn gar nicht! Was du wissen willst, ist bereits vorhanden, wenn auch durch Ignoranz und Unwissen verdeckt. Entferne diese Unwissenheit, und du wirst wissen, was ES ist und was ich bin.

Um diese Unwissenheit zu entfernen, brauche ich etwas Hilfe, deshalb komme ich zum Guru, denn er ist ein weiser Mann.

Der *Guru* bietet dir nur etwas Führung und begleitet dich.

Er entfernt den Staub.

Es ist ein Begleiten auf dem Weg zum Ziel, und dabei wird diese Unwissenheit entfernt. Wenn der Verstand nach Außen gerichtet ist, sehen wir nur die Dinge im Außen. Ist er hingegen nach innen gerichtet, kann er das Licht sehen. Wenn es keinen Seher gibt, wenn das Gesehene selbst Eins mit ihm geworden ist, dehnt sich das innere Selbst aus und wird zum Licht. So etwas wie einen Seher und das Gesehene gibt es dann nicht mehr, weil sie miteinander verschmelzen. Übrig bleibt dann nur noch Licht.

Du bist dein eigener *Guru*, da ist niemand, dem man Licht geben müsste, denn es ist bereits in dir. Du musst es nur sehen.

Doch es wird verdeckt vom Staub der Unwissenheit und Ignoranz. Bis der Verstand, der sonst nach außen ausgerichtet ist, nach innen schaut und mit diesem Unwissen verschmilzt, so dass es explodiert. Was übrig bleibt ist Licht. Sobald das geschehen ist, ist da niemand mehr, der sagen könnte, dass es nur Licht gibt. Da ist keine Individualität mehr, kein Seher.

Ist dafür die Hilfe des Guru notwendig?

Ja, das kann sein.

Der Guru ist also so eine Art Hausfrau, die Staub wischt.

Nun, es gibt verschiedene Arten von *Gurus*. Zuallererst sollte der Schüler so weit sein, dass er einen guten *Guru* findet. Bevor wir nach einem *Guru* suchen, sollte unser Verstand sich nach innen richten und die Quelle seiner Energie finden. Diese Kraft in unserem Inneren führt uns zum *Guru*.

Und woher weiß man, wer der wahre **Guru** *ist?*

Den *Guru* kann man nicht mit Worten beschreiben, er ist jenseits jeglicher Beschreibung. Ist er ein wahrer *Guru*, dann kommt er in dein inneres Selbst, um dort an dir zu arbeiten. Du kannst ihn niemals finden, er findet dich. Du kannst ihn nur erkennen und sehen, wer er ist, wenn dein unbewusster Verstand erwacht ist. Er wird den Staub der Unwissenheit wegfegen. Das ist seine Aufgabe, dafür ist allein er verantwortlich.

Der wahre *Guru* arbeitet von innen heraus. Mit unserem nach außen gerichteten Verstand können wir den *Guru* nicht analysieren oder gar ihm vertrauen. Ein *Guru* kann nur kommen, wenn der Verstand nach innen gerichtet und sein unbewusster Teil erwacht ist.

Was meinst du genau mit „erwacht"? Wenn ich wirklich erwacht bin, brauche ich doch keinen **Guru** *mehr. Der* **Guru** *hilft mir dabei, den Staub zu entfernen.*

Ich spreche gerade über das Erwachen des unbewussten Verstandes. Das ist der extrovertierte, nach außen gerichtete Verstand. Das Erwachen, das du meinst, ist der allerletzte Schritt, davon spreche ich im Moment nicht. Ich spreche nur über den Verstand, der sich nach innen zu richten hat.

Das heißt, wenn ich erkannt habe, dass ich schlafe und zum Erwachen Hilfe brauche, dann hätte ich eine Art erwachenden Verstand, der nach jemandem sucht, der mir in meiner Unwissenheit hilft?

Ja. Sobald der unbewusste Verstand erwacht ist, weil du aus einem unbewussten Schlafzustand aufwachst, kann ein *Guru* erscheinen, der dir hilft, indem er mit dir arbeitet.

Also erscheint der **Guru** *in dem Moment, in dem du offen und erreichbar bist.*

Ja, das ist die notwendige Vorbereitung, die wir treffen müssen. Eigentlich jedoch bist du dein eigener *Guru*.

Um über den *Guru* zu sprechen, sollte unser Verstand vollkommen leer sein, all unser Verlangen sollte verschwunden sein. Dann kannst du über den *Guru* sprechen. Wohin gehst du auf der Suche nach ihm, wenn all dein Verlangen vollkommen verschwunden ist? Dann kannst du spüren, dass der *Guru* an dir arbeitet.

Wir falten oft unsere Hände zusammen und beten: „Gott, der du bist im Himmel…" Doch wozu brauchst du einen Gott? Noch dazu einen im Himmel? Er ist bereits in deinem Herzen. Gott wohnt in dir! Schau also dort nach!

Lasst uns nicht zu einem Gott beten, der im Himmel wohnt. Beten wir doch lieber zu einem in uns, in unserem Körper, einen, der in diesem „Ich" wohnt. Lasst uns für den beten. Diesen Einen wollen wir. Wie sollten wir dort oben im Himmel auch jemanden finden?

In dir selbst ist ein *Jivatman*, eine Seele. Dieses *Jivatman* muss transformiert werden, dann wird es zu *Atman*, dem aus sich selbst erstrahlenden Einen, dem Licht. Und dann sprichst und denkst du nicht mehr über all diese Dinge nach.

Wir sind die Schöpfung und wissen, dass es einen Schöpfer gibt. Doch nach dieser Transformation wissen wir, dass wir selbst der Schöpfer sind. Er ist da in unserem Innern. Wir sind der Schöpfer. Ich bin Gott.

Das ist die Transformation, die stattfinden wird. Doch bleibt da immer noch ein Rest von Unwissenheit, denn dieser Gott ist auch nicht permanent. Er hat auch eine Identität, die enden sollte. Denn wer ist dieses transformierte „Ich", das von sich behauptet: „Ich bin Gott"? Auch das ist Unwissenheit. Damit alles zu Licht wird, muss auch dieser Schleier fallen. Das ist das letzte Stadium, die vollständige Transformation.

Willst du damit sagen, dass es zwei Stufen des Erwachens gibt?

Ja, zwei Stufen. Das verstehen die Menschen gewöhnlich nicht.

Kannst du das deshalb etwas erläutern?

Wir wissen, dass wir nichts anderes als Gott sind. Das ist die erste Stufe; sie wird Transformation genannt. Zu ihr gehört, dass wir sagen, wir wären ein Mensch, eine Person, oder wir behaupten, Gott zu sein: „Ich kann Wunder vollbringen!" und so weiter. Das ist das Ego, das gewöhnlich wieder auftaucht, wenn wir transformieren. Doch muss dieses Ego ebenso verschwinden.

Und das ist der zweite Schritt. Sein Geheimnis besteht in unaufhörlicher Meditation. Frage dich immer wieder: Wer ist dieses Ich, das sagt: „Ich bin Gott"? Nur du kannst die Antwort bekommen und die Unwissenheit beseitigen. Das ist nicht mehr nur Transformation, es transzendiert alles.

Es gibt diesen Ausdruck – *Aham Brahmasmi. Aham* ist das Gefühl, derjenige zu sein, der in diesem Körper lebt. *Brahmasmi* ist das Gefühl von „Ich bin Gott, ich bin *Brahma*, der Schöpfer." Beides muss verschwinden. Was allein bleiben sollte, ist *Brahman* (absolute Realität) – ohne *Aham* und ohne *Asmi.* Bleiben darf nur *Brahman.* Nur *Jyoti*, nur Licht. Keinerlei Identität mehr. Nur noch Glückseligkeit.

Nur wenn da niemand mehr ist, können wir wie ein Radio sein, aus dem einfach nur die Worte kommen, mehr nicht.

Wir sitzen jetzt schon einige Stunden hier mit dir und du hast viel von deinem Wissen und deinem tiefen Verständnis mit uns geteilt. Und wenn ich deine Schüler ansehe, kann ich dein Herz fühlen. Es gibt hier so viel Bhakti, *so viel Hingabe. Kannst du etwas über die Rolle von Hingabe sagen beim Finden der Wahrheit?*

Vertrauen! Und zwar nicht das Vertrauen in äußere Dinge, sondern das Vertrauen in dich selbst. Du solltest es fühlen können. Derzeit haben wir noch kein Vertrauen in den, der in uns wohnt. Stattdessen suchen wir draußen in der Welt nach Vertrauen und wollen dort Gott finden. Doch wir müssen dem, der in uns wohnt, vertrauen. Lasst uns also zuerst herausfinden und verstehen, wer wir selbst sind. – „Wer bin ich?"

Nun leben hier im Ashram *etwa zehn Menschen, die sich Ajja als ihrem Guru hingegeben haben. Aber sie schenken sich selbst durch ihre Arbeit auch der Gemeinschaft, dem* Ashram, *und das nenne ich* Bhakti. *Wie wichtig ist dieses Sich-Selbstlos-Hingeben im spirituellen Leben?*

Wir erfüllen einfach unsere Pflichten als Mensch, und wenn du willst, kannst du das *Bhakti* nennen. Ajja ist hier im *Ashram* dafür da, die spirituellen Fragen der Menschen zu beantworten und ihnen zu helfen. Wenn jemand Hunger hat, ist es schließlich auch unsere Pflicht, ihm etwas zu essen zu geben.

Meine Frage ist, welchen Effekt dieses Dienen für den Einzelnen hat.

Reinigung. Bevor du zur Spiritualität übergehst, musst du deinen *karmischen* Weg bis zum Ende gehen – mit selbstlosem Handeln. Bevor du nicht gehandelt hast und das *Karma* abgebaut ist, kannst du die Spiritualität nicht wirklich leben. Die Dinge, die du erwähnt hast, sind ein Teil dieser Vervollständigung des *Karma*.

Das Geheimnis ist, zu vergessen, was du gestern gewesen bist, und einfach von heute an aus selbstloser Motivation heraus zu handeln. Das unterstützt uns in unserer Entwicklung.

Während Bhakti *in Indien zum Alltag gehört, ist es in den westlichen Ländern eher ungewohnt oder seltener. Aber Hingabe scheint mir ein sehr wichtiger Bestandteil des spirituellen Lebens zu sein.*

Doch sollte Hingabe im Innern stattfinden. Wir sollten uns Gott oder dem *Guru* in uns selbst hingeben. Sich äußeren Dingen hinzugeben bringt absolut nichts, es ist dann wie im Westen einfach ein Ersatz. Nur eine Handlung ohne jeden Ich-Gedanken kann wirklich „selbstlos" genannt werden. So kann ich zwar für andere kochen, doch taucht dann immer *Bhava* auf, Gefühle und Gedanken, und das kann man dann nicht mehr als selbstlose Handlung bezeichnen. Bei einer wirklich selbstlosen Handlung gibt es kein Ego mehr, kein *Bhava*.

Ist somit Bhakti *ein Weg, diesen egolosen Zustand durch selbstloses Dienen zu erlangen, da du dabei das handelnde Ich aufgibst?*

Sogar dieses Ich, das sich selbst aufgibt, muss verschwinden, sonst ist es kein selbstloses Handeln. Nicht einmal, wenn wir nach einem

44

vollbrachten guten Werk fühlen, dass es ohne eigenen Vorteil war, ist es ganz selbstlos.

Suchende haben oft seltsame Vorstellungen vom Zustand der Erleuchtung. Wie sieht dein Alltag aus, und wie nimmst du die Welt wahr?

Welche Antwort ich jetzt auch gebe, die Leute denken, es sei Ajja, der antwortet, doch es ist nicht Ajja, der spricht. Es ist das strahlende Selbst, das Eine. Es gibt für mich keine Regeln. Nichts, keine Regeln, keine Grenzen. Ich bin an nichts gebunden.

Falls ihr jetzt hier bleiben würdet, könnte dann jemand von uns behaupten, dass dieser Ort meiner wäre? Oder eurer? Warum nicht eurer? Gehört dieser *Ashram* etwa euch? Oder gehört er jemandem, der gerade hier ist? Dieser *Ashram* ist so wenig mein *Ashram* wie dieser *Mandir* (Tempel). Er gehört mir ebensowenig wie dir. Ich bin nur als Zeuge hier.

Auch dein eigener Körper gehört dir nicht. Und wenn ich sage: „Ich bin nicht dieser Körper", wie könnte ich dann behaupten, mir gehöre dieser Ort? Wie könnte ich also sagen: „Ich bin ein *Guru*, das ist mein *Ashram*"? Dieser Gedanke wird in meinem Verstand niemals auftauchen. Es gibt keinen *Guru*, keinen Schüler, kein *Mandir*.

*Es gibt da doch einen Unterschied zwischen einem **Guru** und einem Schüler: Bevor wir hineingehen, müssen wir uns die Füße waschen. Ajja jedoch wäscht sich nicht die Füße. Das ist der Unterschied.*

Das war jetzt ein Scherz. Ich dachte, jetzt bin ich mal dran mit Witzemachen!

Da du gerade vom Füßewaschen sprichst: Ich habe schon seit vielen Tagen kein Bad mehr genommen, und sogar wenn ich mich wasche, dann nur, weil mich jemand dazu drängt. „Ich" wasche mich nie, und das kümmert mich auch nicht. Es kümmert mich nicht, weil der Körper mir nicht gehört. Ich bin nicht dieser Körper, davon bin ich absolut überzeugt. Es spielt deshalb keine Rolle, ob es sich um die Füße oder um den ganzen Körper handelt. Das Hemd, das ich anhabe, ist nicht mein Hemd, und auch dieser *Dhoti* (beinlanges Baumwolltuch) gehört nicht mir. Das gilt natürlich für jeden; jeder kann das für sich selbst erfahren.

Ich möchte deshalb etwas verkünden: Dieses Leben, diese Geburt, geschieht nicht für uns, sondern stellvertretend für das gesamte Universum. Jede Geburt ist wie eine Frucht, die zur Reife gelangen muss. Sie ist nicht nur für sich selbst da, sondern gehört wie ein kostbarer Schatz allen.

Wenn *Jivatman*, die Seele, ihre Individualität durch den Weg des Handelns und den Weg des Wissens vollkommen verloren hat, ist sie frei und damit zu einem *Jivanmukta* geworden. Und das kann jedem von uns passieren.

Jemand, der in einen Körper geboren ist, muss sterben, solange er noch in diesem Körper ist; nur dann erlangt er Befreiung. Geschieht das nicht, ist er nicht wirklich gestorben, sondern die Seele muss wiederkehren. Kehrt sie zurück, ist sie nicht wirklich gestorben, denn ansonsten könnte sie nicht wiederkehren. Also sollte die inkarnierte Seele wirklich und vollständig sterben, und nicht nur der dazugehörige Körper. Geschieht das nicht, dreht sich das Rad der Inkarnationen immer weiter – bis zum endgültigen Tod dessen, was geboren war. Erst dieser wahre Tod bedeutet Befreiung.

Du hast gerade ausführlich über das Thema Erwachen mit uns gesprochen. Wenn du jemandem mit einer Leidenschaft für das Erwachen begegnen würdest, was wäre dein spontaner Rat an ihn?

Alles liegt in den Händen der Menschen. Was auch immer ihr von mir wollt, könnt ihr euch nehmen. Wie das gehen soll? Nun, von jemandem, der im Innern vollkommen leer ist, kannst du nehmen. Und du kannst dabei frei entscheiden, was du möchtest. Doch sollten wir für die Gnade Gottes frei sein von den Befleckungen der Begierden und des Verlangens, die zum Verstand gehören. Doch ich spreche über das, was jenseits davon liegt. Über das, was übrig bleibt, wenn du das Gefühl von „ich" und „mein" aufgegeben hast. Dann ist nur noch das Sein da, nur noch DAS.

Es gibt ein Stadium, in dem zwar Handeln geschieht, doch ist ebenso das Bewusstsein da, nicht der Handelnde zu sein. Handeln ist dann Nichthandeln, das bedeutet, es geschieht zwar, doch bindet es dich nicht. So bist du bereits hierher gekommen, also gibt es nichts, was du noch brauchen könntest. Du hast doch schon alles für deinen Rückweg, oder?

Ja, wir sind wunderbar ausgestattet.

Warum gibt es denn diese ganzen Probleme und all die vielen Fragen? Warum das ganze Meditieren? Weil wir geboren worden sind und es jetzt unsere Aufgabe ist, wieder zum Ursprung zurückzukehren. Und wir müssen zurück, wir haben keine andere Wahl! Unser Ticket ist bereits reserviert, wir warten lediglich auf den richtigen Zeitpunkt. Dieses Warten wird Meditation genannt. Warte also und meditiere.

Ihr seid hierher gekommen, um Antworten zu finden, für euch selbst oder zum Wohl der Menschheit. Nun kehrt zurück in eure Heimat und denkt nach über das, was ich gesagt habe, meditiert darüber. Die Meditation wird dafür sorgen, dass die richtige Antwort aus eurem Innern aufsteigt.

Vielen Dank. In dieser starken Energie von dir zu sein, macht mich sehr glücklich.

Das ist nicht immer so. Die Energie kommt von den Menschen hier, von ihrem Interesse.

Dann kommen wir nächstes Jahr wieder!

Wenn ihr das nächste Mal kommt, bleibt wo ihr seid, bei euch, und kommt dann.

Es ist nur der Bus, der gekommen ist. Wir sind bereits hier.

Willst du die Telefonnummer?

Auf jeden Fall!

Die Nummer ist: Eins! Bleib, wo du bist, wähle die Eins, und dann erhältst du die Antwort, die bereits in dir liegt: Eins.

Buddha sagte kurz vor seinem Tod: „Sei dir selbst ein Licht."

Sei dir selbst ein *Guru*, sei dir selbst ein Licht. Der Schüler von heute ist der Lehrer von morgen. Du bist dein eigener *Guru*. Zuerst bist du Schüler, dann wirst du zum *Guru*. Erst wenn du zum *Guru* geworden bist, begegnet dir dein *Guru*, erst dann kann ein *Guru* kommen und „Hallo" sagen.

Bitte singt zum Schluss ein Lied oder einen *Bhajan* (Lied aus Hingabe zu Gott) in eurer Sprache, egal ob nun in Französisch, Australisch oder Englisch. Singt ein Lied für mich!

Das Interview endet mit lautem, gemeinsamem Singen.

Ramesh Balsekar

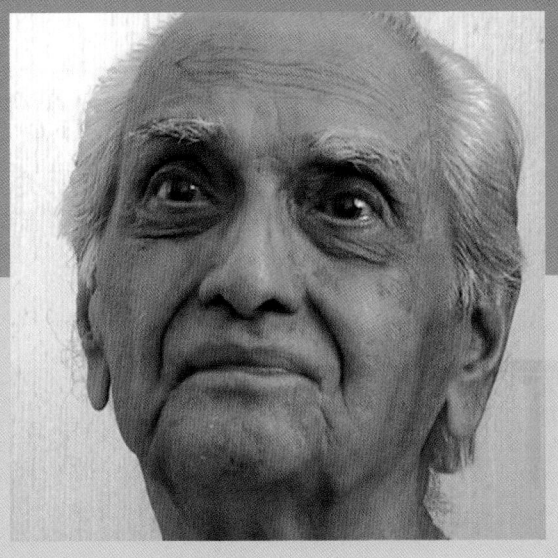

Wenn Heilige sagen, das Ego
müsse zerstört werden, meinen
sie damit – auch wenn sie es
aus irgendwelchen Gründen
nicht deutlich ausdrücken –
die Überzeugung des Ego,
der Handelnde zu sein. Das
Ego selbst kann man nicht
zerstören, genauso wenig wie
den Verstand.

Leben bedeutet, in diesem Moment nicht zu wissen,
ob der nächste Frieden, Freude oder Leid bringt – das ist Leben.

Ramesh Balsekar

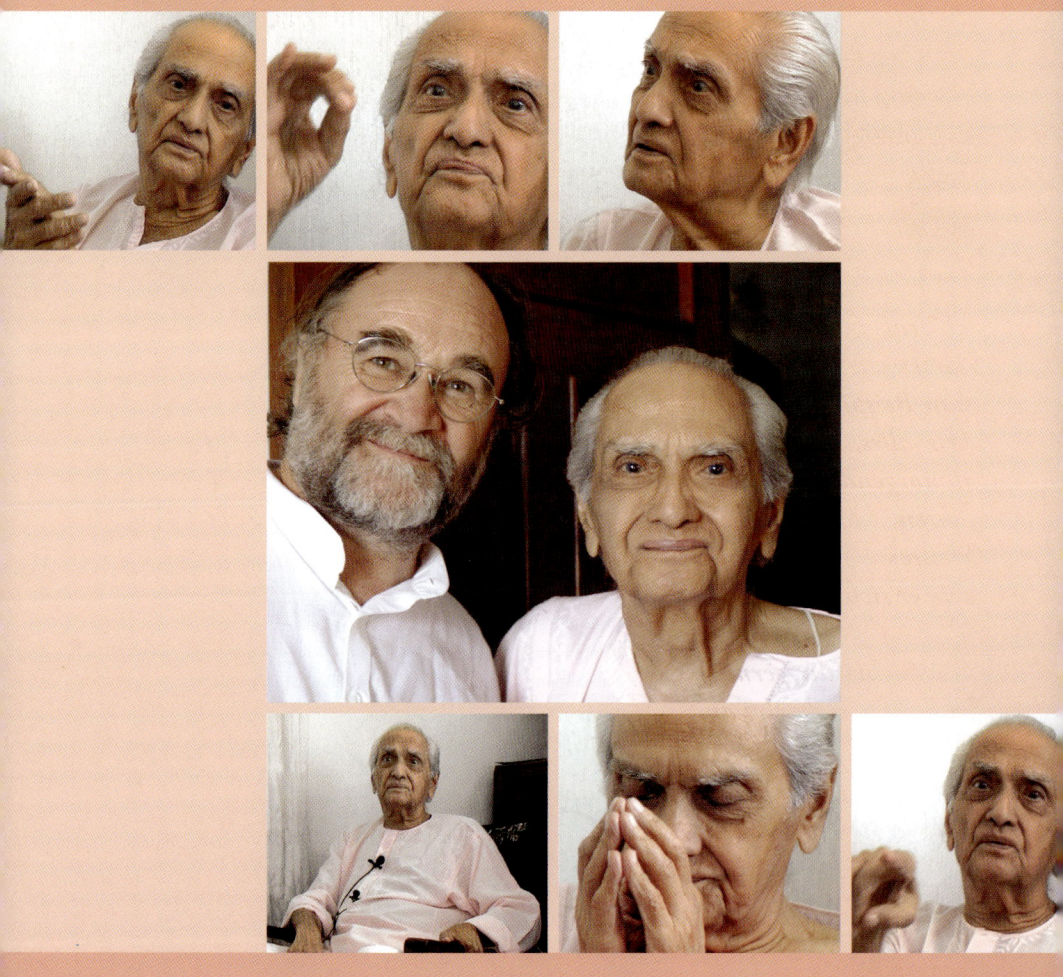

Ramesh Balsekar

Ramesh hat als verheirateter Mann nicht nur seine Kinder großgezogen, sondern war auch in der Wirtschaft höchst erfolgreich. So arbeitete er lange für die Indische Bank, und wurde schließlich sogar deren Präsident. Nach seiner Pensionierung übersetzte er für Nisargadatta Maharaj, um sich anschließend selbst dem Lehren zu widmen. Er hat viele Bücher geschrieben, sowohl über die Lehren seines Meisters als auch über seine eigenen. Viele seiner Schüler sind inzwischen selbst bekannte Lehrer geworden. Ramesh gibt jeden Morgen Satsang von 9.00 bis 10.30 Uhr in seiner Wohnung in Mumbai.

Ich traf Ramesh das erste Mal 1992. In den Jahren darauf kam ich immer wieder gerne in seine Wohnung, die er kaum noch verließ, um zum Beispiel zu hören, dass wir nicht die Handelnden sind, sondern dass alles, was uns geschieht, vom Schicksal bestimmt ist. Seinen allmorgendlichen Satsang gibt es nun schon seit mehr als zwanzig Jahren, und auch im Alter von 90 Jahren lädt er noch dazu ein. Sein Meister war Nisargadatta Maharaj, aber Ramesh hat immer gezeigt, dass er sich mit Sri Ramana Maharshi tief verbunden fühlt.

Ich möchte dir gerne zwölf Fragen stellen. Die gleichen Fragen habe ich bereits sechzehn anderen indischen Lehrern gestellt.

Sechzehn, kannst du sehen, wie verrückt das ist? (beide lachen)

Sri Ramana stellte die grundlegende Frage „Wer bin ich?" – Wer bist du?

Du fragst mich, wer ich bin?

Ja.

Ich würde die Frage gern anders formulieren: „Wer ist dieser Handelnde, der denkt, er sei von den anderen Handelnden getrennt?" Die genaue Untersuchung der Frage führt mich dann zu dem Ergebnis, dass weder ich noch der Andere der Handelnde ist! Tatsächlich gibt es gar keine Handlung als solche. Das Handeln geschieht einfach, das ist alles, was überhaupt existiert. Alles, was auf der Welt geschieht, sind Handlungen, die dem kosmischen Gesetz unterliegen. Sri Ramana Maharshi hat das Ganze „Selbsterforschung" genannt. Ich nenne es „Ergründen des Selbst".

Meinst du damit, dass Ramesh Balsekar eine Manifestation der Quelle ist?

Ramesh Balsekar ist der Name für ein dreidimensionales Objekt, das gemeinsam mit drei Milliarden anderen dreidimensionalen Objekten die gesamte Manifestation darstellt. Ramesh ist ein dreidimensionales Objekt einer bestimmten Gattung; andere Gattungen neben dem Menschen sind meiner Auffassung nach Steine, Pflanzen und Tiere. Anders ausgedrückt: Ebenso wie ein Tier hat der Mensch Gefühle – allerdings hat er zusätzlich das Gefühl, der Handelnde zu sein, und er hat ein merkwürdiges Geschenk mitbekommen: den Intellekt, der ihn stresst und frustriert. Aber zunächst einmal ist er nur ein dreidimensionales Objekt.

Viele Menschen aus dem Westen kommen nach Indien auf der Suche nach Erleuchtung, als wäre sie lediglich eine Erfahrung. Was ist Erleuchtung?

Erleuchtung ist ein Vorgang. Und damit so ein Vorgang geschehen kann, ist ein dreidimensionales Objekt, ein Mensch, notwendig, der sich zuvor als separate Einheit erlebt.

Es ist also ganz sicher, dass es sich nicht um eine Erfahrung handelt?

Ja: Erleuchtung ist keine Erfahrung! Erfahrung ist, was ich eine „kostenlose Probe" nenne, die einen Geschmack davon geben kann, was Erleuchtung wirklich bedeutet.

So etwas wie ein kurzer Einblick, ein Satori?

Ja, so etwas wie ein kurzer Einblick!

Haben viele der Menschen, die zu deinen Satsangs *(Begegnung in Wahrheit) kommen, solche Einblicke?*

Es hängt ganz vom Schicksal jedes Einzelnen ab, ob er so eine Erfahrung macht oder nicht. Und in dieser Erfahrung liegt auch eine Gefahr! Denn wenn jemand diese Erfahrung gemacht hat, könnte er glauben, er sei durch dieses Geschenk nun ein ganz besonderer Mensch. Dann kann es passieren, dass der Suchende nun nicht mehr wie zuvor nach Erleuchtung strebt, sondern irrtümlicherweise nach der Erfahrung. Und das, denke ich, steht ihm dann im Weg. Ob sich dieser Mensch jetzt in der Erfahrung verliert oder nicht, hängt von seinem Schicksal ab. Doch in dem Glauben, dieser kurze Einblick sei die Wahrheit, liegt eine immense Gefahr.

Ist es möglich zu erkennen, was wahr ist und was lediglich Teil der Erfahrung ist?

Alles ist immer eine Erfahrung, daran besteht überhaupt kein Zweifel. Es ist nur die Frage, wie viel Gewicht ich dieser Erfahrung beimesse. Wenn ich die Weisheit besitze zu erkennen, dass eine Erfahrung nur eine Erfahrung ist, fühlt sich das ganz anders an, als wenn ich denke: „Das ist es! Jetzt bin ich erleuchtet!" Denn dann werde ich nur nach weiteren Erfahrungen suchen. Doch die Wahrheit ist immer zugänglich.

Gibt es irgendwelche Voraussetzungen für die Erleuchtung? Ist eine Sadhana *(spirituelle Disziplin) notwendig?*

Wer macht die *Sadhana*? Dahinter steht doch die Idee, dass es jemanden gibt, der die *Sadhana* machen wird. Und dieser Jemand, der sich als eigenständiges Wesen versteht, sieht dann andere eigenständige Wesen, denen es nicht möglich ist, diese Übungen zu machen. Also denkt dieser Jemand, dass er etwas Besonderes sein muss, und deshalb die Erleuchtung verdient hätte. Und darin liegt für mich ein großes Hindernis!

Sadhana ist aber hilfreich, wenn du dadurch erkennst, dass diese Übungen einfach im Körper-Geist-System geschehen, ohne dass es jemanden gibt, der sie ausübt!

Spirituelle Übungen sind also schon notwendig, um das Körper-Geist-System auf das Erwachen vorzubereiten?

Wenn das Erwachen geschieht, dann geschieht es einfach. Ob dieses Individuum für das Erwachen bestimmt ist, hängt letztendlich von seinem Schicksal ab. Und das unterliegt dem kosmischen Gesetz. Wenn die Erleuchtung geschehen soll, dann wird sie geschehen. Und wenn sie ohne *Sadhana* geschehen wird, dann wird sie ohne *Sadhana* geschehen!

Meiner Meinung nach ist das Ausüben von *Sadhana* keine Voraussetzung. Ramana Maharshi ist ein gutes Beispiel dafür. Er war nie auf der Suche, er hat nie *Sadhana* praktiziert und trotzdem hat dieses wahrhaftige Verstehen der Wahrheit stattgefunden.

Ja, er war noch ziemlich jung, als ihm das geschah, gerade mal sechzehn! Aber ich glaube, das gibt es nur ziemlich selten.

Das stimmt!

Es sieht so aus, als würde es hauptsächlich bei den Menschen geschehen, die Jahre lang die entsprechenden Übungen praktiziert haben, wie zum Beispiel Chanten oder Meditation.

Wenn das Erwachen ohne viel *Sadhana* geschehen soll, wirst du nur wenig *Sadhana* ausüben müssen. Ist es hingegen das Schicksal eines bestimmten Wesens, für das Erwachen besonders harte und viele *Sadhanas* ausüben zu müssen, dann wird es eben so sein! Nichts geschieht einfach so; es geschieht nur, wenn es sein soll, wenn es das Schicksal eines Menschen ist. Und das unterliegt nur dem kosmischen Gesetz. Das anzuerkennen bedeutet vollkommene Akzeptanz. Es ist nicht so, dass erst bestimmte Dinge geschehen müssen, damit die Erleuchtung geschieht oder dass irgendeine *Sadhana* das bewirken wird.

Die alte indische Weisheitslehre des Vedanta *(vedische Philosophie) hat für Menschen, die das Erwachen anstreben, einen regelrechten Plan entwickelt, der viele Jahre spiritueller Übungen beinhaltet. Siehst du in dieser Lehre eine Unterstützung?*

Für mich ist das keine Weisheitslehre, sondern nur ein sehr altes Übungssystem. Die ganze Weisheit kann man in einem Satz ausdrücken, der ebenfalls sehr alt ist, denn Buddha sagte schon vor 2.500 Jahren: „Ereignisse geschehen, Taten werden vollbracht, deren Ergebnisse stellen sich ein, aber in Wirklichkeit gibt es niemanden, der handelt." Das zu sehen ist Erleuchtung!

Erleuchtung wird zu einem Ziel. Es kann aber kein Ziel sein. Deshalb frage ich noch einmal: Was erhoffst du dir für den Rest deines Lebens von der Erleuchtung oder dem Erwachen, das du zuvor nicht hattest? Warum frage ich das, und wer sucht nach Erleuchtung?

Ich. Ich, das eigenständige Wesen Ramesh, suche nach Erleuchtung. Wenn es die Erleuchtung erfahren hat, muss dieses eigenständige Wesen sich fragen: „Was werde ich nun für den Rest meines Lebens haben, das ich zuvor nicht hatte?" Leider ist das eine Frage, mit der sich Suchende nicht näher beschäftigten. Erleuchtung ist für sie zu einem Ziel geworden.

Möchtest du, dass wir uns jetzt näher mit dieser Frage beschäftigen?

Auf jeden Fall! Diese Frage wurde bereits von Buddha beantwortet: Erleuchtung ist das Ende allen Leidens. Ganz direkt und ohne Umwege. Was aber ist Erleuchtung?

Ereignisse geschehen, Taten werden getan, die Ergebnisse werden sichtbar, doch es gibt nicht wirklich jemanden, der handelt. Das ist wahres Verstehen, das ist Erleuchtung. Wir müssen verstehen, was Buddha mit dem Wort „Leiden" meint. Normalerweise versteht man unter „Leiden" den Schmerz im aktuellen Augenblick. Und Leben bedeutet, in diesem Moment nicht zu wissen, ob der nächste Frieden, Freude oder Leid bringt – das ist Leben. Und was will der Mensch? Er will, dass es ihm immer gut geht, er will nicht leiden. Deshalb sagen die meisten Menschen, wenn sie hören, dass Erleuchtung das Ende allen Leidens bedeutet: „Ja, das will ich! Nie wieder Schmerzen haben, weder jetzt noch in der Zukunft. Weder körperlichen Schmerz, noch psychischen, keinen Kummer mehr und auch keine finanziellen Sorgen!"

Aber Buddha war nicht dumm. Er wusste, Leben bedeutet, von einem Moment zum nächsten zu gehen, ohne zu wissen, ob dieser Schmerz oder Freude bringt. Tatsächlich ist der Wechsel zwischen Schmerz und Freude die Essenz des Lebens. Wie sollte man sie beseitigen können? Buddha wird deshalb wohl kaum das Ende aller Schmerzen versprochen haben. Deshalb stellt sich die Frage, was Buddha mit „Leid" gemeint hat.

Als ich mir diese Frage stellte, kam ich zu folgender Erkenntnis: Erleuchtung bedeutet zu akzeptieren, dass man nicht der Handelnde ist. Das bedeutet das Ende allen Leidens, das ich mir in meinem Leben selbst kreiert habe, weil ich mich selbst und auch die anderen als Handelnde empfunden habe. Ich kam zu dem Ergebnis, dass dies nur zu Leid führen kann, weil ich mir diese ganze Last von Schuld und Scham selbst aufgeladen habe, und das für etwas, das ich im Grunde als dumm und schlecht verurteile. Außerdem trage ich die Last von Hass und Böswilligkeit, Eifersucht und Neid gegen andere mit mir herum, als Reaktion auf ihre Taten. Ich schleppe dieses ganze Leid mit mir herum, weil ich mich selbst, und auch die anderen, als Handelnde empfinde.

Ich stimme mit Buddhas Definition von Erleuchtung absolut überein. Da ist vollkommene Akzeptanz, dass es keinen Handelnden gibt. Dann trage ich nicht mehr diese Last von Schuld und Leid mit mir herum, die ich mir für meine Handlungen selbst auferlegt habe, und auch nicht mehr den ganzen Hass und die Böswilligkeit, die Eifersucht und den Neid anderen gegenüber.

Ich gehe dann durch das Leben und habe keine andere Wahl, als den Schmerz oder die Freude des Augenblicks zu akzeptieren. Aber ich, Ramesh, das Ego, will immer klar und rein sein, ohne die Schatten von Schuld oder Scham, Hass oder Böswilligkeit anderen gegenüber. Für dieses Ego hängen Glück oder Leid von den Beziehungen zu anderen ab; es fühlt sich gut, wenn es mit sich selbst in Frieden und in Harmonie mit anderen ist.

Leben bedeutet für mich nicht, was da draußen im Universum geschieht, sondern was in mir geschieht, mit meinen Beziehungen zu anderen, wer auch immer diese „Anderen" sein mögen. Man ist ja von morgens bis abends von Beziehungen umgeben: Zu Hause warten Frau und Kinder, auf der Arbeit gibt es die Arbeitskollegen, als Geschäftsmann hat man seine Kunden, ganz abgesehen von all den anderen Menschen. Eines ist vollkommen klar: Man kann noch nicht einmal davon träumen, glücklich zu sein, solange die Beziehung zu den „Anderen" nicht harmonisch ist. So einfach ist das.

Bin ich denn jetzt gerade glücklich? Nein. Und warum bin ich nicht glücklich? Weil anscheinend meine Beziehung zu anderen nicht harmonisch ist. Und warum ist sie nicht harmonisch? Weil seit meiner Geburt – durch die Erziehung, die Gesellschaft, in der Schule – meine gesamte Konditionierung darauf ausgerichtet ist, dass der andere ein potentieller Rivale ist. Leben ist Konkurrenzkampf, Wettstreit. Wir sehen im anderen immer nur einen potentiellen Feind. Wie kann also die Beziehung zwischen mir und den anderen jemals harmonisch werden?

Sie kann es nur, wenn ich folgendes revolutionäre Konzept, welches gegen jegliche Konditionierung geht, vollkommen akzeptiere: Wenn es gemäß meinem Schicksal, Gottes Willen und dem kosmischen Gesetz nicht vorgesehen ist, dass ich verletzt werde, dann kann mich nichts auf der Welt verletzen! Diesen Gedanken akzeptiere ich absolut! Wenn es also nicht mein Schicksal ist, verletzt zu werden, und mich deshalb auch keine Kraft der Welt verletzen kann, warum sollte ich dann in dem anderen noch eine potentielle Gefahr sehen? Und sollte es doch mein Schicksal sein, verletzt zu werden, dann ist die Frage, welcher der anderen mich verletzt, vollkommen bedeutungslos. Warum also sollte ich die ganze Welt als potentielle Bedrohung sehen?

Es geht darum zu verstehen, dass alles einfach nur geschieht und jeder Einzelne nichts anderes „tun" kann, als Gottes Willen zu erfüllen. Welche Auswirkungen das dann auf andere hat, hängt vom jeweiligen Schicksal ab. Ich kann nur verletzt werden, wenn mein Schicksal eine Situation vorsieht, in der ich verletzt werde. Das hat mit dem anderen gar nichts zu tun!

Wenn ich dieses Konzept vollkommen akzeptiere, kann ich auch den anderen wirklich annehmen, selbst als diese „potentielle Gefahr", die er darstellt. Das funktioniert natürlich nur, wenn ich akzeptiere, dass sowohl ich als auch der andere nur einzigartig programmierte Instrumente sind, durch die sich das Leben ausdrückt – gemäß den kosmischen Gesetzen. Dann gibt es keinen Grund mehr, warum meine Beziehung zu anderen nicht harmonisch sein sollte. In unserem Dasein als hilflose Instrumente entsteht eine Verbundenheit in universeller Bruderschaft. Einzig und allein wenn ich das akzeptiere, kann ich mich befreien von der viele tausend Jahre alten Konditionierung, den Menschen neben mir als „potentielle Gefahr" anzusehen.

Weißt du, Premananda, Grundlage jeglicher Akzeptanz ist doch, dass alles einfach so geschieht! Für wen und wie sich das Geschehen auswirkt, hängt vom Schicksal ab. Deshalb kommt mir gar nicht in den Sinn, irgendjemanden für irgendein Handeln zu verurteilen und zu beschuldigen – weder mich selbst noch andere. Mich nicht mehr selbst zu verurteilen bedeutet, diese ganze Last von Schuld und Scham, von Hass und Böswilligkeit abzuwerfen. Das bedeutet Frieden in mir und Harmonie mit anderen. Was dann übrig bleibt, ist genau das, was der Suchende für sich erhoffen kann, falls Erleuchtung geschieht. Mehr nicht. Und das würde ich den Suchenden auch ganz klar sagen: Wenn du mehr als das möchtest, zum Beispiel die Fähigkeit, über Wasser zu gehen, dann wirst du sie durch diese Einsicht nicht bekommen. Sei dir also im Klaren darüber, was du willst! Alles ist möglich in diesem Universum, nur wird es nicht das Ergebnis dieses Verstehens, deines Erwachens sein.

Buddha ist für seine jahrelange sehr harte Sadhana *bekannt. Deshalb praktizieren die Buddhisten in den Klöstern auch so viel* Sadhana. *Was werden die Schüler von Ramesh tun?*

Ich habe nicht die leiseste Ahnung, Premananda. Ich weiß noch nicht einmal, wer meine Schüler sind. Und ich weiß auch nicht, was sie befolgen würden.

Gibst du ihnen denn keine Sadhana?

Noch einmal: Ich empfehle durchaus ein gewisses Maß an *Sadhana*. Wenn du verstanden hast, dass alles einfach geschieht, akzeptierst du gleichzeitig, dass es kein Tun gibt. Diese Akzeptanz muss absolut sein!

Würdest du das Hingabe nennen?

Ja, aber ich sage unmissverständlich und klar: Alles geschieht, niemand tut irgendetwas! Wer sollte so ein schönes Konzept über das Nicht-Tun nicht verstehen können, das doch so einfach ist. Es erlöst mich von meiner eigenen Schuldzuweisung und meinen Schuldgefühlen. Und es erlöst mich auch davon, den anderen zu beschuldigen und ihn als Feind zu sehen. Damit das jedoch funktionieren kann, muss man es vollkommen akzeptieren, nicht nur rein intellektuell. Was aber kann ich tun, damit diese Akzeptanz vollkommen wird? Jetzt, wo ich darüber nachdenke, fällt mir das Verrückte an dieser Frage auf. Denn die Antwort ist offensichtlich: Nichts! Ich kann gar nichts tun, denn ich bin schließlich nicht der Handelnde. Es wird nur geschehen, wenn es Gottes Willen ist und gemäß dem kosmischen Gesetz und meinem Schicksal geschehen soll. Ist das jetzt deutlich genug?

Ich akzeptiere also, dass ich warten muss, bis etwas geschieht. Aber kann ich nicht in der Zeit, in der ich abwarte, ob etwas geschieht oder nicht, irgendetwas tun? Denn der Wunsch, etwas zu tun, ist ja immer noch da! Die Antwort auf diese Frage ist: „Ja." Und ich empfehle eine einzige grundlegende *Sadhana*, die ich „Ergründen des Selbst" nenne. Ich erwarte jedoch von niemandem, dass er seine *Sadhana* aufgibt.

Wenn dir die *Sadhana* gefällt, die du zur Zeit praktizierst, dann mache sie weiter! Warum solltest du auf etwas verzichten, das dir Freude macht?

Da wir den ganzen Tag über sehr beschäftigt sind, empfehle ich, das Ergründen auf folgende Weise zu machen: Nimm dir am Ende des Tages zwanzig Minuten Zeit, setze dich still hin und mach es dir bequem. Und wenn du dein allabendliches Bier trinken willst, dann trinke es – es geht hier schließlich nicht um Verzicht! Beginne dann beim stillen Sitzen die Selbstergründung auf ganz einfache Weise: Du wählst aus den Tagesaktivitäten eine aus, von der du dir sicher warst, der Handelnde zu sein.

Dann frage dich: „Wenn dies wirklich meine Handlung war, habe ich mich irgendwann dafür entschieden?" Die Antwort wird sein: „Nein, habe ich nicht." – „Wie aber konnte diese Handlung dann stattfinden?" Weiteres Ergründen wird dich zu folgender Antwort bringen: „Zuerst stieg in mir ein Gedanke auf, und dieser Gedanke führte zu der Handlung, die ich nun „meine" Handlung nenne. Wäre dieser Gedanke nicht aufgestiegen, wäre diese Handlung nie geschehen. In dem Augenblick, als der Gedanke aufstieg, hatte ich keinerlei Kontrolle über ihn. Wie kann ich also behaupten, ich hätte die Handlung vollzogen?"

Jedes Mal, wenn du diese *Sadhana* machst, wird dein Verstehen durch die Ergründung ein Stück tiefer gehen. Deshalb ist es sehr wahrscheinlich, dass an einem bestimmten Punkt die absolute Akzeptanz über dich kommen wird. Vielleicht glaubt mir das niemand, aber ich weiß genau, dass es niemals einen Handelnden gab! Nur mit dieser absoluten Akzeptanz können die Zweifel vollständig verschwinden.

Sri Ramana sagte, der direkteste Weg zur Erkenntnis des Selbst sei die Selbsterforschung. Was kannst du über die Selbsterforschung sagen? Wie wendet man sie an?

Ich habe „Selbsterforschung" in „Ergründen des Selbst" umgewandelt. Ramana Maharshi selbst sprach oft darüber, dass die Überzeugung, der Handelnde zu sein, dem Ego seine Grundlage bietet. Er wusste offensichtlich, dass das Ego immer da sein wird. Er wusste ganz genau, dass auch er selbst bis zum Augenblick seines Todes ein Ego haben wird. Er nannte es das „Ego eines Weisen"; es ist wie die Überreste einer verbrannten Schnur: machtlos. Mit einer verbrannten Schnur kann man nichts mehr zusammenbinden. Und genauso machtlos ist das Ego des Weisen.

Jeder hat ein Ego, der Weise genauso wie gewöhnliche Menschen. Beide reagieren, wenn man ihren Namen nennt. Worin besteht also der Unterschied? Er besteht darin, dass ein gewöhnlicher Mensch davon überzeugt ist, er sei ein Handelnder wie jeder andere Mensch auch. Der Weise hingegen weiß genau, dass weder er noch irgendjemand anderes der Handelnde ist. Das Ego des Weisen ist also von diesem Makel frei. Das ist alles!

Ich verstehe die Selbsterforschung so: Ramana empfahl, sich selbst zu fragen, wer in diesem Moment handelt. „Wer spült gerade das Geschirr?" – „Ich spüle das Geschirr." Dann fragst du dich weiter: „Wer ist dieses Ich?" Durch diese zweite Frage bringst du die Aufmerksamkeit von Außen, von den Händen, die das Geschirr spülen, zurück zur Quelle. Und wenn ich dich richtig verstanden habe, hat das Ergründen des Selbst genau den gleichen Effekt, richtig?

Das Ergründen des Selbst ist fokussierter. Für einfache Menschen ist es viel leichter als die übliche Selbsterforschung.

Als Sri Ramana gefragt wurde, wann man das Selbst erkannt hat, antwortete er: „Wenn die Welt, die das Gesehene ist, entfernt worden ist, wird die Erkenntnis des Selbst als das Sehende geschehen." Wie ist die Welt zu verstehen, und wie kann man sie beseitigen?

Man kann die Welt nicht beseitigen, sie ist einfach da. Wie ich mit anderen in Beziehung trete, ist die Grundlage für mein Verhalten im Leben. Bin ich zu der Erkenntnis gekommen, dass weder ich noch der andere der Handelnde ist, kann keiner von uns für das, was auf der Welt geschieht, beschuldigt werden. Dann muss auch ich niemanden mehr beschuldigen. Dadurch werde ich frei von Schuld- und Schamgefühlen und empfinde auch den anderen gegenüber keinen Hass mehr. Die letztendliche Erkenntnis ist allerdings: Es hat nie eine Schöpfung gegeben. Doch wir unterhalten uns auf der Ebene eines illusionären Ichs, das ein illusionäres Leben lebt.

Oft wird behauptet, dass der Verstand erst zerstört werden muss, damit Befreiung stattfinden kann! Hast du einen Verstand?

Natürlich habe ich einen Verstand, sonst wäre ich ja ein Idiot! Meiner Meinung nach, kann der Verstand nicht zerstört werden. Ramana Maharshi und ich haben das gleiche Verständnis darüber: Der Verstand ist etwas, das man braucht, um in der Welt zu leben. Ohne Gehirn und Verstand wäre der Mensch nicht fähig, sein Leben als eigenständiges Wesen zu leben; und dennoch sprechen die Weisen davon, den Verstand beziehungsweise das Ego zu zerstören. Doch was ist damit genau gemeint? Wie ich bereits erklärt habe, kann das Ego nicht zerstört werden! Wir brauchen es, um zu leben. Es ist das Ego, das unser individuelles Leben ermöglicht.

Wenn also Heilige sagen, das Ego müsse zerstört werden, meinen sie damit offensichtlich – auch wenn sie es aus irgendwelchen Gründen nicht deutlich ausdrücken – die Überzeugung des Ego, der Handelnde zu sein. Das Ego selbst kann man nicht zerstören, genauso wenig wie den Verstand.

Der hat zwei Aspekte: Es gibt den arbeitenden und den denkenden Verstand, wobei der arbeitende Verstand zum Leben gebraucht wird. Er arbeitet immer im Jetzt. Der denkende Aspekt des Verstandes hingegen ist nie im Jetzt. Stattdessen ist er ständig besorgt, denkt über Vergangenes nach oder ist mit der Zukunft beschäftigt. Deshalb muss er zerstört werden.

Ein Heiliger macht sich nur Gedanken über das, was gerade geschieht, und er akzeptiert es vollkommen. Denn was geschehen soll, wird auch geschehen, und zwar dem Willen Gottes entsprechend und dem kosmischen Gesetz.

Ich glaube, Sri Ramana benutzte das Wort **Manonasha.**

Mano ist der Verstand, *Nasha* die Zerstörung. Zerstört werden muss der Aspekt des denkenden Verstandes – das ist *Manonasha*.

Das war jetzt klar und deutlich, denn darüber gibt es viele Missverständnisse!

Allerdings!

Immerhin gibt es viele Menschen, die Jahre in buddhistischen Klöstern verbringen und versuchen, ihren Verstand loszuwerden.

Ja, genau.

Und wie sieht es mit Vasanas aus, den Neigungen des Verstandes?

Was man normalerweise unter *Vasanas* versteht, nenne ich Konditionierung. Deine Augen sehen etwas und deine Ohren hören etwas, und dann reagiert das Körper-Geist-System prompt darauf. Meine Augen sehen genau das Gleiche, aber die Reaktion beider Körper kann sehr unterschiedlich sein, denn sie hängt von der Programmierung ab! So wie wir keine Kontrolle darüber haben, in welches Elternhaus oder soziales Umfeld wir geboren werden, so haben wir auch keine Kontrolle über die Gene dieses Körpers. Und die Gene sind ohnehin viel mehr für unsere Handlungen verantwortlich, als man bisher glaubte. So werden wir überall konditioniert: zu Hause, in der Gesellschaft, in der Schule, von der sozialen Schicht, der man angehört, und auch von den Kirchen oder Tempeln – das ist ein beständiges Bombardement an Konditionierungen: „Das ist gut, das ist schlecht. Du solltest dies tun und jenes niemals."

Deshalb bin ich der Meinung, dass alles, was du in jedem Augenblick denkst, von deinen Genen und deiner Konditionierung abhängt. Und über die hast du keinerlei Kontrolle. Deshalb behaupte ich, dass keine der Handlungen deine sind. Was auch immer ich denke oder tue, basiert immer auf meiner Konditionierung und meinen Genen – die Gott erschaffen hat.

Aber bedeutet das nicht gleichzeitig: Was auch immer ich denke oder tue, ist genau das, was Gott durch mich tun möchte? Natürlich trifft das auch auf die Konsequenzen zu, die ich dann als gottgewollt akzeptieren muss.

Worauf basieren denn *Vasanas*? Man sagt, sie beruhen auf deiner Vergangenheit. Ich aber sage, es gibt keine Vergangenheit. *Vasanas* sind Neigungen, die auf deinen Genen und Konditionierungen beruhen, die wiederum Gott erschaffen hat.

Und müssen diese Neigungen erst vollständig entfernt werden, damit die Selbsterkenntnis dauerhaft bleiben kann?

Vasanas können nicht vollständig entfernt werden. Wenn *Vasanas* entfernt werden könnten, wäre ein Heiliger ein perfekter Mensch. Wenn die Selbsterkenntnis tatsächlich alle *Vasanas* beseitigen könnte, würde man nie einen Heiligen treffen, der wütend wäre. Es gäbe keine Wut, keine Angst, nur absolutes Mitgefühl, die ganze Zeit über. Sind Heilige so? Nisargadatta Maharaj zum Beispiel wurde sehr leicht wütend, und auch Angst konnte in ihm aufsteigen. Wenn er zum Beispiel zum Zahnarzt musste, fragte er vorher: „Wird es wehtun?" Das ist Angst. Wut, Angst und Mitgefühl können einfach im Körper-Geist-System aufsteigen, darüber hat das Ego absolut keine Kontrolle.

Manche von Sri Ramanas Schülern verbrachten zwanzig oder dreißig Jahre bei ihm, ohne zu erwachen. Ramana meinte dazu: Wenn die Vasanas *zu stark sind, kann ein Mensch im jetzigen Leben nicht erwachen. Oder ein Mensch erwacht und verliert dieses wieder, weil die* Vasanas *noch zu stark sind. Anders ausgedrückt:* Vasanas *können dich aus deinem Erwachen wieder herausziehen. Siehst du das auch so?*

Nein. Wenn Erwachen geschieht, kann man nicht mehr herausgezogen werden. Das Erwachen, die letztendliche Erkenntnis, kann man nicht wieder verlieren. Wenn es eine starke Blockierung gibt, kann Erwachen nicht geschehen. Erwachen geschieht einfach, und man kann es nicht wieder verlieren.

Ich nehme aber an, dass viele Leute eine Stunde nach deinen Satsangs *immer noch sehr erwacht sind. Vier oder fünf Stunden später sind sie es aber vielleicht nicht mehr.*

Dann ist es ihr Schicksal, für nur ein, zwei, drei oder vier Stunden erwacht zu sein. Was Menschen bei mir im *Satsang* erleben, ist Teil ihres Schicksals, was wiederum Gottes Wille ist, das kosmische Gesetz. Egal, ob es eine vorübergehende Erscheinung ist oder die totale Transformation.

Aber sind es nicht ihre Neigungen, die sie nach vier oder fünf Stunden wieder davon wegbringen?

Vielleicht. Aber nur, wenn es ihr Schicksal ist. Die *Vasanas* verschwinden, wenn ihr Schicksal es so will.

Am Ende seines Buches „Self-Enquiry" (Die Selbsterforschung) sagt Sri Ramana: „Jemanden mit einem Verstand, der sehr fein unterscheiden kann, und der das Selbst tief erfahren hat, nennt man einen Jivanmukta. *" Ist das der Zustand, den man auch Selbsterkenntnis nennt?*

Ja, natürlich.

Weiter heißt es: „Wenn ein Mensch in den Ozean der Glückseligkeit eingetaucht und ohne jede Abgrenzung Eins geworden ist mit ihm, nennt man ihn einen Videhamukta. *Dieser transzendentale Zustand von* Videhamukti *heißt auch* Turiya *– er ist das endgültige Ziel." Kann man diesen Zustand auch Erleuchtung nennen?*

Nein. *Jivanmukta* ist ein Heiliger, der so lebt, wie ich es bereits beschrieben habe. Er hat nicht mehr das Gefühl, der Handelnde zu sein. Das nennt man aber auch *Videhamukta*. *Videhamukta* bedeutet, frei vom Körper als der Handelnde zu sein. Bis zum letzten Atemzug jedoch kann man nicht frei vom Körper sein.

Es stellt sich also nicht die Frage, ob Erwachen und Erleuchtung zwei unterschiedliche Stadien sind? Shivananda zum Beispiel spricht von den sieben Stufen der Erleuchtung.

Das ist sein Konzept.

Ich hätte gerne, dass du deutlich machst, dass es nur das eine Verstehen gibt, und dass Erwachen und Erleuchtung in Wirklichkeit ein und dasselbe sind.

Erwachen und Erleuchtung bedeuten, Eins zu sein mit Gott. Dafür kannst du mindestens ein halbes Dutzend Synonyme finden. Wichtig ist nur: Was ist Erleuchtung für mich? Für mich heißt Erleuchtung, dass es nur eine Quelle gibt, diese eine nicht-manifeste Quelle, die so unglaublich viele Manifestationen hervorbringt. Und in diesem Ausdruck der Manifestation, den wir Leben nennen, ist das Ego eine abgetrennte Einheit. Ohne Ego gäbe es keine zwischenmenschlichen Beziehungen und ohne zwischenmenschliche Beziehungen würde es diesen Ausdruck der Manifestation, den wir Leben nennen, nicht geben. Deshalb identifiziert sich die allem zugrundeliegende Bewusstheit mit den unzähligen fühlenden Objekten und erschafft all diese eigenständigen Wesen. Jedes von ihnen identifiziert sich wiederum mit der allem zugrundeliegenden Bewusstheit als ein getrenntes Ego. Deshalb gibt es zwischenmenschliche Beziehungen und das Leben an sich.

Es erscheint mir essentiell wichtig zu sein, einem Guru *zu begegnen und bei diesem* Guru *zu bleiben. Wer ist der* Guru*? Was ist seine Rolle? Wie erkennt man den wahren* Guru*?*

Das erste und allerwichtigste, was ich dazu sagen möchte, ist: Es gibt nicht „den" wahrhaftigen *Guru*. Es gibt viele *Gurus*. Und zu welchem *Guru* du gehen wirst, ob er echt ist oder falsch, hängt ganz von deinem Schicksal ab. Auch hängt es von deinem Schicksal ab, ob du fünf, zehn, fünfzehn oder zwanzig Jahre bei einem falschen *Guru* verbringen wirst. Es gibt keine klaren Unterscheidungsmerkmale zwischen einem echten und einem falschen *Guru*. Vielleicht gibt es einen *Guru*, der nicht vollkommen erwacht ist, und trotzdem kann durch ihn etwas vermittelt werden.

Stellen wir uns einmal vor, dass jemand fünfundzwanzig oder sogar dreißig Jahre bei einem *Guru* war. So ein Mensch ist innerlich natürlich sehr frustriert. Ich kenne so jemanden. Dreißig Jahre lang war er ein auffallend ehrlicher und ernsthafter *Sadhaka* (spirituell Suchender), doch irgendwann kam in ihm eine ziemliche Frustration hoch, die auch zu spüren war. So kam er zu mir, und nach zwei oder drei Jahren fand in ihm das tatsächliche Verstehen statt. Drei Monate danach starb er an Leukämie. Kurz vorher sagte er zu mir: „Ramesh, das Untersuchungsergebnis enthielt sozusagen mein Todesurteil: fortschreitende Leukämie. Nachdem ich das gelesen hatte, fühlte ich mich so gut wie nie zuvor." Das war sein Schicksal.

Und was ist die Rolle des Guru?

Meiner Meinung nach besteht die Rolle des *Guru* zunächst darin, seinen Schülern beizubringen, dass alles, was er sagt, nur ein Konzept ist – und nicht die Wahrheit. Das Einzige, was dieses Konzept bewirken kann, ist Frieden und Harmonie in das Leben des Schülers zu bringen. Wenn das Konzept des *Guru* dich zu Frieden und Harmonie führt, so ist das dein Schicksal. Der *Guru* kann nichts weiter, als seine Konzepte zu vermitteln. Ob der Schüler dieses Konzept akzeptieren kann und ob es für ihn dann gut ist, hängt nur von seinem Schicksal ab. Für mich liegt die Aufgabe des *Guru* darin, dem Schüler mitzuteilen, dass alles nur ein Konzept ist. Der *Guru* sollte, so klar wie es ihm nur möglich ist, sein eigenes Konzept herausstellen, damit in dem Schüler keine Verwirrungen entstehen.

Hat der Suchende irgendeine Möglichkeit, einen wahren Guru zu erkennen?

Wenn der Schüler in der Gegenwart des *Guru* wirklich das Gefühl hat, nach Hause gekommen zu sein, dann ist das sein *Guru*.

Sri Ramanas Schüler empfanden sehr große Verehrung für ihn, genauso wie er für den Arunachala. Welche Rolle spielt Bhakti, *die Hingabe, auf dem Weg zum Erwachen?*

Ob du Hingabe in einem Körper-Geist-Organismus erfährst oder nicht, hängt von deinem Schicksal ab, aber letztendlich führt auch *Bhakti* zu dem Ergebnis, von dem ich bereits gesprochen habe: Es gibt keinen Handelnden. Egal welchen Weg du einschlägst, alles unterliegt dem Willen Gottes und dem kosmischen Gesetz.

Ich möchte dir die Geschichte von Tukaram erzählen. Er ist ein sehr berühmter Heiliger aus Maharastra, ein vollkommener *Bhakta* (Verehrer Gottes). Tukaram war zunächst ein sehr ungebildeter Mann, der später jedoch mehr als fünftausend Verse schrieb. In der ursprünglichen Geschichte spricht er von seinem *Guru* Vitala als dem Tempel Vitobha, der für die Götter *Krishna* und *Vishnu* steht. Er sprach zu ihm: „Herr, ein *Jnani* (jemand, der weiß) sieht dich ohne Form. Ich möchte dich bitten, dich mir in einer Form zu zeigen, die ich genießen kann, der ich folgen und zu der ich beten kann in allen meinen Leben."

Und Tukaram wurde immer wieder geboren, Leben um Leben in vollkommener Hingabe. Verstehst du, was ich meine? Das ist *Bhakti*. Als das wahrhaftige Verstehen dann zu Tukaram, dem *Bhakta*, kam, ging er in den Tempel und sagte zu Vitobha: „Vitobha, du bist ein Lügner! Ich habe nicht gewusst, dass du und ich die gleiche Quelle sind, doch du wusstest es und hast trotzdem so viele Jahre lang die Anbetung von mir gefordert! Du bist ein Lügner!" So war aus dem *Bhakta* ein *Jnani* geworden.

Der *Bhakta* sagt: *„Tvameva bhakta, tvameva karta."* „Du bist der Genießer, du bist der Handelnde." Weiter sagt er: „Du bist der Sprecher, du bist der Zuhörer. Du bist alles, was es gibt." Deshalb frage ich: Wie kann der Sprecher dann jemand anderes sein als du? Es sieht vielleicht so aus, als ob ich spreche und Premananda zuhört, oder Premananda spricht und Ramesh zuhört, doch ein *Bhakta* sieht, dass das nur so erscheint.

Was wirklich geschieht ist, dass Gott sich durch beide Körper-Geist-Organismen ausdrückt: Durch den einen spricht er und in dem anderen hört er zu. Der Unterschied zwischen beiden ist also, dass ein *Jnani* sagt: „Ich bin nicht der Handelnde", während ein *Bhakta* sagt: „Du bist derjenige der spricht, zuhört und genießt."

Grundsätzlich ist beides das Gleiche. Ich meine damit nicht, dass es zwei unterschiedliche Wege gibt, um das gleiche Ziel zu erreichen. Es werden verschiedene Worte benutzt, die aber das Gleiche bedeuten. Du bist der Einzige, der handelt. Du bist der Sprecher. Du fängst als *Bhakta* an und endest als *Jnani*, oder du fängst als suchender *Jnani* an und endest als *Bhakta*.

Suchende haben oft seltsame Vorstellungen vom Zustand der Erleuchtung. Wie sieht dein Alltag aus, und wie nimmst du die Welt wahr?

Wie lebe ich mein Leben? Was ist das Leben? Die Antwort liegt in jeder Situation, die sich mir stellt, jeden Tag aufs Neue. Ich lebe mein Leben, als wäre ich total frei, und allem zu Grunde liegt immer das Verstehen, nicht der Handelnde zu sein. Um praktische Dinge zu erledigen, handle ich genau so, wie ich es tun würde, wenn ich einen vollkommen freien Willen hätte. Meine Erfahrung daraus ist, dass das Ergebnis nicht in meiner Hand liegt.

In jeder Situation, die auf mich zukommt, entscheide ich, was ich will und gebe mein Bestes dafür. Ich handle aus der vollkommenen Akzeptanz, dass nichts, was geschieht, in meiner Hand liegt. Ich habe keine bestimmten Vorstellungen über das Ergebnis, deshalb bin ich auch nicht enttäuscht. Und darum geht es doch eigentlich im Leben, oder?

Ich tue immer alles, von dem ich denke, dass ich es tun sollte, und ich akzeptiere die Konsequenzen als Teil meines Schicksals. Egal, ob sie gut, schlecht oder bedeutungslos sind.

Jetzt kommt meine letzte Frage.

Das hast du ja sehr gut geplant!

Ja, da war wohl das Schicksal am Werk!

Bestimmt!

Du hast gerade ausführlich über das Thema Erwachen gesprochen. Wenn du jemandem mit einer Leidenschaft für das Erwachen begegnen würdest, was wäre dein spontaner Rat an ihn?

Tue in jeder dir gegebenen Situation genau das, von dem du denkst, dass du es tun solltest und erwarte kein bestimmtes Ergebnis. Solange du ein bestimmtes Ergebnis erwartest, wirst du enttäuscht sein. Das Ergebnis liegt nicht in deiner Hand. Deshalb tue in jedem Augenblick genau das, von dem du denkst, dass es getan werden sollte, und tue es so, als seiest du der Handelnde. Handle, als hättest du einen absolut freien Willen! Ich tue immer genau das, was ich glaube tun zu müssen, um das zu bekommen, was ich will. Aber wenn ich es dann getan habe, habe ich das Ergebnis bereits vergessen, das ja sowieso nie in meinen Händen lag. Deshalb bin ich auch nie enttäuscht. Ich muss niemanden für etwas verurteilen – weder mich selbst noch die anderen.

Vielen Dank.

Sri
Brahmam

Wenn du Neigungen, Eindrücke, Wünsche und Gewohnheiten hast und dich dann fragst: „Wer bin ich?", ist das lediglich ein weiterer Gedanke. Das heißt, bei zu vielen Gedanken ist diese Frage nicht sehr hilfreich. Sie ist nur für reife, erwachsene Menschen. Wenn im Innern Frieden ist, taucht ganz natürlich und im Herzen die Frage „Wer bin ich?" auf.

Wer da auch immer nach Erleuchtung suchen mag,
der muss verschwinden.

Sri Brahmam

Sri Brahmam

Sri Brahmam wurde 1944 geboren. Seit seiner frühen Kindheit war er auf der Suche nach dem Sinn des Lebens, schon damals wissend, dass jeder einmal sterben wird. Eines Tages, im Alter von sechs Jahren, stieg das *Mantra* „Om Namah Shivaya" ganz spontan in ihm auf und kam immer wieder. Sein Erwachen geschah im Sri Ramana-Ashram, den er als junger Mann besuchte. Sri Brahmam arbeitete viele Jahre als Lehrer in einer Schule, bevor er sich nach seiner Pensionierung für spirituell Suchende verfügbar machte.

Ich hatte ein paar Freunde, die sich durch ihre Zeit mit Sri Brahmam offensichtlich stark verändert hatten. Das machte mich neugierig. Mir wurde erzählt, dass Brahmam sehr oft im Ramana-Ashram in Tiruvannamalai zu finden sei, wo, wie ich erfuhr, auch sein Erwachen geschehen war. Dennoch traf ich ihn nur ein einziges Mal. Während unseres Interviews war ich von der Klarheit und Präzision, mit der er Ramanas Lehre erläuterte, sehr beeindruckt.

Sri Ramana stellte die grundlegende Frage: „Wer bin ich?" - Kannst du mir sagen, wer du bist?

(Stille)

Wenn du Neigungen, Eindrücke, Wünsche und Gewohnheiten hast und dich dann fragst: „Wer bin ich?", ist das lediglich ein weiterer Gedanke. Das heißt, bei zu vielen Gedanken ist diese Frage nicht sehr hilfreich. Um diese Frage zu stellen, braucht man innere Ruhe und Frieden. Sie ist nur für reife, erwachsene Menschen. Wenn im Innern Frieden ist, taucht ganz natürlich und im Herzen die Frage „Wer bin ich?" auf.

Gibt es bei dir irgendwelche Eindrücke oder Wünsche, so stelle die Frage nicht, denn wenn sie nicht tief in dein Herz sinkt, wird sie sich nur mit dem Verstand vermischen und zu einem weiteren Gedanken werden. Als Erstes brauchst du also Frieden. Frieden ist das Selbst, Frieden ist Gnade. Ohne Frieden, ohne Gnade kann die vollkommene Antwort auf „Wer bin ich?" nicht erscheinen. Die Antwort ist, dass alle Gedanken verschwinden. Wenn du fragst: „Wer bin ich?" und irgendein Gedanke auftaucht, dann ist es immer das „Ich". Alle Gedanken erscheinen durch das „Ich". Wie aber kann man dieses „Ich" erforschen? – Nur ohne Gedanken, andernfalls wird das falsche „Ich" bleiben.

Durch die Gnade von *Arunachaleswara* und Bhagavan Sri Ramana Maharshi kann jeder hier am Arunachala das Selbst erfahren. Aber die Arbeit kann nie abgeschlossen werden. Warum? Weil es so viele Neigungen, so viele Gewohnheiten und Aktivitäten gibt. Das macht es unmöglich, nach „Wer bin ich?" zu forschen. Dieses Erforschen bedeutet eine tiefe Suche im Innern. Sobald irgendein Gedanke auftaucht, ist die Suche bereits unterbrochen. Wenn irgendein Licht, irgendeine Erfahrung, irgendein Gott, irgendeine Vision auftauchen, wenn du irgendetwas weißt, dann ist das nur das falsche Ich, und dieses Ich ist zu einem der Gedanken geworden. Vom Selbst bist du immer noch weit entfernt.

Deshalb ist es notwendig, auf einer sehr tiefen Ebene zu forschen. Und das sollte vollkommen bewusst geschehen, denn wenn du die Aufmerksamkeit verlierst, schläfst du ein oder Gedanken tauchen auf. Verlierst du den Ich-Gedanken aus dem Auge oder beobachtest du ihn nicht scharf genug, wird er sehr viele Gedanken produzieren. Wenn du ihn vergisst, wirst du einschlafen, tief einschlafen – was nicht sehr hilfreich für die Erkenntnis des Selbst ist. Gedanken sind Verschwendung, und Schlaf ist ebenfalls Verschwendung.

Du musst vollkommen bewusst sein. In völliger Bewusstheit gibt es keine Gedanken, keinen Tiefschlaf, keinen Schlaf, keinen Körper, keine Welt – gar nichts. In völliger Bewusstheit vermischt sich der Ich-Gedanke mit dem Selbst, und in diesem Moment der Selbsterkenntnis verschwindet der Ich-Gedanke, weil es nichts zu sehen, nichts zu wissen, nichts zu erreichen gibt. Dann bleibt nur das Bewusstsein des

Selbst übrig. Bist du zur Quelle des Selbst gelangt, ist es sehr einfach, zu beobachten wie Gedanken aufsteigen; du wirst auch keine Probleme mehr mit dem Tod, dem Leben, mit nichts mehr haben, denn du weißt absolut und klar, dass der Ich-Gedanke eine Illusion ist. Alle Gedanken werden durch dieses Ich erschaffen. Du verweilst permanent im Selbst, und wenn etwas in dir aufsteigt, kannst du sehen: Das ist Illusion, alles Illusion!

Nachdem du das erfahren hast, kannst du immer wieder die Quelle des Ich-Gedankens finden, denn das Selbst verändert sich nie. Aber für dieses vollkommene Bewusstsein ist Gewahrsein nötig. Ist dieses Gewahrsein da, haben die Gedanken keine Macht mehr.

Doch noch immer gibt es das falsche Ich. Du hast das Selbst bereits erfahren, du hast also Bewusstheit und Gewahrsein in dir. Aber da ist immer noch dieses falsche Ich. Nur die Gnade und die Kraft des Selbst können den Ich-Gedanken entfernen. Der Ich-Gedanke wird jedoch der Bewusstheit entkommen, er wird wieder auftauchen. Doch die Bewusstheit kannst du nicht verlieren, deshalb hat der Ich-Gedanke keine Macht mehr. Warum? Er muss aus dem Selbst entstehen, und das Selbst, das bist du. Wie kann das Ich aus dem Selbst geboren werden? Das Ich hat keine Chance. Es hat so viele Geburten verursacht und nun wird es sterben – es kann aber nicht ruhen, es wird versuchen, Kraft zu gewinnen. Aber da ist Gewahrsein, da ist Gnade, da ist die Kraft des Selbst.

Wenn der Ich-Gedanke stirbt, verlieren die Gedanken ganz automatisch ihre Macht. All deine Neigungen, all deine Gewohnheiten, all deine Lebensumstände werden sterben. Wenn das falsche Ich vollständig gestorben ist, gibt es keinen Verstand mehr, keinen Körper, keine Welt – nur das Selbst bleibt übrig. So war das bei Sri Ramana Maharshi, der sagte: „Ich bemühe mich, ich bemühe mich sehr, aber da sind keine Gedanken."

Ramana Maharshi hatte also das Ich dauerhaft getötet, so dass es keine Chance hatte, jemals wieder zu erscheinen. Daher hatte er keine Gedanken, und es war kein Ich da. Das bedeutet es, zu erforschen, sich zu fragen: „Wer bin ich?" Beobachte deinen Ich-Gedanken ohne abzuschweifen, ohne zu vergessen. Beobachte ihn beständig, bis dieser

Gedanke verschwindet, dann kannst du in einem Augenblick die Quelle des Gedankens erreichen. Aber wie willst du den Ich-Gedanken beobachten? Wo ist er überhaupt? Du kennst den Ich-Gedanken nicht; du nennst ihn Ego.

Jeder Gedanke bedeutet „ich", jeder Gedanke ist das Ego. Woher weißt du also, dass dies das Ego ist, dass dies der Ich-Gedanke ist? Wenn du dich in Meditation befindest, verschwinden alle Gedanken und du siehst die Leere. Doch diese Leere wird vom Ich-Gedanken gesehen, und du hast eine Erfahrung: „Oh, keine Gedanken. Ich fühle mich gut. Ich empfinde Frieden." Derjenige, der das erfährt, ist das Ich. Und wer beobachtet die Leere? – Ich.

Also rät Bhagavan: „Erkenne den Sehenden." Der Verstand, der Sehende, schaut von innen. Diesen Sehenden musst du sehen, dann wird sich das Problem auflösen. Weil es im Innern diesen Sehenden gibt, ist es so aktiv und voller Gedanken. Doch was ist, wenn es dort gar keinen Sehenden gibt? Dann gibt es auch keine Gedanken. Dann ist da nur dieses Gefühl von „Oh!".

Richte also deine gesamte Aufmerksamkeit direkt auf den Sehenden, auf den, der erfährt. Wenn dieser Erfahrende zusammenbricht, hält plötzlich dein Atem an und augenblicklich explodiert dein Verstand. Das kannst du nicht kontrollieren. Also wird große Angst entstehen, die kaum auszuhalten ist. Doch eigentlich sterben wir in jedem Moment!

Nach dem Tod ist es sehr leicht, das Selbst zu erkennen, denn Tod bedeutet, den Ich-Gedanken zu verlieren. Wenn dieser Gedanke stirbt, ist es das Gleiche wie Sterben, denn wir sterben mit dem Ich-Gedanken. Beobachte also diesen Ich-Gedanken, finde in der Leere den Sehenden, schau ihn dir an und du wirst dort im Innern das Nichts erfahren. Das ist dieses ursprüngliche „Ich", das allein beständig ist. Richte deine ganze Kraft und gesamte Aufmerksamkeit auf den Erfahrenden. Verliere sie nicht wieder, denn sonst tauchen sofort wieder Gedanken auf. Das ist der Prozess, zu erforschen: „Wer bin ich?"

Als Sri Ramana gefragt wurde, wann man das Selbst erkannt hat, antwortete er: „Wenn die Welt, die das Gesehene ist, entfernt worden ist, wird die Erkenntnis des Selbst als das Sehende geschehen." Wie ist die Welt zu verstehen, und wie kann man sie beseitigen?

Wenn der Ich-Gedanke vollständig ausgemerzt wurde, dann ist die Welt nicht mehr da. Genauso wie im Tiefschlaf, wo es keinen Ich-Gedanken und keine Welt mehr gibt. Das zu verstehen ist sehr schwierig, denn was ist mit all den Heiligen auf dieser Welt – wie könnten sie aktiv sein, wenn es die Welt nicht gäbe? Solche Fragen tauchen dann auf. Für den Verstand ist das unmöglich zu verstehen. Der Verstand jedoch ist selbst eine Illusion, denn er bewegt und verändert sich. Er kommt und geht, im Tiefschlaf ist er weg und im Alltag ist er aktiv. Die Welt wird durch diesen Verstand gesehen. Und somit ist auch sie eine Illusion.

Ein selbstverwirklichter Mensch sieht nur das Selbst, jegliche Illusion ist verschwunden. Er sieht dasselbe wie Bhagavan, er sieht auch keinen Unterschied zwischen Männern und Frauen. Ein Mensch, der das Selbst erkannt hat, hat kein falsches Ich mehr, er hat auch keine Gedanken und somit auch keine Illusionen. Es gibt nur die Erfahrung des Selbst, das überall ist. „Ich habe keine Gedanken, überall ist nur das Selbst. Auch ich bin das Selbst. Ich weiß nichts!", sagte Bhagavan.

Wenn es Formen gibt, sind sie eine Illusion, erschaffen vom falschen Ich. Es gibt auch Anziehungskräfte – doch sind sie real? Nein, sie sind erschaffen von der Illusion des Verstandes. Also werfe all deine Illusionen über Bord, auch dein falsches Ich, dann gibt es nichts mehr auf der Welt. Auf dieser höchsten Ebene siehst du alles nur als das Selbst. Wenn du irgendeine Person siehst, egal wo, wird sie dir immer als das Selbst erscheinen. Die Welt wahrhaftig zu verstehen, ist nur ohne den Ich-Gedanken, das Ego, möglich.

Oft wird behauptet, dass der Verstand erst zerstört werden muss, damit Befreiung stattfinden kann. Hast du einen Verstand? Sri Ramana benutzte den Begriff Manonasha*, „zerstörter Verstand", um den Zustand der Befreiung zu beschreiben. Wie zerstört man den Verstand?*

Den Verstand zu zerstören, bedeutet einfach, den Ich-Gedanken zu zerstören – das ist *Manonasha*. Wenn du das versuchst, werden wieder Gedanken auftauchen. Bei jeder Anstrengung taucht wieder ein Gedanke auf. Wenn du dich bemühst, erschaffst du Gedanken, und mit diesen Gedanken versuchst du, die anderen zu entfernen. Wie soll das gehen?

Ohne die Gnade des Selbst werden wir niemals den Verstand zerstören, weil jede Anstrengung neue Gedanken erschafft, jede Bemühung wieder Illusion erzeugt. Nur jemand, der die Gnade innehat, kann Verstand und Gedanken zerstören – ganz ohne Mühe, natürlich und sehr leicht. Gibt es keinen Ich-Gedanken mehr, dann gibt es auch keinen Verstand, und das wird das Selbst genannt.

Bhagavan und alle Heiligen sagen, dass Hingabe und Vertrauen dafür notwendig sind. Wenn du nicht vertraust, wirst du immer die Illusion erschaffen. Der Ich-Gedanke ist der Schöpfer aller Gedanken. Ich kann dem Rat eines *Guru* folgen und meinen Atem beobachten. Dann beobachte ich, wie ich gleichzeitig den Atem erschaffe und den Beobachter. Und daraus erwächst Frieden – ein Frieden, den ich erschaffen habe. Und wenn ich dabei Gott sehe, ist auch dieser Gott von mir erschaffen. Oder ich empfinde: „Oh, kein Problem!“, dann habe ich auch dieses „kein Problem“ selbst erschaffen.

Was ist notwendig, um den Verstand zu zerstören? Wie ist es möglich? Es ist nur für jemanden möglich, der keinen Verstand hat, keinen Ich-Gedanken. Und dies kann nur Gnade bewirken, die Gnade eines Heiligen. Durch deine eigenen Anstrengungen, durch dein Ego wird schon viel zu viel erschaffen, viel zu viel! Wenn du irgendeine Erfahrung hast, wer macht dann diese Erfahrung? – Ich mache sie. Und wer ist dieses Ich? Wo ist dieses Ich im Tiefschlaf? Das alles ist ein einziges großes Drama, Illusion genannt. Dein Tod – eine Illusion, deine Übungen – Illusion, deine Geburt – ebenfalls eine Illusion. „Ich hatte keine Geburt“, hat Bhagavan dazu einmal gesagt. „Ihr feiert Geburtstag, *Jayanti*, doch für mich gilt, dass ich niemals geboren wurde.“

Wie ist das zu verstehen? Du siehst doch, wie er spricht, sich bewegt und so weiter, wie kann er sagen, dass er nicht geboren wurde? Aber es ist wahr. Es gibt keine Wirklichkeit in und außerhalb von uns. Wir können nur vertrauen und uns hingeben, und dazu müssen wir zuallererst unsere Vorlieben und Abneigungen aufgeben. Jemand mit Vorlieben und Abneigungen wird niemals vertrauen, er gibt sich Gott niemals hin. Mit Vorlieben und Abneigungen sind Hingabe und Vertrauen nur Drama. Wenn du wirklich vertraust, gibst du dich augenblicklich hin! Wenn Vorlieben und Abneigungen fehlen, ist das ein Zeichen von Hingabe.

Was ist mit den Vasanas, *den Neigungen des Verstandes? Müssen diese erst vollständig entfernt werden, damit die Selbsterkenntnis dauerhaft bleiben kann? Oder reicht es, einen* sattvischen *(ruhig und friedvoll) Zustand des Verstandes zu erreichen?*

Vor der Selbsterkenntnis müssen die *Vasanas* verschwinden. Das reicht aus, um Frieden zu erlangen. Es gibt die Vorstellung, dass Menschen aus dem Westen mehr Neigungen haben als Hindus oder andere Menschen, aber das ist nicht so. Jeder hat einen Verstand, der produziert. Notwendig jedoch ist ein *sattvischer* Verstand. Was versteht man unter einem „ruhigen Verstand"? Wie kann man sagen, ob er rein ist? Bedeutet das Sprechen über die Wahrheit reiner Verstand? Ist es rein zu beten oder zu dienen? Das Selbst, Gott, kennt die Reinheit in uns. Nach und nach, Tag für Tag, ohne dass du dich anstrengst, wirst du rein werden. Das ist Gnade. Sie ist immer da, also denke nicht über deine Reinheit nach, denke über gar nichts nach. Gib deinem Verstand gar keine Arbeit. Das ist Reinheit.

Gib dein Denken auf! Versuche nicht zu verstehen, was Reinheit ist, was Meditation ist. Bhagavan sagt: „Die Gnade ist immer in dir. Bleibe still." Wenn du über dich nachdenkst, kommt da nur: „Was bin ich für ein schlechter Mensch! Ich bin verwirrt, ich habe *Vasanas* und Gewohnheiten, und so weiter." Denkst du jedoch darüber erst gar nicht nach, bist du einfach in Ordnung. Wer hat dir denn erzählt, dass du nicht in Ordnung bist? Gott vielleicht? – Nein, es ist die Schöpfung des Verstandes. Hör einfach damit auf! Das ist genug.

Alle, die hierher zum Arunachala kommen, haben diese Fähigkeit zur Selbsterforschung, zur Selbsterkenntnis. Bhagavan sagte, dass wir bereits viel zu viel getan hätten. Hier machen wir endlich nichts! Die

Gnade ist immer da und umgibt uns. Sei voller Freude und Frieden, und alles wird perfekt und in Ordnung sein. Niemand, der jemals hierher kam, hat versagt. Also vertraue der Kraft, die dich führt. Wenn die Gnade in uns einzieht, entfernt sie alle Illusionen, unseren ganzen Verstand. Die Erkenntnis des Selbst wird ewig bleiben.

Viele Menschen aus dem Westen kommen nach Indien auf der Suche nach Erleuchtung. Was ist Erleuchtung?

Wer da auch immer nach Erleuchtung suchen mag, der muss verschwinden. Das ist Erleuchtung. (Lachen) Visionen, übernatürliche Kräfte, irgendwelche Lichterscheinungen und Erfahrungen – das alles ist nicht Erleuchtung. Erleuchtung bedeutet immerwährenden Frieden, die Angst vor dem Tod verschwindet.

So eine kurze Antwort?

Ja, nur ein Satz. Erleuchtung bedeutet: Derjenige, der Erleuchtung will, muss verschwinden. (alle lachen)

Gibt es irgendwelche Voraussetzungen für die Erleuchtung?

Die Voraussetzungen wählt Gott aus, niemals wir selbst. Naturgemäß gibt es eine Kraft in uns, und sie entfernt unnötige Gedanken und Gewohnheiten. Überlasse alles dieser Kraft, dieser Gnade. Die Gnade selbst verändert uns. Wir ändern uns nie durch unser Wissen oder unsere Anstrengung, denn wenn wir irgendwelche Angewohnheiten oder Wünsche haben, werden wir versuchen, sie zu erfüllen. Aber die Gnade allein weiß, was notwendig ist und was nicht, und was die Selbsterkenntnis verhindert – sie weiß das alles. Also entfernt sie immer das, was nicht notwendig ist und das bringt die Veränderung. Hier am Arunachala ist das ein natürlicher Prozess.

Niemals lieben oder vertrauen wir einer Person vollständig. Dienen, Verehrung, Meditation, Liebe, Vertrauen, Hingabe geschieht niemals ganz. Warum? Weil es da dieses Ich gibt, es kann diese Tugenden nicht zulassen. Vertrauen, Gebet und Liebe sind also schwierig. Also ist es zunächst ein guter Weg, nicht über irgendetwas im Außen nachzudenken – über irgendeine Philosophie, Gott, die Schriften oder was auch immer, sondern den Verstand zu beobachten. Beobachte ihn ständig, nicht die Welt. Beobachte stattdessen den Verstand, ständig.

Ist dein Verstand negativ, wird die ganze Welt und alle Menschen negativ erscheinen. Positive Gedanken hingegen erschaffen eine positive Welt. Doch der Verstand an sich ist weder gut noch schlecht. Entferne die Dualität von „gut und schlecht", und der Verstand wird friedvoll sein. Gott ist perfekt, deine Art zu denken hat einen Fehler. Beobachte ständig deinen Verstand, und richte dein Interesse nicht auf die Welt und deinen Körper – sonst kann keine Gnade geschehen. Du verschwendest dann nur deine Zeit, du verschwendest dein kostbares Leben. Beobachte ständig deinen Verstand. Verwickle dich nicht in das Leben anderer. Richte deine Aufmerksamkeit auf dich selbst: Was mache ich gerade? Was macht mein Verstand jetzt?

Sri Ramana sagte, der direkteste Weg zur Erkenntnis des Selbst sei die Selbsterforschung. Was kannst du über die Selbsterforschung sagen? Wie wendet man sie an?

Bei anderen Methoden gibt es einen Seher, das Sehen selbst und das, was gesehen wird. – Es gibt so viele Methoden, und all diese Erfahrungen kommen und gehen, weil der Ich-Gedanke immer noch da ist. Er ruht im Selbst und taucht immer wieder auf. Der Verstand ist so beschäftigt mit den Erfahrungen und *Vasanas*, dass er überlebt. In der Selbsterforschung hingegen wird der Verstand verbrannt, nach und nach wird er vollständig verbrannt. Er hat keine Chance zurückzukommen. Und ist er dann verbrannt, wirst du Frieden bekommen. Bhagavan sagte, dass sich die Selbsterforschung sehr gut eignet, dass sie einfach ist und für immer. Selbsterforschung bedeutet, ohne den Ich-Gedanken zu sein.

Gibt es denn einen Unterschied zwischen Selbsterkenntnis und Erleuchtung?

Wenn irgendetwas im Innern erscheint, ist das keine Selbsterkenntnis. Es gibt nichts zu sehen, es gibt keine Erscheinungen. Dualität mag hilfreich sein, um in Götterwelten zu gehen, und Götter und heilige Orte zu sehen. Doch Selbsterkenntnis ist überall. Wo auch immer du hingehst, ist das Selbst. „Alles ist in dir", sagte Bhagavan. Also ist das Selbst überall. Das ist für jeden Menschen möglich. Die Methoden mögen unterschiedlich sein, aber du musst das falsche Ich töten – dann verschwindet die Methode und das ist dann vollkommene Selbsterkenntnis. Solange du das Ich nicht tötest, bleibt die Dualität bestehen. Selbsterkenntnis und Erleuchtung sind das Gleiche: Zwei unterschiedliche Begriffe für ein und dasselbe.

Am Ende seines Buches „Self-Enquiry" (Die Selbsterforschung) sagt Sri Ramana: „Jemanden mit einem Verstand, der sehr fein unterscheiden kann, und der das Selbst tief erfahren hat, nennt man einen **Jivanmukta.** *" Ist das der Zustand, den man auch Selbsterkenntnis nennt?*

Jemand, der Erkenntnis erlangt hat, der über den Verstand hinausgegangen ist, ist ein *Jivanmukta.* Ein Verstand, der sehr fein unterscheiden kann, hat keine Neigungen, keine Identifikation mit sich selbst, keine Anhaftung an den Atem, keinen Ich-Gedanken.

Es erscheint mir essentiell wichtig zu sein, einem **Guru** *zu begegnen und bei diesem* **Guru** *zu bleiben. Wer ist der* **Guru?** *Was ist seine Rolle? Und wie erkennt man den wahren* **Guru?**

Frieden ist das Selbst. Frieden ist der *Guru.* Wenn du vor deinem *Guru* sitzt, solltest du also Frieden empfinden. Dann ist er ein wahrer *Guru.* Ein selbstverwirklichter Mensch hilft anderen, diese Verwirklichung zu erreichen. Wenn jemand dauerhaften Frieden in sich hat, fließt dieser Frieden ganz von selbst zu den anderen über. Dieser Frieden ist Gnade, dieser Frieden ist das Selbst.

Jemand, der mit dem Verstand oder aus seiner Erinnerung spricht, der versucht zu lernen oder zu wissen, ist nicht der *Guru.* Jemand, der

Übungen praktiziert, der glaubt, dass die Anderen von ihm getrennt seien, und über sie urteilt, ist nicht der *Guru*. Jemand, der versucht andere zu verstehen, ist nicht der *Guru*.

In allen Zuständen – im Wachen, Schlafen und im Tiefschlaf – bleibt er derselbe. Und diesen Zustand des Ruhens im Selbst verliert er niemals, denn er macht keine Unterschiede – das bedeutet *Guru*. Die Gnade des selbstverwirklichten Menschen wird direkt das Selbst erreichen, nicht den Verstand. Wenn wir in Meditation sitzen, wachsen Frieden, Leere und Stille in uns. Obwohl wir Geräusche und Gedanken wahrnehmen, gibt es keine Störung im Innern, das ist Gnade, das ist die Kraft des *Guru*. Daraus wächst Bewusstsein in dir, volles Gewahrsein. Die Gnade des *Guru* erreicht direkt das Selbst, wird Selbst-Gewahrsein, Selbst-Bewusstsein, das nach und nach deinen Verstand tötet. Die Veränderung geschieht ohne dein Bemühen. Allmählich entfernt die Gnade alles, was überflüssig ist, ohne dein Wissen und deine Anstrengung. Darin liegt die Gnade des *Guru*. Wenn du irgendeine Anstrengung machst, wird es aufhören. Also sei ruhig, sei still, und die Arbeit des *Guru* wird bald beendet sein.

Es ist unmöglich, den perfekten *Guru* mit dem Verstand auszuwählen, denn du würdest den *Guru* nur von der Perspektive deiner Meinungen sehen. Wenn deine Meinung über diesen *Guru* mit deinen Vorstellungen von einem *Guru* übereinstimmen, wirst du ihn auswählen. Das ist nur ein Trick des Verstandes. Nein, das ist nicht der richtige Weg. Frieden ist Gott, Frieden ist Gnade, Frieden ist *Guru*. Bhagavan hat das auch gesagt: Frieden ist nicht durch Anstrengung, nicht durch unseren Verstand zu erreichen, er kommt nur durch die Gnade des *Guru* oder des Selbst.

Suchende haben oft seltsame Vorstellungen vom Zustand der Erleuchtung. Wie sieht dein Alltag aus, und wie nimmst du die Welt wahr?

Viele Verehrer kamen zu Bhagavan und er lehrte sie entsprechend ihrer Reife. Aber Bhagavan hat niemals jemanden persönlich wahrgenommen, er war in einem gedankenlosen Zustand. Sein persönlicher Rat kam nicht aus dem Verstand, denn er sah nur das Selbst. Seine göttliche

Gnade floss mühelos, ohne Grund und vollkommen bedingungslos. Es gab keine Welt für ihn, die er wahrnehmen konnte.

Gibt es etwas, das du noch hinzufügen möchtest?

Jeder Mensch ist Gott, aber alle denken mit ihrem Verstand und ihren Meinungen entsprechend. Wir sind von Gott geschaffen, wir sind Gott, aber durch unsere Wünsche und unseren Glauben, dass diese Welt wirklich sei, vergessen wir unser Gottesbewusstsein. Entferne jene Gedanken wie: „Ich bin der Körper", „Diese Welt ist wirklich", dann ist es sehr leicht zu wissen, dass du Gott bist.

Du bist voller Müll, den du für so wertvoll hältst. Du redest unnötigerweise, du tust unnötige Dinge, du sammelst unnötigen Müll an. Auf diese Weise verlieren wir unseren natürlichen Zustand. Diese Gedanken stören uns nur. Sei in der Gegenwart, schau auf das Gute, sprich Gutes und tue Gutes, dann wird es keine Störung mehr im Innern geben. Stattdessen wird Frieden sein, es ist sehr leicht.

Swami
Dayananda

Wenn die Gedanken nur
vorübergehend sind, warum willst
du sie dann kontrollieren? Und
wer will sie kontrollieren? Der,
der sie kontrollieren will, ist doch
auch nur vorübergehend. Das
ist einfach falsches Denken! Du
bist dir deiner Selbst bewusst,
du existierst ganz offensichtlich.
Wenn dir dein Existieren
bewusst wird, wem wird es dann
offensichtlich? Wem wird die
Existenz des Selbst offenbart?
Alles offenbart sich dem Selbst.

DAYANANDA

Der Guru ist derjenige, der dich erkennen lässt,
dass du genau das Selbe bist wie er.

Swami Dayananda

Swami Dayananda

Swami Dayananda Saraswati unterrichtet seit mehr als vier Jahrzehnten *Vedanta*; zunächst lehrte er nur in Indien, seit 1976 lehrt er weltweit. Er wird von den berühmtesten amerikanischen Universitäten zu Vorträgen eingeladen und ist bei internationalen Abkommen, UNESCO- und UNO-Tagungen, wie dem Millennium Friedensgipfel, ein geschätzter Redner. Außerdem betreut er große *Ashrams*, in denen die *Vedanta*-Lehre gelehrt wird, sowohl in Süd- und Nordindien, als auch in den USA.

Swami Dayananda Saraswati ist ein angesehener Vedanta-Lehrer, *ein gründlicher und professioneller Mann, der sich ganz den traditionellen Werten des* Vedanta *verschrieben hat. Die Gruppen, die ich in den letzten vier Jahren im Rahmen der Arunachala-Retreats zu ihm geführt habe, erfreuten sich immer an den lebhaften Treffen mit ihm, in denen er ausführlich auf alle Fragen einging. Seine Antworten waren dabei stets fundiert, verständlich und klar – und gestützt auf die volle Autorität seiner 78 Jahre.*

Es gibt die grundlegende Frage „Wer bin ich?" – Wer bist du?

Will jemand mehr über sich selbst wissen, ist die Frage „Wer bin ich?" psychologisch gesehen durchaus sinnvoll. Jeder Mensch hat Kindheitserfahrungen, die im Unbewussten verborgen sind. Wir wissen nicht genau, woher sie kommen, aber wir fühlen uns zum Beispiel einsam mitten unter anderen Menschen, geraten schnell in Wut oder in irgendwelche anderen Emotionen, für die es im Außen keinen konkreten Anlass gibt. Diesen Situationen können wir auch objektiv begegnen: Warum ist da Wut oder Angst, über die wir keine Kontrolle haben?

Wenn man mich auffordert zu klatschen, dann kann ich das tun (klatscht in die Hände), ich kann es aber auch lassen. Das liegt ganz in meiner Entscheidung, es ist abhängig von meinem Willen. Ich kann es tun, aber ich muss es nicht tun; und ich kann es so oder so tun. Es beruht auf einer Entscheidung des Willens.

Aber wenn ich dich auffordere: „Sei wütend!", dann kannst du das nicht einfach so sein. Das heißt nicht, dass du überhaupt nicht wütend werden kannst. Natürlich kannst du wütend werden, aber eben nicht bewusst. Denn deine Wut hat eine Ursache, und diese Ursache liegt im Unbewussten. Wer also mehr über sich wissen möchte, kann sich einer Psychoanalyse unterziehen und dann, wenn er ein Problem gefunden hat, eine Psychotherapie machen.

Man kann die Frage „Wer bin ich?" stellen, wenn wir davon ausgehen, dass es ein „Ich" gibt, das wir nicht kennen. Aber, würden wir es kennen, was wäre damit gewonnen? Wir beginnen daher zu analysieren, was wir eigentlich wollen. Jeder von uns ist ein Suchender. Wer ist das nicht? Manche suchen nach Geld, manche nach Macht, manche nach Geld und Macht. Jeder möchte Freude und Erfüllung erfahren, einfache sinnliche Freude, ästhetischen Genuss oder tiefe Befriedigung. Wenn der Chef eines Wirtschaftsunternehmens noch ein anderes Unternehmen dazukaufen möchte, dann tut er das nicht des Geldes wegen, sondern um sein Ego zu befriedigen. Das gehört zum Bereich des *Karma* (Resultat aller Handlungen), während Geld, Macht und Status zu *Artha* gehören. *Artha* ist all das, was uns Sicherheit gibt. *Karma* und *Artha* sind die beiden allgemein menschlichen, universellen Bestrebungen.

In unserer indischen Kultur beziehen wir noch einen weiteren Wert mit ein, ein weiteres Ziel: *Dharma*, den Weg des rechten Lebens. Wir versuchen in Übereinstimmung mit dem *Dharma* zu leben, was zum Beispiel bedeutet: andere nicht zu verletzen und sie so zu behandeln, wie wir selbst von ihnen behandelt werden wollen. Das ist *Dharma*. Warum aber sind wir nicht in der Lage, dem *Dharma* zu folgen? Weil Bestrebungen wie *Artha* und *Karma* einen Druck erzeugen, der uns das *Dharma* vernachlässigen lässt; wir handeln gegen das *Dharma* und suchen nach dem, was wir wirklich wollen. Erst durch eigene Erfahrung und persönliche Anstrengung lernen und üben wir, in Übereinstimmung mit dem *Dharma* zu sein.

Das sind die *Purunartha*, die Ziele, die wir Menschen verwirklichen wollen und müssen. Kann ich also an der Tatsache, dass ich ein Suchender bin, wirklich etwas verändern? Damit beginnt das Erforschen: Kann die Frage „Wer bin ich?" etwas an der Tatsache verändern, dass ich ein Suchender bin?

Ich habe eine bestimmte Vorstellung von meinem Selbst. Innerhalb dieser Vorstellung von meinem Selbst spielt mein Körper-Geist-Sinne-Komplex eine sehr wichtige Rolle. Ich bin so gut wie mein Körper, ich bin so gut wie mein Verstand. Meine Vergangenheit, was ich weiß und wie viel ich weiß, all das macht meine Individualität aus, all das bin ich. Aber dieses „Ich", ganz gleich, von wo aus du es betrachtest, ist fehlerhaft und begrenzt und tatsächlich gänzlich unbedeutend. Von einem niedrigen Standpunkt aus kommst du dir selbst sehr groß vor, aber wenn du wirklich schaust, was ist, dann ist selbst Mutter Erde nicht größer als ein Staubkorn. Und dann sind auch der Kontinent, der Staat, das Land, die Gemeinde, die Straße, das Haus, das Zimmer und der Platz, an dem du dich befindest, völlig unbedeutend. Du siehst, es hängt alles davon ab, von welcher Perspektive aus du dich selbst betrachtest.

Du bist klein und unbedeutend. Vergleiche dich nur einmal mit all den anderen! In punkto Geld – ungenügend! In punkto Geschicklichkeit – ungenügend! In punkto Kraft – ungenügend! In punkto Gesundheit – auch ungenügend! Menschen hemmen und verurteilen sich selbst, und deshalb haben sie so viele Komplexe, Komplexe wegen ihrer Größe, wegen ihrer Hautfarbe, ja sogar wegen ihrer Augenbrauen! (alle lachen) Immer willst du etwas, immer sehnst du dich nach etwas. Und dein ganzes Leben lang werden die unerfüllten die erfüllten Wünsche bei weitem überwiegen – du hast also nie eine Chance, dich selbst als erfolgreichen Menschen zu erfahren.

Wenn du dir der großen Zusammenhänge bewusst bist, dann hast du noch ganz andere Wünsche: Du möchtest, dass die Menschen anders sind, dass die Regierung anders ist, dass die Politiker weiser, die religiösen Führer erleuchteter sind. All das sind Sehnsüchte, unerfüllte Sehnsüchte, und manche von ihnen werden unerfüllt bleiben.

Du möchtest, dass der Reichtum gerechter verteilt wird, du möchtest, dass alles ganz anders ist. Je mehr du dir bewusst bist, was in der Welt vor sich geht, desto mehr Wünsche wirst du haben; viele verschiedene Wünsche in unterschiedlichen Bereichen. So wirst du ein unbefriedigter Mensch bleiben und dich selbst nicht akzeptieren können: „Das bin ich und ich kann mich selbst nicht akzeptieren." Und wenn du dich selbst nicht akzeptieren kannst, dann wird dein ganzes Leben zu einer Suche, dich selbst zu akzeptieren.

Das Selbst, dessen du dir bewusst bist, ist nicht wirklich akzeptabel, denn es ist mangelhaft. Das ist die Wahrheit! Deshalb suchst du dein ganzes Leben danach, dich selbst akzeptieren zu können. Durch Geld wirst du dich nicht akzeptieren, durch andere wirst du dich nicht akzeptieren, durch das gesellschaftliche Konzept von Erfolg wirst du dich nicht akzeptieren. Selbst dann, wenn du es schaffst, Erfolg zu haben, wirst du nicht akzeptabel sein, weil du immer noch begrenzt, immer noch ungenügend bist. Und nichts wird dich von deinen Begrenzungen befreien, was immer du dem auch hinzufügst. Das ist die Wahrheit.

Es ist sehr wichtig, all dies zu verstehen, bevor wir uns der Frage „Wer bin ich?" stellen. Unser Selbst nicht zu akzeptieren, ist das Ausgangsproblem; unser Selbst zu akzeptieren, das ist das angestrebte Ziel.

Ich kann mich schminken und schmücken, um mich zu einem akzeptablen Selbst zu machen. Aber ein Besenstil bleibt immer ein Besen-stiel, ganz gleich, womit du ihn schmückst. Wenn du ihm eine Diamantkette umhängst, dann ist er nichts weiter als ein Besenstiel, der eine Diamantkette trägt. Und genau so ist das auch mit dir: Du bleibst immer dasselbe. Egal, von was du dich auch befreist, egal, was du dir auch hinzufügst: Du bist immer dasselbe.

Deshalb gibt es auch keine „Befreiung vom Suchen". Du musst dich vielmehr fragen: Von was möchte ich mich befreien? Die Frage „Wer bin ich?" ist da der falsche Ansatz. Wonach du suchst, ist nicht die Befreiung von dir selbst, wonach du suchst, ist die Befreiung von deinem Kleinsein. Das gilt für alle deine Bestrebungen. Du möchtest frei sein davon, ein Niemand zu sein. Jeder möchte ein Jemand sein. Und wenn du sonst nichts erreicht hast, dann färbst du dir eben die

Haare grün! Ja, in New York habe ich eine Frau mit grünen Haaren gesehen! (alle lachen)

Welche Art von Befreiung suche ich denn? Ich möchte frei sein davon, ein Suchender zu sein! Doch wenn ich das als begrenztes Wesen versuche, als ein Individuum, bleibe ich immer dieses begrenzte Wesen, ganz egal wie viel ich wegnehme oder hinzufüge. Nur wenn du kein Individuum mehr bist, musst du nirgendwo mehr hingelangen; doch solange du ein Individuum bist, wirst du, ganz gleich, wo du hingehst, immer dich selbst vorfinden und dich mit dir beschäftigen müssen. Dein Kleinsein wird also nicht verschwinden! Es wird kein *Moksha*, keine Befreiung geben!

Gut, es gibt also kein *Moksha* – kann ich mich jetzt trotzdem akzeptieren? Betrachten wir es einmal anders: Ist vielleicht nur meine Schlussfolgerung falsch, die Folgerung nämlich, dass ich jemand bin, dem etwas fehlt? Wenn ich mich selbst als „mein Körper", „mein Verstand", „meine Sinne" sehe, dann muss ich mich ja mangelhaft erleben, denn das Gefühl von Mangel geht damit einher. Doch der Körper selbst hat keinen Ich-Gedanken, der Verstand hat keinen Ich-Gedanken, auch die Sinne haben keinen Ich-Gedanken. Es konzentriert sich alles auf „mich", auf dieses „Ich". Dieses „Ich" ist die Ursache aller Probleme, und dieses „Ich" ist die Lösung aller Probleme.

Solange mir etwas fehlt, kann ich mich selbst nicht akzeptieren. Die einzige Lösung, der einzige Ausweg ist es, anzunehmen, dass dir vielleicht gar nichts fehlt. Meine eigene Erfahrung ist, dass mir manchmal absolut nichts fehlt. Manchmal bin ich im Einklang mit der Welt und mit mir; ich bin glücklich. Ich betrachte die Sterne, die Bäume, die Vögel, die Berge, ich lausche einer Musik oder erfreue mich an diesem oder jenem. Ich fühle, dass ich in Ordnung bin! Statt also an all diesen unerfüllten Wünschen in meiner sogenannten Persönlichkeit festzuhalten, sehe ich mich selbst als erfüllt. Diese Erfahrung, auch anders sein zu können – wünschenswert anders, ist genug. Es ist wie ein Fenster, das mir einen neuen Ausblick eröffnet: Vielleicht bin ich ja der, der ich bin, wenn ich glücklich bin! Und ich bin nicht etwa deshalb glücklich, weil sich einer meiner Wünsche erfüllt hat! Ich lese ein Comic-Heft – und bin glücklich! Ich höre einen Witz – und bin glücklich!

Eine Frau erhält von ihrem Ehemann, der auf einer Dienstreise ist, einen Blumenstrauß mit einer Karte dazu. Auf der steht: „Nein." Sie ruft ihren Mann an:

„Was bedeutet das, was du da geschrieben hast?"

„Was ich geschrieben habe?"

„Ja, deine Nachricht."

„Welche Nachricht? Ich habe keine Nachricht geschrieben."

„Aber es steht etwas auf der Karte, und zwar: Nein."

„Ach so! Die Blumenhändlerin fragte mich, ob ich eine Nachricht hätte, und ich sagte: ‚Nein.'"

(alle lachen)

Ihr lacht, zumindest einige von euch lachen. Für andere braucht es vielleicht etwas anderes, um sie zum Lachen zu bringen. Es ist leicht, Menschen zum Lachen zu bringen. Aber was ist eigentlich passiert, als ihr gelacht habt? Wurden in diesem Moment all eure Wünsche erfüllt? Wurde eure Kreditkarte wieder aufgefüllt? Wurden euch alle Schulden erlassen? Wurden all eure Probleme gelöst? Nein, nichts wurde gelöst. Und trotzdem konntet ihr glücklich sein. Das ist eine tolle Sache, die wir wirklich untersuchen sollten. Denn eine Erfahrung ist nur so viel wert wie das, was ich über sie weiß. Die Erfahrung selbst weiß nichts, sie ist so dumm wie ein Stein. Du bist es, der wissen muss, worum es geht.

Unser ganzes *Samsara* (Rad der Wiedergeburten), dieses Leben des Werdens, orientiert sich an Erfahrungen – wir sind alle Erfahrungs-jäger. Die guten, die akzeptablen Erfahrungen sind selten, aber sie sorgen dafür, dass wir weitermachen. In diesen Erfahrungen akzeptiere ich mich selbst, und darum akzeptiere ich auch die Welt. Das geschieht in der gleichen Welt, in der ich ansonsten unglücklich bin, in der ich ansonsten danach strebe, mich selbst zu akzeptieren. In dieser gleichen Welt, in der ich normalerweise unglücklich bin, sehe ich mich jetzt in einem Licht, in dem ich mich mag. Also möchte ich diese Erfahrung noch einmal wiederholen, und ich möchte eine noch bessere Erfahrung machen.

Ich sehe eine Blume – eine Blume ist ein Objekt – und ich fühle mich glücklich. Doch dieses Glücksgefühl ist weder in der Blume noch ist es in mir, ich selbst bin dieses Glück. Das ist es, was Erfahrung ist, sie wurzelt in mir. Aber bin das wirklich ich? Oder bin ich doch das andere, das ungenügende Ich, das länger anzudauern scheint als dieses hier? Bin ich doch das unglückliche, mangelhafte und nicht akzeptable Ich, das sich danach sehnt, dieses glückliche Selbst zu sein, das ich gerade bin? Du kannst nicht wirklich glücklich sein, solange du das mangelhafte Ich nicht aufgegeben hast.

Unsere Selbsturteile bewirken, dass wir Komplexe haben. Doch in der Tat sind es genau diese Komplexe, die uns zur Lösung führen! Und vielleicht gibt es ja eine Lösung. Eben aus diesem Grund kannst du nicht aufhören zu suchen. Warum? Weil du jemand bist, dem wesenhaft etwas fehlt, und dieses Gefühl des Mangels kannst du nicht aufheben. Das Wesenhafte eines Objektes kann weder zunichte gemacht noch außer Kraft gesetzt werden, solange dieses Objekt da ist. Feuer ist heiß, und du kannst kein Feuer ohne Hitze haben. Das ist unmöglich, weil Hitze wesenhaft zum Feuer gehört. Wenn die Beschränkung durch diese Mangelhaftigkeit wesenhaft zu unserem Ich gehört, dann kann sie nicht zunichte gemacht werden. Aber sie wird aufgehoben in einem Augenblick des Glücks, und daher ist es möglich, dass „glücklich" das ist, was ich wirklich bin. Deshalb beklagt sich auch niemand darüber, glücklich zu sein. Niemand kommt zu mir und klagt: „Oh Swamiji, ich weiß nicht, was ich tun soll – ich bin zur Zeit einfach zu glücklich!"

Viele Menschen aus dem Westen kommen nach Indien auf der Suche nach Erleuchtung, als wäre sie lediglich eine Erfahrung. Was ist Erleuchtung?

Eine Erfahrung ist immer nur so gut wie unsere Interpretation von ihr. Wir müssen sie verstehen. Es mangelt uns ja nicht an Erfahrungen. Ich sehe dich, du siehst mich. Das ist eine Erfahrung. In dieser Erfahrung gibt es ein Subjekt und ein Objekt. Subjekt und Objekt stehen einander gegenüber. Das ist Dualität. Und das wird immer so sein. Solange sie sich nur für eine gewisse Zeit auflöst, bist du nicht erleuchtet. Im Schlaf kannst du diese Dualität auflösen, weil dein Kopf dann leer ist. Aber ein leerer Kopf ist eben noch kein erleuchteter Kopf. Ein erleuchteter Kopf ist einer, in dem das Subjekt auch das Objekt ist – das ist Erleuchtung, das ist Erkenntnis.

Alles, was das Subjekt objektivieren kann, erkennt es auch. Wenn Subjekt und Objekt beide ein und dasselbe sind, kann die Person kein Wissen mehr erlangen. Sie braucht ein anderes Erkenntnismittel. Genau das ist *Vedanta*, die *vedische* Philosophie. Darum habe ich gesagt, dass wir gewisse Grundlagen brauchen, bevor wir anfangen zu suchen. Dann wird unser Suchen sehr kraftvoll und gut ausgerichtet sein. Andernfalls tappen wir weiterhin im Dunkeln.

In seiner eigenen Realität kann sich das Selbst akzeptieren. Es ist *Purna*, alldurchdringend. Nichts ist sicherer als das Selbst. Also kann das Selbst akzeptiert werden, und wenn es akzeptiert ist, dann geht es nicht mehr darum, das Selbst zu erfahren. Denn alle Erfahrungen sind im Selbst und das Selbst ist in und durch alle Erfahrungen. Du brauchst also keine besondere Erfahrung deines Selbst mehr, da das Selbst ja bereits erfahren wird; das Selbst ist Inhalt jeglicher Erfahrungen.

Gibt es irgendwelche Voraussetzungen für die Erleuchtung? Ist eine Sadhana (spirituelle Disziplin) notwendig? Wenn ja, welche Form würdest du empfehlen?

Ein menschliches Wesen sollte erst einmal zum Menschen werden, dann kommen all diese Dinge von ganz allein. Du brauchst nur zu sagen: „Ich bin das Ganze." Und du musst dieses Ganze entdecken, du musst dieses Ganze erkennen.

Was also sind die Voraussetzungen? Für jedes Wissen muss man vorbereitet sein. Angenommen ein Mathematiker und eine Physikerin haben ein Kind, dessen Großeltern auch alle Professoren sind. Im Alter von drei Jahren will der Vater ihm Mathematik beibringen; etwas einfaches, wie fünf plus vier zum Beispiel. Doch er kann dem Kleinen nicht verständlich machen, was er von ihm will. Warum nicht? Weil es für alles ein richtiges Alter, einen richtigen Zeitpunkt gibt. Das, was die Zeit vorbereiten kann, kann durch nichts anderes vorbereitet werden. Auf dieser Stufe ist der richtige Zeitpunkt sehr wichtig. Du kannst alles verstehen, wenn du gut vorbereitet bist.

Wir sollten erkennen, dass wir das Ganze sind: beides, Subjekt und Objekt. Dabei ist es egal, ob das Objekt ein Elektron ist oder das ganze Universum; beide sind immer Eins, beide kommen immer aus ein und demselben. Um das zu sehen ist viel Lernen und Verstehen notwendig, und es braucht eine Menge Klarheit, um all die Fehldeutungen und Missverständnisse auszuräumen.

Welche Voraussetzungen sind dafür nun notwendig? Wir würden sagen, eine Person sollte rational denken können; das heißt, irrationale Schlussfolgerungen sollten auch als irrational erkannt werden. Dieses Vermögen, diese intellektuelle Schulung erreichst du durch eigene Erfahrung, durch eigenes Denken, durch Disziplin oder durch Unterricht. Das ist nicht zu leugnen: Wir sind rationale Wesen – nichts ist irrational – und wir sollten deshalb auch rational denken. Dabei kann ich über die Vernunft hinausgehen, nichts aber wird dabei unvernünftig sein!

Als notwendige Voraussetzung sollte also schlicht die Fähigkeit gewährleistet sein, richtig und klar denken zu können. Im *Sanskrit* haben wir dafür eine Reihe von Attributen, die das benennen. Du wächst hinein in dein Menschsein, in das, was es bedeutet, ein Mensch zu sein: Rücksichtnahme auf andere, niemanden verletzen, Mitgefühl, Schenken, Teilen, Freundlichkeit, niemanden verurteilen, Objektivität, Unvoreingenommenheit. Du musst es üben, denn manchmal muss man „so tun als ob"! Wenn kein Mitgefühl da ist, kannst du nicht mitfühlend sein; aber selbst wenn kein Mitgefühl da ist, kannst du doch mitfühlend handeln. Wenn keine Liebe da ist, kannst du nicht lieben; aber auch wenn du keine Liebe empfindest, kannst du dennoch liebevoll handeln. Handle, als ob! Handle so, als würdest du lieben! Dann wird die Liebe kommen. Pflege Freundschaft, indem du freundlich bist. Wecke Fürsorge, indem du fürsorglich handelst. All das sind natürliche Eigenschaften, aufs engste verbunden mit unserer eigenen Ganzheit, mit unserer eigenen Vollkommenheit. Deshalb sind es äußerst wünschenswerte Eigenschaften.

Dazu braucht es viel Übung. Zuvor aber sind Gebete und Hingabe notwendig, damit wir *Ishwara*, den Herrn, in unser Leben bringen. Je mehr *Ishwara*, um so objektiver sind wir. Das ist ein großes Thema und Teil der Vorbereitung, und geht einher mit dem Streben nach Wissen.

Ein guter Lehrer ist notwendig, einer, der in einer langen Tradition von Lehrern steht. Das Besondere daran ist, dass diese über bewährte Methoden und Erkenntnisse verfügen, die nicht mit Worten weitergegeben werden können. Diese werden übertragen und entwickeln sich durch das Zusammensein mit dem Lehrer. Wie in der indischen Musik können sie nicht unterrichtet werden; man kann sie auch nicht aufschreiben. Sie müssen in dir selbst wachsen, über eine bestimmte Zeitspanne hinweg. Diese Art des Lehrens ist sehr, sehr wichtig.

Als Sri Ramana gefragt wurde, wann man das Selbst erkannt hat, antwortete er: „Wenn die Welt, die das Gesehene ist, entfernt worden ist, wird die Erkenntnis des Selbst als das Sehende geschehen." Wie ist die Welt zu verstehen, und wie kann man sie beseitigen?

Wenn Bhagavan Ramana diese Frage beantwortet, meint er offenbar mehr, als seine Worte vermitteln können. Ich, das Subjekt, stehe einem Objekt gegenüber. Dabei umfasst das „Nicht-Ich" viel mehr als das „Ich". Wenn beide einer Realität angehören, dann sollte diese Realität beide, Subjekt und Objekt, transzendieren. Wendet sich das Subjekt von den Objekten ab und fällt in seinen eigenen Schoß zurück, bleibt als Einziges die Substanz aller Objekte übrig, und das ist die sich selbst offenbarende Substanz des Gewahrseins, die ebenso die Substanz des Subjektes ist. Hier gibt es keine „Zerstörung" im buchstäblichen Sinne. Ist die Welt real, kann sie nicht zerstört werden. Ist sie nicht real, muss sie nicht zerstört werden. Das gilt es zu verstehen! An einer anderen Stelle sagt Bhagavan Ramana, dass der Verstand, der sich von allen Objekten abgewandt hat, das sich selbst offenbarende Bewusstsein, also Wahrheit ist, die Wahrheit von allem. Und das bedeutet es, die Wahrheit zu erkennen.

Oft wird behauptet, dass der Verstand erst zerstört werden muss, damit Befreiung stattfinden kann. Hast du einen Verstand? Sri Ramana benutzte den Begriff Manonasha, *was „zerstörter Verstand" bedeutet, um den Zustand der Befreiung zu beschreiben. Wie zerstört man den Verstand?*

96

Mit dem Wort „Verstand" meint Ramana den Ich-Gedanken. Der Verstand wird von allen Gedanken gebildet, und alle kreisen um diesen Ich-Gedanken. Wenn also die Gedanken gleichbedeutend mit Verstand sind und sie alle auf dem Ich-Gedanken basieren, dann ist der Ich-Gedanke der Verstand. Mit *Manonasha* ist demnach die Isolation und Zerstörung des Ich gemeint, das alles andere zu etwas Fremdem macht. Der Verstand wird reduziert auf „Ich", und dieses Ich trennt dich von allem anderen. Die tatsächliche Wahrheit dieses „Ich" aber ist, dass es sowohl das sich von allem entfremdende Ich ist wie auch alles, von dem es sich zu entfremden scheint. Das Subjekt ist Ich, die Objekte sind Ich. Dieses ganze Subjekt-Objekt nennt man *Ishwara*, den Herrn. Und dieses Ganze bist du. Das ist unsere Lehre.

Manonasha ist nur eine Methode, deine Aufmerksamkeit zum Selbst zu führen. Du ziehst dich von *Drisha*, von der Welt der Objekte, zurück und richtest deine Aufmerksamkeit auf dich, auf das Selbst. Wir benutzen diese Methode, um das Ich von *Drisha* zu separieren, von dem, was wir objektivieren. Das Selbst objektivieren wir nicht; das Selbst ist das, was objektiviert. „Was aber ist dieses Selbst?", fragen wir, und dem folgt dann die ganze Erforschung. Es ist also eine Methode. Es geht nicht um *Manonasha* – der Verstand ist nicht das Thema. Wenn der Verstand zerstört werden muss, wie könnten wir nach dieser Zerstörung überhaupt noch miteinander sprechen? (alle lachen)

Swami, das ist ein wichtiger Punkt, denn in der buddhistischen Tradition wird ja dieses „No-Mind" angestrebt.

Was meinen sie, wenn sie von „No-Mind" sprechen? Sie meinen einen Verstand ohne Gedanken. Ein gedankenfreier Verstand ist ein leerer Verstand.

Kein zerstörter Verstand?

Kein zerstörter Verstand. Denn wenn der Verstand zerstört ist, kannst du keinen Gedanken mehr haben. Auf einen Verstand ohne Gedanken hinzuarbeiten ist Zeitverschwendung. Es wird immer Gedanken geben.

Nur während des Schlafs gibt es keinen Gedanken, jedenfalls keinen spezifischen. Wenn wir träumen haben wir Gedanken, wenn wir wach sind, haben wir Gedanken, wenn wir die Augen schließen haben wir Gedanken. Wann kannst du aufhören zu denken? Und warum solltest du aufhören zu denken? Nicht-Denken löst keine Probleme. Das Problem ist falsches Denken.

Ein Schüler macht in einer einfachen Mathematikaufgabe einen Fehler. Der Lehrer sagt: „Das liegt an deinem Verstand." Wird „No-Mind" ihm dann mathematisches Wissen geben? (alle lachen) Sein Problem ist nicht der Verstand, sondern falsches Denken. Und unser ganzes Problem ist, dass wir ein Problem mit dem Problem haben. Wir versuchen, Probleme zu lösen, die gar nicht existieren. Wenn sie existieren, dann können wir sie nicht lösen; wenn sie nicht existieren, dann sollten wir erkennen, dass sie nicht existieren. Um das Problem des falschen Denkens zu lösen, brauchen wir eine ganz andere Herangehensweise. Es verlangt nach einem Wissen, das von außen kommen muss. Es ist ein rein erkenntnistheoretisches Problem. Das ist der Grund, warum sich dieses Neo-*Vedanta*, diese moderne Spiritualität, immer im Kreis dreht. Doch würde ich sagen, dass sie alle völlig unschuldig sind; sie wissen nicht, worüber sie reden. Was bedeutet es, zu sagen: „Ich bin vollkommen im Ozean der Glückseligkeit aufgegangen!" Wer ist darin aufgegangen? Und wer kommt jetzt, um uns das zu berichten? Solche Worte entstammen nicht einer wirklichen Erkenntnis.

Um mich jetzt hier sitzen zu sehen, musst du deine Augen und Ohren benutzen. Hinter deinen Augen und Ohren bist du, du und der Verstand. Augen und Ohren sind Mittel des Erkennens. Deshalb nimmst du Swami wahr. Alles was es gibt, wird auf diese Art erkannt. Und dann, was siehst du dann? Ist es Swami Dayananda oder Swami Ishwarananda? (Wir sehen uns nämlich sehr ähnlich.) Du musst deine erprobten Erkenntnismittel benutzen, um das herauszufinden. Alles was es gibt und alles was es nicht gibt, muss von dir erkannt werden; darum gibt es keine Leerheit. Auch Leerheit wird von dir erkannt. Es gibt keine Leerheit.

Du kannst dein ganzes Leben damit verbringen, zu meditieren und die Leerheit zu suchen, den Verstand oder etwas anderes anzuschauen.

Was passiert, wenn du all das anschaust? Erleuchtung? Wenn du den ganzen Tag den Verstand beobachtest, verlierst du die Fähigkeit, linear zu denken und bist hinterher ganz benommen. Wenn du jeden Tag auf diese Weise meditierst, wirst du nur trübe und dumpf. Sinnlos! Es ist gut, einfach nur aufmerksam zu sein. Das genügt vollkommen, das ganz allein. Aufmerksamkeit, nicht Herumzappeln! Dir bewusst sein, was du tust und was du sagst. Ganz besonders dessen, was du sagst! In unserer Kultur wird verlangt, mit dem Sprechen sehr diszipliniert umzugehen. Es ist nicht erlaubt, unreflektiert drauflos zu reden. Also, sei dir erstens gewiss, dass du ein lohnenswertes Thema hast. Und zweitens überzeuge dich, dass dein Gegenüber daran interessiert ist, dem zuzuhören, was du zu sagen hast. Erst dann gib deinem Drang zu sprechen nach.

Es gibt ein Wissen, das uns von *Dukha* befreit, von dieser Traurigkeit, von diesem Schmerz, von der Suche, von der Zentrierung auf sich selbst. Dieses *Yoga* des Wissens wird von dem erfahren, der mäßig isst, der bei all seinen Aktivitäten sehr bewusst ist, der seine Energie nicht in flüchtigen Zerstreuungen verschwendet, sondern sehr aufmerksam während der Phasen seines Wachens ist. (*Bhagavad Gita*, Kapitel 6.17) Mehr ist nicht notwendig.

Wenn die Gedanken nur vorübergehend sind, warum willst du sie dann kontrollieren? Und wer will sie kontrollieren? Der, der sie kontrollieren will, ist doch auch nur vorübergehend. Das ist einfach falsches Denken! Du bist dir deiner Selbst bewusst, du existierst ganz offensichtlich. Wenn dir dein Existieren bewusst wird, wem wird es dann offensichtlich? Wem wird die Existenz des Selbst offenbart? Alles offenbart sich dem Selbst. Dass das Selbst existiert, offenbart sich dem Selbst! Das nennen wir Selbst-Gewahrsein. Und dann entfernen wir von diesem Selbst, das sich seiner selbst gewahr ist, alle falschen Vorstellungen. Das nennen wir Selbst-Erkenntnis. Zuerst negieren wir all das, was es nicht ist, dann erkennen wir das, was es ist. Das beendet auch die Negation selbst. Diese Negation ist total. Jeder Teil des Selbst, der objektiviert werden kann, ist nicht das Selbst. Er ist nicht das Selbst! Das ist der erste Schritt.

Der zweite Schritt ist: Nicht-Selbst ist Selbst. Wo das Selbst ist, da ist ebenso Nicht-Selbst. Das Nicht-Selbst ist das Selbst, aber das Selbst ist nicht Nicht-Selbst. Anders ausgedrückt: Ein Gedanke (Nicht-Selbst) ist Ich – aber Ich bin nicht der Gedanke. Das schließt auch den Ich-Gedanken mit ein.

Im „Upadesa Saram" schrieb Baghavan Ramana: *Vrttayas-tvaham vrtti-masritah, Vrttayo mano viddhayaham manah.* Alle Gedanken formen den Verstand, und alle kreisen sie um den Ich-Gedanken, *Ahamvrttim.* Wenn die Gedanken der Verstand sind und sie alle um den Ich-Gedanken kreisen, dann muss der Ich-Gedanke der Verstand sein. Deshalb ist der Verstand in Wirklichkeit *Ahamvrttim,* der Ich-Gedanke – das ist Ramanas These.

Und wenn du den Ich-Gedanken dann erforschst, verschwindet dieser und nur *Vasthu,* die Wahrheit, bleibt übrig. *Aham-ayam kuto bhavati cinvatah, Ayi patat-yaham nija-vicaranam.* Wenn du mit Hilfe der Lehre dich zu fragen beginnst: „Was ist dieses Ich?", dann löst sich das Ego, das *Ahamkara,* also der Fragesteller selbst, in dem sich selbst offenbarenden Sein auf. So dass dann niemand mehr da ist, der die Frage beantworten könnte. Denn er ist bereits das Ganze, er ist bereits alles. Das ist Selbsterforschung.

Später sagt Bhagavan Ramana: *Ahami nasa-bhaj-yaham-ahamtaya, Sphurati hrt-svayam parama-purna-sat.* Wenn du nachforschst, was dieses *Aham* wirklich ist, findest du heraus, dass *Ahamkara,* der Wissende selbst, *Mithya* (falsch, scheinbar) ist. Beide, das Gewusste wie der Wissende, hängen vom einen Ganzen ab, von der Wahrheit (*Sat*), die aus sich selbst heraus existiert. Das wird „das Ganze" genannt; und beides, Subjekt und Objekt, sind ein und dieselbe Wahrheit. Du selbst und was immer du vor dir siehst, ihr beide zusammen seid ein Ganzes. Der Hörende und das Gehörte, der Sehende und das Gesehene – all das ist ein Ganzes. Subjekt-Objekt: ein einziges Ganzes. Das ist der Grund, warum dich auch sehr kleine Dinge vollkommen glücklich machen können. Ganz gleich, ob es eine Mikrobe oder der gesamte Kosmos ist, alles ist eine einzige Realität: Subjekt-Objekt.

Bhagavan Ramana sagt, dass an eben diesem Ort, an dem das „Ich" sich vollständig auflöst, sich das sich selbst offenbarende Sein als unendlich zu erkennen gibt. Es offenbart sich selbst und alle Vorstellungen fallen ab. Das ist die Natur des Wissens vom Selbst.

Kannst du etwas über Vasanas *sagen, die Neigungen des Verstandes?*
Müssen diese erst vollständig entfernt werden, damit die Selbsterkennt-
nis dauerhaft bleiben kann? Oder reicht es, einen sattvischen *(ruhigen*
und friedvollen) Zustand des Verstandes zu erlangen? Wie befreie ich
mich von den Vasanas?

Die These von den *Vasanas* ist eine weitere Theorie. Das *Vedanta* spricht
von drei *Vasanas*: *Vishaya Vasana* ist die Orientierung an Subjekt und
Objekt, die durch das Erforschen, *Vichara*, beseitigt wird; *Deha Vasana*
ist das Körper-*Vasana*, mit dem wir geboren werden; und *Sastra Vasana*
ist das Verlangen, mehr aus Büchern und Schriften zu lernen, das Gefühl,
nicht genug gelernt zu haben oder zu wissen. All diese verschwinden
durch konsequente Betrachtung. Du bist das Ganze. Du kannst niemals das Ganze werden. Es mangelt dir nicht daran, das Ganze zu erfahren – denn was immer du erfährst, es ist das Ganze. Es kann kein
solches Ding geben wie „die Ganzheit wird erscheinen"; die Ganzheit
kann nicht erscheinen, weil die Ganzheit immer ist. Was ist, das ist
das Ganze. Das ist hundertprozentige Erkenntnis. Das ist traditionelles
Vedanta.

Es ist wichtig, einen guten traditionellen Lehrer zu haben. Studierst
du die *Upanishaden* mit einem Lehrer, so studierst du dich selbst; die
Upanishaden sind ein Spiegel. Jemanden, der keine falschen Vorstellungen mehr über sich selbst hat, nennt man einen *Jivanmukta* (eine
zu Lebzeiten befreite Seele). Er lebt in diesem Körper-Geist-Sinne-
Komplex, er denkt, hat Hunger und Durst – ganz normales Leben! Tatsächlich besteht der Unterschied zwischen dem *Jivan*, der individuellen
Seele, und dem *Jivanmukta* darin, dass der *Jivan* normal verrückt ist,
während der *Jivanmukta* normal normal ist. Das ist der einzige Unterschied. Normal verrückt zu sein bedeutet, dass auch alle anderen
komplett verrückt sind, also bist auch du vollkommen in Ordnung!
(alle lachen)

Es erscheint mir essentiell wichtig zu sein, einem Guru *zu begegnen*
und bei diesem Guru *zu bleiben. Wer ist der* Guru? *Was ist seine Rolle?*
Wie erkennt man den wahren Guru?

Der *Guru* ist der, der das *Mahavakya*, diese Gleichung lehrt: Du bist das Ganze, du bist *Ishwara*. Dieser Satz wirft einen Widerspruch auf, denn du bist ein Individuum, während *Ishwara* alles ist. Dein Wissen ist gering, während *Ishwara* allwissend ist. Wie kannst du also *Ishwara* sein? Dieser Gegensatz wird aufgeworfen und dann aufgelöst.

Wenn ich einer Welle sage: „Du bist der Ozean", wird die Welle fragen: „Wie kann ich der Ozean sein?"

Und ich werde ihr sagen: „Du wirst geboren vom Ozean, wirst getragen vom Ozean, kehrst zurück in den Ozean, bist nie getrennt vom Ozean."

Die Welle wird erwidern: „Das ist wahr, ich bin ein Teil des Ozeans, aber ich kann nicht der Ozean selbst sein."

Lasst uns also versuchen, alles über den Ozean herausfinden. Der Ozean ist Wasser. Und was ist die Welle? Die Oberfläche der Welle ist Wasser, die Mitte der Welle ist Wasser, jedes Teilchen der Welle ist Wasser, da ist nichts als Wasser. Deshalb ist Wasser das *Atman*, das Selbst der Welle und das *Atman* des Ozeans – H_2O. Das muss die Welle erkennen. Sie kann es aber nicht erkennen, weil sie kein sich selbst offenbarendes Selbst hat. Deshalb hat sie auch keine Probleme. Hat sie jedoch einen menschlichen Verstand, dann gibt es ein sich selbst offenbarendes Selbst, und das kann erkennen. Dann kann sie unmittelbar erkennen: Ich bin das Selbst, das sich selbst und alles andere offenbart. Ich bin das Ganze.

Der, der das lehrt, ist der *Guru*. Gehe zu einem Lehrer, der weiß, wovon er spricht, und der selbst einen Lehrer hat. Jemanden, der sagt: „Ich habe von niemandem gelernt", den lasse allein. Grüße ihn freundlich und lass ihn allein; lerne nicht von ihm. Ein *Guru* sagt nicht: „Ich bin der *Guru*, du bist niemand." Nein, er sagt: „Du bist das Ganze." Und das sagt er dir nicht nur, sondern er lässt es dich auch sehen. Er unternimmt ehrliche Versuche, es dich sehen zu lassen. Wenn das nicht funktioniert, kann es sein, dass die Lehre unvollständig ist oder der Schüler ein Problem hat, ein emotionales vielleicht oder eins mit Autorität.

Menschen mit Angst vor einem *Guru* haben ein Problem mit Autorität, gewöhnlich mit dem Vater. Das ist ein psychologisches

Problem, das sie lösen müssen. Der *Guru* ist keine Autorität! Der *Guru* ist derjenige, der dich erkennen lässt, dass du genau das Selbe bist wie er. Was ist daran autoritär? Wenn jemand Probleme mit Autorität hat, ist das ein psychologisches Problem und verlangt die Untersuchung des eigenen Verstandes. Sich diese Probleme genau anzuschauen, das ist *Sadhana*.

Swami, kann ich dich fragen, woran man einen Lehrer erkennt?

Die Traditionslinie ist wichtig, also solltest du sicherstellen, dass es wirklich ein gut ausgebildeter, traditioneller Lehrer ist, der seine Methode beherrscht. Ist das so, dann lasse dich ganz auf den Lehrer ein. Wenn er dich verstehen und dich sehen lässt, was er lehrt, dann ist er ein Lehrer. Nutze alle Quellen, die dir helfen. In jedem Stadium ist jemand notwendig, kann dich jemand unterstützen. Wenn du Glück hast, brauchst du nur einen Lehrer, doch gewöhnlich hat man mehrere. Lerne von ihnen allen; auch ich habe das getan.

Kommt der Lehrer zu mir, wenn ich bereit bin, oder beginne ich, nach ihm zu suchen, wenn ich bereit bin?

Es heißt, der Lehrer kommt, wenn du bereit bist. Das ist nicht ganz korrekt. (alle lachen) Wenn du bereit bist, kannst du den richtigen Lehrer erkennen; du lässt dich nicht so leicht täuschen. Jemand, der nur zur Hälfte gebacken ist, lässt sich leicht täuschen. Für ihn ist dann vielleicht die Länge des Bartes ausschlaggebend.

Würdest du empfehlen, dass ein ernsthafter Mensch sich von der Welt zurückziehen, also ein Sannyasin *werden, und jeden Tag auf eine Weise leben sollte, die ihn für die Wahrheit vorbereitet?*

Ja, ganz bestimmt. Aber du musst kein *Sannyasin* sein; es reicht, die entsprechenden Qualitäten zu haben. Ein *Sannyasin* will nichts besitzen! Frei sein vom Wunsch, etwas besitzen zu wollen, ist eine gute Sache. Dieser Wunsch spielt eine große Rolle. Ein *Sannyasin* denkt nicht an morgen, und das ist sehr wichtig. Das kann jeder erreichen, doch es erfordert eine gewisse Reife. Von Tag zu Tag leben ist eine große Hilfe.

Gewöhnlich fühlen die Schüler immer eine sehr starke Hingabe ihrem **Guru** *gegenüber. Könntest du bitte etwas über die Rolle der Hingabe bei unserer Suche nach dem Erwachen sagen?*

Hingabe meint das Vertrauen in die Fähigkeit des Lehrers, mich zur Erkenntnis zu führen. Die Lehre ist ein Weg des Wissens. Ich spreche hier nicht davon, etwas über ein Objekt zu wissen, das außerhalb oder innerhalb meiner selbst liegt. Es geht um mich selbst. Ich kann von der Lehre ein unmittelbares Wissen erwarten; und so, wie ich meine Augen benutze, muss ich die Worte und Schriften benutzen. Das ist der Weg zur Erkenntnis.

Angenommen, ich sage: „Schau dir mal diese grüne Banane an" (er hält dabei eine Orange hoch), dann wirst du dich fragen: „Was ist denn heute mit dem Swami los?" (alle lachen) Auch wenn du dem Swami vielleicht gerne recht geben würdest, deinem Verstand kannst du nichts vormachen, und es ist offensichtlich, dass der Swami unrecht hat. Warum ist das so? Weil nicht der Wille entscheidet, ob das hier eine Banane oder ein Orange ist. Das hier ist eine Orange. Für deinen Willen ist da kein Platz, hier geht es um Erkennen. Der Wille spielt keine Rolle, wenn es um das Erkennen geht. Deine Augen sind offen, das Objekt liegt direkt vor dir, ist gut beleuchtet – der Anblick spricht für sich selbst! Wenn es eine Orange ist, dann ist es eine Orange, wenn es eine Banane ist, dann ist es eine Banane. Du hast keine Wahl.

Gib dich vollkommen deinen Augen hin. Dein Ego, dein Verstand, alles ist einfach auf dem Altar deiner Augen ausgebreitet. So geschieht Erkenntnis. Mit dem Lehrer ist es genauso. Während des Lehrens gibt es weder Lehrer noch Lehre – nur das Lehren, nur das Thema. Und während das Lehren stattfindet, erkennst du dieses Thema. Das Thema bist du selbst. Das ist das, was wir Hingabe nennen. Es ist nur ein Weg, um zu erkennen.

Dieses totale Vertrauen in beides, sowohl in die Lehre als auch in denjenigen, der die Lehre übermittelt, wird *Shradda* genannt. Es ist nicht die Hingabe an eine Autorität. Da es um Erkenntnis geht, sind Fragen erlaubt. Fragen werden gestellt und sie werden beantwortet. Niemand bricht das Lehren ab, wenn etwas nicht verstanden wird. Der Zweifel kommt der Lehre wie dem Lehrer zugute. So werden die Hürden beim Verstehen gemeinsam überwunden.

Menschen auf der Suche haben oft seltsame Vorstellungen vom Zustand der Erleuchtung. Wie sieht dein Alltag aus, und wie nimmst du die Welt wahr?

(Dayananda lacht) Angenommen, ich schaue dich an. Dann sollte ich dich sehen, wie du bist. Das, was ist, wird gesehen. Keine projizierten Werte. Keine Urteile. Das ist es, was wahr ist; vollkommen objektiv. Du hast eine bestimmte Realität, und diese Realität ist offensichtlich. Es gibt keine Diskussion darüber. Da ist nur „Subjekt-Objekt".

Bist du schon einmal in einem 3D-Film gewesen, wo man diese Spezialbrillen aufsetzen muss? Es beginnt mit einer Schlägerei in einer Bar, jemand wirft eine Flasche – die direkt auf dich zufliegt. Du wolltest dich ein bisschen unterhalten lassen, hast eine Tüte Popcorn auf dem Schoß – und nun fliegt dir diese Flasche entgegen. Du duckst dich in deine Popcorn-Tüte; dann erst realisierst du: „Ah ja, dreidimensional!", und erinnerst dich, dass du in einem Theater sitzt. Du blickst dich vorsichtig um, um zu prüfen, ob jemand dein Ducken mitbekommen hat. (alle lachen) Doch erleichtert stellst du fest, auch alle anderen haben sich geduckt; du bist also in bester Gesellschaft. Das passiert dann noch ein paar Mal, nicht wahr? Irgendwann hast du dann begriffen, dass du in einem 3D-Film sitzt. Du kannst dich also entspannen und den Film genießen, und das, ohne dabei den 3D-Effekt zu verlieren. Das ist es, worum es geht.

Kann ich dich noch etwas fragen, Swami? Wir sitzen jetzt eine ganze Weile zusammen und es fühlte sich schon seit Beginn sehr energetisch an. Da ist Sprechen, doch die Frage ist: „Wer spricht?"

Wer jetzt gerade spricht?

Ja.

Na, ich spreche doch! (alle lachen) Der Sprecher bin ich. Doch ich bin nicht der Sprecher! Diesen Unterschied muss man sehen. Wenn ich sage: „Berühre Holz!", was machst du dann? Du berührst Holz. Der Tisch ist aus Holz, aber Holz ist nicht der Tisch. B ist also A, aber A ist nicht B.

Es ist wie auf einer Bühne: Jemand spielt eine Rolle. Die Rolle ist die Person, der Sprecher bin ich. Nun verändert sich die Rolle laufend je nach Manuskript, zum Beispiel in die Rolle eines Bettlers. Der Schauspieler spielt die Rolle eines Bettlers und weiß dabei die ganze Zeit über, dass er selbst kein Bettler ist. A ist nicht B – der Schauspieler ist kein Bettler, aber der Bettler ist der Schauspieler. Ich bin der Sprecher, andernfalls gäbe es eine Spaltung.

Ein Schauspieler auf der Bühne spielt eine Rolle. Er ist der Schauspieler und transzendiert seine Rolle, während er gleichzeitig seinen Text rezitiert. Er kann die Rolle transzendieren, weil er sich der Tatsache bewusst ist, dass die Rolle zwar seine, er aber nicht die Rolle ist. Das nennen wir Erleuchtung, und einen solchen Menschen bezeichnen wir als *Jivanmukta* (eine zu Lebzeiten befreite Seele). Es ist so simpel wie es ist: Während er seine Rolle spielt, erkennt der Schauspieler, dass er selbst nicht diese Rolle ist.

Der Bettler ist die Rolle, und die ist nicht vom Schauspieler getrennt; der Körper des Bettlers ist auch der Körper des Schauspielers. Spricht der Bettler, dann spricht auch der Schauspieler, aber da liegt ein gewisser Raum zwischen beiden. Dieser Raum ist nicht physisch. Dieser Raum ist Selbst-Gewahrsein, das Gewahrsein einer Selbst-Identität. Als Bettler sprechend, als Bettler handelnd, weiß er, dass es ihm gut geht; obwohl er bettelt und weint, weiß er doch, dass es ihm gut geht. A ist nicht B, aber B ist A.

Im *Sanskrit* heißt es dazu:
Naiva kincitkaromiti yukto manyeta tattravit
pasyansrnvan sprsanjighrannasnan gacchan svapausvasan.
Pralapan visrjan grhnannenmisan nimisannapi
ndriyanindriyasthesu vastanta iti dharayan.

Der, der heil ist und die Wahrheit kennt, weiß: Ich tue nichts, auch wenn ich sehe, höre, berühre, rieche, esse, gehe, schlafe, atme, spreche, erkenne, fasse, die Augen öffne und schließe und genau erkenne, wie die Sinne mit ihren Objekten beschäftigt sind.

Da ist Sehen, aber ich sehe nicht; da ist Hören, aber ich höre nicht. Ohne eine Handlung auszuüben, handle ich. Handeln geschieht und ohne mich gibt es keine Handlung, dennoch bin es nicht ich, der handelt – das ist schon ein seltsames Ding! Das ist das, was wir Befreiung, Freiheit oder Erleuchtung nennen. Ich allerdings würde es normales Leben nennen! (alle lachen) Ich sage nicht, dass Erleuchtung irgendetwas Besonderes ist. Es ist normales Leben. Das ist die Wahrheit. Das ist das Geheimnis des *Vedanta*. Das ist das Geheimnis der Lehre.

Es heißt manchmal, dass ein Erwachter wie ein Radio sei, dass seine Worte einfach so herauskämen…

Das ist wahr. Es gibt nur das Thema, die Beschäftigung mit dem Thema. Aber da ist auch noch die Sprache beteiligt und all die Geschichten, die dem individuellen Wissen entspringen, das man *Buddhi* nennt. Wenn du dich selbst nicht kennst, dann ist B A und A ist B. Dann tauchen ständig neue Fragen auf. Hier gibt es keine Frage: B ist A, A ist nicht B. Dieses Gewahrsein befreit alles.

Während dieser letzten Stunden fühlte es sich an wie „zu niemandem sprechen".

Zu niemandem sprechen? Das ist nicht wahr! Ich spreche zu dir. Ich spreche zu all diesen Leuten hier. „Niemand hört zu" – da müsste ich ja ziemlich verrückt sein! (alle lachen)

Ich spreche zu den Menschen in einer Weise, die sie verstehen können. Wenn ich zu meinen langjährigen Schülern spreche, dann tue ich das auf eine völlig andere Art, die ihr nicht verstehen würdet. Es gibt verschiedene Ebenen des Sprechens. Ich spreche zu euch auf einer Ebene, die für euch Sinn macht. Daran ist nichts falsch. Ich spreche nicht „zu niemandem". Schließlich sollte man seine Zuhörer respektieren und zu jedem Menschen mit Liebe und Aufmerksamkeit sprechen.

Du hast gerade ausführlich über das Thema Erwachen mit uns gesprochen. Wenn du jemandem mit einer Leidenschaft für das Erwachen begegnen würdest, was wäre dein spontaner Rat an ihn?

Sei lebendig in allem, was ist! Was ist, das ist das, was du siehst, das ist das, was du weißt. Das alles nennt man „Das, was ist". Erwachen ist wirklich nichts Besonderes. Es geschieht nicht, während man unter einem Baum sitzt. Wenn du zu lange unter einem Baum sitzt, tropft dir höchstens etwas auf den Kopf! (alle lachen) Deshalb ist das beste Erwachen, die beste Erleuchtung, nicht unter einem Baum zu sitzen – denn da sitzen Vögel über dir! Das ist Erwachen! Erwachen bedeutet, mehr zu sehen als „ich" sehe. Mehr über mich selbst zu erfahren und damit gleichzeitig mehr darüber zu erfahren, was ich sehe. Das ist Erwachen: Allem gegenüber wach zu sein, was ist. Genießt euer Mittagessen! Vielen Dank.

Om Shanti, Shanti, Shanti, Hari Om.

Ganesan

„Wer bist du?", schrie er. John Wilkins wusste, dass Roberts Laune wegen seiner Krankheit schnell umschlagen konnte, und er dachte, dass Robert tatsächlich vergessen hätte, wer er sei. Also gab er zur Antwort: „Ich bin John Wilkins!" Da sagte Robert mit dem wundervollsten Lächeln, das ich je in meinem Leben gesehen hatte: „John, in diesem Ich-bin liegt die Wahrheit, John Wilkins ist die Unwahrheit."

Die einzige Wahrheit ist dieser Moment!

Ganesan

Ganesan

Ganesan prägte 35 Jahre lang den Ramana-Ashram in Tiruvannamalai als dessen Manager und war gleichzeitig fast 25 Jahre der Herausgeber von „The Mountain Path" (der Bergpfad), der Zeitschrift des *Ashrams*. Zu seiner *Sadhana* gehörte auch die Betreuung der älteren, noch lebenden Ramana-Anhänger, wodurch er Erinnerungen über Sri Ramana bewahren konnte, die bis dahin noch nicht aufgeschrieben worden waren. In seinem Haus gibt es jeden Morgen zwischen 9.30 und 11.00 Uhr *Satsang*. Ganesan hat mehrere Bücher über Sri Ramana Maharshi geschrieben.

Ganesan wuchs die ersten vierzehn Jahre seines Lebens in der Präsenz von Sri Ramana auf, denn sein Großvater war Ramanas Bruder und der erste Manager des Ashrams. *Ich genoss das Interview mit ihm sehr, da er viel Frieden und Stille ausstrahlt. Es ist sehr berührend, die Liebe zu spüren, die er für Sri Ramana empfindet, und seinen lebendig beschriebenen Erinnerungen zu lauschen.*

Sri Ramana stellte die grundlegende Frage „Wer bin ich?" – Wer bist du?

Dasselbe Ich-bin, das die Frage aufwarf, bringt auch das Ich-bin hervor, das die Antwort gibt: Das was existiert, ist nur Ich-bin und nichts als Ich-bin.

Viele Menschen aus dem Westen kommen nach Indien auf der Suche nach Erleuchtung, als wäre sie lediglich eine Erfahrung. Was ist Erleuchtung?

111

Die Frage selbst ist schon fehlerhaft gestellt: Es gibt keine Menschen aus dem Westen und keine Menschen aus dem Osten, es gibt kein Gefangensein und keine Erleuchtung. Im Englischen gibt es ein Sprichwort: Man wirbelt viel Staub auf, nur damit er sich danach wieder legen kann. Wir – und das schließt auch den Sprecher mit ein – haben die Vorstellung, in Gefangenschaft zu leben, und das glauben wir in unserer Unwissenheit: Ich kenne kein *Sanskrit* (Sprache alter indischer Schriften), ich kenne die *Bhagavad Gita* (altindische Schriften) nicht, und auch nicht die Bibel, ich muss ignorant sein, also muss ich erleuchtet werden. Aus dieser Unwissenheit heraus, die nicht einmal real ist, stellen wir uns die Frage: „Wie erlange ich Erleuchtung?" Als wäre Erleuchtung etwas anderes als Unwissenheit. Dir wird empfohlen, nach Indien zu gehen, in dieses sehr heilige Land; und an diesem heiligen Ort solltest du dich am besten für mindestens drei Jahre auf eine intensive Suche machen, dann wirst du Erleuchtung finden. All das wirbelt immer noch mehr Staub auf.

Was passiert, wenn du damit endgültig aufhörst? Warum wirbelst du zuerst Staub auf und behauptest dann: „Ich will, dass er sich legt"? Tausende von Jahren haben wir uns auf die gleiche Weise ausgetrickst. Warum spielen wir denn dieses Spiel, unwissend und gefangen zu sein? Unser Gehirn liefert uns dafür sofort die Gründe: Ich bin in Not, ich leide, ich bin nicht gut genug, ich bin Analphabet, ich lebe in Armut. Solange wir davon ausgehen, dass wir in Gefangenschaft leben, werden wir immer nach Erleuchtung suchen.

Bhagavan Sri Ramana Maharshi sagte: „Vom Standpunkt der Nicht-Wahrheit aus wirst du nie zur Wahrheit gelangen." Wir gehen davon aus, in einem Zustand der Unwissenheit zu leben, und finden dafür in den Schriften zahllose Beweise: Was ist es, was dich hindert? Was steht dir im Weg? Was hält dich gefangen? Und dann, fünfzig Seiten später, wird dir erklärt, wie du dich davon befreien kannst. Da soll dir nur etwas verkauft werden!

Wir glauben, unfrei zu sein, und streben deshalb nach Erleuchtung. Wir glauben, dass wir Nicht-Wahrheit sind, also marschieren wir in Richtung Wahrheit. Natürlich ist der Wunsch wunderschön, unsere Bemühungen sind aufrichtig, doch haben wir damit dreitausend

Jahre verschwendet. Seit Buddha haben wir das gleiche Spiel gespielt. Vielleicht bereits vor Buddha, doch lass uns der Einfachheit halber nur dreitausend Jahre zurückblicken! (Premananda lacht) Wir sind wahre Meister darin, nicht den Anweisungen der Meister zu folgen. Vor zweitausend Jahren haben wir Buddha verlassen und sind Jesus Christus gefolgt. „Jetzt werde ich zur Wahrheit gelangen!" Und wieder haben wir sie verfehlt. Dann vor tausend Jahren waren wir alle mit *Adi Shankara*, erinnert ihr euch? Das war nicht bloßes Gerede, doch wieder haben wir die Wahrheit verfehlt! Wir sind zu demselben Buddha gekommen, zum selben Jesus Christus, demselben *Adi Shankara*, demselben Ramana, demselben Premananda, demselben Ganesan… die Liste lässt sich endlos weiterführen!

Wir haben den falschen Weg eingeschlagen, wir sind in die falsche Richtung gegangen. Deswegen hat das alles nicht geklappt. Und heute, hier und jetzt, nehmen wir den richtigen Weg. Hier sind wir und genau jetzt sind wir die Wahrheit! Hör auf zu glauben, dass es eine Bewegung von der Nicht-Wahrheit zur Wahrheit gäbe. Finde heraus, wer behauptet hat, du wärest gefangen und müsstest die Freiheit wieder erlangen, die Erleuchtung. Wer war das? Oder war es ein Buch? Ein sogenannter Meister? Und wenn dem so war, warum hast du es akzeptiert? Finde das heraus! Und wenn du es schon akzeptiert hast, warum hat man dich nicht in die richtige Richtung geschickt? Solange du im Außen nach der Wahrheit suchst, wird deine Reise vergeblich sein. Kennst du die Geschichte von Mullah Nasruddin? Ich liebe sie total.

Mullah Nasruddin saß etwas außerhalb seines Dorfes am Straßenrand. Ein Mann kam vorbei, der ziemlich müde aussah, aber so wirkte, als ob er es sehr ehrlich meinte.

Er sagte: „Herr, ganze zweihundert Meilen bin ich gereist. Ich suche das Dorf von Mullah Nasruddin, doch ich kann es nicht finden. Ich will nicht nur unbedingt dieses Dorf finden, sondern auch Mullah Nasruddin selbst, denn er hat mir eine Offenbarung geschenkt. Ich bin bereit, jede Mühe auf mich zu nehmen, selbst wenn es noch zwei- oder dreihundert Meilen wären. Sagen Sie mir, wie lange muss ich noch gehen?"

„Du möchtest also wissen, wann du sein Dorf erreichen wirst?", fragte Mullah Nasruddin.

„Aber ja, sehen Sie nicht mein heftiges Verlangen?"

Mullah Nasruddin antwortete: „Wenn du diesem Weg hier folgst, weiß ich nicht, wann du ankommst, denn du wirst um den gesamten Erdball wandern müssen. Kehrst du jedoch um, sind es nur wenige Schritte. Du hast Mullah Nasruddins Dorf gerade eben hinter dir gelassen, und ich bin Mullah Nasruddin!" (Premananda lacht)

Das ist alles, was nötig ist. Hör auf, dieser selbstkreierten Halluzination von einem Ich zu glauben, und dass du in Nicht-Wahrheit, in Zwängen und Versklavung lebst. „Ich suche nach Erleuchtung, von wem kann ich sie bekommen? Wann und wo kann ich sie kriegen?" Diese Clownsnummer spielen wir jetzt schon seit dreitausend Jahren. Wir ziehen von *Ashram* zu *Ashram* und von einem *Guru* zum nächsten. Eine spirituelle Zirkusnummer, spiritueller Tourismus. Ich will das wirklich nicht beschönigen!

Ramana Maharshi sagte oft: „Du zündest eine Kerze an, um die Sonne zu sehen. Doch du bist Gott, Gott ist in dir!" Solange du Gott im Außen suchst, wirst du bis in alle Ewigkeit suchen. Wach auf, hier und jetzt! Es gibt keine Erleuchtung, denn du warst nie gefangen. Du bist nie unwissend gewesen! Du bist das Ich-bin. Die Frage wurde vom Ich-bin gestellt, die Antwort wurde vom Ich-bin gegeben und all die Zuhörer sind ebenfalls das Ich-bin. (lacht) Es gibt nichts außer dem Ich-bin! Wo ist also jetzt die Frage?

Bei vielen Menschen beginnt die Reise mit dem Gefühl von Leiden. Sie haben Schmerzen, ihr Leben funktioniert nicht wirklich, sie leiden. Sie suchen nach etwas, das ihnen Frieden bringt.

Für eine sofortige Erlösung vom Leiden, rät der Maharshi: „Dann geh doch einfach schlafen!" (beide lachen) Denn im Schlaf gibt es kein Leiden. Der Maharshi sagt, dies sei dein wahrer Zustand, nicht das Wachsein. Die Stunden des Wachseins sind unsere Geschäftszeiten! Geld verdienen nach dem Motto: „Ich liefere dir ein wenig Unterhaltung, und du gibst mir Geld dafür." In dem Moment, in dem mir jemand

Geld gibt, stiehlt es mir ein anderer schon wieder aus der Tasche, also leide ich! Freude, Leid, Vergnügen, Schmerz, Vergnügen, Schmerz. Du kannst diesen Kreislauf nie stoppen. Und es gibt keine Erlösung vom Leiden, weil es ja gar kein Leiden gibt. (lacht) Und das ist kein Konzept! Höre nicht auf deinen Verstand, wenn er sagt, das sei ein Konzept. Akzeptiere es nicht als Konzept, schenke deine volle Aufmerksamkeit der Wahrheit!

Die Wahrheit sollte allen zugänglich sein, unter allen Umständen und jederzeit. Steht sie nur Jesus Christus oder Bhagavan Sri Ramana Maharshi offen, ist sie nicht die Wahrheit! Es ist kein großes schwieriges Rätsel, es ist das einfachste, das dir je über den Weg gelaufen ist. Es ist einfach das Gefühl, am Leben zu sein, das immer gegenwärtig ist und in den Schriften das „Ich-bin" genannt wird. Ich-bin, das sind nicht nur leere Worte, nur wir machen daraus leeres Gerede, weil wir so verrückt danach sind zu reden: „Wohin gehst du?" „Ich will zum *Ashram*." „Ich gehe gleich den Berg hoch." „Ich-bin" hingegen ist kein Gerede, es ist das Gefühl, wirklich am Leben zu sein.

Ich war drei Jahre lang bei Robert Adams. Ist dir Robert Adams ein Begriff? Ein großartiger Meister aus Amerika, ein *Jnani* (einer, der das Selbst erkannt hat), der das Selbst vollkommen erkannt hat – ein wunderschöner *Jnani*! Ich hatte die einmalige Gelegenheit, ihn in Amerika besuchen zu dürfen, zuerst in Hollywood, dann in Sedona in Arizona. Wie ich ihn geliebt habe! Er hatte Parkinson, musste also sitzen, genau wie ich jetzt seit meiner Herzoperation. (Ganesan zeigt auf seinen bequemen Sessel) Ich liebe *Mahatmas* (große Seelen), nicht nur ihre Worte, auch ihre Präsenz. Jede einzelne Geste von ihnen, wie sie zum Beispiel einen Finger bewegen, ja sogar das Zittern der Schnurrbarthaare liebe ich! Denn alles ist Wahrheit. Und was ist Wahrheit? Tiefe Glückseligkeit. Und in Robert Adams war diese Glückseligkeit, und dieser Dummkopf, der ich war, durfte neben ihm sitzen. Ich badete in Glückseligkeit.

Bei einem der Treffen kam ein anderer Freund von Robert, John Wilkins, zu ihm nach vorne. Er legte ihm die Hand aufs Knie und meinte: „Robert, wir sind jetzt seit zwanzig Jahren eng befreundet. Ich habe mir alle deine Reden angehört. Heute wünsche ich mir, dass du mir zeigst, was Wahrheit und was Nicht-Wahrheit ist, was Realität ist und was Nicht-Realität. Bitte spiele nicht dieses Spiel von wegen, sie sei allgegenwärtig und allmächtig. Davon habe ich genug gehört! Erklär es mir so, dass ich es da begreifen kann, wo ich jetzt stehe." Da Robert ein *Jnani* war, war er ein sehr glücklicher Mann, und so lächelte er, während er John zuhörte.

Doch plötzlich wurde sein Gesicht schlagartig ernst: „Wer bist du?", schrie er. Nun wusste John Wilkins, dass Roberts Laune wegen seiner Krankheit schnell umschlagen konnte, und er dachte, dass Robert tatsächlich vergessen hätte, wer er sei. Also gab er zur Antwort: „Ich bin John Wilkins!"

Da sagte Robert mit dem wundervollsten Lächeln, das ich je in meinem Leben gesehen hatte: „John, in diesem Ich-bin liegt die Wahrheit, John Wilkins ist die Unwahrheit. Ich-bin ist die Realität, John Wilkins ist nicht real." Im Saal befanden sich siebzig, achtzig Menschen und alle fielen ins *Samadhi* (Versunkensein im Selbst), in die absolute Stille. John Wilkins, ich selbst, jeder im Raum war in diesen Zustand der Ekstase versetzt. Fünf Minuten lang war da nichts als Freude. Ich-bin ist Wahrheit, John Wilkins ist die Unwahrheit. John Wilkins kann niemals die Wahrheit wissen, er wird sie nie erkennen, er wird als Esel wiedergeboren werden! (lacht) Oder als Affe!

Solange du an John Wilkins oder an einer anderen Identität festhältst, kannst du das Ich-bin nicht erkennen. Du bist das Ich-bin! Wenn du dieses Ich-bin erfährst, hier und jetzt, das Ich-bin, das gerade spricht, das Ich-bin, das gerade zuhört – diese Erfahrung ist Wahrheit! Genau jetzt, nicht erst zwei Monate später in deinem Zimmer! Du wirst nicht irgendwann die Wahrheit sein, gerade jetzt bist du die Wahrheit. Versuche, aus diesem Zustand der Wahrheit heraus die Frage zu stellen: „Gibt es Erleuchtung?" Dann wird die Erleuchtung auch in Erscheinung treten. Solange du vorhast, an John Wilkins festzuhalten, wird dieses Gespräch kein Ende finden. (beide lachen)

Dann sollten wir jetzt zur nächsten Frage übergehen! Gibt es irgendwelche Voraussetzungen für die Erleuchtung?

Es ist keine Voraussetzung notwendig, außer den Standpunkt der Unwahrheit aufzugeben. Die gesamte Nicht-Wahrheit muss restlos aufgegeben werden, auch das letzte Stückchen musst du loslassen. Der Maharshi gibt ein Beispiel: Bückt der Barbier sich etwa und sammelt all das auf dem Boden liegende Haar auf? Und meinst du, er setzt sich dann hin und beginnt, die Haare zu zählen und abzuwiegen? Nein! Mit einem Besenstrich fegt er sie alle weg! (lacht) Die gesamte Nicht-Wahrheit muss ausgeräumt werden, genau jetzt!

Welche Voraussetzung ist notwendig, um die Wahrheit zu sein? Welche Voraussetzung braucht man, um zu wissen, dass man ein Mensch ist? Wahrheit setzt nichts voraus. Die Nicht-Wahrheit hingegen erfordert viel Bestätigung. Sagst du zum Beispiel: „Entschuldigen Sie (räuspert sich dazu höflich), jetzt ist es Abend", dann ist das einfach eine Tatsache, denn es ist Abend. Betrachte das Ganze sehr einfach, mach es nicht kompliziert. Wir sind Meister darin, uns zu verkomplizieren. (lacht) Schon Jesus Christus hat gesagt: Werdet wie die Kinder, dann gelangt ihr ins Himmelreich. Doch wir alle wollen so erwachsen sein, gebildete Leute!

Zwei Dinge werden dabei deutlich: Stell dir vor, ich behaupte, es sei jetzt früh am Morgen, Sonnenaufgang. Das ist die Nicht-Wahrheit, also muss ich es beweisen. Sage ich dagegen: „Jetzt ist Abend", ist kein Beweis nötig, denn wir alle wissen, es ist wahr. Ganz einfach. Mehr braucht es nicht. Mal angenommen, ich sage: „Dies ist ein sehr vielversprechender Samstagabend, um genau diesen Hindu-Gott zu verehren." Und dann muss ich das beweisen, es dir in der hinduistischen Literatur zeigen: „Nicht ich behaupte das, Lord *Shiva* selbst sagt es. Schau, in diesem Buch steht es geschrieben." Sage ich, deine Freundin ist eine Frau, ist das die Wahrheit, einfach eine Tatsache. Aber würde ich behaupten, sie sei eine nette Frau, könnte von dir kommen: „Von wegen, du kennst sie doch gar nicht!" (lacht)

Die Nicht-Wahrheit ist konzeptuell, ein Konzept, das sich lediglich an der Wahrheit orientiert. Diese Wahrheit über dich selbst, das Ichbin, braucht keine Unterstützung oder Bestätigung von außen. Doch wir haben diese Wahrheit vergessen. Der *Guru* in menschlicher Gestalt, in Form von Ramana Maharshi oder Papaji oder Nisargadatta Maharaj, ist nur da, um uns zu erinnern. „Hey! Du gehst in die falsche Richtung, mach eine Kehrtwende!"

Und was hältst du von zwanzig Jahren Meditation? (lacht) Ist Sadhana *(spirituelle Disziplin) notwendig?*

Nicht zwanzig Jahre, ich spreche von dreitausend Jahren! (beide lachen) Wir befinden uns zu Füßen des großen Meisters Gautama Buddha, der gesagt hat: „Wach auf!" Doch wir sind nicht aufgewacht. Wir sind in die falsche Richtung gegangen, denn dort gibt es mehr Vergnügen. Die ersten indischen *Upanishaden* (altindische Texte) beschreiben sehr schön und sehr poetisch, dass wir zwei Möglichkeiten haben, uns zu entscheiden. Ein Vogel sitzt mit zwei Früchten auf einem Baum. Er kann wählen, eine dieser Früchte zu fressen, jedoch nicht beide. Eine dieser Früchte nennt man *Preyes*. *Preyes* ist der nach außen gerichtete Weg des Vergnügens und Erfolges, des Anhäufens von Besitz und der Freude daran. Die andere Frucht nennt man *Sreyes*. *Sreyes* ist der Pfad nach innen und bedeutet Nicht-Streben, keinen Erfolg, er kennt keine Zeit, keinen Raum, keine Ursache, niemanden! Auf diesem Pfad werden wir immer glücklich sein, dort sind wir einfach *Prem* und *Ananda*: Liebe und Glückseligkeit. Der Maharshi sagt, dass sie nicht wirklich zwei verschiedene Dinge sind, *Premananda* ist ein Begriff. Diese zweite Frucht bedeutet *Premananda*.

Wir haben also die Wahl, von dieser Frucht *Preyes* zu essen, so wie wir es bisher immer getan haben. Nur hat uns das rein gar nichts gebracht, außer dass wir damit dreitausend Jahre vergeudet haben. Wähle also die andere Frucht: *Sreyes*.

Deine gesamte Aufmerksamkeit sollte auf die Wahrheit gerichtet sein, dann wird sie sich zeigen. Du kannst die Wahrheit nicht definieren! In dem Moment, indem du das versuchst, ist es schon die Unwahrheit.

Was ist unwahr? Das, was kommt und geht, ist unwahr. Das was dauerhaft bleibt, ist die Wahrheit. Die Lebendigkeit, das Sein, das Ich-Bin kann man nicht leugnen. Wenn du hingegen den Weg des *Preyes* gehen willst, wenn du dich noch einmal in die Welt begeben willst, wirst du weitere fünftausend Jahre leben.

Man sagt, dass es hilfreich ist, einen sattvischen *(ruhigen und fried-*
vollen) Verstand zu haben, um die Wahrheit zu sehen.

Das sind alles nur Worte. Noch einmal: Was der Verstand dir anbietet,
was dir Bücher anbieten, was irgendjemand anders dir anbietet, ist alles
unwahr.

Meinst du nicht, dass es für viele Menschen sehr schwierig ist, diese
innere Wahrheit zu sehen? Sie haben einen unruhigen, gestressten Ver-
stand, der durch sehr viel Leid und Schmerz entstanden ist.

Kannst du dir jemanden vorstellen, der mehr Mitgefühl hat als Buddha
oder Jesus Christus oder Ramana Maharshi? Haben sie das Leiden beenden können? Solange du denkst, dass Leiden existiert, solange wird
es Leiden geben. Solange du denkst, dass es Schmerz gibt, wird es
ihn geben.

Sri Ramana sagte, der direkteste Weg zur Erkenntnis des Selbst sei die
Selbsterforschung. Was kannst du über die Selbsterforschung sagen?
Wie wendet man sie an?

Ich liebe die folgende Analogie: Siehst du den riesigen Baum am Ein-
gang? Es ist ein Pipalbaum. Er hat eine sehr, sehr kleine Frucht, die
du nur mit einer sehr feinen Klinge zerschneiden könntest. Innen gibt
es winzige Samen, wirklich sehr, sehr klein. Wenn du wiederum dein
Messer nehmen würdest, um sie zu zerteilen, würdest du im Inneren
nichts finden. Obwohl ein einziger Samen so winzig ist, kann er dennoch viele Pipalbäume hervorbringen. Das ist die Schöpfung, das ist die
Welt. Dies ist der nach außen gerichtete Weg von *Preyes*.

Anstatt dir den Baum anzuschauen, schau auf den Samen, die
Wahrheit. Wenn du deine Aufmerksamkeit auf irgendeine Wahrheit
richtest, wirst du in ihrem Inneren nichts finden. Aus diesem Nichts
kann nicht nur ein, sondern tausende von Pipalbäumen entstehen. Der
Maharshi sagt: „Nimm den inneren Weg von *Sreyes*. Richte deine Aufmerksamkeit auf diese winzige Frucht, die einen Baum hervorbringen

kann. Brich sie auseinander, bis nichts mehr übrig ist." Der Maharshi spricht vom „Durchleuchten mit Aufmerksamkeit". Wenn du die Äste und Blätter abschneidest, wird der Baum wieder ausschlagen.

Wenn du den Samen mit Aufmerksamkeit durchleuchtest, kann er nicht mehr keimen. So wie der Baum, kann der Körper nicht verleugnet werden. Spiritualität bedeutet nicht, dass du dich umbringen sollst. Wenn du jedoch Aufmerksamkeit auf das Ich-Bin, auf den Samen, richtest, kann daraus nichts mehr entstehen. Sammle deine Aufmerksamkeit in dem Ich-Bin, in der Wahrheit. Suche nirgendwo sonst. Warum nicht direkt zur Wahrheit gehen?

Das bedeutet Selbsterforschung: Direkt zum Samen vordringen. Auf diesem Wege kommt die Wahrheit aus dir selbst, nicht aus erlerntem Wissen. Ganesan, der Sohn von so und so, in dem und dem Jahr geboren, achtundsechzig Jahre alt. Dies alles sind Äste des Pipalbaumes, des äußeren Lebens. Selbsterforschung ist der Weg herauszufinden, woher all das kommt. Es ist keine bloße Technik wie: „Wer bin ich? Ich bin nicht mein Körper." Das ist ein Spielzeug, das Ramana den Kindern gegeben hat, damit sie ihre anderen Aktivitäten bleibenlassen.

Selbsterforschung hingegen bedeutet, tief in sich selbst einzutauchen und zu erkennen, dass da nichts als die Wahrheit existiert, nur das Ich-Bin. Das Ich-Bin, das spricht, das Ich-Bin, das zuhört. Richte die Aufmerksamkeit auf den Samen. Richte die Aufmerksamkeit auf die Wahrheit.

Wie soll man Selbsterforschung durchführen? Du hast ein sehr schönes kleines Buch darüber geschrieben, vielleicht kannst du es für mich zusammenfassen.

Wenn du Worte willst, kannst du sie darin finden. (lacht) Genau hier und jetzt könnten wir doch einfach das Ich-Bin sein. Warum wollen wir eine Technik? Weil wir im Vorhinein aus den unterschiedlichsten Gründen annehmen, nicht die Wahrheit zu sein. Beginne mit der Wahrheit. Versuche nicht zu verstehen. Wie Jesus Christus sagte: Erlange zuerst die Wahrheit, und die Wahrheit wird dich frei machen! Jesus Christus hat keine Definition für Wahrheit gegeben. Er sagte auch nicht, dass du zuerst ein korrektes Verständnis der Wahrheit haben musst. Er sagte nicht, wir sollten die Wahrheit erkennen oder verstehen, sondern, wir sollten wirklich bei ihr ankommen. Wir können nur bei dem ankommen, was schon da ist. Du bist lebendig, du bist Existenz, die Wahrheit, das Gefühl von Ich-Bin. Wie glücklich du aussiehst! Das ist das Ich-Bin, das sich in deinem Gesicht als ein Lächeln ausdrückt. Das Ich-Bin ist Glücklichsein. Wenn du deine Aufmerksamkeit auf die Wahrheit richtest, bringst du deine wandernden Gedanken zurück, deine Zweifel, deine falschen Ideen darüber, dass du gebunden bist. Wie ein Friseur fegst du sie alle weg. Richte deine Aufmerksamkeit auf die Wahrheit, das Ich-Bin, hier und jetzt! Alles andere ist unwahr! Die einzige Wahrheit ist dieser Moment!

Wenn du in einem Büro in Düsseldorf arbeitest, gibt es eine Menge Ablenkungen. Die Wahrheit wird dann sehr leicht vergessen und du glaubst wieder, dass du John Wilkins bist. Dann ist Selbsterforschung hilfreich.

Das ist immer noch der falsche Weg. Wenn du deine Aufmerksamkeit auf das Ich-Bin richtest, ist es egal, ob du in Düsseldorf bist oder in Sibirien in einem Gefängnis sitzt. Ich bin sicher, du hast die Geschichten von den Desert Fathers gelesen. Sie wurden gefoltert und ins Gefängnis gesteckt, aber sie hörten nicht auf, den Namen Jesu zu singen. Die ganze Zeit waren sie in dem Ich-Bin, der Wahrheit. Wenn du die Aufmerksamkeit völlig auf die Wahrheit richtest, kann ich dir versichern, dass die ganze Ablenkung einfach nur geschehen wird, sogar in Düsseldorf.
	Hast du eigentlich Papaji kennengelernt?

Ja, ich habe fünf Jahre mit ihm verbracht.

Ich habe einmal mit ihm zusammen im Fernsehen Kricket geschaut. Dabei fragte ihn jemand, warum er sich das anschaue. „Ich schaue einfach", antwortete er. Das Ich-Bin schaute einfach, weiter nichts. Wenn du im Ich-Bin verwurzelt bist, geschieht einfach alles – ob du nun Kricket schaust oder in deinem Büro in Düsseldorf sitzt. Ramana Maharshi wachte gewöhnlich um drei Uhr morgens auf und war bis elf Uhr abends sehr aktiv. Und jeder, der bei ihm war, war in einem sehr glücklichen Zustand, nicht nur er selbst. Das heißt, bist du im Zustand des Ich-Bin, werden alle Kollegen im Büro glücklich sein. „Mein Meister Premananda ist so glücklich, ich möchte gerne in seiner Nähe sein." Warum kleben sie so an dir? Das meine ich natürlich nur bildlich. Warum folgt dir deine *Sangha* (spirituelle Gemeinschaft) zum Arunachala? Hier bist du in der Präsenz des Selbst. Hier zeigt dir Arunachala wie in einem Spiegel, dass du die Wahrheit bist. Wie Nisargadatta Maharaj sagte: Bist du erst einmal im Hier und Jetzt in dieser Wahrheit verankert, ist das Jetzt immer und das Hier überall.

Was du sagst, ist natürlich absolut wahr.

Ja.

Insbesondere für Mahatmas.

Ja.

In Düsseldorf gibt es viele, die nicht Mahatmas *sind, oder die nicht wissen, dass sie* Mahatmas *sind. Würdest du sagen, dass Selbsterforschung diesen Menschen helfen könnte?*

Es ist sehr einfach: Das Ich-Bin möchte erkannt werden. Es hat ständig den Drang, nach Hause zu gehen, es selbst zu sein. Indem du denkst, dass du Deutscher, Inder, Christ, Jude, Zarathuster oder Hindu bist, hast du das Glück in dir schon verloren. „Komm doch, erkenne mich!" Der Maharshi gibt ein schönes Beispiel: Du hast Kopfschmerzen und nimmst Aspirin, warum? Warum hast du den starken Drang, die Kopfschmerzen loszuwerden? Weil du weißt, dass es dir ohne sie besser ginge. Wenn du das nicht wüsstest, würdest du sie als natürlichen Zustand akzeptieren. Dies gilt für alle Arten von Schmerz.

Und warum wollen wir den Schmerz loswerden? Weil wir genau wissen, dass es einen Zustand von Wohlbefinden gibt. Wenn du in der

Zeitung von tausenden Bombenopfern im Irak liest, empfindest du Schmerz. Und warum möchtest du diesen Schmerz loswerden? Weil du weißt, dass es einen Zustand von Frieden gibt, der durch diese Nachricht gestört wurde. Zu diesem Zustand des Friedens möchtest du zurückkehren, doch dieser Frieden lässt sich in der äußeren Welt nicht herstellen.

Buddha konnte nicht den Frieden in die Welt bringen und Jesus Christus auch nicht. Bist du stärker als Buddha? Oder Jesus Christus? Im Außen gibt es kein Glück, doch im Innern findest du immer Glück. Darum ist die Selbsterforschung so wichtig. Wende dich nach innen, dann bist du immer glücklich. Buddha sagt, dass das Rad von Geburt und Tod anhalten muss. Es kann nur durch die Selbsterforschung angehalten werden. Nicht als Technik, sondern indem du erkennst, dass du die Wahrheit bist, hier und jetzt. Düsseldorf kann das Hier sein, das Jetzt ist immer. Es gibt keine zwei Ich-Bin, es gibt nur das eine. Sechs Milliarden Körper existieren auf der ganzen weiten Welt in verschiedenen Ländern, jeder mit einem anderen Namen. Wie bezieht sich jeder dieser Körper auf sich selbst?

Jeder sagt „ich". Im Englischen ist es „I", in Hindi ist es „mein", in Tamil ist es „naan". Der Maharshi fragt: „Gibt es sechs Milliarden Ichs, so wie es sechs Milliarden Namen gibt?" Gibt es wirklich sechs Milliarden Ichs oder gibt es tatsächlich nur eines, auf das sich all diese Körper beziehen? Finde es heraus. Das bedeutet Selbsterforschung. Wer kann sagen „ich bin", wenn nicht hier in der Gegenwart, genau jetzt?

Ich habe noch eine Frage.

Ja, ich bin bereit!

Als Sri Ramana gefragt wurde, wann man das Selbst erkannt hat, antwortete er: „Wenn die Welt, die das Gesehene ist, entfernt worden ist, wird die Erkenntnis des Selbst als das Sehende geschehen." Wie ist die Welt zu verstehen?

Diese Frage musst du im Tiefschlaf beantworten. Gibt es im Tiefschlaf eine Welt? Für den Wachzustand geben die Schriften verschiedene

Antworten. Doch frage selbst! Im *Sanskrit* ist das Wort für Welt *Lokaha*. Das ist nicht nur ein Wort. Alle *Sanskrit*-Begriffe haben eine tiefere Bedeutung. *Lokaha* bedeutet „das Gesehene". Für alles, was gesehen wird, muss es jemanden geben, der es sieht. Wenn du dem Sehenden deine Aufmerksamkeit zuwendest, dem Ich-Bin, verschwindet das Gesehene von selbst. Was ist der Beweis dafür? Im Tiefschlaf gibt es nichts zu sehen, aber der Sehende lebt. Darum kannst du am nächsten Morgen sagen: „Ich habe gut geschlafen." Der Sehende ist die Wahrheit, das Gesehene ist Unwahrheit. Dein Schlaf ist nicht meine Erfahrung, also finde durch eigene Erfahrung heraus, ob diese Welt wirklich ist. Schau, ob die Welt existiert, während du schläfst. Ist die Welt jemals gekommen und hat gesagt, dass sie vorhanden ist? Hat dieser Ventilator zu dir gesprochen und gesagt: „Ich bin ein Ventilator. Ich bin ein Ventilator." (lacht) Du bist es, der sagt, dass dies ein Ventilator ist. Alles Gesehene hängt vollständig von dem Sehenden ab. Wenn du die Wahrheit über den Sehenden herausfindest, dann wird das Gesehene angenommen und nicht abgelehnt. Jesus Christus sagte, dass das Königreich Gottes nahe sei. Was ist dieses Königreich? Alles! Es ist nicht irgendwo im Himmel. Alles ist von Gott geschaffen, einschließlich dieser Körper. Wenn du die Wahrheit gefunden hast, wird dich diese Wahrheit zum Königreich Gottes führen. Du wirst die glücklichste Person auf Erden sein!

Wie kann man die Welt beseitigen?

Wer möchte denn die Welt beseitigen? Warum sollte man die Welt beseitigen?

Der Maharshi hat gesagt, dass das Selbst erst erkannt werden kann, wenn die Welt entfernt worden ist.

Das sagte er, weil diese Frage von einem Professor gestellt wurde, der im Buchwissen zuhause war, in der Unwahrheit. Also hat er ihm diese Sache mit dem Entfernen der Welt gegeben, damit er darüber sprechen konnte. An anderer Stelle sagt der Maharshi: „Wer die Welt erschaffen hat, der wird sich auch darum kümmern. Warum machst du dir Sorgen darum?" Das einzige, was der Mensch erschaffen kann sind Gedanken. Er kann sonst gar nichts erschaffen.

Lass mich etwas erzählen. 1952 gab es in Genf eine Konferenz, auf der Wissenschaftler sehen wollten, wie der Stand der Forschung ist. Alle Zweige der Forschung waren vertreten. Am ersten Tag gab jeder Sprecher eine Zusammenfassung der Themen, über die sie in den folgenden Tagen sprechen wollten. Jeder einzelne war stolz auf das, was er erreicht hatte. Dann kam Einstein an die Reihe. Ich erinnere mich sehr gut daran, wie ich das in der Zeitung gelesen habe, es ist in meinem Herzen geblieben. Er sagte: „Es ist wahr, wir haben viele Dinge entdeckt, doch lasst uns bitte bescheiden bleiben. Keinem Wissenschaftler ist es bisher gelungen, auch nur einen einzigen Grashalm zu erschaffen, während einfach Regen fällt und schon am nächsten Tag überall das Gras sprießt. Gott ist der Schöpfer. Wir können uns nur fügen." Wenn du in dem Ich-Bin ruhst, wird sich um alle deine Angelegenheiten gekümmert. Gib der Wahrheit deine volle Aufmerksamkeit und die Wahrheit wird sich um all die Aspekte der Unwahrheit kümmern.

Oft wird behauptet, dass der Verstand erst zerstört werden muss, damit Befreiung stattfinden kann! Hast du einen Verstand?

Derselbe Verstand, der Zweifel erzeugt, bringt dich auch zur Quelle zurück. Der Verstand ist die einzige Verbindung zwischen dem Körper und dem Selbst. Du wirst nichts erreichen, wenn du den Verstand leugnest. Mache ihn zu einem Diener und er wird dich zur Wahrheit zurückbringen. Mache ihn zum Meister und er wird dich von der Wahrheit entfernen. Du wirst überhaupt nichts erreichen, wenn du den Verstand verleugnest oder seinen Forderungen nachgibst.

Sri Ramana benutzte den Begriff **Manonasha***, „zerstörter Verstand", um den Zustand der Befreiung zu beschreiben. Wie zerstört man den Verstand?*

Indem du im Jetzt bleibst! Premananda, in welchem Zustand bist du? … (Stille)

Gut, du kannst nicht mit Worten antworten, nur mit Stille. Das ist *Manonasha*.

Das Gehirn sagt sofort, dass dieser Zustand ohne Gedanken dauerhaft sein sollte: „Kann ich *Manonasha* immer haben?" Allein das Jetzt ist die Wahrheit. Du kannst schöne Worte verwenden wie *Manonasha*, *Samadhi*, Ekstase – aber das sind alles nur Worte. Es gibt nur Wahrheit. In jedem Moment ist *Manonasha*. Ramana Maharshi lebte jeden einzelnen Moment, er war lebendig! Er beantwortete Fragen, las die Zeitung, schnitt Gemüse und kochte. Sein Verstand war ein Diener. In seinem Buch „Sri Arunachala Ashtakam" beginnt er mit der Aussage: „Wenn du in Stille bist, störe sie nicht. Bleibe in diesem Zustand. Wenn ein Gedanke aufsteigt, frage dich: ‚In wem taucht dieser Gedanke auf?' Wo auch immer du bist, sogar in Meditation, wenn da ein Gedanke ist, bist du nicht in *Manonasha*. Wenn kein Gedanke da ist, dann ist es *Manonasha*."

Manonasha ist der Zustand der Stille, in dem du vorhin warst, als ich dich gefragt habe, Premananda. Jedoch ist *Manonasha* nicht dauerhaft. Wenn du wieder anfängst zu fragen, dann kommt der Verstand zurück. Wenn du dann innehältst und fragst: „Wer stellt diese Frage? Und wem?", gehst du zurück in den Zustand des *Manonasha*.

Der Maharshi hat *Sadhana* definiert als ein Hinabsteigen vom Verstand ins Herz. Der Verstand lenkt die Aufmerksamkeit auf sich. Hinabsteigen ins Herz bedeutet, ihn in seine Quelle zurückzubringen. Niemand kann das für dich tun, das musst du selbst tun. Kein Buch kann das und auch keine Technik.

Wenn die Zeit nicht mehr wahrgenommen wird, nennt man das *Manonasha*. Es ist der Verstand, der die Zeit festhält. Die Zeit ist nur deshalb in Bewegung, weil der Verstand sie erschaffen hat.

Ich habe eine besondere Armbanduhr, die nur „Jetzt" anzeigt.

Ja, das löst das Problem! (lacht)

Kannst du etwas über Vasanas *sagen, die Neigungen des Verstandes? Müssen diese erst vollständig entfernt werden, damit die Selbsterkenntnis dauerhaft bleiben kann? Wie befreie ich mich von den* Vasanas?

Ja, solange du dich mit dem Körper identifizierst: Ich bin ein unverheirateter Hindu, achtundsechzig Jahre alt, Rentner. Solange du dich damit identifizierst, werden diese *Vasanas* da sein. Wenn ich meine Aufmerksamkeit auf das Ich-Bin lenke, habe ich keine mehr übrig für „Ich bin Ganesan." Dann gibt es keine *Vasanas* mehr.

Der Maharshi sagte: „Finde heraus, ob du wirklich nur der Körper bist." Was geschieht mit dem Körper im Tiefschlaf? Wo ist der Körper dann? Finde das heraus. Erfahre es. Nicht intellektuell, denn im Tiefschlaf funktioniert der Intellekt nicht. Paul Brunton sagte: „Maharshi, warum bittest du mich, den Tiefschlaf zu beobachten? Es ist ein dumpfer Zustand, da passiert nichts. Er kann mir gar nichts zeigen!" Der Maharshi lächelte und sagte: „Schau, eine Lektion hast du schon gelernt, nämlich, dass du im Tiefschlaf nichts lernen kannst." (lacht) Du siehst, was uns die Erfahrung lehrt: Es gibt keine *Vasanas*.

Da ist ein sehr starkes **Vasana**, *das auftaucht, wenn ich leer bin…*

Weil du ihm Aufmerksamkeit gibst.

… es ist, dass ich alle Menschen in Düsseldorf retten muss.

Ja, das ist so, weil du an *Vasanas* Freude hast. (beide lachen)

Mir machen sie keine Freude, sie steigen einfach auf.

Sonst könntest du dich nicht daran erfreuen! Im Ramana-Ashram gab es eine Köchin, die schon als Kind Witwe geworden war. Sie war im Alter von sechs oder sieben Witwe geworden, sie wurde im *Ashram* versorgt und bekam spirituelle Unterweisung. Sie ging keinerlei weltlichen Vergnügungen nach, auch nicht, als sie erwachsen war. Diese Frau lebte ein sehr aufrichtiges, moralisches und rechtschaffenes Leben. Als sie vierzig war, fragte sie Ramana: „Bhagavan, ich bin mein ganzes Leben lang deinem Weg gefolgt, warum habe ich keine Erfüllung gefunden?" Seine Antwort schockierte mich: „Kann es sein, dass du noch nicht genug von der Welt hast?" Diesen Gedanken hatte sie selbst kreiert. Und in dem Moment, als Bhagavan das zu ihr sagte, fiel er von ihr ab und sie erwachte zum Ich-Bin.

Ich bin sechzig alten Verehrern von Bhagavan begegnet, die zum Ich-Bin erwacht waren, während der *Prarabdha*, der Körper, weiterlebte. Einen berühmten Fall habe ich selbst miterlebt: ein bekannter Astrologe. Er war in der Lage, hundertprozentig richtige Voraussagen zu machen. Er war so überzeugt von seinen Fähigkeiten, dass er den Maharshi fragte: „Ist die Astrologie nicht eine perfekte Wissenschaft?" Der Maharshi erwiderte: „Die Wissenschaft vom Selbst ist allen anderen überlegen." Eines Tages ließ er die Astrologie hinter sich und begab sich auf die Suche. Fast fünfzig Jahre lang bettelte er in den Straßen von Tiruvannamalai. Wir hatten das Glück, uns in seinen letzten Tagen um ihn kümmern zu dürfen. Er war ein heiliger Mann und wunderschön. Damals war er sechsundneunzig, dann ist er von seinem Bett gefallen und hat sich den Hüftknochen gebrochen. Die Ärzte sagten, dass sie nichts mehr für ihn tun konnten. Sie sagten, dass bald Fäulnis einsetzen würde und er unter fürchterlichen Schmerzen sterben würde. Ich bin ein sehr emotionaler Mensch und ich weinte oft, wenn ich ihn leiden sah. Ich fragte ihn immer: „Wie geht es deinem Bein?" Er sagte dann: „Wenn du mich so fragst, dann spüre ich Schmerzen in meinem Körper." Er gab diese einfache Antwort, dass genau dann Schmerz im Körper ist, wenn du die Aufmerksamkeit darauf lenkst. Dann fragte ich ihn: „In welchem Zustand bist du?" Er sagte: „Ich bin glücklich. Die ganze Zeit bin ich in dem glückseligen Zustand des Ich-Bin." Das war um neun Uhr. Um elf Uhr starb er.

Kannst du etwas über dein Erwachen zum Ich-bin sagen?

Der, der gerade spricht, ist 1960 erwacht. Ich behaupte nicht, dass ich verwirklicht bin, das ist alles Unsinn. Die Verwirklichung ist nun konstant, und sie ist für alle jederzeit verfügbar. Nicht nur für die eine Person, die hier sitzt. In keiner Weise bin ich besser als du.

Kannst du erläutern, was du meinst, wenn du sagst, dass du 1960 erwacht bist?

Da ist immer dasselbe Ich-Bin, dasselbe Jetzt. Es gibt kein Vergehen der Zeit. Wenn du deine Aufmerksamkeit vom Empfinden der Zeit weg und hin auf das Jetzt lenkst, verliert die Zeit jegliche Bedeutung. Solange du der Zeit Aufmerksamkeit schenkst, wirst du weitere fünftausend Jahre lang wiedergeboren werden, das versichere ich dir.

Es erscheint mir essentiell wichtig zu sein, einem **Guru** *zu begegnen und bei diesem* **Guru** *zu bleiben. Wer ist der* **Guru**? *Was ist seine Rolle? Wie erkennt man den wahren* **Guru**?

Das Ich-Bin ist der wahre *Guru*! (lacht) Denn DAS ist die einzig bleibende Wahrheit. Alle anderen *Gurus* sind nur eine Einbildung. Gott sprach zu Moses: „Ich bin das Ich-Bin." Jesus sagte: „Ich bin der Weg, die Wahrheit und das Licht." Das Ich-Bin hat keine Religion, keine Kaste, keinen Körper, kein Land, kein Irgendwo – es ist überall. Die ganze Zeit bist du das Ich-Bin und das ist der einzige *Guru*. *Guru* bedeutet das Erhellen der Dunkelheit. Das Anhaften an Zeit ist Dunkelheit. Das Beseitigen der Zeit ist Ich-Bin. Also ist das Ich-Bin der sicherste *Guru*. Du brauchst nicht herumzulaufen und zu suchen, keine Reisen, keine Kosten, keine Fotos, kein Video, kein Buch! Du bist DAS! DAS ist der *Guru*.

Wie erkennt man einen wahren **Guru**?

Du bist der wahre *Guru*! Was gibt es da zu erkennen? Wie erkennt man das Ich-Bin? Wer stellt diese Frage? Der Maharshi hat schon alle Fragen beantwortet. Musst du beweisen, dass du ein Mann bist? Muss das irgendjemand ausdrücklich sagen, dass er ein Mann oder eine Frau ist? Das wissen wir doch! Das Ich-Bin ist immer da.

Wie erkennt man das Ich-Bin? Das ist doch eine komische Frage! (lacht) Der Maharshi sagte: „Eine Person, die fragt, wie man das Ich-Bin erkennt, ist wie ein Mann ohne Zunge, der sagt: ‚Ich habe keine Zunge.'" Wenn du nicht das Ich-Bin bist, wie kannst du dann die Frage stellen: Wie kann ich das Ich-Bin erkennen? Wie kann ein Toter diese

Frage stellen? Dieser Mensch lebt! Diese Lebendigkeit ist das Ich-Bin. Einfach sein ist das Selbst.

Mein Meister sagte: „Einfach sein, du lebst jetzt, ob du schläfst oder wach bist, du lebst!" Dieses einfache Sein ist das Selbst, dieses einfache Sein ist das Ich-Bin, der Eine, der vorgibt zu zweifeln, und der Andere, der vorgibt, den Zweifel auszuräumen.

Sri Ramanas Schüler empfanden sehr große Verehrung für ihn, genauso wie er für den Arunachala. Welche Rolle spielt Bhakti, *die Hingabe, auf dem Weg zum Erwachen?*

Wenn du etwas nicht liebst, wirst du ihm keine Aufmerksamkeit schenken, nicht einmal deinem Kind oder deiner Frau. Diese Aufmerksamkeit ist *Bhakti*. Was könnte dir teurer sein als dein eigenes Leben? Darum bringen wir alle so viel Energie und Geld für das Erwachen auf. Das ist Liebe, das ist *Bhakti*. Jeder ist an sich selbst interessiert, darum sind wir alle hier, um die Wahrheit zu finden.

Ramana Maharshi schenkte seine Aufmerksamkeit dem Arunachala, und wir geben unsere Aufmerksamkeit ihm. Wende dich immer dir selbst zu. Es ist ein Ausdruck von *Bhakti*, wenn du deine Aufmerksamkeit Ramana schenkst oder ihm zu Füßen fällst. Diese Sehnsucht, Ramana zu lieben, ist *Bhakti*. Und jeder besitzt *Bhakti*. Jeder möchte die Wahrheit kennen und dieser Wunsch nach Wahrheit ist *Bhakti*.

Suchende haben oft seltsame Vorstellungen vom Zustand der Erleuchtung. Wie sieht dein Alltag aus, und wie nimmst du die Welt wahr?

Warum beschuldigst du nur die Suchenden, dass sie seltsame Ideen hätten? Selbst sogenannte erleuchtete Personen haben seltsame Ideen, wenn sie verkünden: „Ich wurde am 7. Februar 1977 erleuchtet." Die Idee, dass wir Erleuchtung erlangen können, ist eine Illusion. Wir schieben die Erkenntnis hinaus, dass wir die Wahrheit schon sind. Was bedeutet das, „es hinauszuschieben"? Es geschieht, weil wir der Zeit Glauben schenken. Jemand sagt: „Folge diesem Weg, ich werde dir den ersten, zweiten, dritten, alle sechzehn Schritte zeigen. Und nach drei

Jahren wirst du Erleuchtung erlangen!" So orientieren wir uns an der Zeit. Doch damit hältst du dich selbst zum Narren, denn die Wahrheit ist nicht an Ort und Zeit gebunden. Nur der Moment, dieser Moment ist die Wahrheit! Der Einfachheit halber sagen wir natürlich, dass der, der hier gerade spricht, 1960 erwacht sei. Ich bitte darum, dass jeder diesen Moment, den 8. Januar 2005, als den Moment seines Erwachens notiere. Jetzt! Dieser Moment! Der Maharshi sagte einmal, und das wird sehr oft zitiert: „Es wird eine Zeit kommen, in der du über dich selbst lachst, weil du dich all die Jahre so sehr dafür angestrengt hast." Lache jetzt! Für den, der jetzt spricht, war es in der Vergangenheit, für andere mag es in der Zukunft sein. Gleichgültig, ob es Vergangenheit oder Zukunft ist, nur das Erwachen ist wichtig!

Du wirst über dich selbst lachen! Darüber, dass du einem Weg gefolgt bist oder nicht gefolgt bist, dass du gestolpert bist, das Ziel erreicht hast oder eben nicht. Alles ist lustig! (lacht) Ich hörte einmal Papaji sagen: „Wenn du lachst, ist kein Verstand da." Denn wenn du lachst, bist du das Ich-Bin, dann ist kein Verstand da. Du kannst nicht lachen, wenn der Verstand da ist. Das ist der Zustand von Ich-Bin, von *Ananda*: Zufriedenheit, Glückseligkeit. Du bist Liebe, *Premananda*, du erfreust dich immerzu dieser Liebe, bist eingetaucht in diese Liebe. Wir haben nur versäumt, das zu erkennen. Wann ist der richtige Zeitpunkt, es zu erkennen? Jetzt! Glaube nicht diesem Narren hier oder irgendjemand anderem, der dir erzählt, dass er 1960 oder 1977 erwacht ist. (lacht) Es gibt keine Zeit! Sag mir, was ist mit fünf Uhr zwanzig passiert? Es ist schon fünf vor sechs! (beide lachen) Schau dir die hier an (deutet auf die Uhr), die hält uns zum Narren!

Du hast eine sehr schnelle Uhr!

Ja.

Meine Uhr zeigt noch immer Jetzt!

Darum bist du glücklich! Ich bin unglücklich, weil ich immer auf die Uhr schaue!

Wir könnten ja tauschen, wenn du möchtest.

Jetzt bin ich so glücklich, Premananda! Total glücklich.

Du hast gerade ausführlich über das Thema Erwachen mit uns gesprochen. Wenn du jemandem mit einer Leidenschaft für das Erwachen begegnen würdest, was wäre dein kurzer Rat an ihn?

Da gibt es kein kurz oder lang. (lacht) Manche Leute versuchen, mich zu necken, und sagen: „Machst du etwa keine Einweihung, vergibst du keine *Mantras* (heilige Klänge)?" Woanders werden die besonderen, ausgewählten Schüler eingeweiht, und sie bekommen ein *Mantra*. Und sie erwarten, dass ich das auch so mache! Also frage ich: „Wer sagt das? Ich vergebe auch *Mantras*."

„Oh, davon haben wir noch nie gehört! Wir haben nur gehört, dass Ganesan immer über diese trockene Selbsterforschung spricht."

„Ich weihe dich in dieses *Mantra* ein: Sei glücklich!" (lacht)

Das ist mein *Mantra*-Weg, mein *Bhakti*-Weg, *Jnana*-Weg (Weg des Wissens), *Yoga*-Weg, *Dharma*-Weg (Weg der Wahrheit): Sei glücklich! Das schließt alles mit ein und ist so lebendig, es ist die Wahrheit. Es ist nicht getrennt von der Wahrheit, von Zufriedenheit, Glückseligkeit, wie auch immer du es nennen magst. Du bist DAS, also werde ich nichts hinzufügen. Du bist schon *Ananda*. Ich sage einzig und allein: Richte deine Aufmerksamkeit auf die Wahrheit, darauf, dass du immer die Wahrheit bist. Sei glücklich! Das ist das größte *Mantra*. Sei glücklich! Hast du jemals ein besseres *Mantra* gehört? (beide lachen)

Ich mag sehr dieses „Don't worry, be happy!" (Mach dir keine Sorgen, sei einfach glücklich!)

Es ist der Verstand, der immer das Negative hinzufügt. Ich fragte einmal Mutter Krishnabai: „Was gehört zum Verstand und was gehört zum Selbst?" Sie sagte: „Jedes positive Gefühl gehört zum Selbst, jedes negative zum Verstand." Sie riet mir, niemals negative Begriffe zu verwenden. Ich fragte: „Wie ist das möglich?" „Wenn du die Aufmerksamkeit auf das Positive im Ja lenkst", sagte sie, „brauchst du nicht Nein zu sagen. Das Nein kommt vom Verstand, das Ja kommt vom Herzen." Angenommen, du lädst mich für heute Abend acht Uhr in deinen *Ashram* ein. Der Verstand könnte sofort Nein sagen und das begründen mit: „Ich habe bereits eine andere Verabredung." Das mag stimmen oder nicht, das macht keinen Unterschied. Diese Negativität ist die Bürde des Verstandes. Was ist Negativität? Sie ist die Flucht vor dem Verweilen in der Wahrheit. Diese Bürde ist sehr schwer! Aber wenn ich Ja sage, ist diese Positivität die Sprache des Herzens.

Gerade wollte ich dich fragen, ob du uns nicht ein paar Geschichten von deinen Begegnungen mit Sri Ramana Maharshi erzählen möchtest. Würdest du uns zum Abendessen um acht Uhr besuchen?

Würdest du enttäuscht sein, wenn ich Nein sagen würde? (lacht)

Es kann auch ein anderer Abend sein, wie du möchtest.

Ich werde Ja sagen. Jede Zeit ist in Ordnung. Geschichten möchtest du hören? Ich habe dir gerade so viele Geschichten erzählt. Die größte Geschichte, die längste Geschichte, die spannendste Geschichte, die beste Geschichte ist die Geschichte vom Ich-Bin.

Ist es richtig, dass du als kleines Kind in der Nähe von Sri Ramana Maharshi aufgewachsen bist?

Ja. Er war mein Großonkel, aber ich sah in ihm meinen Großvater.

Ich würde gern einige von den persönlichen Geschichten hören, wenn du sie mit uns teilen möchtest.

Ich kannte Ramana Maharshi nur als meinen Großvater, bis zu meinem Schulabschluss, als ich eine tiefgehende spirituelle Erfahrung machte. Danach war er nicht länger mein Großvater. Er war und ist noch immer mein *Guru*, Eins mit mir. Aber als ich Kind war, habe ich ihn nur als meinen Großvater gesehen. Bis zu meiner Pubertät war ich sehr klein. Die Leute nannten mich auf Tamil „Kurzer". (lacht) „Kleiner" oder „Muffel" nannten sie mich.

Es gab manchmal ein- oder zweihundert Menschen, die im Speisesaal in der Gegenwart von Bhagavan aßen. Jeder von ihnen wurde vor Bhagavan bedient, er war der letzte. Er pflegte den Leuten, die das Essen austeilten, sehr viel Aufmerksamkeit zu schenken. Ich liebte es zuzuschauen, wie mein Großvater sie beobachtete. Ich wünschte, er würde mich mit derselben Aufmerksamkeit ansehen. Also dachte ich, ich könnte auch das Essen austeilen, dann würde er mir dieselbe Aufmerksamkeit und Zuwendung geben.

Ich ging zur Küche und sagte: „Ich möchte auch Essen austeilen." Alle Köchinnen waren Witwen und liebten Kinder sehr, besonders mich, weil ich dem Maharshi so nahe war. Die Töpfe waren so groß und ich war so klein, also sagten die Köchinnen: „Nein, nein, das ist nur für Erwachsene, nicht für Kinder! Geh du nur, sitze bei Bhagavan und iss." Als sie mich zurückwiesen, fing ich an zu weinen und machte einen Riesenaufstand: „Buuhuhuu!"

Bhagavan hörte das. „Was ist in der Küche los?" Einer der Köche ging zu ihm und erzählte: „Unser Ganesan macht gerade ein Riesentheater."

„Was? Was macht er?"

„Er besteht darauf, das Essen auszuteilen."

„Was ist falsch daran?"

„Bhagavan, alle unsere Töpfe sind größer als er!" (lacht)

„Das ist euer Problem, nicht seins! Fülle Salz in eine Tasse mit einem kleinen Löffel, gib es ihm und schicke ihn zu mir!"

Also gaben sie mir eine kleine Tasse mit Salz und einen Löffel dazu und sagten: „Gehe zu Bhagavan, er wird dir zeigen, wie man serviert." Ich war unglaublich stolz. Und so ging ich zu Bhagavan.

Er schaute mich an und fragte: „Du möchtest Essen servieren?" „Ja, Bhagavan, ich möchte auch servieren." Natürlich wollte ich in Wirklichkeit seine Aufmerksamkeit.

„Weißt du denn, wie man serviert?"

„Nein."

„Weißt du denn, was du servierst?"

„Nein." Dann verstand ich. Mein Ego war zerschmettert!

Bhagavan hatte Mitleid mit mir und sagte: „Ich werde es dir zeigen. Weißt du, was in der Tasse ist?"

„Das weiß ich, Salz!", sagte ich stolz.

„Weißt du denn, wie viel du davon servieren sollst?"

„Nein, das weiß ich nicht", sagte ich verschämt.

„Nimm etwas auf den Löffel. Nein, nein, das ist zuviel! Genau, das ist es. Soviel. Weißt du denn, wohin du es geben musst?"

„Nein, Bhagavan."

„Du legst es auf die linke obere Ecke des Bananenblattes." Ich war sehr glücklich, denn Bhagavan gab mir so viel Aufmerksamkeit. Sofort legte ich das Salz auf sein Blatt, so wie er es gesagt hatte.

„Heute macht das nichts", sagte er, „aber sonst ist dieses Blatt das letzte, bei dem du servierst."

Ich schaute all die anderen in dem großen Speisesaal an. Dann ging ich los und servierte. Und Bhagavan beobachtete mich. (beide lachen)

Wir hatten damals kein Spielzeug im *Ashram*, daher schickte uns ein amerikanischer Besucher etwa hundert verschiedene Spielzeuge mit der Bitte, sie in Bhagavans Anwesenheit unter den Kindern zu verteilen. Der Manager rief mich und sagte: „Geh am besten jetzt in die Halle und suche dir ein Spielzeug aus, in ein paar Minuten werden all die anderen Kinder kommen. Sage Bhagavan, welches Spielzeug du haben möchtest." Also ging ich hin und nur er und ich waren dort. Ich war so klein und meine Augen waren so groß, noch nie in meinem ganzen Leben hatte ich so viel Spielzeug gesehen! Mein Blick fiel sofort auf ein Flugzeug, etwas, das ich noch nie gesehen hatte. Ich hatte gelegentlich so ein kleines Ding in der Luft gesehen, das sehr viel Lärm machte, aber ich wusste nicht, was das war. Dieses Flugzeug war richtig groß und sah echt aus, es war nicht wirklich ein Spielzeug.

Bhagavan rief mich: „Ganesan, komm! Ein Amerikaner hat all dieses Spielzeug geschickt. Zeig mir, welches du möchtest, aber du kannst dir nur eins aussuchen." Ich lief hin und nahm das Flugzeug. „Magst du das?"

„Ja, Bhagavan, das gefällt mir." Ich war so aufgeregt!

„Komm her und zeig es mir." Ich ging zu ihm hin. Er fragte: „Weißt du, was ein Flugzeug ist?"

„Nein, das weiß ich nicht, Bhagavan."

„Schau, das ist der Propeller", und er zeigte mir, wie er sich drehte. „Er wird zuerst gestartet. Das hier sind die Räder, das Flugzeug rollt darauf und dann, wumm!" Meine Begeisterung und Freude wurden immer größer. Er sagte: „Schau dir das an. Das hier sind die Fluggäste!" Er zeigte durch die Fenster. „Und das hier ist der Pilot!"

Premananda, ich kann nur sagen, in diesem Augenblick wurde er ich! Ich empfand eine solche Begeisterung und ich konnte dasselbe in ihm sehen. Ein *Jnani*, ein wirklicher Weiser, ist wie ein Spiegel. Ich schwebte im Himmel.

Dann sagte er: „Mach es nicht kaputt." (beide lachen)

Das Leben einer verwirklichten Person ist die allernatürlichste Art zu leben, etwas, das wir vergessen haben. Wir füllen unser Leben mit Sorgen, Plänen, Wünschen und das alles stört uns nur. Ein realisierter Mensch wie Ramana Maharshi oder Poonjaji, der in der inneren Wahrheit ruht, ist immer glücklich. Und er macht auch alle anderen glücklich. Wie ein Spiegel reflektiert er, wer du bist – beides, die Wahrheit und die Unwahrheit. Wenn du durch *Vasanas* in die Irre geleitet wirst, zeigt er dir: „Dies ist dein *Vasana*, komm zurück zur Wahrheit!"

Ramana machte mir eine solche Freude, einfach indem er einem Kind einen Spielzeug-Flieger erklärte. Ich werde das niemals vergessen! Sogar jetzt kann ich sehen, wie er ich wurde und wie er meine Freude ausdrückte. Es war so wunderschön!

Mehr Geschichten kommen später! (beide lachen)

D. B. Gangolli

Im Tiefschlaf, in dem es keine
Dualität gibt, verschwindet
dieses Ego sogar ganz aus der
Existenz. Dann ist nur Nicht-
Dualität, reines Bewusstsein
da, das niemals vom Verstand
begriffen werden kann.

Natürlich muss der Verstand nicht zerstört werden,
denn er hat niemals existiert.

D.B. Gangolli

D. B. Gangolli

Ich besuchte D.B. Gangolli im Jahre 2003 in seiner kleinen Wohnung in Bangalore. Mit Mitte achtzig war er schon ein bisschen gebrechlich, doch immer noch ein Gentleman ganz im britischen Stil, der zum Beispiel Sportartikel für die „Times of India" schrieb. Wir unterhielten uns drei Tage lang über *Vedanta* – ein Thema, über das er viele Bücher geschrieben hat. 2006 lud ich ihn ein, beim Arunachala Retreat einen Vortrag zu halten. Als er das tat, war deutlich zu sehen, wieviel Freude es ihm machte, sein geliebtes *Vedanta* mit einer größeren Gruppe zu teilen. In demselben Jahr verließ Gangolli, nunmehr Ende achtzig, seinen Körper.

Sri Ramana stellte die grundlegende Frage „Wer bin ich?" – Wer sind Sie?

Es ist eine der kraftvollsten und beliebtesten Fragen, bekannt in allen spirituellen Kreisen der Welt. Und Ramana Maharshi war ein großer indischer Weiser, dessen Methode jeden Menschen direkt zu seinem Ego führt, dem Ich-Gedanken. Ramana war ein Weiser und spiritueller Lehrer. Er konnte gewisse Hinweise geben, wie man dieses „Ich" untersuchen und über das Ego hinausgehen kann. Hinter dem Ego befindet sich das reine Bewusstsein (*Sakshi Chaitanya*).

Ein wenig anders wird diese ganze Sache von der *Advaita Vedanta*-Lehre *Adi Shankaras* (spiritueller Lehrer und Philosoph) beschrieben, wobei dort ebenfalls solche kraftvollen Fragen verwendet werden. Doch viele Menschen können diese Fragen aus sich selbst heraus nicht beantworten.

Man nennt dieses reine Bewusstsein auch *Sat-Chit-Ananda*. *Sat* ist die Wahrheit der reinen, absoluten Existenz, *Chit* bedeutet reines, absolutes

Bewusstsein oder Wissen, und *Ananda* ist die höchste Glückseligkeit. Wir haben also diese drei Begriffe: Reine Existenz, reines Bewusstsein oder Wissen und Glückseligkeit. In der dualen Welt verstehen die Menschen unter diesen Begriffen etwas Unterschiedliches. Im *Vedanta* hingegen bedeuten sie dasselbe. Reine Existenz meint ausschließlich reines Bewusstsein, und reines Bewusstsein bedeutet ausschließlich reine Glückseligkeit. Reine Glückseligkeit wiederum entspricht der reinen Existenz. Diese drei Begriffe aus der Welt der Dualität sind im *Vedanta* zu einem Wort zusammengefasst, das auf dieselbe Wirklichkeit deutet, die absolute Realität – *Brahman*.

Wenn Ramana Maharshi die Frage „Wer bin ich?" stellt, sind darin nicht schon alle bekannten Aspekte enthalten? Jeder weiß inzwischen, dass das Ich in der Welt lebt, mit einem Körper geboren wird und sich mit diesem Körper in dieser Welt zurechtfinden muss. Es ist also nicht nötig, darüber dicke Bücher zu schreiben.

Ramana bezog sich auf das „Ich" als eine Projektion des reinen Bewusstseins, weil er wusste, dass dieses Ich ein Tor zur Erkenntnis der eigenen Quelle ist. So verwendete er diese Frage als Methode der Selbsterforschung bei jedem, der zu ihm kam. „Hast du deinen Verstand ausgerichtet und versucht herauszufinden, wer dieses ‚Ich' ist?", fragte er. Diese Methode der Selbsterforschung findet man auch in seinem Text „Wer bin ich?".

Lange vor Ramana gab es *Shankara*, einen Lehrer, der zu einer sehr alten *Vedanta*-Tradition gehörte, die von Narayana selbst begründet worden war. In der *Bhagavad Gita* sagt *Krishna* zu *Arjuna*: „Nun gebe ich es an dich weiter." In der *Bhagavad Gita* ist auch die vollständige Linie der Lehrer dargestellt.

Das Ego wird von *Shankara* sehr schön beschrieben – als *Ajyasa*, als „Missverständnis" oder „falsches Wissen". Das Ego ist also eine Fehlannahme, eine Illusion, und doch wird es unglücklicherweise in allen empirischen Untersuchungen einfach als gegeben betrachtet, obwohl die meisten Menschen nicht wissen, wie sie dieses Ich wirklich untersuchen können. In der Einleitung der *Brahma Sutras* hat *Shankara* über dieses Missverständnis geschrieben. Dort heißt es, das Ich sei „eine seltsame Kombination von Realität und falschem Schein". Tatsächlich ist es eine

Wirklichkeit der Unwirklichkeit (*Atman-Anatman*) – Das Kind dieser unheiligen Ehe ist dann das Ego. *Shankara* schildert dies ganz wunderbar.

Das Ego ist also der Effekt einer Kombination dieser beiden Gegensätze. So etwas findet man nicht in der Dualität, der empirischen Welt. Doch in dem *Jiva* (individuelle Seele) selbst, dem Ego selbst, gibt es eine Verbindung zwischen der Wahrheit und dem falschen Schein.

Sowohl in der Lehre der *vedantischen* Schriften als auch bei *Shankara* ist das sehr schwer zu verstehen. Aber wenn du es einmal verstanden hast, öffnet es dir die Schatztruhe des *Vedanta* – das ist dann wie ein Generalschlüssel. Als Kombination zweier völlig entgegengesetzter Dinge, der Wirklichkeit und der Unwirklichkeit, ist das Ego höchst illusorisch. Täuschung ist subjektiv, und Illusion, die Welt außerhalb von mir, ist objektiv.

Shankaras wunderbare Erläuterung besagt, dass ein Mensch, der in dieser subjektiven Täuschung lebt, die Welt immer wahrnehmen kann, denn das Ego besitzt die Mittel zur Erkenntnis von der Dualität der äußeren Welt. Diese Dreiheit aus Erkennendem, dem Vorgang des Erkennens und dem Erkenntnisobjekt, der Welt, muss analysiert werden. Wenn du das Ego bereits sehr gut kennst, ist es nicht erforderlich, die äußere Welt zu analysieren, denn sie ist lediglich eine Projektion des Egos. Das Ego ist der Angelpunkt, an dem die ganze Dualität aufgehängt ist. Also versuchen wir, dieses Ego von der Dreiheit zu trennen und zu untersuchen.

Wenn es kein Ego gibt, ist auch keine Welt da, denn das Ego ist das Subjekt, das sich der Welt der Dualität bewusst ist. Wenn also das Ego seine Aufmerksamkeit von der Welt abwendet und sich seiner Quelle im Inneren zuwendet, vereinigt es sich mit eben dieser Quelle, die gleichzeitig der subtilste Teil seiner selbst ist.

Dies ist die Grundlage von *Vedanta*. *Ajyasa* ist nichts anderes als ein Missverständnis oder eine Täuschung, und jeder Mensch erlebt das so. In dem Moment, in dem du sie als Täuschung erkennst, kann sie als solche nicht mehr weiter bestehen. Es ist wie eine Verzauberung: Man weiß es solange nicht, wie man verzaubert ist. Was immer einem vom Verstand oder dem, was den Verstand beherrscht, diktiert wird, tut man. In dem Augenblick, in dem man jedoch erkennt, dass der Verstand einer Täuschung unterliegt, ist es keine mehr. Ein gutes Beispiel dafür ist auch das Seil, das als Schlange erscheint. Ihre Unwirklichkeit wird dir in dem Augenblick spontan klar, in dem du sie als Seil erkennst. Dafür kann man nicht wirklich etwas tun. Die Schlange hört auf zu existieren. In dem Moment, in dem du die Unwirklichkeit des Ego siehst, verschwindet durch die Kraft der Präsenz des reinen Bewusstseins die Welt und das Ego löst sich auf.

Als Sri Ramana gefragt wurde, wann man das Selbst erkannt hat, antwortete er: „Wenn die Welt, die das Gesehene ist, entfernt worden ist, wird die Erkenntnis des Selbst als das Sehende geschehen." Wie ist die Welt zu verstehen, und wie kann man sie beseitigen? Sie haben das wahre Verständnis von der Welt erklärt. Sie haben ebenfalls erklärt, dass die Welt verschwindet, sobald das Ego fallengelassen wird.

Wenn die Welt eine Illusion und das Ego eine Täuschung ist, die weitere Illusionen hervorruft, dann stellt sich nicht mehr die Frage, etwas zu bekommen oder zu erreichen. Das einzig Notwendige ist, frei von dieser Täuschung zu sein. Und wie bereits gesagt, verschwindet sie sowieso ganz spontan. Die Welt ist noch täuschender als das Ego, denn sie ist als etwas Äußeres weiter von uns entfernt. Mit dem Ego haben wir zumindest etwas, das uns sehr nahe und dadurch sehr intensiv ist. Die universelle Erfahrung ist: Solange das Ich da ist, ist auch die Welt da. Wenn das Ich nicht da ist, kann auch die Welt nicht in Erscheinung treten. Nur aufgrund falscher Annahme glauben wir, in diese Welt geboren worden zu sein.

Doch das ist nur ein Glaube. Wenn die Schriften uns raten, selbst herauszufinden, ob dieses Ich da ist oder nicht, glaubst du dann, dass es tatsächlich irgendeine Dualität gibt? Das Ich ist der Angelpunkt, an dem die ganze Dualität aufgehängt und befestigt ist. Vielleicht können wir dieses täuschende Ego loswerden, indem wir untersuchen, wie es ins Sein kam, und es mit der absoluten Wahrheit vergleichen.

Im Tiefschlaf, in dem es keine Dualität gibt, verschwindet dieses Ego sogar ganz aus der Existenz. Dann ist nur Nicht-Dualität, reines Bewusstsein da, das niemals vom Verstand begriffen werden kann.

Hätte Ramana die *Vedanta*-Methode benutzt, hätte er Ihnen geantwortet: „Du stellst eine Frage zu etwas, das nicht existiert. Aber wie soll man etwas beseitigen, das gar nicht existiert?"

In dem Augenblick, in dem ich das Ich als eine Projektion der Quelle, des reinen Bewusstseins, erkenne, hat die Vorstellung von Dualität niemals existiert. Es war eine Illusion, und nun ist sie fort. Das Selbst wird als der Sehende erkannt. Was Ramana unter „dem Sehenden" verstand, ist das reine Bewusstsein, das bezeugende Bewusstsein. Ich benutze dafür den Begriff „Zeuge" oder „bezeugendes Bewusstsein". Man kann auch sagen: „ER ist der Sehende." Diese ganze Dualität wird von Ihm gesehen, jedoch niemals außerhalb Seiner Selbst. ER durchdringt und erleuchtet, was auch immer vor Ihm erscheint. Das ist die Eigenschaft des reinen Bewusstseins.

Ishwara, der Herr selbst, wurde zu einem *Jiva*. ER erschuf von außen unsere Körper und trat in sie ein. ER kombinierte die fünf Elemente und schuf so den Körper. Dann sah Er, dass dieser unbelebt war. „Wenn ich nicht hineingehe, wird er niemals empfindungsfähig sein." Um den Körper also lebendig und empfindungsfähig zu machen, begab Er sich hinein – so die wunderschöne Erklärung der Schöpfung. „Nun bin ich zufrieden", sprach der Herr, nachdem Er den Körper geschaffen hatte, „ich habe alles wunderbar eingerichtet. Dieses menschliche Wesen ist lebendig und ich wurde zu ihm. Ich kenne alles, was ist und ich bin alles."

In den Schriften und bei den Lehrern des *Vedanta* ist das Thema „Schöpfung" ein Vorwand, um unsere Aufmerksamkeit auf den Schöpfer zu richten. Ist das erreicht, kann mit dem Prozess des Aufhebens und Unterscheidens begonnen werden – Ich bin nicht dies, ich bin nicht jenes (*Neti Neti*). So geht *Vedanta* dieses Problem an.

Viele Menschen aus dem Westen kommen nach Indien auf der Suche nach Erleuchtung, als wäre sie lediglich eine Erfahrung. Was ist Erleuchtung?

Erleuchtung ist ein Synonym für deine Glückseligkeit, Befreiung und dann Selbsterkenntnis, die intuitive Erfahrung des Selbst. Tatsächlich bedeutet Erleuchtung das Wissen über die absolute Wirklichkeit. Erleuchtung ist der innerste Kern unseres Seins und wird Befreiung, *Moksha*, genannt.

Ein Mensch, der das Selbst verwirklicht oder Selbsterkenntnis erlangt hat, hat vom Selbst ein intuitives Wissen, kein mentales oder intellektuelles. „Intuitiv" bedeutet Zugang zum reinen Bewusstsein, das das Selbst ist – *Sat-Chit-Ananda*. Erleuchtung ist nicht etwas, an das man glauben kann; man muss es erfahren. Die Schriften nennen solche universellen, umfassenden und großartigen Erfahrungen *Purna*, was „alles durchdringend" bedeutet. Es gibt nichts außerhalb davon – eine Erfahrung, die den innersten Kern unseres Wesens ausmacht. Alle menschlichen Wesen können dies erleben. Tatsächlich findet diese Erfahrung des bezeugenden Bewusstseins in jedem Moment unseres Lebens jenseits des Ego statt und unterstützt es. Darum ist das Ego auch so bewusst und machtvoll in der empirischen Welt.

Es gibt da einen Konflikt mit dem Wort „Erfahrung". Ich verstehe, was Sie sagen, nämlich, dass es eine Erfahrung sein muss. Jedoch beinhaltet der Begriff „Erfahrung", dass da etwas kommt und geht. Sie weisen hingegen auf unsere wahre Natur hin, die ewig ist, die nicht kommt und geht.

So erleben wir gewöhnlich „Erfahrung". Doch verwenden wir das Wort hier nicht in diesem Sinne. Bestenfalls können wir sagen, dass es eine Art universeller Erfahrung ist, eine Erfahrung ohne den Erfahrenden. Man kann auch sagen, dass es eine Trinität von Erfahrenden, dem Vorgang der Erfahrung und dem erfahrenen Objekt ist. Alle drei werden zu einem verwoben, und das nennt man reines Bewusstsein.

Gibt es irgendwelche Voraussetzungen für Erleuchtung?

Ja und Nein. Wenn Erleuchtung unsere essentielle Natur ist, was soll dann die Frage nach Voraussetzungen? Wofür Voraussetzungen? Es besteht auch keine Notwendigkeit für *Sadhana* (spirituelle Disziplin). Es gibt keine Praxis, die man machen muss, und keine Voraussetzungen, die notwendig sind. Wenn du in den innersten Kern deines Wesens schaust, siehst du: Ich bin DAS. Ob du es weißt oder nicht, ist eine andere Sache. Aber du bist DAS. DAS bedeutet die ultimative, absolute Wirklichkeit. Wenn das so ist, kann man dann sagen, dass irgendein Tom, Dick oder Harry diese Erfahrung automatisch haben wird, ohne irgendetwas zu tun? Nein. Tom, Dick oder Harry lebt als Ego vollständig in dieser dualen Welt, sein Leben ist ganz nach außen gerichtet. Durch Intellekt und Verstand, die Erinnerung und die fünf Sinne geht das Ego ständig nach außen in Kontakt mit der Welt. Ego, Verstand und Sinne nennt man *Triputi*, die Dreiheit. Diese Dreiheit kann nicht aufgebrochen werden, etwa indem einer dieser Bestandteile herausgenommen wird, so dass die anderen zwei übrig bleiben. Das funktioniert nicht, überprüfe es selbst. Man findet das Ego immer zusammen mit den anderen beiden. Nur wenn das Ego nach innen gerichtet wird auf seine Quelle, verschwinden die anderen beiden.

Natürlich kann der Verstand, der nach außen gerichtet ist, darauf vorbereitet werden. Man gibt ihm *Karma Yoga* (Arbeit als spirituelle Praxis) und einige andere reinigende Sadhanas, die in der *Bhagavad Gita* erwähnt werden.

Es gibt zwanzig solcher Verstandesqualitäten, die gewissenhaft ausgeübt werden sollten, um den Verstand nach innen zu richten und ihn zu seiner eigenen Quelle zu führen. Man nennt das *Mumukshatwa*, und solange ein Mensch sich nicht als *Mumukshu* qualifiziert hat, fehlen ihm die Voraussetzungen für Erleuchtung.

Ist das denn dasselbe wie ein* sattvischer *(ruhiger und friedvoller) Verstand?

Ja. Ein *sattvischer* Verstand minimiert ganz natürlich die *Rajas*- (Streben, Ruhelosigkeit) und *Tamas*-Anteile (Trägheit) des Verstandes. Diese drei werden immer da sein, so wie die drei *Gunas* (Qualitäten der Materie) immer vorhanden sind. Ein *Mumukshu* jedoch wird immer versuchen, ein Höchstmaß an *Sattva* (Reinheit) zu halten. Sein Verstand ist so subtil nach innen gerichtet und konzentriert, dass er in der Lage ist, all die Lehren der *Vedanta*-Schriften zu analysieren und sich gleichzeitig auf das Selbst zu konzentrieren. Ein nach innen gerichteter Verstand ist ein scharfes und kraftvolles Instrument. Das sind ganz natürliche Voraussetzungen.

Sie sagen also, dass eine Vorbereitung notwendig ist. Wie würde Ihr Rat aussehen? Welche Art von Vorbereitung würden Sie empfehlen, um einen stillen, nach innen gerichteten Verstand zu erlangen?

Die *Upanishaden* geben uns einige wundervolle Ratschläge. Sie empfehlen *Yagna*, was Opfer bedeutet und Rituale beinhaltet, die durchgeführt werden, wenn du versuchst, all das aufzugeben, was du besitzt; *Dana*, was Wohltätigkeit bedeutet; und *Tapas*, Entbehrung – wozu zum Beispiel gehört, lange Zeit in Meditation zu sitzen und den Verstand zu zügeln oder zu reinigen. Viele Menschen üben sich in diesen *Sadhanas*.

In der *Bhagavad Gita* wird *Karma Yoga* als wunderbare Übung aufgeführt und jeder, der ein wenig Unterscheidungskraft besitzt, kann sie ohne Probleme durchführen. Dabei gibt es vier Forderungen oder Regeln. Bei der ersten geht es darum, sich nicht länger nach den Früchten seiner Handlungen zu sehnen. Die zweite verlangt, jede Arbeit zu akzeptieren und sie als Verehrung Gottes zu verrichten. Bei der dritten geht es darum, die Identifizierung mit dem Ego zu minimieren und möglichst ganz aufzugeben. Viertens sollte die Anhaftung an äußere Dinge so gering wie möglich gehalten werden. Wenn diese vier Qualitäten in das, was du tust, eingebracht werden, wird es zu *Karma Yoga*, und nach und nach wirst du ein nach innen orientierter Mensch und qualifiziert für Selbsterkenntnis.

Danach kommt etwas, das *Sakshat Sadhana* genannt wird. *Sakshat Sadhana* besteht aus *Shravanam* (Zuhören, Lauschen), *Mananam* (Reflektion) und *Nididhyasanam* (Meditation). Diese drei müssen in der Gegenwart eines erfahrenen Lehrers ausgeführt werden. Zuerst erklärt er dir die *Upanishaden* richtig – *Shravanam*. Auf der Grundlage dieser Lehren lässt er dich dann die entsprechenden logischen Schlüsse ziehen – *Mananam*. Schließlich übst du dich in intensiver Innenschau. Das nennt man *Nididhyasanam*. Ramana hat das Gleiche über diese *Sadhanas* gesagt.

Aber werden die zuletzt erwähnten Sadhanas *nicht die Aktivität des Verstandes erhöhen, statt ihn zu beruhigen?*

Nein, denn die *Upanishaden* lehren gleichzeitig eine Methode der Verlagerung. In diesem Prozess wird der Verstand von der dualen Welt weg hin zum Selbst gelenkt, der nicht-dualen Wirklichkeit und Quelle aller Dualität. Dadurch gewinnst du Unterscheidungskraft. Unterscheidungsvermögen ist also sehr wichtig, und im Verlauf des Prozesses wird der Verstand immer konzentrierter, weil er all seine Energie auf das reine Bewusstsein lenkt.

Sri Ramana sagte, der direkteste Weg zur Erkenntnis des Selbst sei die Selbsterforschung. Was können Sie über die Selbsterforschung sagen? Wie wendet man sie an?

Selbsterforschung ist das, was in den *Upanishaden Shravanam, Mananam* und *Nididhyasanam* genannt wird – Zuhören, Reflektieren und tiefe Kontemplation. Wenn du sie unter Anleitung eines bewährten und guten Lehrers durchführst, lehrt er dich Schritt für Schritt, wie die Identifikation mit dem Ego aufgegeben werden kann. So erfährst du schließlich das Einssein mit dem Selbst, das die eigentliche Essenz des Seins ist.

Ich möchte das Beispiel von den drei Zuständen Wachsein, Träumen und Tiefschlaf anführen. Laut unserer Lehre wird der Wachzustand auf eine andere Art und Weise untersucht, als zuvor beschrieben. Anschließend untersucht man den Traumzustand, dann den Tiefschlaf. Zunächst wird die Hypothese aufgestellt, dass zwischen den drei Zuständen eine Beziehung besteht: Wach- und Traumzustand werden als Projektionen von etwas gesehen, das im Tiefschlaf als Samen enthalten ist. So sollen alle drei miteinander verbunden sein. Es gibt eine Ursache, und die anderen beiden sind die Effekte.

Dann aber bringen dir der Lehrer und die *Upanishaden* ganz allmählich nahe, dass diese drei doch unabhängig voneinander und in keiner Weise miteinander verbunden sind. Wenn wir im Wachzustand sind, sind wir nicht im Tiefschlaf oder Traumzustand. Sind wir im Traum, sind wir nicht wach und auch der Tiefschlaf ist nicht da. Im Tiefschlaf hingegen sind Wach- und Traumzustand nicht da. Also sind sie unabhängige Erfahrungen, die vom reinen Bewusstsein projiziert werden, damit du Ihn erkennen kannst. Alle drei sind Projektionen vom reinen Bewusstsein. In dieser Erkenntnis vollendet sich die Lehre.

Könnten Sie die einzelnen Schritte der Selbsterforschung im Vedanta *erklären?*

Ja. Es ist die Selbst-Erforschung mit großem „S". Entsprechend der Schriften besteht sie darin, das „kleine Selbst" aufzugeben und zur Identifikation mit dem Selbst überzugehen, das die ureigenste Essenz des Seins ist, die du niemals verlieren kannst. Wenn du dieses als wirklich, das Ego hingegen als falsche Projektion, als ein Missverständnis erkennst, nennt man dies Selbsterkenntnis oder Selbstverwirklichung. *Vedanta* lehrt uns Selbst-Erforschung mit großem „S". In diesem Prozess analysieren wir alles, was wir für das kleine Selbst, für *Jiva* halten. *Jiva* selbst ist *Paramatman* (das Höchste Selbst), weil *Paramatman* sich selbst als *Jiva* projiziert. Sie sind also nicht verschieden. Die Schlange existiert nicht unabhängig von dem Seil, und auf die gleiche Weise kann *Jiva* nicht unabhängig vom Selbst existieren, vom reinen Bewusstsein.

Es wird gesagt, dass der Verstand erst zerstört werden muss, damit Befreiung stattfinden kann. Haben Sie einen Verstand, Mister Gangolli?

Es wird gesagt, dass der Verstand zerstört werden muss, aber wie du siehst, scheint der Verstand in diesem Moment anwesend zu sein. Verstand bedeutet Ego, und neben dem Intellekt ist das Ego der subtilste Aspekt des Verstandes. Dann gibt es noch die Erinnerung. Der Verstand enthält also vier Aspekte: Ego, Intellekt, Erinnerung und Willen – alle zusammen bilden den Verstand.

Auf dieser empirischen Ebene gehen wir davon aus, dass der Verstand existiert, richtig? Wenn wir jedoch die Wirklichkeit des Selbst erkannt haben, gibt es ihn plötzlich nicht mehr und er war auch niemals da. Daraus ergibt sich ganz natürlich, dass der Verstand auch nicht zerstört werden muss, denn er hat niemals existiert. Die Welt kann nur existieren, wenn das Ego existiert. Ohne Ego kann die Welt nicht erfahren werden und auch nicht existieren. Dasselbe gilt für den Verstand: Er kann nicht getrennt vom Selbst bestehen. Er ist eine Projektion und gleichzeitig ein Missverständnis, ein Trugbild. Die Frage nach der Zerstörung des Verstandes stellt sich also gar nicht. Viele Leute, einschließlich Ramana Maharshi, reden über dieses *Manonasha*, was wörtlich „zerstörter Verstand" heißt, aber es ist eigentlich nicht das richtige Wort. Man könnte *Manonigra* benutzen, was bedeutet, die Identifikation mit dem Verstand, das Greifen nach etwas aufzugeben. Wenn es kein Greifen nach etwas gibt, ist auch keiner da, der greift.

Können Sie etwas über **Vasanas** *sagen, die Neigungen des Verstandes? Müssen diese erst vollständig entfernt werden, damit die Selbsterkenntnis dauerhaft bleiben kann?*

Vasanas sind Neigungen des Verstandes und Vorlieben, die latent oder als Potential im Verstand vorhanden sind. Unter günstigen Bedingungen in der Welt kommen sie in Form von machtvollen Wünschen an die Oberfläche und drängen uns immer wieder zu Handlungen.

Das *Vedanta* spricht darüber sehr schön. Weißt du, es ist ein Teufelskreis. Solange du in *Avidya* lebst, in Unwissenheit vom Selbst, wird das Ego da sein. *Avidya* ist das Gleiche wie *Ajyasa*, ein Missverständnis. Kannst du ein Ego ohne irgendwelche Wünsche oder Begierden finden? Nein, niemals, das gibt es nicht!

Wenn du das Ego gründlich analysierst, ist es einfach ein Bündel von Wünschen. Wenn diese sehr machtvoll werden, drängen sie dich zu einer Handlung, denn da ist ein Verlangen, etwas von der äußeren Welt zu bekommen. Wir werden also zu Handlungen gedrängt, irgendwo hinzugehen, etwas anzuschaffen, es in unseren Besitz zu nehmen und zu sichern. So führt der Wunsch zu *Karma*, einer Aktion. *Karma* führt wiederum zu *Karmapal*, dem Ergebnis einer Handlung. Jede Handlung erntet ihre Früchte, gleichgültig, ob sie gut oder schlecht sind, und du als Ausführender musst sie genießen. Wenn du diese Früchte genießt, entsteht im Verstand ein latenter Eindruck, den wir *Vasana* nennen.

Dieses *Vasana* lauert im Unterbewusstsein, das sehr machtvoll ist. Sind die Bedingungen in der äußeren Welt entsprechend günstig, kommt das *Vasana* in Form eines Verlangens an die Oberfläche und der Teufelskreis beginnt von vorn. Das nennt man *Samsara Chakra*. Aber bis du nicht *Avidya*, die Wurzel all dieses *Samsara* (Rad der Wiedergeburt), in Angriff nimmst und beseitigst, wird die Unwissenheit weiter bestehen.

So wie ein Hund versucht, seinen Schwanz zu fangen, gehen wir durch den Teufelskreis von Geburt und Tod. Dies nennt man *Samsara*. Durch das Erkennen des Selbst kann das sehr leicht beendet werden. Dann verschwindet die Unwissenheit, und in genau demselben Moment auch *Samsara* und damit all die Probleme des Lebens.

Selbsterkenntnis bedeutet, sich von all dem falschen Schein zu befreien. Du darfst niemals irgendetwas, das zum Ego oder zum Verstand gehört, dieselbe Gültigkeit zusprechen wie dem Selbst.

In meiner Zeit mit Poonjaji gab es Menschen, die in seiner Gegenwart ein sehr starkes Erwachen erfahren haben. Er sagte dann gewöhnlich: „Deine Arbeit ist beendet." Sie strahlten dann in Glückseligkeit und hatten tatsächlich dieses Gefühl von vollendeter Arbeit. Wenn sie dann für ein paar Monate weggegangen waren und zurückkamen, sagten viele von ihnen: „Es ist wieder verschwunden." Oft antwortete Poonjaji dann: „Wenn es verschwunden ist, hattest du es auch am Anfang nicht gefunden." Ich kann mich auch erinnern, dass Sri Ramana gesagt hat, dass starke Vasanas jemanden aus dem Erwachenszustand, aus diesem Verstehen, wieder herausbringen können. Könnten Sie dazu etwas sagen?

Es gibt viele Leute, die von *Shaktipatta* sprechen. Haben Sie davon gehört?

Ja, das ist eine Art von Energieübertragung.

Das *Vedanta* hält gar nichts davon. Solche Dinge können nicht von einer Person zur anderen übertragen werden. Wenn man überhaupt von

Übertragung sprechen kann, dann ist es der *Guru*, der dir zeigt, wie du es in dir selbst findest. Es gibt keine Übertragung und somit ist *Shaktipatta* ein völlig falscher Begriff. In den *Upanishaden* wird es gar nicht gelehrt und ich weiß nicht, wie Poonjaji und all die anderen Leute zu diesem Verständnis gekommen sind. *Vedanta* unterstützt keine Art von Mystizismus, und es gibt viele Mystiker.

Ich habe Poonjaji nicht als Mystiker erfahren. Er saß einfach da, die Menschen kamen zu ihm und stellten ihm Fragen.

Selbsterkenntnis braucht kein Zertifikat von irgendeinem Mystiker. Es wird angenommen, dass die *Upanishaden* göttlichen Ursprungs sind. Das Medium, durch das die *Upanishaden* empfangen und artikuliert wurden, waren die *Rishis* (Seher), und diese *Rishis* gaben sie dann der Welt. Die Quelle ist das göttliche Selbst, das *Upanishad Purusha*. Man kann es nur durch die *Upanishaden* erkennen, durch nichts anderes. Wenn es also das ist, was *Shankara* und das *Vedanta* uns lehren, dann kann man diesen Mystikern nicht vertrauen. Es gibt einfach keine Erfahrung universeller Art, die man lehren kann.

In gewisser Hinsicht verstehe ich, was Sie sagen. Wenn jedoch der Schüler reif ist und zu einem Meister kommt, und dieser Meister ihm in einem Moment mit einer gewissen Kraft etwas spiegelt, dann ist es sicher möglich, dass der Schüler die Wahrheit sieht. Das ist dann keine Zauberei.

Dem kann ich nicht zustimmen, denn es ist schon in ihm. Von dem *Guru* wird ihm nichts Neues gegeben.

Richtig, nichts wird gegeben! Doch durch die Präsenz des **Guru** *gibt es ein Ende, ein Beenden.*

In diesem Fall, ja: In dem Moment, in dem ich das Selbst erkenne, habe ich Selbsterkenntnis gewonnen. Ich sehe dann nichts, nicht einmal die Welt. Ich höre kein *Om* und ich sehe auch nicht überall strahlendes

Licht, nichts dergleichen. Wenn das so wäre, hätten *Shankara* oder die *Upanishaden* es irgendwo erwähnt.

In der japanischen Zen-Tradition gibt es viele Geschichten, in denen der Meister den Schüler in einem bestimmten Moment auf eine gewisse Weise berührt und dieser dann aufwacht. Das klingt so ähnlich wie das, was ich beschrieben habe.

Alles was neu erschaffen wird, wird in der Zeit erschaffen und aus der Existenz auch wieder verschwinden. Selbsterkenntnis gehört nicht dazu, sie ist jenseits von Zeit, Raum und Ursache. Sie ist weder Ursache noch Wirkung.

Ich glaube auch nicht, dass diese Leute irgendeine Art von Energie-übertragung durch Poonjaji erlebt haben. Was sie erlebt haben, war eher das Ende ihrer Suche. Vielleicht waren es reife Menschen, die an vielen Orten und viele Jahre nach dem Verstehen gesucht hatten. Und in der Gegenwart dieses einen bestimmten Mannes wurden sie an einen sehr tiefen Ort in sich selbst zurückgeführt, an dem sie das Selbst erfahren konnten.

So formuliert kann ich das akzeptieren. In diesem Sinne ruft ein erfahrener Lehrer die Selbsterkenntnis beim Schüler hervor oder entzündet sie. Und wenn die Selbsterkenntnis erlangt ist, ist er verwirklicht. Das nennt man Selbsterkenntnis, nicht wahr? Aber sollte ihm, wenn er das Selbst erkannt hat, irgendeine Art von übermenschlichem Zeichen oder Symbol erscheinen?

Wenn die Erkenntnis stattgefunden hat, wird der Schüler *Sirvatmabhava* erlangen – alles ist *Atman*, das Selbst. Ramana hatte dieses Verständnis, daran gibt es keinen Zweifel. Das war der Grund für diesen Ausdruck von Leere in seinem Gesicht. Er hatte das Selbst vom Nicht-Selbst getrennt und war vollständig mit dem Selbst identifiziert. Von dort aus schaute er. Er war in jedem Moment mit dem Selbst identifiziert. Ist das nicht der Fall, kann man diesen leeren Blick nicht haben. Er nahm keine einzige Erfahrung wahr.

Ich würde Ihnen gern von meiner eigenen Erfahrung mit Poonjaji erzählen. Nach mehr als zwanzig Jahren Suche, spiritueller Praxis und so weiter, saß ich plötzlich vor diesem Mann mit seiner ungeheuren Energie, der der Mittelpunkt für zweihundert Menschen war. Er sprach mit mir persönlich auf eine Weise, die alle Energie nach innen zu wenden schien. Ich empfand keinerlei Übertragung von ihm, aber etwas passierte in mir: Es gab da nur Weiß und Nichts. Bis ich plötzlich bemerkte, dass ich meine Augen nicht öffnen konnte. Das war ganz physisch; sie ließen sich einfach nicht öffnen. Außerdem war ich da, wo ich gerade saß, fixiert. Am Ende von allem, nachdem man mir etwas Wasser gegeben und ich mich ausgeruht hatte, war da eine unglaubliche Glückseligkeit. Da gab es keinen Premananda mehr und auch keinen Verstand. Eine ungeheure Ausdehnung des Bewusstseins war geschehen.

Im *Vedanta* nehmen wir diese individuellen Dinge nicht ernst, es sind keine universellen Erfahrungen. *Upasanas* sind Meditationen, die in den *Upanishaden* erwähnt werden. Wenn sie dir gegeben werden, befolgst du sie sehr sorgfältig, Buchstabe für Buchstabe. So erwirbst du verschiedene mystische Kräfte, und jede einzelne von ihnen ermöglicht dir bestimmte Erfahrungen.

Es war eine individuelle Erfahrung, die nicht weiter der Rede wert ist. Sie war nur ein Zeichen, dass Sie auf dem richtigen Weg sind, eine Bestätigung, dass Ihr Verstand geläutert wird, doch diese Meditationen können Ihnen niemals die letzte Einsicht geben. Sie müssen nur zu diesem *Jnana* (Wissen, Weisheit) gelangen, und dieses intuitive Erleben des Selbst basiert auf den universellen Erfahrungen wie Wachen, Träumen und Tiefschlaf. Der Tiefschlaf ist eine Erfahrung, die von jedem gemacht wird. Darin ist das reine Bewusstsein in seiner subtilsten Form anwesend, ohne irgendeine Überlagerung oder Projektion. Da gibt es kein weißes Licht, nichts dergleichen. So wird es in den *Upanishaden* gelehrt. Warum sollte man das nicht akzeptieren? Dieses Wissen basiert schließlich auf universellen Erfahrungen, die man nicht leugnen kann.

Warum sollte ich meine eigenen persönlichen Erfahrungen leugnen?

Der Punkt ist, dass viele Leute Poonjaji und anderen gefolgt sind und dabei alle möglichen brillanten Erfahrungen hatten. Zu allererst gilt jedoch, dass Selbsterkenntnis nichts Neues ist, nichts was man bekommen kann. Zweitens ist es der Kern unseres Seins, ob wir das wissen oder nicht. Da gibt es keine Wahl. Du bist dazu bestimmt, mit ihm Eins zu sein, man kann es auch Schicksal nennen. Es ist also dein Schicksal, nur DAS zu sein.

Von einem Tag zum anderen verschwanden alle Fragen und ich sah, dass der Grund des Seins immer schon da gewesen war: das Selbst. Von diesem Augenblick an schien es, als ob ich tief in den Ozean des Selbst geworfen worden war, den ich im Grunde nie verlassen hatte.

Eine erwachte Person würde das so ausdrücken: „In dem Moment, in dem ich Wissen erlange, ist die Identifikation mit dem Ego minimiert. Ich suche nichts mehr, weil es da nichts mehr gibt; es liegt kein Sinn mehr darin, irgendetwas zu besitzen." Dieser Mensch spricht die Sprache von einem, der sich von der Welt abgewandt hat. Er hat alles zurückgelassen, die ganze Dualität, er besitzt nun nicht einmal mehr einen Körper. Die größte Furcht, die jemand haben kann, ist die Angst vor dem Tod. Dieser Mensch ist schon über den Tod hinausgegangen, er hat also keine Angst mehr vor ihm. „Tod, du kannst kommen und diesen Körper mitnehmen, ich habe ihn schon abgelegt!", sagt er vielleicht.

Das ist auch meine Situation.

Eigentlich haben viele Menschen das, nur hatten sie nicht diese besondere Erfahrung, die du erlebt hast. Das Verständnis ist wichtiger als das Licht und andere Dinge.

Ich sollte mich klarer ausdrücken: Ich habe niemals angenommen, dass das eigentliche Erlebnis von Licht und Ausdehnung als solches wichtig sei. Was wirklich wichtig schien, war dieses Eintreten zum Grund des Seins, das niemals verloren gegangen war.

Ja, das ist wichtiger.

Es ist nie verloren gegangen.

Ja, es wird niemals verloren gehen. Denn es ist nie gekommen und wird auch niemals gehen. Es war immer da.

Ja, es war immer da. Die Dualität und all die anderen Dinge, von denen ich glaubte, dass sie wahr seien, waren niemals da, es schien nur so.

Sie schienen da zu sein, aber sie waren es nicht.

Richtig. Aber was sich in dem Moment veränderte, war ein klares Wissen vom Grund allen Seins. Es veränderte alles dahingehend, dass es keine Fragen mehr gab. Dieses Wissen war vorher nicht da gewesen, ist jedoch seitdem vorhanden.

Ja, das ist korrekt. Das Selbst zu kennen ist nicht gewöhnliches intellektuelles Wissen. Eigentlich ist es nicht einmal Wissen, denn das Selbst kann man nicht wie ein Objekt kennen. Es kann niemals das Objekt werden. Das Selbst, das reine Bewusstsein, kann bestenfalls das Subjekt in Form des Ego werden, das sich das Wissen anmaßt, das die *Upanishaden* uns schenken. Es ist das reine Bewusstsein, das in Form des Ego erscheint. Jenseits davon kann es niemals ein Objekt werden, bestenfalls wird es ein Subjekt, das sich des Objekts bewusst ist. Das ist alles.

Also kann auch das Ich auf seiner Ebene durch nichts anderes zum Objekt gemacht werden als durch das Selbst. Das einzige, das das Ego zum Objekt machen kann, ist das reine Bewusstsein. In der Ebene der Dualität jedoch kann das Ego niemals objektiviert werden. Es ist das Subjekt und wird es bleiben. Aus diesem Grund kann „ich" niemals das Ego aufgeben, das subjektive Bewusstsein in mir. „Ich" kann nicht aus ihm herausspringen und zum Objekt werden. Innerhalb der Dualität kann ich immer die Quelle des Gewahrseins bleiben. Ich weiß alles andere, aber dieses Ego, dieses machtvolle Ego, ist ein Missverständnis, obwohl es sich in der Gegenwart des Selbst befindet. Es hat niemals wirklich getrennt vom Selbst existiert.

Das Selbst erscheint als das Ego, und wenn dieses Ego seine eigene Quelle aufsucht, nennt man das Selbsterkenntnis. Das ist alles. Selbsterkenntnis meint nicht, dass das Selbst objektiviert und erfahren wird, nichts dergleichen. Du bleibst übrig als das Selbst. Bist du dir des Selbst, des Egos bewusst? Stellen wir uns einmal wirklich diese Frage: Sind wir uns des Egos bewusst? Wie wird die Antwort aussehen? Auf der Ebene der Dualität ist das Ego die Basis, auf der die ganze Dualität aufgebaut, beziehungsweise darübergelegt ist.

Ist sich nun das Ego seiner selbst bewusst? Ja! Es hat sich schließlich selbst erschaffen und kann sein Selbst-Gewahrsein niemals aufgeben. Das ist die Wahrheit. Da es in der Welt der Dualität durch nichts zum Objekt gemacht werden kann, trägt es den Stempel der Gewissheit, obwohl es lediglich ein Missverständnis ist. Wunderbar, fantastisch! Das Ego selbst besitzt auf der Ebene der Dualität das Siegel der Wirklichkeit, es braucht keine weitere Bestätigung dafür, real zu sein. Aus dem Blickwinkel des reinen Bewusstseins hingegen ist es ein Missverständnis der Wahrheit, das über diese gelegt wurde.

Es ist das Selbst, das uns hier seine herausragenden Fähigkeiten vorführt, indem es die Welt erst durch das Ego projiziert und sie dann auch wieder zurücknimmt. Es ist Sein *Lila*, Sein göttliches Spiel. Das Spiel des Selbst, das Spiel von *Paramatman*, Gott. ER spielt es in jedem Moment. Ist es möglich, dass Er die Welt erschafft? Ist das wahr? Es gibt darüber eine Geschichte, die aber so nicht ganz stimmt. Solche Geschichten sind für Lehrer und Schriften auch nur eine Möglichkeit, unsere Aufmerksamkeit auf die absolute Wahrheit zu lenken, das ist alles.

Am Ende seines Buches „Self-Enquiry" (Die Selbsterforschung) sagt Sri Ramana: „Denjenigen, der einen Verstand hat, der sehr fein unterscheiden kann, und der das Selbst tief erfahren hat, nennt man einen **Jivanmukta.** *" Ist das der Zustand, den man auch Selbsterkenntnis nennt?*

Diese Art von subtilem Verstand ist Eins geworden mit der ultimativen Wirklichkeit. Die Schriften des *Vedanta* sagen, dass spirituelle Unterweisungen von einem Lehrer, der die Tradition kennt, zur Verfeinerung des Verstandes führen kann, die in Ihrem Fall bei Poonjaji stattgefunden hat. Wird der Verstand durch diese Lehren verfeinert, entsteht letztendlich No-Mind, das Eintauchen in dessen eigene Quelle. Also kann man jemanden als *Jivanmukta* beschreiben, der sich in *Sakshi Chaitanya*, im reinen Bewusstsein, gefestigt hat. Obwohl er noch im Körper wohnt, fühlt er sich, als ob er ohne Körper sei, als ob er mit dem absoluten Selbst Eins sei, nicht mit dem kleinen Selbst. Dieses wurde geläutert und für falsch befunden, und auch wenn er mittels seines Egos ein Vorhaben ausführt, weiß er doch ganz genau, dass er nur eine Rolle spielt. Der *Jivanmukta* handelt wie ein Schauspieler, der die Rolle dieses kleinen Selbst angenommen hat. Das Ego und er wissen: „Ich habe hier nichts zu gewinnen. Ich muss diesen Körper so lange wie möglich am Leben erhalten, denn er hat eine Form angenommen. Darum lass ihn so lange leben, wie er lebt. Lass ihn leben!" In der *Bhagavad Gita* sagt *Krishna* zu *Arjuna*: „Schädige deinen Körper nicht, denn er hat dir geholfen, so weit zu kommen. Er ist ein Instrument, um diese Weisheit und so viele andere Fähigkeiten zu erlangen." Er hat nicht gesagt: „Dein Job ist jetzt getan, wirf ihn weg!" Tue das nicht, lass ihn zu seiner eigenen Zeit abfallen.

Und weiter sagt er: „Wenn einer in den Ozean der Glückseligkeit eingetaucht und mit ihm Eins geworden ist ohne jede Abgrenzung, nennt man ihn einen Videhamukta. *Dieser transzendentale Zustand von* Videhamukti *heißt auch* Turiya *– er ist das endgültige Ziel." Kann man diesen Zustand auch Erleuchtung nennen?*

Videhamukta bedeutet, ohne einen Körper zu sein, während *Mukta* bedeutet, mit dem Körper zu sein, *Jivanmukta*. *Videhamukta* bedeutet also, Eins mit dem Höchsten zu werden, nachdem man seinen Körper aufgegeben hat. Diese Aussage wird vom *Vedanta* nicht akzeptiert, und wenn Ramana es gesagt hat, stellt er sich damit gegen die *Upanishaden*. *Videha* (ohne Körper sein) wird von den *Upanishaden* überhaupt nicht gelehrt. Es wurde von Leuten eingeführt, die lange nach *Shankara* kamen. *Jivanmukti* kann jederzeit auftreten, während du im Körper weilst. Der Körper mag weiterleben, aber du bist nicht mit ihm identifiziert. Du hast dich als *Jivanmukta* mit dem Selbst identifiziert und dich vom Nicht-Selbst getrennt, von der Wirklichkeit des Bewusstseins vom Körper. Während du in deinem Körper bist, hast du die essentielle Natur der Freiheit erkannt, das Selbst.

Es erscheint mir essentiell wichtig zu sein, einem **Guru** *zu begegnen und bei diesem* **Guru** *zu bleiben. Wer ist der* **Guru***?*

Die *Mundika Upanishad* – *Mundika* bedeutet „geschorener Kopf", daher deutet es auf einen *Sannyasin* hin, der sich von der Welt abgewandt hat – sagt, dass du einen *Guru* finden musst, der ein *Shrutriya* und ein *Brahmanishta* ist. *Shrutriya* bedeutet, in der traditionellen Methode der Lehre versiert zu sein, *Brahmanishta* ist die Verankerung in der höchsten Wirklichkeit. Das sind die Qualifikationen eines *Guru*.

Und was ist die Rolle des **Guru***?*

Die Rolle des *Guru* besteht darin, Methoden zu lehren, die die Identifikation mit dem Ego, dem verkörperten Selbst, aufheben und die essentielle Natur des absoluten Selbst erkennen lassen. Das ist seine Rolle. Er hat die Schriften, die verschiedenen Methoden, studiert, sein *Guru* hat ihn gelehrt, also war er zu einer anderen Zeit auch ein Schüler. Dann erinnert er sich an all die Widrigkeiten, die Schwierigkeiten, die er selbst erlebt hat, doch nun hat er all seine Zweifel abgelegt. Nun befindet er sich in der Position des *Guru* und lehrt den Schüler entsprechend seiner Methode. Er wird selbst zu einem Licht, das ein anderes Licht anzündet, und so geht das immer weiter.

Wie erkennt man einen wahren **Guru***?*

Wenn du in engen Kontakt mit dem *Guru* kommst, siehst du, wie er sich benimmt, was er sagt, was er lehrt und wie er selbst praktiziert. Du siehst, wie er all die Regeln befolgt, die er dir beigebracht hat. Angenommen, er steht frühmorgens auf und meditiert, dann kannst du ihn fragen: „Sir, was ist das für eine Meditation, die Sie da ausüben? Kann ich die auch machen?" Wenn er dann sagt, dass du dafür geeignet bist, mache sie zusammen mit ihm. So wird er in jeder Hinsicht zu einem Führer. Er sorgt dafür, dass der Schüler all die notwendigen Schritte macht, um das gleiche Ziel zu erreichen, das er selbst schon erreicht hat. Er ist dem Pfad gefolgt und ist nun der Lehrer, so wie ein Professor, der sich einer Ausbildung unterzogen hat. Jetzt ist er in der Lage, andere Schüler zu unterrichten. Aber war er nicht auch ein Student? Das war er, und von seinem *Guru* hat er *Vidya*, dieses Wissen, gelernt. Nun besitzt er so viele Kenntnisse, dass er sein Wissen mit anderen Menschen teilen kann. Er sollte offen sein, ohne irgendwelche Zurückhaltung oder Vorbehalte. Jede Frage des Schülers sollte er willig, liebevoll und voller Mitgefühl beantworten, ihn alles lehren und kein Geheimnis vor ihm haben. Diese Art von *Guru* ist ein wahrer *Guru*.

Sri Ramanas Schüler empfanden sehr große Verehrung für ihn, genauso wie er für den Arunachala. Welche Rolle spielt Bhakti, *die Hingabe, auf dem Weg zum Erwachen?*

Bhakti ist dasselbe wie Hingabe. Hingabe beinhaltet immer die Hingabe an etwas. Du bist also ein Verehrer und es gibt eine bestimmte Gottheit. Du wirst all deine Zeit Gott widmen und seinen Segen herabrufen. Du rufst ihn an und wünschst dir, dass seine Gnade zu dir fließt. Du bittest um etwas. *Bhakti* richtet sich immer an eine Gottheit, die in der Lage ist, dir etwas zu geben, das du dir wünschst. Also bedeutet im *Vedanta Bhakti* – obwohl es sehr unterschiedliche Begriffe sind – dasselbe wie *Jnana*, nämlich intuitives Wissen zu erwerben.

Wollen Sie damit sagen, diese Hingabe ist zusammen mit Jnana *eine notwendige Einstellung dem Lehrer gegenüber?*

Anstatt von einer notwendigen Einstellung zu sprechen, kann man sagen, dass wir von unserer Geburt an hingegeben sind. *Bhakti*, der

Glaube an etwas, ist für Menschen ganz natürlich. Denn *Bhakti* liegt in deiner Kontrolle, du kannst es tun, aber du musst nicht. Du kannst es auch auf eine andere Weise ausüben, als es in den Schriften beschrieben ist. Bei *Jnana* ist das anders. Für den Erwerb von *Jnana*, von tieferem Wissen also, brauchst du jemandem, der dieses Wissen schon besitzt. Das ist der Unterschied zwischen *Bhakti* und *Jnana*, den auch die *Bhagavad Gita* lehrt, und das bedeutet, Gott anzubeten, um seine Gnade zu bitten.

Kann es auch die Gnade des Guru *sein? Kann sich die Hingabe auch auf den* Guru *richten?*

Es gibt einen *Sanskrit*-Vers:
  Guru Brahma, Guru Vishnu, Guru Devo Maheswara.
  Guru Sakshat Parambrahma Tasmayi Sri Gurumay Namaha.
  Das ist das Gebet, das wir vor jedem Unterricht beten. *Guru Brahma* – der *Guru* selbst ist die höchste Wirklichkeit. Die Position des *Guru* wird gepriesen, sie wird in einem Ausmaß gelobt, die den *Guru* zu einem lebendigen Gott macht. Soviel Vertrauen musst du zu ihm haben. Wenn der Schüler dieses Vertrauen in den *Guru* nicht hat, wird das *Vidya*, das Wissen, das er von ihm erhält, keine Konsequenzen haben.

Also ist Bhakti *ein wichtiger Teil der Beziehung zwischen* Guru *und Schüler?*

Ja, das ist ein sehr wichtiger Teil und er ist sehr natürlich. Der Mensch ist von Natur aus hingegeben. Er übt Hingabe an seine Eltern, an seine Lehrer, an seinen *Guru* oder eine Gottheit. Die Schriften und die Priester werden dir sagen, dass du den Segen der Gottheit herabrufen sollst, um zu bekommen, was du dir wünschst. So geschieht es also. Aber der *Guru* muss vertrauenswürdig sein und sollte die Schüler nicht betrügen.

Suchende haben oft seltsame Vorstellungen vom Zustand der Erleuchtung. Wie sieht Ihr Alltag aus, und wie nehmen Sie die Welt wahr.

Wenn der Suchende die höchste Erkenntnis des Selbst erlangt, gibt es keine Veränderung, außer dass seine Identifikation sich vom Ego weg und zum Selbst hin verlagert. Nun kennt er die Wirklichkeit. Vorher hielt er etwas für wirklich, das es nicht war. Das war das Missverständnis. Nun weiß er, dass dies die Wahrheit ist und sie niemals vergehen kann. Sie ist ewig, nicht-dual, jenseits von Zeit und Raum, auch jenseits von Ursache, von *Dharma* und *Adharma*, Verdienst und Fehlern, jenseits all der Dinge, die in den Schriften erwähnt sind. Es kann niemals aufhören zu sein. Es ist „Die Wirklichkeit", die eine Wahrheit, doch wir nennen sie nicht das Eine, sondern benutzen die Worte nicht-dual, das Absolute, das Ewige.

Gibt es also in Ihrem typischen Tag keine besonderen Feuerwerke?

Nein. Ich kann es nur so ausdrücken: Wenn jemand ein *Jnani* wird, einer der weiß, verändert sich seine Perspektive grundlegend. Er benimmt sich nicht anders als andere, doch sucht er nicht die Gesellschaft oder Gemeinschaft der Menschen. Wenn er überhaupt Geselligkeit sucht, dann zu Menschen mit gleicher Gesinnung. Anderenfalls bleibt er mit sich selbst, bei sich selbst. Er sucht das Alleinsein. Das ist auch ein Symptom bei einem *Mumukshu* (einem, dessen Verstand introvertiert ist), bevor er ein *Jivanmukta* wird. Sogar während dieser Zeit sucht er das Alleinsein, und was macht er dann? Er trainiert den Verstand ununterbrochen in Richtung auf die höchste Wirklichkeit.

Eine letzte Frage: Sie haben gerade ausführlich über das Thema Erwachen mit uns gesprochen. Wenn Sie jemandem mit einer Leidenschaft für das Erwachen begegnen würden, was wäre Ihr spontaner Rat an ihn?

Ein wahrer Suchender ist leidenschaftlich und voller Hingabe. Er ist bereit, alles aufzugeben außer diesem einen Wissen. Mit anderen Worten: Er ist nicht wie die anderen. Er sucht nur DAS. Also müssen wir ihm sagen: „Suche es bei einem *Guru*, der ein *Shrutriya Brahmanishta* (einer, der in der traditionellen Methode der Lehre versiert und in der höchsten Wirklichkeit verankert ist) und der Erfolg wird sehr schnell eintreten." Es wird eine kurze Reise zum Erfolg sein. Er muss einen *Shrutriya Brahmanishta* finden und dann selbst erkennen. Er sollte ihm vertrauen und all die Erfahrungen hier und jetzt machen. All die Dinge kann er selbst erfahren.

Danke. Gibt es noch etwas, das Sie hinzufügen möchten?

Gehe und suche einen *Shrutriya Brahmanishta*, und im nahen Kontakt kannst du herausfinden, ob dein Format ausreicht. Man braucht gar keine Zweifel zu haben, er wird dir sicherlich alles Gute schenken, dir das Gefühl der Gewissheit vermitteln, und danach wirst du weder schwanken noch irgendwelche Zweifel haben.

So war das in meinem Fall. (beginnt zu weinen) Als ich diesen Lehrer sah, habe ich verstanden. Dann war ich mir sicher und brauchte den Rat eines anderen Lehrers nicht mehr. Tatsächlich ist jetzt ein Stadium eingetreten, in dem ich anderen meinen Rat gebe. Ich bin einer so kraftvollen Persönlichkeit begegnet, ich hatte so viel Glück.

Es sieht so aus, als ob Sie heute mehrmals zu Tränen gerührt wurden.

Ich weiß nicht. Es geschieht so schnell und ich habe keine Kontrolle darüber. Es überkommt mich, weil ich schon so viel *Bhakti* geübt habe. Ich weine ständig wie ein Kind.

Ich sage immer, dass es Tränen der Freude sind. Sie kommen nicht aus der Traurigkeit. Es sind Tränen der Freude und das ist die Sprache des Selbst. Vielen Dank.

Kiran

Erleuchtung ist nichts, nach
dem du suchen kannst. Erst
wenn alles Suchen aufhört
und du einfach anhältst und
still bist, öffnet sich etwas von
innen heraus. Die Suche geht
vom Verstand und den mit ihm
verbundenen Strukturen aus,
doch Erwachen und Klarheit
erscheinen dann, wenn diese
Strukturen verschwinden.

Sitze in Stille und du findest die Antwort in dir selbst,
nicht irgendwo draußen!

Kiran

Kiran

Kiran ist 1941 geboren und studierte Hindu-Philosophie am *Sanskrit*-College in Thane. Obwohl er seit 1967 Anhänger von Osho war, führte er sein Leben mit Beruf und Familie weiter. Nachdem Osho 1981 Indien verlassen hatte und in die USA gegangen war, suchte Kiran verschiedene andere *Gurus* auf, zu denen auch U.G. Krishnamurti gehörte, der ihn stark beeinflusste. Ab 1993 begann Kiran, selbst zu unterrichten. Er verließ im Alter von 65 Jahren im März 2006 seinen Körper.

Das Interview mit Kiran fand 2004 statt. Bei diesem ersten und einzigen Treffen mit ihm saß Kiran ganz entspannt auf einer Bank, die von der Decke seines geräumigen Wohnzimmers hing, und schaukelte sanft hin und her. Einige seiner indischen Schüler waren auch anwesend. Als ich ihn nach seinem Lebenslauf fragte, antwortete er sofort: „Ich habe keinen Lebenslauf." Man spürte, dass er ganz bei sich war. Kiran war sowohl ein moderner spiritueller Lehrer, als auch Geschäftsmann und Familienvater.

Sri Ramana Maharshi stellte die grundlegende Frage „Wer bin ich?" – Wer bist du?

Die korrekte Antwort ist Stille, denn es gibt keine Antwort auf diese Frage. Jede Antwort, die man auf diese Frage erhält, ist nicht die richtige. Meist folgt auf diese Frage etwas, das aus dem Wissen über dich selbst stammt. Doch irgendwann kommt der Punkt, an dem dieses Wissen über dich selbst verschwindet und Erkennen geschieht. Es gibt kein Wort, das ausdrücken kann, wer du bist. Da ist nur Stille. Du bist diese Stille. Du bist dieses Nichts. Aufgrund deiner Sprache, deines

Berufes, deiner Kenntnisse, deiner Beziehungen und all der anderen Konditionierungen hast du dem viele Namen gegeben – aber sie sind nicht die richtige Antwort.

Wer bin ich? Ich würde sagen, dass dieses Ich sich aufgelöst hat und es niemanden gibt. Da ist niemand, da ist kein Ich. Das ist meine Antwort.

Wer spricht zum Beispiel jetzt in diesem Augenblick?

Das Sprechen geschieht, da ist kein Jemand, der spricht. Sobald du redest, spricht der Verstand mit seinem Wissen, Wollen, seinen Gefühlen, Sehnsüchten und so weiter. Es geschieht gerade jetzt in diesem Moment: Es spricht einfach, es gibt da niemanden, der spricht. Es gibt nur das Sprechen.

Viele Menschen aus dem Westen kommen nach Indien auf der Suche nach Erleuchtung, als wäre sie lediglich eine Erfahrung. Was ist Erleuchtung?

Erleuchtung ist keine Erfahrung, sie ist vielmehr Ausdruck eines inneren Zustandes, und das ist in Wirklichkeit unser natürlicher Zustand. Das bedeutet, sie ist nicht getrennt von dir. Erleuchtung bedeutet das vollständige Wissen und vollständige Verstehen davon, wer du wirklich bist, nicht durch intellektuelles Wissen, nicht einmal durch inneres Wissen. Hast du diese vollständige Entfaltung des Wissens erst einmal erreicht, kann dies keine Erfahrung mehr sein. Morgens beim Aufwachen zum Beispiel erlebst du viele Dinge: den Sonnenaufgang, den wunderbar farbigen Morgenhimmel, du lauschst den Vögeln und fühlst den frischen Wind. Dies alles sind Erfahrungen, die durch das Aufwachen entstehen. Das Erwachen hingegen ist ein innerer Zustand, dein natürlicher Zustand. In diesem natürlichen Zustand erlebst du die Dinge, wie sie wirklich sind: Wie sich das Leben gerade ausdrückt, welche Bedingungen es gerade stellt und was es von dir fordert, um darauf zu antworten. Dieser Zustand innerer Klarheit und Wachheit ist ein erleuchteter Zustand. Er ist keine Erfahrung. Durch diesen Zustand des Erwachtseins können wir hingegen viele neue Erfahrungen machen. Diejenigen, die sich für erwacht oder erleuchtet erklären, sind es nicht, denn es sind nicht Erfahrungen, die eine Erleuchtung bestätigen. Durch das Erwachen kommst du vielmehr zurück nach Hause, zurück in deinen natürlichen Zustand reinen Bewusstseins, voller Klarheit. Das verstehe ich unter Erleuchtung.

Du sagst, dass viele Westler auf der Suche nach Erleuchtung hierher kommen. Es ist das Missverständnis des westlichen Denkens, dass es eine Suche gibt, dass man etwas erreichen kann, erleuchtet werden kann. Doch Erleuchtung ist nichts, nach dem du suchen kannst. Erst wenn alles Suchen aufhört und du einfach anhältst und still bist, öffnet sich etwas von innen heraus. Die Suche geht vom Verstand und den mit ihm verbundenen Strukturen aus, doch Erwachen und Klarheit erscheinen dann, wenn diese Strukturen verschwinden. Das bedeutet, dass alles Wissen vom Verstand sich auflöst; erst dann ist die Klarheit des inneren Wissens verfügbar. Dies kann durch keinerlei Suchen erreicht werden. Doch noch immer wandern Menschen herum, klopfen an jede Tür und fragen nach Erleuchtung, als ob das etwas wäre, was jemand ihnen geben könnte.

Es ist, als ob eine blinde Person nach Licht suchen würde. Wie kann sie nach Licht suchen? Sie muss etwas für ihre Augen tun, nicht gegen die Dunkelheit kämpfen. Wenn du das verstehst und etwas unternimmst, um die Augen zu öffnen, ist das Licht schon da. Mehr ist nicht nötig. Und wenn du das Richtige ernsthaft verfolgst, dann ist das auch leicht zu sehen. Als Buddha gefragt wurde: „Was hast du bekommen, als du erleuchtet wurdest?", lautete seine Antwort: „Ich habe erkannt, dass ich es nie verloren hatte."

Was bedeutet das? Das weißt du im Moment noch nicht. Doch es ist notwendig zu verstehen, was diese Klarheit verhindert. Wenn du mit der Suche nach Erleuchtung beginnst, ohne zu verstehen, was bei dir Klarheit und inneres Wissen verhindert, wie kannst du dann den Gipfel erreichen?

Darum verstehen die durch ihren Verstand gesteuerten Sucher aus dem Westen die Bedeutung von Erleuchtung so vollkommen falsch. Erleuchtung ist keine Erfahrung. Ich habe viele westliche Meister erlebt, die von sich behaupten, sie seien erleuchtet. Tatsächlich sprachen sie jedoch von irgendwelchen Erfahrungen, die von ihren Meistern bestätigt worden waren, und bekamen damit das Zertifikat, *Satsang* (Begegnung in Wahrheit) zu geben – das heilige Geschäft. Wer jedoch wirklich erleuchtet ist, verhält sich nicht so. Da gibt es niemanden, der Erleuchtung verkünden kann, und nichts, das verkündet werden könnte. Und es gibt auch kein Ziel, das erreicht werden könnte.

Wie kannst du etwas zu erreichen versuchen, das du doch bereits bist? Du kannst den Mount Everest erklimmen, aber du kannst nicht nach Hause in die Wahrheit zurückkommen, und darum geht es hier: um diesen einfachen, entspannten Zustand. Da das jeder falsch versteht, versuchen ein paar Leute hier in Indien diese tatsächlich auch sehr spannende Erleuchtungsgeschichte für viel Geld zu verkaufen. Und die Anderen werden dafür ausgebeutet.

Könntest du sagen, was uns daran hindert, einfach in unserem natürlichen Zustand zu sein?

Es heißt in den alten Schriften *Ajnan*, Unwissenheit. Was genau ist diese Unwissenheit, dieses Nicht-Wissen?

Als ich in Sri Ramana Maharshis *Ashram* war, berührte es mich sehr schmerzhaft, dass in demselben Raum, in dem Ramana gewöhnlich auf seinem Sofa saß, nun Menschen einfach in der Ecke sitzen und vor sich hin singen: „Wer bin ich? – Wer bin ich? – Wer bin ich?" Als ob Selbsterforschung bloß irgendein Singsang wäre! Sie ist doch kein *Mantra* (heiliger Klang), sondern ein Erforschen, und zwar ein sehr ernsthaftes. So ein Glaubenssystem, etwas als Wahrheit anzunehmen, ohne dabei sein eigenes Wissen zu befragen, ist schon der erste Schwachpunkt.

Es gibt so viele Dinge, die wir als Wahrheit akzeptiert haben, die nicht unserem eigenen Wissen entstammen. Die meisten sind religiöse und spirituelle Glaubenssätze. Die Antworten, die Menschen gewöhnlich auf die Frage „Wer bin ich?" geben, wie: „Ich bin *Brahman*" (absolute Realität), „Ich bin *Paramatman*" (das Höchste Selbst), „Ich bin Bewusstsein" und so weiter, sind alles Antworten aus ihren Vorstellungen, die sie irgendwo gelesen oder gehört und dann einfach übernommen haben. Denn wie kannst du sagen: „Ich bin Bewusstsein", wenn es kein anderes Bewusstsein gibt, das sagen könnte: „Ich bin Bewusstsein"?

Dieser Glaubenssatz, den wir herumtragen und ohne ihn zu verstehen wiederholen, muss in Frage gestellt werden. Man sollte die ganze Sache wirklich wissenschaftlich angehen. Dann siehst du, dass das erste Hindernis dein Glaubenssystem ist, dieser eingefrorene Teil des Verstandes, den du nie in Frage stellst. Dort gibt es viele Fix- oder Bezugspunkte, die einen Rahmen bilden, der dazu benutzt wird, die Welt zu verstehen. Dieser Bezugsrahmen stammt aus dem eingefrorenen Teil des Verstandes. Wir sind uns nicht einmal bewusst, dass wir die Dinge nicht wirklich sehen, wie sie sind, sondern dass wir durch diese Filter und Rahmen schauen. Sie sind die Hindernisse, die unserem wahren Wissen im Weg stehen.

Ist dieser Bezugsrahmen identisch mit der Idee, ein Jemand zu sein?

Alles was du über dich selbst weißt, alles was im Inneren fixiert ist, ohne je hinterfragt zu werden, und was du nicht einmal wagen würdest, in Frage zu stellen – all das sind Punkte, die dein tatsächliches Erwachen und deine Klarheit verhindern. Das schließt auch all dein Wissen über dich selbst mit ein, die Art, wie du dich durch andere Menschen wahrnimmst, und dann glaubst, eben das zu sein. Die Antworten, die du von Religion, Kultur, Tradition, spirituellen Richtungen und so weiter fraglos akzeptiert hast, sind alles Hindernisse und somit die Krankheit. Dort musst du mit deinen Fragen ansetzen.

Gibt es irgendwelche Voraussetzungen für die Erleuchtung? Ist eine Sadhana (spirituelle Disziplin) notwendig? Und wenn ja, welche Form würdest du vorschlagen?

Welche Voraussetzungen? Du musst lebendig sein, das ist alles. Die meiste Zeit sind wir das nicht, wir sind eher tot, auch weil wir so stark an die Vergangenheit angehaftet sind. Für das Erwachen, die Erleuchtung, ist vor allem notwendig, dass du lebendig bist wie eine Blume, wie ein Vogel, wie ein Kind. Schau dir ein Kind an! Kannst du es sehen? Wie kannst du lebendig sein, ohne vollkommen frei zu sein von der ganzen toten Vergangenheit, ohne offen zu sein für das Jetzt, diesen einen Moment? Nur wenn du mit ihm verbunden bist, bist du wirklich lebendig.

Aber wir sind nicht mit dem Hier verbunden, sondern mit der Vergangenheit. Wir sehen die Gegenwart durch die Augen der Vergangenheit und träumen von der Zukunft. Lebendig zu sein bedeutet, jetzt berührbar zu sein. Lebendig zu sein bedeutet, dass das Leben im Inneren nur so sprudelt, dass du mit deinem ganzen Wesen singst und tanzt, und das einschließlich all deiner Probleme. Sei spontan – das ist die einzige Voraussetzung!

Gibt es eine *Sadhana*? Gibt es einen Weg? Es gibt keinen Weg, den Weg kreiert sich der Verstand selbst. Es ist, wie in den Himmel fliegen. Der Himmel ist offen, er ist frei, du musst nur deine Flügel ausbreiten und springen. Wenn du fliegst, gibt es keinen Weg. Es gibt keine *Sadhana*, die du tun müsstest. Tue es einfach, dieses Geschenk gehört dir von Geburt an. Erleuchtet zu sein basiert nicht auf irgendeiner *Sadhana*.

Der Zweck einer *Sadhana* ist es, den Verstand zu lenken. Dann beginnst du die Reise durch den Verstand. Der Verstand muss so müde sein, dass er an einem bestimmten Punkt tot umfällt. Die ganze spirituelle Praxis arbeitet darauf hin, körperlich und mental so müde zu werden, dass du erkennst, dass du mit allem was du gemacht hast, nichts erreichen konntest. Das ist der Punkt, an dem du die Suche selbst in Frage stellst. Es gibt nichts, was dich irgendwo hinbringen könnte, denn da ist nichts. An dem Punkt beginnt die Reise. Die äußere Reise beginnt, wenn du dich aufmachst, die innere Reise hingegen, die *Sadhana*, wenn du innehältst. Da gibt es keine Bewegung. Setz dich nur still hin und tue nichts. Das ist die *Sadhana*.

Ein anderer Pfad, der für den Verstand attraktiv ist, ist *Yoga*, der Pfad des Suchers. Dabei tust du etwas, so dass der Verstand ganz langsam an Stärke gewinnt, sehr viel Stärke sogar, und an einem bestimmten Punkt explodiert er. Wenn er jedoch explodiert, dann ist es ein Feuerwerk der Kraft, das dazu führt, dass er noch stärker wird. Es gibt *Yogis* (Menschen, die *Yoga* praktizieren), die wirklich große übernatürliche Kräfte, *Siddhis*, besitzen, ein sehr starkes Ego und sehr große mentale Macht haben. Sie können Menschen kontrollieren, sie können hypnotisieren, sie können viele Wunder vollbringen – *Chamatkar*, und das ist für den Verstand sehr anziehend. Die meisten Menschen sind von den spirituellen Praktiken sehr angezogen, weil sie denken, dass sie dadurch am Ende Erleuchtung finden. Sie erreichen gewisse Fähigkeiten und Kräfte, die wir *Siddhis* nennen, und glauben fälschlicherweise, dies sei ein Teil der Erleuchtung. Erleuchtung jedoch ist der Zustand eines *Buddha* (Erleuchteten), das wirkliche und vollständige Verstehen. Deshalb frage ich immer: Suchst du nach Macht oder suchst du Frieden? – In Wirklichkeit suchen wir alle nach Frieden.

Erst wenn du den Pfad des Friedens wirklich verstehst, ist es möglich, dich zu entspannen. Nimm dich an, wie du bist! – das ist die Botschaft, die ich in den letzten zehn Jahren mit den Menschen geteilt habe. Nimm an, wo du bist und was du hast!

Indem du akzeptierst, wie du bist, beendest du alle spirituellen Reisen und alle Übungen. Diese Übungen machst du schließlich nur, weil du mit dir selbst nicht zufrieden bist; du akzeptierst dich nicht, wie du bist. Du willst „jemand" werden. Du willst irgendwo ankommen, etwas erreichen; wie ein *Buddha* werden vielleicht. Also beschreitest du den Weg einer spirituellen Praxis. Wenn du dich ganz annimmst, was ist dann der Sinn einer spirituellen Übung? Du bist, wie du bist. Ruhe in dir selbst und mit dir selbst, und die Liebe beginnt zu fließen. Jede spirituelle Übung beginnt mit Hass, mit Zurückweisung, mit Nichtannehmen, andernfalls kannst du keine spirituelle Praxis ausüben. Nimm dich selbst an!

Dich einfach im Innern zu entspannen, ist der Beginn eines ersten Schrittes. Wenn du dich vollkommen annimmst, wird etwas auftauchen. Denn der Verstand, der immer etwas tun will, hat plötzlich nichts mehr zu tun. Ansonsten schafft er sich immer Aufgaben, spirituelle, weltliche oder andere, den Zielen entsprechend, die er sich ebenfalls selbst geschaffen hat. Die spirituelle Praxis ist also eine Sache des Verstandes. In dem Augenblick, in dem du dich vollkommen annimmst, hat der Verstand keine Aufgabe mehr, weil da niemand mehr ist, der etwas tut.

Wenn du beginnst, in dem Verständnis zu leben, alles was du bist, sei absolut in Ordnung, dann ist der Verstand hilflos und das Ego ebenfalls. Ramana pflegte immer zu fragen: „Wem geschieht dies gerade?" Doch auf diese Frage gibt es keine Antwort. Und das beginnst du zu sehen. Du siehst, dass dein Verstand, in dem das alles geschieht, nur ein Trugbild ist. Du gelangst schließlich zum Zentrum des Gewahrseins, deinem natürlichen Zustand, zu dem, was du wirklich bist. Dann beginnst du, in diesem Verständnis zu leben. Dieses Annehmen ist gleichzeitig die Entfaltung von Verstehen, und ohne irgendeine spirituelle Praxis erscheint plötzlich Klarheit.

Ich ermutige deshalb nicht zu spirituellen Übungen, aber ich rate auch nicht davon ab. Du musst dich selbst entscheiden. Auch ich habe jede Menge spiritueller Praktiken ausgeübt, bis ich an einem bestimmten Punkt die Nase voll hatte. Jedoch muss man sehr, sehr ehrlich mit sich sein, denn der Verstand ist listig und sehr trickreich. Er wird dir erzählen, dass du Fortschritte machst, eingebildete Erfahrungen geschehen und du beginnst zu glauben, kurz vor dem Erwachen zu stehen. „Mach weiter! Schon in einem Jahr bist du wahrscheinlich erleuchtet, vielleicht schon morgen." Doch dies alles ist ein Spiel des Verstandes. Ich bin da auch durchgegangen, ich kenne es.

Das spirituelle Leben verlangt Ehrlichkeit mit sich selbst. Nur das weltliche Leben verlangt Ehrlichkeit gegenüber anderen. Sei ehrlich mit dir selbst und gestehe dir ein, dass sich sogar nach jahrelanger Meditation und spirituellen Übungen nichts wirklich verändert hat, dass du derselbe bist wie zuvor. Doch wer hat dazu schon den Mut?

Wir alle haben diese Vorstellungen von großen Veränderungen. Doch die Veränderungen, die du siehst, sind keine wirklichen Veränderungen. Sie sind vorübergehend. Das ist wie bei einer Schmerztablette: Du nimmst sie und Wow! der Schmerz ist verschwunden. Und dann? – Die Ursache deines Schmerzes ist noch immer da. Bei den ganzen spirituellen Übungen ist es genauso: Indem sie den Verstand austricksen, bescheren sie dir eine vorübergehende Erleichterung. Und der Verstand macht dich auch noch glauben, dass etwas geschehen ist. Du solltest dir deshalb absolut klar darüber sein, was du wirklich suchst. Sei ehrlich und schau hin! Bist du entspannt, wenn du dich mit dem Leben verbindest?

Oder kommt Unruhe auf in Hinblick auf das Leben da draußen, das Reaktionen in deinem Verstand hervorruft?

Schau nach innen und sieh selbst, dann wirst du bald herausfinden, dass es dich gar nicht gibt, und du wirst irgendwann genug davon haben. Wie viele Jahre hast du damit verschwendet? Zu wie vielen Meistern bist du gegangen? Wie viel Zeit hast du mit dem Betteln um Erleuchtung verbracht?

Ein Sufimeister hat mich richtig aufgeweckt mit der Frage: „Wonach suchst du? Was willst du im Leben?"

„Ich will glücklich sein, ich möchte Frieden.", antwortete ich.

„Dann frage dich, warum du unglücklich bist, statt nach Frieden zu suchen. Bleibe bei dir selbst. Beobachte, sei achtsam und frage dich: „Warum bin ich unglücklich? Warum bin ich krank?" Finde das heraus, statt nach Gesundheit zu suchen. Das ist schon die ganze spirituelle Praxis."

Ich sage nicht, dass *Sadhana* nicht hilft, doch sie hat ihre Grenzen. Wenn du voller Schmerzen und Frustration bist, brauchst du ein Schmerzmittel, eine Art Technik oder Methode als Medikament, das dir die unmittelbaren Schmerzen nimmt, auch wenn das noch nicht die Heilung bedeutet. Das musst du verstehen, ansonsten wirst du abhängig werden von dem Schmerzmittel.

Warum solltest du jeden Morgen meditieren? Manche Leute tun das sogar Jahrzehnte lang. Wozu? Wenn es zur Heilung führen soll, muss die Technik oder Methode an einem bestimmten Punkt fallengelassen werden. Sie sollte dich gesund machen. Tut sie es nicht, wirkt sie nur wie eine Droge und führt in die Abhängigkeit.

Den ganzen Tag stopfst du so viele Dinge in dich hinein, so dass dein Verstand dann voller Frustration und Anspannung ist. Deshalb solltest du unbedingt verstehen: *Sadhana* funktioniert zwar bis zu einem gewissen Punkt und bringt dir eine vorübergehende Entlastung, doch ist das keine Heilung. Ich sage das, weil ich da durchgegangen bin und viele meiner Freunde auch. Nur ein tiefes Verstehen bedeutet Erwachen. Verstehen, warum du krank bist, warum du frustriert bist, warum du unglücklich bist. Verstehe es, finde den Grund für dein Unglück. In dem Moment, in dem du es verstehst, kennst du auch das Heilmittel.

Dann bist du frei, wirklich frei. Diese Freiheit ist dein natürlicher Zustand. Es geht nicht darum, sie zu finden.

Sri Ramana sagte, der direkteste Weg zur Erkenntnis des Selbst sei die Selbsterforschung. Was kannst du über die Selbsterforschung sagen? Wie wendet man sie an?

Sri Ramana Maharshis Lehre der Selbsterforschung ist oft missverstanden worden. Sie bedeutet nicht, „Wer bin ich?" zu singen. Selbsterforschung bedeutet, dich selbst zu betrachten ohne irgendeinen Bezugspunkt. Der Begriff „erforschen" stammt aus der Wissenschaft. Untersucht ein Wissenschaftler eine Fragestellung, dann lässt er alle Antworten aus der Vergangenheit beiseite und betrachtet das Problem, als wäre es völlig neu.

Genauso muss man vorgehen: das Problem Schicht für Schicht untersuchen. Die Technik der Selbsterforschung bringt eine gewisse Wiederholung der Antworten und Schlussfolgerungen mit sich, Antworten also, die schon vorhanden sind. Deshalb schaue ganz behutsam und aufmerksam in dein Inneres, beobachte dich selbst und beobachte das Leben um dich herum. Schau dir dieses Ich an, das mit dem Inneren und Äußeren verbunden ist, und bald beginnst du Klarheit über etwas zu bekommen, das ganz natürlich da ist.

Mein Verständnis von Selbsterforschung ist, dass wir beobachten. Beobachte zuerst alles, was du zu verstehen versuchst. Dadurch wirst du dann etwas darüber erfahren und kommst ganz, ganz langsam zur Wurzel. Ich empfehle meinen Freunden, sich zunächst umzuschauen und das Leben um sich herum zu betrachten. Wenn du dich umschaust, was siehst du dann? Du siehst den Ausdruck von Leben um dich herum und erkennst, dass das Leben sich ständig verändert; alles verändert und bewegt sich. Du wirst ebenfalls sehen, dass das Leben unsicher ist, ungewiss und unbekannt. Durch deine Erforschung und Beobachtung wirst du herausfinden, dass dieses Spiel ganz natürlich ist. Jede Begegnung, die wir haben, jeder Moment, in dem du mit dem Leben verbunden bist, spiegelt diese Natur, die Natur der Veränderung und Bewegung, der Unsicherheit, Ungewissheit und des Unbekannten wieder. Durch deine Beobachtung und Erforschung verstehst du etwas, nämlich, dass dies das Leben ist, mit dem du verbunden bist. Finde heraus, warum es überhaupt irgendeine Aktion oder Reaktion gibt. Der Verstand ist reaktiv; beobachte und erforsche das. Gehe tief nach innen. Erforsche das Problem wirklich an der Wurzel. So wirst du zu der Erkenntnis gelangen, dass diese Nicht-Akzeptanz des Lebens die Natur des Verstandes ist.

Der Verstand akzeptiert das Leben mit all seinen Veränderungen und Bewegungen nicht. Er verlangt ständig Dauerhaftigkeit und Beständigkeit. Alles soll so bleiben, wie es jetzt ist. Der Verstand versucht zu halten und zu besitzen, zu kontrollieren und zurückzuweisen. Während die Natur des Lebens aber Unsicherheit ist, fordert der Verstand Sicherheit und verlangt, die Zukunft zu kennen. Wenn du beobachtest, warum das so ist, wirst du verstehen, dass dies einfach die Natur des Verstandes ist.

Sobald du die Wechselhaftigkeit des Lebens verstehst, wirst du auch die Natur des Verstandes mit seinem Verlangen nach Beständigkeit verstehen, und dass du beide nicht verändern kannst. Durch die Erforschung wirst du außerdem erkennen, dass das Selbst dadurch im Gleichgewicht bleibt. Das spirituelle Leben besteht aus dem Kampf gegen den Verstand – doch wie soll ich ihn verändern? Wenn ich also mit dem äußeren, dem weltlichen Leben kämpfe, kann ich es dadurch kontrollieren? Ich kann meinen Verstand nicht kontrollieren und ich kann das Leben nicht kontrollieren!

Aber wie funktioniert es dann? Man nimmt das Leben an, wie es ist. Und man nimmt den Verstand so an, wie er ist. Das ist meine Botschaft: Nimm dich selbst an, wie du bist! Wenn du das tust, kommt alles ins Gleichgewicht. Als Ergebnis der Erforschung entwickelt sich im Selbst ein innerer Zustand, den Ramana als Stille bezeichnet. So verstehe ich das.

Als Sri Ramana gefragt wurde, wann man das Selbst erkannt hat, antwortete er: „Wenn die Welt, die das Gesehene ist, entfernt worden ist, wird die Erkenntnis des Selbst als das Sehende geschehen." Wie ist die Welt zu verstehen, und wie kann man sie beseitigen?

Diese Frage habe ich doch schon beantwortet: Die Welt, wie wir sie sehen, ist die Spiegelung unseres eigenen konditionierten Verstandes, wir sehen sie lediglich durch diesen Rahmen. Wenn Ramana also davon spricht, dass die Welt sich auflöst, dann meint er, dass dieser Bezugsrahmen verschwindet. Dann siehst du die vollständige Wirklichkeit – das Selbst sieht sich selbst. Selbsterkenntnis wird missverstanden als etwas, das verwirklicht ist. Doch es gibt keine Verwirklichung des Selbst. In dem Moment, in dem die Welt verschwindet, bleibt nichts übrig.

Der Spiegel erkennt, dass er eigentlich leer ist, weil sich die ganze Zeit etwas in ihm reflektiert. Die Spiegelung auf der Oberfläche ist die Welt und die wird niemals vergehen. Du musst verstehen: Der Verstand ist die innere Welt, die sich in der äußeren Welt spiegelt, er wird niemals verschwinden. An diesem Punkt stimme ich nicht mit Ramana überein.

Die Spiegelungen werden nicht verschwinden, denn in jedem Moment zeigt sich etwas in diesem Spiegel. Also wird sich als Erkenntnis nicht die Leere zeigen. Die Erkenntnis ist vielmehr ein Erwachen zu diesem Verständnis. Der Spiegel gelangt zu dem Verständnis, dass die Spiegelung vor dem Hintergrund der Leere geschieht. Es ist nicht das Verständnis, dass „ich diese Leere bin", denn es gibt kein Ich, das von der Leere getrennt ist. Das ist Erwachen! Der Spiegel entsteht aus den Reflektionen, ihm wurde jedoch das Missverständnis vermittelt, dass die Leere erfahren werden kann, wenn alle Reflektionen aufgehört haben. Das jedoch funktioniert nicht. Der Spiegel kann die Reflektionen nicht beenden, denn der Spiegel besteht aus diesen Reflektionen; sie bilden das Ich. In dem Moment, in dem das Ich die Nutzlosigkeit des Spiels erkennt und die Reflektion vollständig akzeptiert, geschieht das Erwachen: Diese Leere bin ich, ich habe sie niemals verloren! Es ist nicht so, dass ich die Spiegelung entfernen muss und dann die Leere erscheint. Der Moment des Erwachens ist, wenn der Spiegel diese Erkenntnis hat.

Die Erkenntnis des Selbst ist das Erkennen deines natürlichen Zustands, wie du wirklich bist. Doch noch immer kursiert das Missverständnis, Selbsterkenntnis könne nur stattfinden, wenn die Welt entfernt worden ist. Lass sie doch da sein, lass sie sein, wie sie ist! Es ist nicht möglich, die Spiegelung zu beseitigen und es gibt keinen Weg, die Welt zu beseitigen. Es ist nicht möglich! Verstehe das und lasse alle Anstrengung fallen, sitze still und tue nichts. Dann stellt sich der natürliche Zustand einfach ein und alles entfaltet sich von selbst.

Es gibt eine Menge Menschen, die Jahre damit verbringen, die Welt, also den Verstand, beseitigen zu wollen – ohne jeglichen Erfolg.

Wie gesagt, das ist nicht möglich. Es ist deshalb nicht möglich, weil der Verstand nicht getrennt ist vom Bewusstsein, vom Selbst. Der Verstand ist einfach nur die Heimat des Wissens, das in der Vergangenheit erworben wurde. Wenn du also versuchst, den Verstand loszuwerden, wird der Verstand immer überleben. Lass stattdessen alle Anstrengungen fallen und nimm den Verstand an, wie er ist.

Das ist sehr wichtig! In meiner nächsten Frage geht es um dasselbe Thema. Oft wird behauptet, dass der Verstand erst zerstört werden muss, damit Befreiung stattfinden kann. Hast du einen Verstand? Sri Ramana benutzte den Begriff Manonasha, *„zerstörter Verstand", um den Zustand der Befreiung zu beschreiben. Wie zerstört man den Verstand?*

Die Menschen stellen immer wieder die Frage, wie man den Verstand zerstört. Und die Frage selbst wird vom Verstand gestellt. Der Verstand will sich selbst zerstören. Also sogar wenn der Verstand sich selbst erfolgreich zerstört, überlebt er doch. Das ist alles ein Spiel des Verstandes, das musst du verstehen. Das ist die am meisten missverstandene Aussage von Ramana. Der Verstand ist nichts als eine Illusion, ein Mythos, etwas, das vom Leben selbst geschaffen wurde, denn das Leben erfordert eine Verbindung zur Vergangenheit, in der wir Wissen erworben haben.

Um zu funktionieren und angemessen auf das Leben zu antworten, brauchst du einen Verstand. Du brauchst dafür ein gewisses Maß an Wissen. Das Bewusstsein behält deswegen vorübergehend diesen Teil des Wissens. Auf diese Weise erschafft das Bewusstsein einen Verstand. Der Verstand ist also von der Existenz selbst für eine gewisse Zeit erschaffen, damit sie funktionieren kann. Es gibt auch ein funktionierendes Ego, das ebenfalls für die Existenz notwendig ist. Du kannst nicht ohne einen Verstand und ohne ein Ego leben, denn sonst würde das Leben nicht funktionieren. Du brauchst beide, um im Alltag auf Situationen zu antworten und zu handeln, aber Verstand und Ego sollten in dem Moment verschwinden, wenn die Arbeit beendet ist. Stattdessen kreieren wir Wünsche, die nicht in Verbindung mit den Erfordernissen des Lebens stehen, sondern sich auf die Zukunft beziehen. Dadurch erschaffen wir einen Verstand, der permanent ist. Die Erfordernisse des Lebens sind jetzt, in der Gegenwart, wir jedoch erschaffen den permanenten Verstand, weil wir so viele Träume und Ziele haben. Sie alle stammen aus unserem erworbenen Wissen oder weil wir nicht akzeptieren, was wir sind. Wir setzen uns eine Menge Ziele und die sorgen dafür, dass der Verstand existieren kann. Lebst du hingegen von Augenblick zu Augenblick, werden zwar Verstand und Ego da sein, doch wenn die Aufgabe beendet ist, verschwinden sie wieder.

Gerade jetzt spreche ich mit dir, es scheint also ein aktuelles Erfordernis der Existenz zu sein, hier zu sitzen und als spiritueller Meister mit dir zu sprechen. Offenbar gibt es hier einen funktionierenden Verstand, der der Verstand eines Meisters ist, und es gibt ein funktionierendes Ego, das Ego eines Meisters. In dem Augenblick jedoch, in dem der *Satsang* beendet ist, löst sich beides einfach auf. Wenn ich dann bei meiner Frau oder meinen Kindern sitze und ein Meister bleibe, wäre das ein permanentes Ego, eine bleibende Anhaftung, die ich erschaffe. Oder ich gehe in meine Fabrik, wo ich der Boss sein muss. Dort brauche ich also einen Verstand und ein Ego für diese Position. So passen sich dein funktionierender Verstand und dein Ego ununterbrochen dem Leben an. Die Rollen, die das Leben von dir zu spielen verlangt, ändern sich, aber wenn die Notwendigkeit verschwunden ist, müssen auch sie verschwinden.

Jemand, der das versteht, ist frei von allen Rollenidentifikationen. Er weiß, dass jeder nur eine Rolle spielt. Es geht nicht darum, den Verstand aufzulösen. Es geht darum, dir keinen Verstand zu erschaffen, der dauerhaft ist. Doch einen Verstand, ein Ego brauchst du schon, das ist eine Notwendigkeit des Lebens.

Es ist ein Missverständnis, dass es ohne Auflösung des Verstandes keine Selbsterkenntnis gibt. Dein ganzes Leben lang kämpfst du mit deinem Verstand, und er überlebt dennoch, weil er selbst das einzige Instrument ist, mit dem du ihn bekämpfen kannst. Also erschaffst du einen eingebildeten Verstand, der mit sich selbst kämpft. Ein schönes Spiel! Dein ganzes Leben lang spielst du dieses Spiel: Du versuchst, deinen eigenen Schatten zu fangen, das ist alles. Der Verstand ist der Schatten des Bewusstseins.

Würdest du sagen, dass es die Anhaftung an den denkenden Verstand ist, die verschwinden muss?

Wenn der Verstand da ist, muss er, um zu funktionieren, denken. Es ist nicht ein denkender Verstand, wie du ihn nennst, sondern ein Verstand, der geschaffen wurde, weil jetzt etwas gebraucht wird, das dich mit dem Leben verbindet. Du aber schaffst ein Bedürfnis, das nichts mit der tatsächlichen Notwendigkeit des Lebens zu tun hat. Das musst du begreifen!

Erleuchtung ist nichts, was das Leben von dir erwartet. Das Leben erwartet ein einfaches Verstehen. Wenn du hungrig bist, erfordert das Leben, Essen zu finden und zu essen, das ist alles. Wir aber erschaffen ein Ziel: „Oh, ich will erleuchtet werden, vollkommen frei sein, immer glücklich und voller Seligkeit!"

Wir wollen Beständigkeit. Aber wenn du dann verstehst, dass nichts von Dauer ist, lösen sich der Wunsch nach Dauerhaftigkeit und die Suche danach auf. Auch erschaffst du dann keine Ziele mehr, die nicht in Verbindung mit dem Leben stehen. Wenn das Leben erfordert, Pläne für die Zukunft zu machen, machst du sie eben. Doch die Zukunft sollte nicht vom Verstand selbst kreiert werden, denn dann wird er immer weiter existieren. Hier ist der Verstand ein Hindernis, jedenfalls wenn er permanent arbeitet. Doch dieser Verstand kann nicht durch irgendeine Anstrengung fallengelassen werden, sondern nur durch klares Verstehen. Dann bleibt ein Verstand übrig, der nur einsetzt, wenn er gebraucht wird; das ist alles. Ich hoffe, ich habe mich klar ausgedrückt.

Ja, das ist sehr klar. Ich denke, das ist ein sehr wichtiger Punkt, denn so viele Menschen verbringen Jahre im Kampf mit ihrem Verstand. Sie benutzen dafür verschiedenste Techniken, und wie es scheint haben auch viele alte Meister gesagt, dies sei notwendig, was auch immer ihr Motiv dafür war.

Ich gebe einmal ein lustiges Beispiel: Bitte einen Hund, seinen Schwanz zu fangen, ohne sich dabei zu verrenken. Schau dir an, was mit dem Hund passiert: Bei dem Versuch, seinen Schwanz zu fangen, wird er sich die ganze Zeit um sich selbst drehen. Und sogar wenn er ihn fängt, wie lange kann er ihn dann festhalten? Er wird ihn loslassen müssen und wieder von vorne beginnen. Das ist das Spiel, das die Menschen spielen, weil sie es nicht durchschauen. Und manche machen daraus ein Geschäft und lassen andere wie Puppen in diesem Spiel tanzen. Das gibt es tatsächlich! Nicht nur jetzt in der Gegenwart, sondern schon seit Tausenden von Jahren ist die ganze Menschheit betrogen worden. Sie ist irregeleitet worden, dass man den Verstand einfangen, kontrollieren und auflösen muss. Doch das ist einfach unmöglich! Verstehe die Vergeblichkeit davon und akzeptiere sie. Tust du das, wird der Verstand ein ganz wunderbarer und gehorsamer Diener, den du zum Überleben ja auch brauchst. Wie willst du sonst Essen finden oder die Grundbedürfnisse des Körpers befriedigen? Und wie willst du verstehen, was das Leben von dir verlangt im Hinblick auf einen höheren Sinn? Wir sind nicht einfach Tiere, die ihre Grundbedürfnisse befriedigen. Es gibt einen übergeordneten Plan, dem du und ich folgen müssen: das Gebot des Lebens. Dieser Verstand ist sehr wichtig, er ist ein Geschenk der Existenz. Und als ein guter Diener ist er auch etwas sehr Schönes. Schwierig wird es nur, wenn du den Verstand zum Meister machst.

Kannst du etwas über **Vasanas** *sagen, die Neigungen des Verstandes? Müssen diese erst vollständig entfernt werden, damit die Selbsterkenntnis dauerhaft bleiben kann?*

Das ist die Natur des Verstandes! Wie soll man die wegmachen? Wenn du die Neigungen entfernst, verschwindet auch der Verstand; doch wie kannst du ohne einen Verstand die Neigungen des Verstandes entfernen? Der Wunsch, die Neigungen des Verstandes zu entfernen, ist doch selbst eine Neigung des Verstandes. Oder hast du etwa einen zweiten Verstand, um den ersten zu zerstören?

Nein, es gibt nur einen Verstand und das alles ist ein Spiel! So ein Spiel, bei dem man seinen eigenen Schwanz zu schnappen versucht, kann sehr spannend sein. Doch ab einem bestimmten Punkt ermüdet es auch. Darum ist der Verstand in der Lage, viele verschiedene Spiele zu erfinden. Dabei ändert er ständig seine Techniken und Methoden, wechselt die Meister und Lehren.

Nach meinem Verständnis solltest du deshalb den Verstand nicht anrühren. Versuche gar nicht erst, ihn bei der Selbsterkenntnis miteinzubeziehen. Sie hat nichts mit dem Verstand zu tun. Der permanente Verstand ist ganz sicher ein Hindernis, doch der Verstand an sich, so wie er vom Leben erschaffen wurde, ist kein Problem. Verstehe, dass er erschaffen wurde, nimm es an und fließe damit, das ist alles.

Wenn du vom „permanenten Verstand" sprichst, meinst du dann den konditionierten Verstand mit all seinen Strukturen?

Ich sage „permanenter Verstand", wenn der Verstand einem Wunsch folgt, der nicht in Beziehung zu den Bedürfnissen des Lebens steht. Unglücklicherweise wird uns von Kindheit an ein Ziel vorgegeben, dem wir unser ganzes Leben lang hinterherlaufen, und dadurch kann dieser permanente Verstand existieren. Schau dir diese Ziele an, die ihn am Leben halten, diese Dinge, die er versucht zu erreichen, zu bekommen oder zu werden. Doch wonach suchst du eigentlich? Was willst du wirklich? Wir alle sind unglücklich, weil wir nicht in Harmonie mit dem Leben sind. Nicht, weil wir alle unerleuchtet sind oder weil der Verstand da ist. Der Grund ist einfach, dass wir nicht in Harmonie mit dem Leben schwingen, mit der Natur des Lebens. Diese Disharmonie macht uns unglücklich. Lebe in Harmonie mit dem Leben, das ist alles. Dem Glück hinterherzulaufen und mit dem Verstand zu kämpfen, ist gar nicht nötig. In dem Augenblick, in dem du das verstehst und darin verweilst, bist du glücklich.

Am Ende seines Buches „Self-Enquiry" (Die Selbsterforschung) sagt Sri Ramana Maharshi: „Denjenigen, der einen Verstand hat, der sehr fein unterscheiden kann, und der das Selbst tief erfahren hat, nennt man einen Jivanmukta.*" Ist das der Zustand, den man auch Selbsterkenntnis nennt?*

Und weiter sagt er: „Wenn einer in den Ozean der Glückseligkeit eingetaucht und mit ihm Eins geworden ist, ohne jede Abgrenzung, nennt man ihn einen Videhamukta. *Es ist dieser transzendentale Zustand von* Videhamukti, *den man auch* Turiya *nennt – er ist das endgültige Ziel."* Kann man diesen Zustand auch Erleuchtung nennen? Gibt es einen Unterschied zwischen Selbsterkenntnis und Erleuchtung?*

Wir missverstehen Ramana. Als ob man etwas mit Anstrengung erreichen könnte! Die meisten Menschen, die diesen Abschnitt lesen, begreifen diese Zusammenhänge nicht richtig: Als ob dies ein Zustand sei, den man erreichen könne, fragen sie sich, wie man da hinkommt. „Wie kann ich ein *Jivanmukta* werden?" Jede Beschreibung dieses Zustandes wird als Ergebnis von Bemühungen oder als Verdienst interpretiert, und das ist das Tragische daran. Dabei hat Ramana sehr klar ausgedrückt, worin dieser Zustand besteht. Deine Frage klingt, als ob Erleuchtung der Zustand sei, in dem wir das vollkommene *Jivanmukti* erlangt haben, die Freiheit von allen Anhaftungen. Das Missverständnis entspringt dem Wunsch des Verstandes, diesen Zustand zu erreichen. Damit will ich einfach nur sagen, dass das der gesunde Zustand unseres Verstandes ist.

Doch aus so einer Beschreibung wird dann ein Ziel. Nachdem Osho zum Beispiel seine Erleuchtung als ein Gefühl von tausend Explosionen beschrieben hat, wartete jeder seiner Schüler darauf, dass diese tausend Explosionen auch bei ihm passierten. Ich war einer von ihnen. Wenn ich in der Meditation ein paar Lichtfunken sah, war ich ganz glücklich und meinte, nun näher dran zu sein. Doch aus der Beschreibung einer Erfahrung sollte kein Ziel werden, genau da liegt das Missverständnis.

Die von Ramana Maharshi beschriebenen Zustände *Jivanmukti* oder *Videhamukti* bedeuten, einerseits im Verstand und gleichzeitig frei von ihm zu sein, in der Position des Zeugen. Du hast den Verstand gesehen: Die Freiheit besteht nicht darin, dass er verschwindet, sondern nur die Anhaftung an ihn sollte verschwinden, die Anhaftung, dass du der Verstand bist. Dann erst siehst du ihn und bist dir bewusst, dass es ihn gibt, dass er Reaktionen hat und so weiter.

Es ist wie bei einem Kreis, der eine Grenzlinie und eine Mitte hat. Die Grenzlinie ist verbunden mit dem äußeren Leben, das sich verändert, bewegt und ständig Schwingungen an dieser Grenze erzeugt, weil sie so empfindsam ist. Die äußere Grenze des Bewusstseins ist der reflektierende Verstand mit seinen Reaktionen. Das Zentrum hingegen ist der Zeuge, der sich der Bewegung bewusst ist, die am Rand geschieht. Jedoch lebt er im falschen Glauben, es könnte endlich Stille einkehren, wenn dort keine Bewegung mehr wäre. Also versuchen wir alles zu vermeiden, was Unruhe am Rand verursacht: den Wind zu stoppen, die Sonne abzuschirmen und alle Ereignisse völlig unter unsere Kontrolle zu bringen. Doch du kannst nicht kontrollieren, was ganz natürlich am Kreisrand geschieht. Bleibe also einfach im Zentrum und beobachte das ganze Spiel. Schau dir diese Grenzlinie an, wie sie sich bewegt und verändert, und die Reaktionen, die geschehen. Wenn jemand mich beschimpft, vielleicht in einem Restaurant, dann wird eine Wutreaktion kommen, die an meiner Grenze Unruhe erzeugt. Gleich anschließend kommt vielleicht ein Nachtisch und beruhigt sie wieder. Und all dessen bin ich mir bewusst. Dieses Zentrum des Bewusstseins ist der Zeuge, und das ist die Freiheit! Es ist nicht die Freiheit „von" etwas. Diese Frage fing mit *Ajnan*, der natürlichen Unwissenheit, an. Diese Unwissenheit hat uns in den Kampf getrieben, in den spirituellen und in den weltlichen – überall Kampf, Kampf und Kampf. Dieser Kampf erwächst aus unserer Nichtakzeptanz und bringt Stress. Stress wiederum bringt Frustration, Frustration erzeugt Schmerz, und wenn der Schmerz zu groß wird, wird er zum Leiden. Dann ist das Leben für uns Leiden.

Doch warum? Leben muss schließlich nicht Leiden bedeuten. Das Leben ist vielmehr ein Abenteuer, in dem es immer rauf und runter geht, der Natur des Lebens entsprechend. Das Erwachen zu diesem Verständnis ist Freiheit, *Jivanmukti*: Jemand, der vollkommen lebendig lebt, der mit dem Leben tanzt und singt und dennoch nicht an ihm festhält. Das kann nur aus einem Verstehen kommen, nicht durch irgendwelche *Sadhanas* oder durch Singen des *Mantras* „Wer bin ich? Wer bin ich?". Und natürlich auch nicht durch das Lesen all der Schriften oder durch das Sitzen zu Füßen eines Meisters, an denen du womöglich auch noch deinen Kopf reibst. Du wirst es nicht irgendwo herbekommen. Wach auf und verstehe! Verstehe, an welchem Punkt du in die Irre gegangen bist.

Osho sprach von „Jenseits des Erwachens". Shivananda, ein bekannter traditioneller Meister, sprach von den sieben Stufen der Erleuchtung. Das ist für den westlichen Verstand doch sehr verwirrend!

Sie beschreiben den Pfad, über den ich gesprochen habe, den Pfad des *Yoga*. Schritt für Schritt gehst du auf den Punkt zu, an dem der Verstand implodiert, weil Schmerz und Anspannung einfach unerträglich geworden sind. Es ist wie bei einem Albtraum: Du wachst auf, wenn die Angst am größten ist. Die ganzen anstrengenden *Sadhanas* sind dafür da, diesen Punkt zu erreichen. Wird die *Sadhana* zum Albtraum, kann Erwachen geschehen. Doch ich möchte noch einmal betonen, dass es auch die Möglichkeit gibt, wieder in den Schlaf zu fallen. Und es gibt die Möglichkeit, den Traum zu verändern. Der Verstand ist da sehr trickreich: Um zu verhindern, dass du den Punkt des Erwachens erreichst, verändert er sofort den Traum. Darum frage ich meine Freunde immer: „Wenn du noch immer glaubst, dass Meditation dich zum Erwachen bringt, warum meditierst du dann nur eine Stunde lang? Sitze vierundzwanzig Stunden am Tag! Steh nicht auf, bevor du nicht erleuchtet bist, mach schon! Hast du so viel Vertrauen? Machs, damit das Erwachen näherkommt."

Doch niemand macht das. Sogar wenn du eine bestimmte Meditation schon ein paar Jahre lang gemacht hast, will dein Verstand die Technik ändern. „Lass uns zu einem anderen Meister oder auf einen anderen Pfad gehen!", heißt es dann.

Wir verändern also unsere Träume. Wir erlauben dem Traum nicht, zu einem Albtraum zu werden. Shivananda war ein *Yogi* und *Siddha*, darum beschreibt er diese sieben Stadien. Das ist der Weg des *Yogi*.

Bei einem *Buddha* hingegen, einem Erwachten also, ist es etwas anders. Denn ein *Buddha* ist eine sehr gewöhnliche Person. Was du in dieser Welt auf dem spirituellen Markt siehst, sind allesamt *Siddhas*. Wenn du wirklich einen *Buddha* treffen willst, musst du ihn erst finden, denn echte *Buddhas*, die verstehen und absolut lebendig sind, leben eher versteckt. Sie beanspruchen nichts für sich und halten auch kein Schild hoch, auf dem steht: „Hier bin ich. Komm zu mir, ich werde dich zur Erleuchtung bringen. Nur fünfhundert Dollar!" Du wirst diesen *Buddha* eher in einem Laden als Verkäufer finden oder als Arbeiter in einer Fabrik – ganz gewöhnliche Menschen, die ihre Arbeit tun, ohne zu klagen, und dabei vollkommen lebendig sind. Deshalb ist es sehr schwierig, diese Menschen zu finden. Ihr Weg ist ein Weg im Verborgenen.

Gurdjieff zum Beispiel hatte große Mühe, einen Sufimeister zu finden. Bis ihm jemand von einem Sufimeister erzählte, der in einer kleinen Stadt leben sollte. Gurdjieff kam also am Bahnhof an, wo er ein Taxi in die Stadt nahm und den Taxifahrer fragte: „Ich bin hergekommen, um den Sufimeister zu finden. Weißt du, wer das ist?"

„Ich kenne keinen", antwortete der Mann.

Im Hotel angekommen fragte Gurdjieff den Besitzer des Hotels: „Ich suche einen Sufimeister, kannst du mir weiterhelfen?" Doch auch der wusste nichts von einem Sufimeister. Also zog Gurdjieff durch die Stadt und fragte überall: „Kann mir jemand helfen? Ich suche den Sufimeister." Aber niemand kannte so einen Meister.

So saß denn Gurdjieff Tage später erschöpft an einer Straßenecke, als ein alter Mann auftauchte und ihn fragte, wonach er suche. Gurdjieff sagte es ihm, und der alte Mann erwiderte darauf: „Da du so müde von der Suche bist, will ich dir sagen, wer der Sufimeister ist: Es ist der Besitzer des Hotels."

Der Mann, den Gurdjieff jeden Morgen hinter der Theke sah, sollte also der große Sufimeister sein? Gurdjieff fragte ihn: „Ein alter Mann hat behauptet, du wärst ein Sufimeister?"

Der Hotelbesitzer lachte: „Kein Sufimeister wird sich selbst als solcher ausgeben, du musst ihn schon finden! Doch wenn du wirklich einen treffen willst, kann ich dich zu meinem Meister bringen." Und der Hotelbesitzer brachte ihn zu dem Mann, den Gurdjieff als allerersten in der Stadt getroffen hatte: Es war der Taxifahrer. Dem stellte Gurdjieff dann dieselbe Frage, wie bei seiner Ankunft: „Ich bin gekommen, um den Sufimeister zu finden. Weißt du, wer das ist?" Und was antwortete der Taxifahrer?

„Ich kenne keinen"?

Genau! Solche Menschen sind die wirklichen *Buddhas* – einfache, sehr gewöhnliche Menschen, die sich nicht viel darum kümmern, den Verstand zu kontrollieren und wie man das Selbst erkennt. Sogar wenn du dieses Wissen erlangt hast, wen kümmert das schon? Du denkst nicht einmal an Erleuchtung. Auch *Krishna* hat niemals verkündet: „Ich bin ein Erwachter." Als er in der *Bhagavad Gita* (altindische Schriften) mit *Arjuna* auf dem Schlachtfeld sprach, erkannte dieser schließlich, dass sein alter Freund *Krishna* tatsächlich ein Erwachter war. Dabei hat *Krishna* nie irgendwelche Meditationskurse geleitet und Aussagen gemacht wie: „Ich werde dich durch die Meditation führen und deinen Verstand verändern." Er hat *Arjuna* nie empfohlen, mit seinem Verstand zu kämpfen oder über seinen Verstand zu siegen. Er hat auch nie über Selbsterkenntnis gesprochen.

Sag den Menschen im Westen also, dass sie irregeführt und ausgebeutet worden sind, dass die Spiritualität zu einem Geschäft mit der Heiligkeit verkommen ist – was wirklich sehr schmerzhaft ist.

An dieses Thema schließt die nächste Frage an: Es erscheint mir essentiell wichtig zu sein, einem Guru *zu begegnen und bei diesem* Guru *zu bleiben. Wer ist der* Guru? *Was ist seine Rolle? Wie erkennt man den wahren* Guru?

Für mich ist der *Guru* ein Führer. Doch das ganze *Guru*-Konzept wird missverstanden. Ein wirklicher Meister würde nicht wollen, dass sein Schüler ihm folgt. Der echte Meister möchte, dass sein Schüler seine eigene Reise macht. Natürlich kann er ihn anleiten und helfen, aber du solltest nicht einfach zu seinen Füßen sitzen und glauben, dass er dich zum Ziel bringen wird. Das wäre eine Flucht.

In Wirklichkeit gibt es nichts, was du tun kannst, und es gibt auch keinen Weg. Der *Guru* ist nur derjenige, der dir zu diesem Verständnis verhilft.

Wohin willst du auch gehen? Du willst dein Selbst erkennen? Warum wanderst du dann herum? Warum folgst du so vielen Meistern? Sitze einfach mit dir selbst und du wirst dich verstehen. Darin besteht die Erkenntnis des Selbst. Warum musst du zu jemandem hingehen, um etwas zu erkennen? Derjenige, der dich anleitet, mit dir selbst zu sitzen, dich selbst zu akzeptieren, ist der wahre Meister. Wir wissen, wie wir uns von uns selbst entfernen, wir wissen jedoch nicht, wie wir mit uns selbst sitzen können. Wir sitzen nie mit uns selbst, weil wir uns niemals wirklich selbst annehmen. Stattdessen hassen wir uns selbst.

In dem Moment, in dem du allein bist, beginnst du dich einsam zu fühlen. Du magst nicht mit dir allein sitzen, du magst dich nicht wirklich sehen. Die ganze Zeit willst du vermeiden zu sehen, wie du bist. Du musst verstehen, dass es nirgendwo Perfektion gibt, du kannst dich nicht verändern. Du kannst deinen Verstand nicht verändern. Du bist, wie du bist, und ich bin, wie ich bin. Und das ist auch völlig in Ordnung. Du bist eine wunderschöne, einzigartige Schöpfung des Lebens. Hier beginnt die wirkliche Erforschung, die Innenschau und Beobachtung. Dabei brauchst du keinen Meister, denn hier bist du dein eigener Meister. Von hier aus musst du die Reise allein machen, dir deinen Verstand allein anschauen. Der *Guru* kann dich nur in die richtige Richtung führen. Viele haben Lobgesänge über *Gurus* geschrieben, weil sie wünschten, die Menschen sollten dem *Guru* folgen. Ein wirklicher Meister jedoch will nicht, dass irgendjemand ihm folgt. So verstehe ich das.

Wie findet man diesen wahren Meister, der nicht will, dass irgendjemand ihm folgt?

Das ist eine gute Frage, denn es ist tatsächlich ein Problem. Es ist ein Problem, weil es keine Möglichkeit für dich gibt, den richtigen Meister zu finden, denn du weißt nicht, ob er für dich der richtige oder der falsche ist. Wie kannst du auch wissen, ob der, den du triffst, der richtige ist? Wenn du den für dich richtigen Meister finden willst, empfehle ich, nicht zu suchen.

Würdest du sagen, dass der Meister einfach so erscheint, nur weil du dieses Problem ignorierst? Dass also tatsächlich der Meister den Schüler findet?

Genau das ist das Versprechen, und das ist im Leben eines Jeden geschehen. Die Schüler, die den richtigen Meister gefunden haben, haben nicht zuerst nach ihm gesucht und ihn dann gefunden. Sondern die Meister selbst haben die Schüler gefunden, so läuft das!

Das Leben schafft eine Situation, in der du diesen Menschen triffst und die richtige Führung erhältst. Bleibe einfach mit diesem Durst, mit deiner Sehnsucht und deinem Schmerz. Wenn du das alles wirklich annimmst, wirst du sehen, dass es da jemanden gibt, der immer erreichbar ist, der immer da ist. Ein solches Vertrauen hat der Verstand natürlich nicht. Darum will er immer nach dem „richtigen" Meister suchen.

Da ist das Versprechen, dass es jemanden gibt, der immer da ist. Vertraue und habe Geduld – *Shradda* und *Saburi*. Vertraue dem Leben und habe Geduld mit deinem Durst und deiner Sehnsucht. Bleibe einfach damit.

Würdest du sagen, dass diese Art von innerer Sehnsucht, diese Art von Feuer sehr wichtig ist?

Ja, das ist die Wurzel von allem. Die meiste Zeit versuchen wir, eine Lösung zu finden oder dem Schmerz und der Sehnsucht zu entkommen. Wenn du diese Sehnsucht, diesen Durst oder Schmerz in dir hast, das starke Gefühl, in deinem Leben fehle etwas, dann versuche nicht herauszufinden, was dir fehlt – das führt nur in die Irre und du landest in der Mühle des Verstandes. Sei stattdessen einfach nur mit dem starken Gefühl im Innern, dass etwas fehlt. Sei mit dem Schmerz und mit deiner Sehnsucht, bleibe einfach da, egal wie lange es dauert, auch wenn der Verstand es nicht mag. Dann wirst du sehen, dass der *Guru* zu dir findet.

Sri Ramanas Schüler empfanden sehr große Verehrung für ihn, genau-
so wie er für den Arunachala. Welche Rolle spielt Bhakti*, die Hingabe,*
auf dem Weg zum Erwachen?

Ich weiß nicht, ob du mit „Verehrer" und „Schüler" das Gleiche meinst.
Ein Verehrer zu sein ist ein anderer Seins-Zustand. Ich sehe da keine
Verehrer Ramanas, ich sehe nur eine Menge Schüler. Für mich ist ein
Schüler jemand, der sich selbst betrügt, ein Verehrer jedoch ist in einem
anderen Zustand. Ein Verehrer Gottes zu sein, erfordert die Hingabe
nicht an den Meister, sondern an die Wahrheit, die mit dem Meister
geteilt wird. Der Meister ist nur das Medium, das die Botschaft des
Lebens, die Botschaft der Existenz oder auch Gottes übermittelt. Diese
Botschaft wird durch ihn ausgedrückt, und der Schüler nimmt die Botschaft auf und befolgt sie. Der Meister ist also derjenige, der Botschaft
und Anweisungen übermittelt. Du solltest demnach also der Botschaft
und den Anweisungen folgen, nicht der physischen Form des Meisters.
So ist *Bhakti*, die Hingabe an den Meister, zu verstehen.

Wir hingegen verstehen Hingabe fälschlicherweise nur als Dienst
am Meister in seiner physischen Form, doch das löst weder ein einziges deiner Probleme, noch führt es dich irgendwohin. Dem Meister zu
dienen wird dich bestenfalls mental ein wenig beruhigen, doch ein Meister kann das auch leicht ausnutzen. So benutzen beide sich gegenseitig.

Wichtiger als die Hingabe an den Meister ist also die Hingabe an
die Botschaft. Und da du das Verstehen der Botschaft mit dem Meister
teilst, ist in seiner Gegenwart Transformation möglich. Nicht die Technik, nicht die Methode ist hilfreich, sondern etwas jenseits davon, etwas
jenseits der physischen Form des Meisters: seine Präsenz.

Ich stimme nicht überein mit den Leuten, die sich selbst Verehrer
Ramanas nennen und ihn so innig anbeten. Ich habe Leute beobachtet,
die sogar sein Grab anbeteten. Was für eine blinde Verehrung! Sie boten
ihm am Morgen Milch am Grab an, am Nachmittag Essen und ein Glas
Wasser für die Nacht.

Ich saß still da und dachte nur: „Wie unbewusst!" Da bemüht sich
dieser Mann sein ganzes Leben lang, dich aufzuwecken, und an seinem
Grab zeigst du dann nur, wie unbewusst du bist. Verstehst du nicht, dass

dieser tote Mensch kein Wasser und kein Essen benötigt? Das ist nicht Verehrung, das ist lediglich Blindheit! Dabei denkst du, du tust etwas sehr Spirituelles, doch das ist nicht wahr.

Ramana lebte, um eine Botschaft zu überbringen, die dich aufwecken sollte. Ebenso Osho – sie wollten dich aufwecken, nicht einschläfern. Wir hingegen nehmen die Botschaft und schlafen wieder ein. Ich habe Leute gesehen, die vor sich hin schnarchten und dazu „Wer bin ich?" sangen. Dann ist diese Botschaft der Existenz wie ein Liebender – neben dem du selig weiterschläfst. Doch sie sollte dich aufwecken, dich tief berühren!

Krishnamurti zum Beispiel war fünfundachtzig, als er seinen letzten Vortrag in Chennai hielt. Er war krank. Er sah dieselben Gesichter immer und immer wieder und er fragte: „Verstehen Sie nicht, mein Herr? Können Sie wirklich nicht verstehen, was ich sage? Ich spreche doch seit fünfzig Jahren darüber und jedes Mal sehe ich sie hier sitzen. Verstehen Sie irgendetwas von dem, was ich sage, oder ist das für Sie nur eine spirituelle Show?" Und er begann zu weinen wie ein Kind. Fünfzig Jahre war er durch die Welt gereist, hat mit Menschen gesprochen und ihnen die Botschaft von der Wahrheit des Lebens gebracht. Und immer noch sitzen sie vor ihm und hören zu, als ob dies alles nur eine Unterhaltungsshow wäre? War das, was Ramana getan hat, wirklich nur Unterhaltung? Und Osho und Krishnamurti – alles nur Entertainment?

Dabei könnte ein Wort uns aufwecken, ein einziges Wort. Doch wir sind nicht einmal erreichbar dafür, kannst du das verstehen? Mach nicht den ganzen Unsinn mit, folge nicht Leuten, die nicht wirklich wissen, was Spiritualität ist, was Erleuchtung bedeutet.

Manchmal empfinde ich großen Schmerz darüber, dass wir so verwirrt sind. Wir wandern herum und suchen Antworten, suchen nach Wahrheit, nach Selbsterkenntnis, obwohl das, was das Leben von uns will, doch so einfach ist. Sitze in Stille und du findest die Antwort in dir selbst, nicht irgendwo draußen! Das ist es, was ich dir sagen wollte.

Suchende haben oft seltsame Vorstellungen vom Zustand der Erleuchtung. Wie sieht dein Alltag aus, und wie nimmst du die Welt wahr?

190

Das werde ich oft gefragt, doch da ich nichts von diesen ganzen Erleuchtungserfahrungen halte, habe ich kein Interesse daran, meinen Tag zu beschreiben oder gar meine Erfahrungen. Ich will keine Missverständnisse hervorrufen. Ich bin ein gewöhnlicher und lebendiger Mensch, ich tanze und singe mit dem Leben, mit all seinen Problemen und Schmerzen. Ich bin sogar noch gewöhnlicher als die meisten Menschen. Ich bin keine spirituelle Person, ich mache keine Meditationen oder spirituelle Übungen. Ich lebe einfach so, wie das Leben mich hinauf- und hinunterträgt, und ich freue mich an beidem. Das ist alles!

Ich beanspruche nicht, erleuchtet zu sein, und ich kümmere mich auch nicht darum, was Erleuchtung ist. Es ist mir wirklich gleichgültig, denn es reicht, wach und lebendig zu sein. Warum sollte man etwas beschreiben, das nur Missverständnisse erzeugt? Jeder Tag ist ein Tag, um aufzuwachen, jeder Moment enthält die Möglichkeit zu erwachen, erleuchtet zu sein. Dieser Moment ist auch jetzt möglich! Dafür brauchst du keine bestimmten Bedingungen. Vergiss die Idee, dass du in irgendeinem nächsten Moment erwachen kannst oder erleuchtet wirst, oder am nächsten Tag oder nächstes Jahr oder im nächsten Leben. Vergiss es. Jeder Moment kann der Moment des Erwachens sein. Also lass all die Beschreibungen weg!

Für jemanden, der dies verstanden hat, ist kein einzelner Moment besonders wichtig. Zum Beispiel: Wann bin ich aufgewacht? – Um sieben Uhr, gut. Warum aber sollte ich mich an die genaue Uhrzeit erinnern? Sogar mich daran zu erinnern, aufgewacht zu sein, ist nicht wichtig. Das ist nur wichtig für die Schläfer und Träumer – für sonst niemanden. Für mich ist die Art und Weise wie ich lebe wichtig, nicht wann oder ob ich aufgewacht bin. So verstehe ich das.

Vielen Dank. Du hast gerade ausführlich über das Thema Erwachen mit uns gesprochen. Wenn du jemandem mit einer Leidenschaft für das Erwachen begegnen würdest, was wäre dein spontaner Rat an ihn?

Das habe ich schon gesagt: Verstehe die Natur des Lebens, in dem du es selbst erforschst und beobachtest. Verstehe die Natur des Verstandes, sei frei von irgendwelchen vorgefertigten Ideen oder Antworten. Betrachte das Leben direkt. Betrachte den Verstand direkt. Sitze in Stille mit dir selbst. Um das tun zu können, musst du dich selbst annehmen. Nimm dich selbst an, so wie du bist. In welcher Situation, unter welchen Bedingungen auch immer, ob frustriert oder glücklich: Sage ja zu dem Moment, nimm ihn an! Diese bedingungslose Annahme ist keine Feigheit oder Müdigkeit, sondern sie geschieht, weil du etwas verstanden hast. Du verstehst nun die Natur des Lebens, die Natur des Verstandes, und du sitzt in Stille mit dir selbst. Da gibt es weder das Verlangen, den Verstand zu ändern, noch das Bedürfnis, irgendetwas außerhalb von dir zu verändern. Nimm dich an, wie du bist, und die Liebe beginnt zu fließen. In dieser Liebe ist Glückseligkeit, alles ist schön. Dann geschieht Erwachen in jedem Moment.

Vielen Dank!

Sri
Nannagaru

Die Wahrheit ist immer da, das
Entscheidende ist nur, ob du
sie sehen kannst oder nicht.
Kannst du sie sehen, wirst du
glücklich sein und einen Zustand
ohne Leiden erreichen. Siehst
du sie nicht, wird das Leid dich
verfolgen und von einer Geburt
zur nächsten treiben. Nur die
Wahrheit ist frei von Leid und
Zwängen.

NANNAGARU

Die Wahrheit ist immer da, ob du es weißt oder nicht.

Sri Nannagaru

Sri Nannagaru

Sri Nannagaru wurde 1934 in dem kleinen Dorf Kommara in Andra Pradesh geboren. Sri Ramana Maharshi ist sein Meister. Er reist sehr viel und wird von seinen Anhängern und Schülern mit viel Respekt *Nanna Garu*, „verehrter Vater", genannt. Seine Zusammenkünfte finden in Stille statt. In der Begegnung mit ihm bewirkt sein durchdringender Blick, dass der Verstand und die Gedanken vom Außen zurück ins Herzzentrum gelenkt werden.

Ich begegnete Sri Nannagaru das erste Mal 2002 bei einer seiner Zusammenkünfte am Arunachala. Er ist ein einfacher Mann, der Ramana Maharshi und seinen Schülern gegenüber voller Hingabe ist. Freundlicherweise stellt er mir seit nunmehr sieben Jahren seinen Ashram *für mein alljährliches Arunachala-Retreat zur Verfügung. Das Interview mit ihm war das erste, das ich führte. Dabei prophezeite er, dass das Buch sehr erfolgreich werden würde.*

Sri Ramana stellte die grundlegende Frage: „Wer bin ich?" – Nannagaru, darf ich dich fragen: „Wer bist du?"

Ich bin unsterblicher Geist.

Viele Menschen aus dem Westen kommen nach Indien auf der Suche nach Erleuchtung, als wäre sie lediglich eine Erfahrung. Was ist Erleuchtung?

Erleuchtung ist das Erkennen der Wahrheit. Wenn du die Wahrheit kennst, kommt Freiheit; Freiheit von Geburt und Freiheit von Gebundensein. Dieses Erkennen der Wahrheit ist Erleuchtung.

Wenn Menschen aus dem Westen nach Indien kommen und Erleuchtung suchen, haben sie oft die Vorstellung, dass sie hier etwas bekommen oder finden können. Ist das wahr?

In Indien gibt es Menschen, die das Selbst erkannt haben. Indien ist ein spirituelles Land mit vielen Wahrheitssuchern, Propheten und Sehern. Die westlichen Länder können von Indien spirituelle Dinge lernen, und Indien kann von den westlichen Ländern etwas über den Materialismus und das Sozialwesen lernen.

Indien ist ein Zentrum der Spiritualität und ein sehr altes Land, in dem es viele heilige Stätten gibt. Außerdem gibt es hier viele erwachte Seelen, nicht nur eine oder zwei. Denker, spirituelle Könige, edle fortgeschrittene Seelen und weitentwickelte Wesen – alle sind sie hier in Indien.

Manche dieser erwachten Seelen sind bekannt, andere nicht. In Gegenwart eines Erwachten wirst du mit Sicherheit dazu inspiriert, in der Wahrheit zu leben, sie in dir aufzunehmen und zu erkennen. Darum kommen so viele Menschen aus dem Westen hierher.

Du musst die Wahrheit erkennen, denn wenn du die Wahrheit nicht erkennst, kannst du nicht frei sein. Frei zu sein von dem, was du kennst und dem, was du nicht kennst, ist essenziell wichtig.

Kannst du uns sagen, worin diese Wahrheit besteht?

Wahrheit bedeutet Ewigkeit. Ihr Wesen ist Glückseligkeit, Freiheit, Wissen und Unsterblichkeit. Sie kennt weder Geburt noch Tod. Die Wahrheit ist jenseits aller Sorgen, Gebräuche und Traditionen. Wir empfangen die Wahrheit, empfangen *Brahman* (das Absolute) und die Realität. Alles wird vom Verstand erschaffen, auch unsere Kultur mit unseren Gewohnheiten und Traditionen. Das einzige, das du nicht erschaffen kannst, ist die Wahrheit – die Wahrheit ist immer da, ob du es weißt oder nicht. Alles andere wird vom Verstand kreiert.

Wenn also Menschen nach Indien kommen und die Wahrheit suchen, sind sie in Wirklichkeit bereits in der Wahrheit?

Ja, du bist schon in der Wahrheit. Nicht nur du, jeder ist in der Wahrheit. Wer das klar erkennt, ist ein Seher. Wer die Wahrheit, die in ihm ist, nicht erkennt, ist kein Seher. Die Wahrheit ist im Herzen eines Jeden. Wenn du das weißt, bist du frei und ein Weiser. Wenn du es nicht weißt, bist du ein Sklave der Umstände, Vorlieben, Abneigungen und so weiter.

Die Wahrheit ist immer da, das Entscheidende ist nur, ob du sie sehen kannst oder nicht. Kannst du sie sehen, wirst du glücklich sein und einen Zustand ohne Leiden erreichen. Siehst du sie nicht, wird das Leid dich verfolgen und von einer Geburt zur nächsten treiben. Nur die Wahrheit ist frei von Leid und Zwängen; nur die Wahrheit ist frei von allem Nonsens.

Das Ganze ist also ein Witz, oder? Die Menschen kommen nach Indien, um die Wahrheit zu suchen, obwohl sie schon die Wahrheit sind?

Richtig! Sie sind schon die Wahrheit selbst, daran gibt es keinen Zweifel. Aber wie kann man die Wahrheit, die schon im Herzen verborgen ist, erkennen? Denn wenn du nicht einen Seher, eine erwachte oder weitentwickelte Seele kennenlernst, wirst du weiterhin denken, dass du lediglich der Verstand und der Körper bist, nicht nur auf dich, sondern auch auf das Außen bezogen. Begegnest du jedoch einem Seher, einer erwachten Seele, dann ist das wunderschön! Nach einer Weile in seiner Gegenwart, wird der Gedanke auftauchen: „Oh, da gibt es eine Wahrheit in mir, die will ich erkennen!" Dazu kann die Begegnung mit einem Seher inspirieren.

Ah ja, ich verstehe. Ich denke, deshalb ist es uns eine solche Freude, mit dir zusammenzusitzen. Du hast so wunderbare Augen, sie leuchten so sehr!

Ah, sehr gut! Vielen Dank. (beide lachen)

Gibt es irgendwelche Qualifikationen für das Erwachen? Ist eine Sadhana (spirituelle Disziplin) notwendig?

197

Wichtig ist nur, dass Herz, Verstand, Sprache und Tat Eins sind. Verstand und Wort, Verstand und Herz, Verstand, Wort und Tat müssen Eins sein. Das ist die allerwichtigste Voraussetzung für das Erkennen der Wahrheit. Qualifikationen sind nur notwendig in der relativen Wahrheit.

Wichtig für das Erwachen ist außerdem innere Reinheit. Die grundlegende Voraussetzung für diese Reinheit ist die Kontrolle der Verstandesaktivitäten. Wenn wir nicht lernen, den Verstand zu kontrollieren, können wir ihn nicht auf die Wahrheit ausrichten, die sich ja bereits im Herzen verbirgt. Der Verstand entspringt aus der Wahrheit, zwar nicht aus der relativen Wahrheit, sondern aus der tatsächlichen, der absoluten Wahrheit!

Was genau meinst du mit „Kontrolle des Verstandes"?

Den Verstand kontrollieren bedeutet, das Wandern der Gedanken zu stoppen, das nur unnötiges Leiden verursacht und die physische und geistige Gesundheit beeinträchtigt. Zuviel Unruhe des Verstandes ist sehr schädlich, sowohl für das spirituelle als auch für das materielle Leben. Daher ist Konzentration so wichtig.

Würdest du eine bestimmte Übung empfehlen?

Um den Verstand unter Kontrolle zu bringen, gibt es *Upasana. Upa* bedeutet Kontrolle des Verstandes, *Asana* ist die Haltung oder Übung. *Upasana* bedeutet, den Verstand ständig auf einen Gott oder *Guru* auszurichten. Denke ständig an seinen Namen und meditiere über seine Form. Wenn du *Pranayama* (Lenken des Atems) magst, solltest du auch das tun, denn es ist sehr hilfreich. Doch das Beste ist *Upasana. Upasana* kann zum Beispiel sein, ständig an Arunachala zu denken. Denke über den Berg und seinen Namen nach. Und wenn du an etwas denkst, dann an Gott. Unaufhörlich über die absolute Wahrheit nachzudenken, führt automatisch zum Stillstand des Verstandes. In der indischen Tradition sagen die meisten Wahrheitssucher und Verehrer Gottes, dass du nicht erwachen kannst, wenn du nicht vertraut bist mit *Upasana.*

Empfiehlst du Meditation?

Upasana ist schon eine Form der Meditation. Ich empfehle drei Dinge, die ich für wichtig halte: Leidenschaftslosigkeit, Unterscheidungsvermögen und Meditation. Meditation unterstützt ebenfalls das Anhalten des Verstandes.

Ist Sadhana *für das Erwachen notwendig?*

Solange es einen *Sadhaka*, einen spirituell Suchenden gibt, ist *Sadhana* notwendig. Wenn es keinen spirituell Suchenden gibt, ist *Sadhana* nicht notwendig! (beide lachen)

Wenn ich also davon ausgehe, dass ich Jemand bin, dann ist es notwendig zu meditieren. Ist da jedoch niemand, muss auch nicht meditiert werden.

Meditation ist nicht das Ziel, es ist das Mittel, um ans Ziel zu gelangen. Sie ist deshalb nur für den Wahrheitssuchenden von Bedeutung, nicht für erwachte Seelen.

Denn wer meditiert? Es ist der Verstand, der meditiert. Wenn es aber keinen Verstand gibt, ist auch keine Meditation nötig. Er ist wie eine Krankheit: man braucht Medizin; ohne Krankheit ist hingegen keine Medizin nötig.

Sri Ramana sagte, der direkteste Weg zur Erkenntnis des Selbst sei die Selbsterforschung. Was kannst du über die Selbsterforschung sagen? Wie wendet man sie an?

Ramana erlangte das Erwachen nicht durch Selbsterforschung. Und er lehrte nicht nur die Selbsterforschung, sondern auch den Weg der Hingabe. Er hat nur diese beiden Wege gelehrt. Er betonte die Wichtigkeit von beiden, der teilweisen und der absoluten Hingabe. In den frühen Stadien geschieht die teilweise Hingabe und am Ende kommt automatisch die vollkommene Hingabe. Ramana legte großes Gewicht auf beide Wege: Die Selbsterforschung und die Hingabe an den Willen Gottes. Wenn du vollständiges Vertrauen darin hast, dass es einen Gott gibt, einen Allmächtigen, und vollständiges Vertrauen in den Lenker des Universums, dann ist der Weg der Hingabe für dich am besten. Hast du hingegen ständig Zweifel an der Existenz der Welt und an der Existenz Gottes, dann ist die Selbsterforschung unerlässlich.

Würdest du also sagen, dass wir durch die Selbsterforschung ständig an Gott erinnert werden?

Wenn der Verstand auftaucht, dann erscheint damit auch die Welt und Gott. Verschwindet der Verstand jedoch, gibt es weder Welt noch Gott, sondern nur Wahrheit. Du legst deinen Verstand in die Wahrheit, die schon in deinem Herzen verborgen ist; das ist wahres Erforschen. Dort in deinem Herzen ist die Wahrheit immer gegenwärtig, ist unsterblicher Geist und das unzerstörbare Sein immer da.

Lege also einfach den Verstand zurück in seine eigene Quelle, dann brauchst du nicht über Gott oder die Welt nachzudenken. Denn mit dem Erscheinen des Verstandes erscheinen auch Gott und die Welt und alles andere. Außerdem taucht Angst auf, verbunden mit dem Gefühl, getrennt zu sein.

Wer denkt über Gott nach? Der Verstand denkt über Gott nach. In der Selbsterforschung ist die Welt nicht wichtig und auch Gott ist nicht wichtig. Wer macht die Selbsterforschung? Der Verstand macht sie. Du musst also den Verstand beiseite legen. Wenn du ihn kontrollierst, wenn du in der Lage bist, den Verstand zu seiner Quelle zurückzubringen, dann gibt es keine Welt und keinen Gott.

Also sind diese beiden Wege, Erforschung und Hingabe, nicht wirklich zwei, sondern werden zu einem Weg?

Es sind zwei Wege, sie führen jedoch zweifellos zum selben Ziel. Allerdings haben die Menschen unterschiedliche Temperamente und Veranlagungen. Statt der Frage „Wer bin ich?“, kannst du dir die Frage stellen „Wer ist das?“, „Wer ist dieser Verstand?“

Wenn du ständig den Verstand infrage stellst, wird er allmählich die Quelle erreichen, der er entspringt: der ewigen Wahrheit, die weder Geburt noch Tod kennt.

Als Sri Ramana gefragt wurde, wann man das Selbst erkannt hat, antwortete er: „Wenn die Welt, die das Gesehene ist, entfernt worden ist, wird die Erkenntnis des Selbst als das Sehende geschehen." Wie ist die Welt zu verstehen?

Es ist wie mit dem Seil und der Schlange: Wenn man das Seil in seiner wahren Form wahrnimmt, ist es keine Schlange, sondern nur ein Seil, das wie eine Schlange aussieht. Sogar wenn man denkt: „Das ist eine Schlange", ist es noch immer nur ein Seil. Nimmt man das Seil korrekt wahr, dann gibt es keine Schlange; sie ist nur Schein.

Mit der Welt verhält es sich genauso. In Wirklichkeit gibt es sie gar nicht, es sieht nur so aus. In Wahrheit ist da keine Welt, sie ist nur eine Erscheinung. So wie die Schlange als Seil erscheint, erscheint die Welt als wahr. Siehst du die Wahrheit jedoch von Angesicht zu Angesicht, ist keine Welt zu sehen, und so gibt es auch keinen Verstand zu kontrollieren.

Wie kann man die Welt beseitigen?

Wenn du die absolute Wahrheit nicht als solche erkennst, kannst du die Welt nicht aus deinen Gedanken entfernen. Wenn du die Welt siehst, tauchen Angst und Dualität auf, auch Visionen und alles, was für uns im Grunde sinnlos ist. Mit der Angst gehen Tod und Leiden einher. Siehst du die Wahrheit jedoch von Angesicht zu Angesicht, gibt es keine Welt. Kannst du die absolute Wahrheit nicht so erkennen wie sie ist, dann übe dich in *Dhyana*, übe dich in Meditation, und die Welt wird aus deinem Verstand verschwinden, welche Art von *Sadhana* du auch machst.

Oft wird behauptet, dass der Verstand erst zerstört werden muss, damit Befreiung stattfinden kann! Hast du einen Verstand?

Ja, aber ja. Ich habe einen *sattvischen* (ruhigen und friedvollen) Verstand. Mein Verstand arbeitet; er arbeitet, reagiert jedoch nicht. Er zeigt keinerlei Reaktionen, egal wie die Umstände sind. Ja, ich habe einen *sattvischen* Verstand, einen kühlen Verstand.

Sri Ramana benutzte den Begriff Manonasha, „zerstörter Verstand", um den Zustand der Befreiung zu beschreiben. Wie zerstört man den Verstand?

Manonasha bedeutet „verbranntes Seil". Ein verbranntes Seil sieht wie ein Seil aus, obwohl da nichts mehr ist. *Manonasha* ist essentiell wichtig, da gibt es keinen Zweifel. Der Verstand wird zerstört werden, wenn du ihn dauerhaft in die Höhle des Herzens legst.

Also bedeutet das nicht, dass der Verstand wirklich zerstört ist. Es bedeutet, dass er immer noch funktioniert, jedoch keine Macht mehr hat, keinen Biss?

Es gibt einen funktionierenden Verstand, aber er ist ein verbranntes Seil, also wird er dich nicht fesseln können. Der Verstand in seiner reinen Form ist die Wahrheit. Die Essenz einer spirituellen Praxis ist, Reinheit des Verstandes zu erlangen.

Ist das, was du den reinen Verstand nennst, das Gleiche wie der „No-Mind" der Buddhisten?

Ja, „No-Mind" ist dasselbe wie reiner Verstand. Daran gibt es keinen Zweifel.

Wie sieht es mit Vasanas aus, den Neigungen des Verstandes?

Die Neigungen des Verstandes entstehen durch die vorausgegangenen Geburten und Leben. Angenommen du arbeitest mit einem bestimmten Ziel, und wenn das Ziel erreicht ist, freust du dich darüber. Indem du das Ergebnis genießt, wird eine Neigung entstehen; aus der Neigung entsteht dann ein Gedanke, und aus dem Gedanken eine Handlung, eine eigensüchtige Handlung. Aus dieser selbstsüchtigen, körpergebundenen Handlung werden dann wieder Neigungen entstehen. Wenn du die Ergebnisse deiner Handlung genießt, seien sie gut oder schlecht, werden mit Gewissheit Neigungen auftauchen.

Sie sind das Haupthindernis bei der Gotteserkenntnis! Gute und schlechte Neigungen werden dein Wachstum behindern. Das Haupthindernis sind Neigungen, weil aus ihnen Gewohnheiten werden.

Diese Gewohnheiten sind unsere Ketten. Alle Gewohnheiten entspringen diesen Neigungen. Sie müssen ausgelöscht und restlos entfernt werden. Hier gibt es keine Kompromisse: Um Gott zu erkennen, müssen sie restlos entfernt werden. Der Zweck der *Sadhana* ist es, diese Neigungen auszulöschen. Wenn du dich von Neigungen fernhältst, wird das Erwachen ganz natürlich kommen. Wir können irgendeinem Weg der Selbsterforschung oder Hingabe folgen, die Hauptsache jedoch ist, unsere Neigungen zu zerstören.

Könnte es ausreichen, einen sattvischen, *einen ruhigen und friedvollen Verstand zu erreichen und seine Neigungen zu kennen, so dass sie einen nicht länger fesseln?*

Nein, das ist nicht genug. Jedoch wird ein *sattvischer* Verstand dir den Weg zur Erkenntnis der Wahrheit zeigen. Er ist nicht das eigentliche Ziel, doch du solltest diesen *sattvischen* Verstand willkommen heißen.

Schaffen diese Neigungen eine Gewohnheit, bedeutet das für dich Gefesseltsein. Wenn jedoch diese Neigung deinen Verstand nicht stört, ist sie nicht gefährlich und wird keine Wiedergeburt mit sich bringen.

Willst du damit sagen, dass man die Vasanas *nicht zerstören muss, sondern dass man sie nur sehen und verstehen muss, damit sie nicht mehr wirken?*

Nein, wir müssen die Neigungen vollständig entfernen. Wenn eine Neigung erscheint, wird sie auch Angst mit sich bringen. Willst du einen angstfreien Zustand erreichen, musst du alle Neigungen loswerden.

Die Frage ist, wie ich mich von den Vasanas *befreie.*

Das ist die wichtigste Frage! Wenn du dauernd über *Vasanas* nachdenkst, wirst du sie nicht überwinden, sondern eher einladen. Stattdessen solltest du immer an Gott denken, an die Wahrheit und an den *Guru*. Dadurch werden deine Muster automatisch keine Energie mehr bekommen und sie verblassen ganz von allein.

Am Ende seines Buches „Self-Enquiry" (Die Selbsterforschung) sagt Sri Ramana: „Denjenigen, der einen Verstand hat, der sehr fein unterscheiden kann, und der das Selbst tief erfahren hat, nennt man einen Jivanmukta.*" Ist das der Zustand, den man auch Selbsterkenntnis nennt?*

Jivanmukti und Selbsterkenntnis sind ein und dasselbe, kein Zweifel. In der *Bhagavad Gita* (altindische Schriften) beschreibt *Krishna* den Zustand des *Jivanmukti*. Er nennt es *Stitha Prajna* (tiefes Verstehen).

Weiter heißt es: „Wenn ein Mensch in den Ozean der Glückseligkeit eingetaucht und ohne jede Abgrenzung Eins geworden ist mit ihm, nennt man ihn einen Videhamukta. *Dieser transzendentale Zustand von* Videhamukti *heißt auch* Turiya *– er ist das endgültige Ziel."Kann man diesen Zustand auch Erleuchtung nennen?*

Es gibt keinen wirklichen Unterschied zwischen *Videhamukta* und *Jivanmukta*. Sri Ramana Maharshi, der Buddha und *Shankara* sind alle *Jivanmuktas*. Jesus Christus hingegen war ein *Videhamukta*. Und die letzten Worte von Jesus, bevor er seinen Körper verließ, waren: „Der Vater und ich sind Eins!" Das ist *Videhamukti*. Der *Jnani* (einer, der das Selbst erkannt hat) ist Eins, *Mukti*, Befreiung, ist Eins. Ausschlaggebend ist, ob jemand einen Körper hat oder nicht. Wenn der Körper verlassen wird und du in dem Moment das Selbst erkennst, wird das *Videhamukti* genannt. Wenn du das Selbst, wenn du Gott einmal erkannt hast, dann gibt es keinen Verstand mehr zu beobachten oder zu kontrollieren.

Es erscheint mir essentiell wichtig zu sein, einem **Guru** *zu begegnen und bei diesem* **Guru** *zu bleiben. Was ist ein* **Guru**? *Welche Rolle spielt er und wie erkennt man einen wahren* **Guru**?

Es ist besser, mit erwachten, fortgeschrittenen und guten Seelen zusammen zu sein; sie werden dich inspirieren. Güte hilft uns ebenfalls, die Wahrheit zu erkennen. Auch sie ist Teil der Erleuchtung, sogar ein wesentlicher. Güte zu suchen gehört zur *Sadhana*, denn du kommst in den Kontakt mit etwas Heiligem. Wenn es dir möglich ist, in der Gegenwart eines *Gurus* zu sein, ist das sehr schön und gut. Sollte es jedoch nicht möglich sein, dann ist der geistige Kontakt sehr wichtig. Auch er wird dir helfen, Erleuchtung zu erlangen. Im Englischen gibt es einen Spruch: „Wie du denkst, so bist du." Der geistige Kontakt zum *Guru* ist sehr wichtig, er verleiht uns große Stärke.

Wer ist ein *Guru*? Bhagavan (Sri Ramana Maharshi) sagt, Gott, der *Guru* und das Selbst sind ein und dasselbe. Es gibt keinen Unterschied, es gibt nur eins und das ist die absolute Wahrheit. Wir können die absolute Wahrheit Gott, das Selbst oder den *Guru* nennen.

Wer ist nun der *Guru*? Angenommen jemand ist eine fortgeschrittenere Seele als du, dann leitet er dich auf deinem Weg, obwohl er möglicherweise nicht erwacht ist. Wenn ich zum Beispiel im Kindergarten bin, dann könnte ich auch von jemandem aus der zehnten Klasse Mathematik lernen, ohne dass er dafür einen Doktortitel in Mathematik haben müsste.

Für den *Guru* sind zwei Qualifikationen sehr wichtig: Er muss eine direkte Wahrnehmung der Wahrheit haben und er muss in der Lage sein, die Wahrheit zu erklären.

Welche Rolle hat der *Guru*? Er ist der Repräsentant Gottes. *Guru* bedeutet, dass er in den Händen Gottes ist. Der Körper des *Guru* ist in den Händen Gottes. Die Rolle des *Guru* ist, die Menschheit in einen Zustand zu führen, der ohne Leid ist.

Auf meinem Weg treffe ich jeden Tag zwei- oder dreihundert Menschen und viele Menschen kommen zu mir. Was erwarten sie von mir? Arbeit, Macht, Geld oder Gesundheit? Nein, sie kommen, weil sie einfach einen Zustand ohne Leid wünschen. Diesen leidfreien Zustand können wir nicht auf dem Markt kaufen. Den Zustand ohne Leid gibt es nur durch die Gnade des *Guru*.

Ist das wahr: Es gibt dafür keinen Markt? (beide lachen)

Wie erkennst du nun den wahren *Guru*? Vertrauen ist wichtig! Wenn du zum Beispiel in der Gegenwart von Ramana Frieden oder Glückseligkeit genießt, dann ist er dein *Guru*. Wenn du Erlebnisse von Frieden oder Glückseligkeit hast, wenn Momente der Erleuchtung da sind, wenn du in seiner Gegenwart die Loslösung der Bindung an deinen Körper erlebst, dann ist er dein *Guru*. Wenn du dich aufmachst und in der Gegenwart einer reinen oder erleuchteten Seele sitzt, werden plötzlich Frieden, Glück und Seligkeit auftauchen. Und nicht nur das: Alles was gut ist, sowohl materiell als auch spirituell, wird ebenfalls zu dir kommen.

Suchende haben oft seltsame Vorstellungen vom Zustand der Erleuchtung. Nannagaru, könntest du uns schildern, wie du die Welt wahrnimmst?

Erleuchtete Seelen sehen die Welt als einen Schatten der Wahrheit. Es ist nur ein Schatten, es ist nicht die Wahrheit.

Wenn der Verstand da ist, ist auch die Welt da. Wenn kein Verstand da ist, ist auch keine Welt da. Ein *Jnani*, einer, der das Selbst erkannt hat, sieht die Welt nicht als getrennt von sich selbst. In ihm gibt es kein Getrenntsein von der Welt. Er sieht die Außenwelt als sich selbst. Er sieht auch die Wahrheit in dir, und dann brauchst du dich nicht zu fürchten.

Wenn du in die Augen deiner Leute schaust, deiner Anhänger, was siehst du?

Ich sehe mich selbst in diesen Menschen, und dann geschieht Gnade.

Gibt es etwas, das du hinzufügen möchtest?

206

Überlasse den Körper dem Schicksal, *Prarabdha*. Unser Körper und unser Verstand sollten so weit wie möglich genutzt werden. Wir sollten die Gaben, die Gott uns gegeben hat, nutzen. Einigen hat Gott einen guten Intellekt gegeben, anderen Geld oder sprachliche Fähigkeiten, wieder andere sind gute Schreiber. Alle diese Dinge müssen genutzt werden, um das Selbst zu erkennen. Eine andere Sache ist es, negatives Denken zu vermeiden. Um Gott zu erkennen, um ihm von Angesicht zu Angesicht zu begegnen, ist positives Denken notwendig. Es ist sogar essentiell wichtig – das ist meine wichtigste Botschaft!
Deshalb sollten wir uns nicht mit negativ denkenden Menschen umgeben, sondern nur mit guten, edel denkenden, fortgeschrittenen Menschen. So entsteht Zuversicht und nach und nach wächst Selbstvertrauen in dir. Und aus diesem Selbstvertrauen wird Selbsterkenntnis entspringen.

Vielen Dank, Premananda.

Herzlichen Dank, Nannagaru, das war ein wunderschönes Interview.

Swamini
Pramananda

Es gibt kein Gesehenes ohne
den Seher, aber es gibt einen
Seher ohne das Gesehene.
Wenn es nichts zu sehen gibt,
wird der Seher nicht Seher
genannt, sondern er ist reines
Bewusstsein. Reines Bewusstsein
nimmt den Status des Sehers
an, sobald es etwas zu sehen
gibt. Die Welt zu beseitigen
bedeutet also, dass man ihr keine
eigenständige Realität zuschreibt.

Die Rolle des Guru ist es, die Unwissenheit
über das Selbst zu beseitigen.

Swamini Pramananda

Swamini Pramananda

Swamini Pramananda erhielt *Sannyasa Diksha* (rituelle Einweihung, um sich vom Leben in der Gesellschaft zurückzuziehen) von Swami Dayananda Saraswati und studierte bereits in ihrer Jugend bei ihm *Vedanta* und *Sanskrit*. Sie lebte als Lehrerin in Arsha Vidya Gurukulam im indischen Coimbatore, wo sie Kurse in *Vedanta* und *Sanskrit* gab. Ihre Schüler schätzen auch heute noch ihre Integrität hinsichtlich der traditionellen Lehren, ihnen tiefen Respekt vor der alten Weisheit Indiens und ihren modernen hinterfragenden Verstand.

Swamini und ich fühlten uns sofort verbunden – unsere Namen sind schließlich sehr ähnlich! Ihre liebevolle Art und ihre Schönheit berühren jeden, der ihr begegnet. Swamini arbeitete viele Jahre lang eng mit ihrem Lehrer Swami Dayananda Saraswati zusammen. Gemeinsam verwirklichten sie viele Projekte nicht nur in Indien, sondern auch im Westen. Aus dieser verpflichtenden Lehrtätigkeit hat sie sich vor kurzem ins persönliche Retreat zurückgezogen. Es ist wundervoll, sie zu kennen, und ich möchte ihr für ihre unschätzbare Hilfe bei den Sanskrit-Begriffen in diesem Buch danken.

Sri Ramana stellte die grundlegende Frage: „Wer bin ich?" – Wer bist du?

Ich denke, diese Frage kann man von jeder beliebigen Ebene der Realität aus betrachten. Im Leben des Menschen gibt es die grundlegende Handlungsebene und verschiedene metaphysische Ebenen. Auf der gewöhnlichen Handlungsebene bin ich Swamini Pramananda, mit dem Namen, den mir mein *Guru*, Swami Dayananda Saraswati, gegeben hat.

Die Antworten auf die fundamentale Frage „Wer bin ich?" findest du in Ramana Maharshis Buch. Ist das klar genug?

Ja, danke. Viele Menschen aus dem Westen kommen nach Indien auf der Suche nach Erleuchtung, als wäre sie lediglich eine Erfahrung. Was ist Erleuchtung?

Erleuchtung bedeutet, sich selbst zu kennen. Ich denke, dass jemand, der Zugang zu den Antworten auf diese grundlegenden menschlichen Fragen hat, eine erleuchtete Seele genannt werden kann. Ich würde nicht sagen, dass nur Menschen aus dem Westen Erleuchtung suchen. Die ganze Menschheit sucht nach grundlegenden Antworten im Leben, auch wenn viele von ihnen nicht einmal wissen, wonach sie suchen sollen. Wenn du jemanden fragst, wonach er denn sucht, antwortet er: „Nach Glück. Eigentlich möchte ich bei allem, was ich tue, nur glücklich sein."

Ich glaube deshalb nicht, dass einer, der Erleuchtung sucht, etwas anderes will. Ich denke, das Herz eines jeden menschlichen Wesens sucht genau das: Im Inneren frei zu sein.

Gibt es irgendwelche Voraussetzungen für die Erleuchtung? Ist eine Sadhana *(spirituelle Disziplin) notwendig und wenn ja, welche Form empfiehlst du?*

Ich würde sagen, dass jede Form von Erkenntnis an bestimmte Voraussetzungen gebunden ist. Wenn du zum Beispiel auf eine höhere Schule gehen möchtest, musst du dich darauf vorbereiten. Wenn du diese Vorbereitungen nicht durch Zeugnisse nachweisen kannst, bekommst du keinen Zugang zur Universität. Mit dem Wissen über dich selbst ist es nicht anders, es ist schließlich auch ein Wissen, und so wie mit jedem anderen Wissen, braucht es auch hier eine Vorbereitung. Wenn dein *Guru* mit dir spricht, solltest du seine Sprache verstehen können. Du solltest aufmerksam sein, aufnehmen können, was er sagt, und du solltest schließlich in der Lage sein, das Gehörte auch wiederzugeben.

Die Kenntnis des Selbst ist die Weisheit, die wir suchen und nach der wir uns sehnen, um glücklich zu sein. Das Selbst, über das in den Schriften gesprochen wird, ist nicht der physische Körper. Das Selbst wohnt nur in dieser Form. Es ist das Bewusstsein, das sich in der physischen Form des Körpers zeigt, die als träge Materie angesehen wird. Der Körper und seine Eigenschaften können nicht die Eigenschaften des Selbst sein.

Wenn ich also sage, dass ich in einem Haus lebe, dessen Dach undicht ist, meine ich nicht, dass ich undicht bin. Wenn ich in einer Form lebe und dieser Form geschieht etwas, geschieht dies nicht mir. Ich bin nicht diese Form, die Gestalt dieser Form ist nicht meine Gestalt, und die Eigenschaften der Form sind nicht meine Eigenschaften. In gleicher Weise ist das Selbst nicht der physische Körper, und die Eigenschaften des physischen Körpers gehören nicht zum Selbst.

Wenn ich nur mit meinem Körper identifiziert bin und mein Selbstbild von meinem Aussehen abhängt, von der Haut- und Haarfarbe vielleicht oder der Augenfarbe, dann wird mein Leben eher materiell orientiert sein. Meine ganze Orientierung richtet sich dann nach außen und ich bin nicht wirklich bereit oder offen, nach innen zu gehen. Denn für die Reise nach innen muss man bereit sein, die Fixierung auf den physischen Körper aufzugeben. Daher ist die erste Voraussetzung für ein spirituelles Leben das Aufgeben des äußerlichen Strebens.

Das Leben in einer Konsumgesellschaft mit seinen Verführungen durch die Medien, die Werbung und so weiter, ist keine gute Vorbereitung für die Selbsterkenntnis. Besser ist es, ein relativ zurückgezogenes Leben zu führen. Um mich selbst zu kennen und zu verstehen, muss ich das suchen, was bleibt. Ich suche also etwas, das nicht zeitweilig existiert und wieder verschwindet. Dieses eine, das dich niemals verlässt, ist die Quelle der Glückseligkeit: das Selbst. Du bist das Selbst!

Die zweite Voraussetzung für die Kenntnis des Selbst ist deshalb die Fähigkeit, zwischen Bleibendem und Vergänglichem zu unterscheiden. Habe ich das erst einmal unterschieden, entferne ich mich vom Vergänglichen und nähere mich dem Bleibenden. Diese beiden Voraussetzungen nennt man im *Sanskrit Viveka* und *Vairagya*. *Viveka* ist die Fähigkeit, zwischen dem Dauerhaften und dem Vergänglichen zu unterscheiden. *Vairagya* ist die Gleichgültigkeit gegenüber dem Vergänglichen.

Die dritte Voraussetzung ist, menschlich zu sein. Für ein menschliches Wesen bedeutet emotionales Wachstum, ein guter Mensch zu sein. Dann gehen meine Gedanken, Worte und Handlungen in eine bestimmte Richtung. So mache ich andere Menschen nicht zum Opfer meines Ärgers gegen mich selbst, gegen die Welt oder gegen Gott. Außerdem kann ich mein emotionales Leben bei mir behalten, das heißt, ich beherrsche meine Emotionen weitgehend. Und zu guter Letzt verpflichte ich mich, ein besserer Mensch zu werden, zu wachsen, vergeben und annehmen zu können. Dafür muss ich intellektuell ehrlich sein und in der Lage zu reflektieren. Dies gehört alles zu dieser einen Voraussetzung.

Betrachten wir nun diese drei Bedingungen: *Viveka*, *Vairagya* und nun die dritte, die inneren Qualitäten. Eine Person, die meist freundlich ist, kann die Natur des Selbst als vollkommene Freundlichkeit entdecken. Jemand, der mitfühlend ist, hat die Fähigkeit, die Natur des Selbst als vollkommenes Mitgefühl zu erfahren. Jemand jedoch, der oft zornig ist, kann das nicht. Das muss man gut verstehen: Die dritte Voraussetzung bedeutet, dass man ein reifer, erwachsener Mensch sein muss.

Würdest du irgendeine Übung empfehlen, die helfen kann, diese Voraussetzungen zu erfüllen?

Um zu erkennen, was bleibt und was vergänglich ist, ist es förderlich, zusammen mit gleichgesinnten Menschen und in einer unterstützenden Gruppe zu sein. Sind meine Freunde sehr weltlich orientiert, wird mich das nicht sehr unterstützen. Ich empfehle ein Leben, in dem gelernt wird, in dem Selbstreflektion stattfindet, in dem der Verstand beruhigt und Transaktionen mit der Welt minimiert werden. Es sind endlos viele Dinge, die wir glauben, tun zu müssen: „Bevor ich das nicht alles erledigt habe, kann ich mich nicht hinsetzen. Erst wenn das fertig ist, kann ich schlafen gehen." Doch das Hinsetzen funktioniert später auch nicht, weil ich viel zu müde von der Tagesarbeit bin. Daher empfehle ich,

die beste Zeit des Tages nicht mit allen möglichen Aktivitäten vollzupacken. Stattdessen ist es hilfreich, mehr zu beten. Denn ich suche
Selbsterkenntnis, und das Selbst ist vom kosmischen Selbst nicht verschieden. Daher bringt die innere Haltung des Betens mich dem stillen
Verstand näher, der so wichtig für diese Erkenntnis ist.

Ich habe bemerkt, dass in vielen indischen Ashrams Karma Yoga
*(Arbeit als spirituelle Praxis) praktiziert wird, was gewöhnlich harte
Arbeit bedeutet.*

In Wirklichkeit bedeutet es etwas anderes. Tatsächlich hat *Karma Yoga*
nämlich nichts mit harter Arbeit zu tun. Es geht nicht darum, den Tag
mit Arbeit vollzupacken. Es hat jedoch sehr viel mit der Einstellung zur
Arbeit zu tun, denn es geht darum, mit welcher Haltung du die Arbeit
tust, und dafür musst du nicht in einem *Ashram* sein. Wann immer
es *Karma* (Prinzip von Ursache und Wirkung) gibt, ist auch *Yoga* da.
(beide lachen) Nutze das! Beim *Karma Yoga* geht es um die Haltung, die
du zu den Ergebnissen deiner Handlungen hast, darum, wie du Lebens-
situationen handhabst, und wie du deine Handlungen ausführst.

Entweder geschehen die Dinge einfach durch dich oder du „machst",
dass sie geschehen. Es ist wie bei der Drehscheibe des Töpfers. Mit dem
richtigen Material und der richtigen Drehgeschwindigkeit brauchst du
dem Ton nur die gewünschte Form zu geben. Du erlaubst einfach, dass
es geschieht. Du tust nicht viel, du bist einfach da und sorgst dafür, dass
alles zusammenpasst. Die Sache bewegt sich von selbst, du ermöglichst
nur das Geschehen, indem du deine Handlung einstimmst auf die Bewegung, die bereits geschieht, ohne sie zu unterbrechen. Das heißt, du
bringst dich in Übereinstimmung mit dem Schwung, der schon vorhanden ist.

Wir sind alle mit unserem eigenen Paket *Karma* in dieses Leben
gekommen. Diese *karmische* Bürde entfaltet sich in unserem Leben als
unser Schicksal: in unseren Beziehungen, durch die, die wir lieben oder
hassen, durch all die intensiven Emotionen. Wir haben *karmische* Ver-
bindungen zu einem Land, zu Menschen und zu Tieren. Ich bin sicher,
dass ich eine *karmische* Verbindung zu dir habe, sonst wären wir heute

nicht beisammen. Wir sind alle miteinander verbunden. Ein Mensch, der in Verbindung mit seinem eigenen *Karma* ist, arbeitet natürlich auch, doch benutzt er seinen Willen und seine Kraft wie der Töpfer. Schließlich ist die Sache schon in Bewegung, also muss er damit nur übereinstimmen. Wenn sie sich gegen ihn stemmt und an ihm zerrt, wird dieser Mensch gestresst sein und hohen Blutdruck bekommen. Dieser Kampf mit unserem *Karma*, den Resultaten all unserer Handlungen, ist wie der Kampf gegen einen Schatten.

Karma Yoga bedeutet, so anmutig und leicht zu handeln, dass ich nicht wirklich etwas tue. Ich empfinde mich als jemand, der nur etwas ausführt, was bereits geschieht. Mit allen Situationen des Lebens so umzugehen, ist sehr reizvoll und schön. Auf ähnliche Weise kommen die Ergebnisse meines *Karma* auf mich zurück, denn jede Aktion kreiert eine Folge. Das *karmische* Gesetz wirkt doppelt. Zunächst hat alles, was du tust eine Folge, die der Art der Handlung entspricht. Wenn du zum Beispiel den Fuß hebst und weiter vorn wieder aufsetzt, ist das Ergebnis, dass du dich vorwärts bewegt hast. Das hat zwei Folgen: Das eine Ergebnis kann man sehen, das andere nicht. Wenn ich etwas Gutes tue und vielleicht einer armen Person helfe, gibt es ein sichtbares Ergebnis: Meine Tasche ist leer und seine voll, und beide sind wir glücklich. Doch jedes *Karma* hat gleichzeitig ein unsichtbares Ergebnis, das nicht sofort Früchte trägt, weil es auf unser *karmisches* Konto gebucht wird. Wenn es eine gute Handlung ist, gibt es ein gutes, sichtbares Ergebnis und das gute, unsichtbare Ergebnis wird auf unserem Konto gutgeschrieben; man nennt das *Punya*. Bei einer schlechten oder falschen Handlung ist es genauso, und man nennt es *Papa*. Es gibt also *Punya* und *Papa*. Irgendwann in der Zukunft, in diesem Leben oder in einem späteren, wird dein Konto fällig sein.

Wenn dein Minus größer ist, während du eine gute Handlung tust, wirst du das gute Ergebnis deiner Handlung nicht sehen können. Vielleicht bekommst du stattdessen eine Ohrfeige. Oder du tust etwas Gutes, doch die anderen ziehen dir den Teppich unter den Füßen weg. Du bekommst im Leben also immer das, was du eingezahlt hast, auch wenn du es nicht sehen kannst. Daher ist *Karma Yoga* die Fähigkeit, die Ergebnisse seiner Handlungen anzunehmen, wenn sie zu einem kommen. Ich erwarte immer das Beste, ich erwarte es und arbeite dafür. Aber was im Leben zu mir kommt, kann ich nicht wissen. Was auch immer erscheint, ich vertraue der kosmischen Gerechtigkeit. Ich weiß, dass das Gesetz des *Karma* niemals versagt, denn es ist ein Gesetz wie die Schwerkraft – sie versagt nie. Dem vertraue ich so vollständig, dass ich alle Folgen mit Anmut annehmen kann. Wer diese Haltung der anmutigen Annahme hat, den nennt man einen *Karma Yogi*.

Das ist für die Menschen aus dem Westen interessant, weil sie mit der Vorstellung eines strafenden Gott aufgewachsen sind. Viele von uns tragen eine Art inneren Richter mit sich herum, der ständig urteilt. Kannst du etwas darüber sagen?

Ja, das ist traurig, (lacht) denn bevor wir entdecken, was wir uns mit solchen Vorstellungen selbst antun, ist das halbe Leben schon vergangen. In der verbleibenden Hälfte müssen wir dann all die Denkmuster wieder auflösen. Und das ist nicht leicht. Wir sagen, dass die Schöpfung intelligent ist; intelligent, weil sie vorhersehbar ist, denn wir können ihre Muster in den Formen des Lebens sehen, in den Veränderungen der Jahreszeiten, in der Geographie und der Geologie. Wenn ich in indischen Schulen mit den Kindern spreche, glauben sie, das Wissen in den Büchern stecke in ihrer Tasche – dabei steht Wissen nicht in Büchern. Es manifestiert sich hier an dieser Stelle, und das zu verstehen ist sehr wichtig. Das Wissen liegt in der Schöpfung. Alles was es gibt, ist Wissen.

Der Baum wächst auf intelligente Weise. Das Wissen manifestiert sich im Licht und in den Jahreszeiten, es drückt sich höchst intelligent aus: wann etwas erscheint, wann etwas geht, wie die Jahreszeiten sich abwechseln, und so weiter. Alles ist voller Wissen. *Ishwara*, der Herr, ist in der Luft, die wir atmen. Sie hat genau den richtigen Anteil von Sauerstoff, Stickstoff, Kohlendioxyd und so weiter – alles ist im Gleichgewicht. Der Körper hat die richtige Temperatur. Wenn er zu kalt wird, stirbst du. Wird er zu heiß, wirst du zu Asche. Alles in und um dich herum ist nichts als manifestiertes Wissen.

Wenn wir verstehen, dass sich Wissen als Gott manifestiert, lassen wir alle Urteile fallen. Es gibt niemanden, der urteilt. Wenn es keine

Wesenheit gibt, die uns verurteilt, warum sollten wir uns dann selbst verurteilen? Wir sollten das Leben leben und uns dazu bekennen. Ich bekenne mich zum Selbst als höchste Intelligenz, ich bekenne mich zum Selbst als dem Allwissenden und ich bekenne mich zum Selbst in seiner wahren Natur. Ich bin nicht dieser träge physische Körper.

Da der Verstand ebenfalls aus den fünf Elementen geschaffen wurde, ist auch er träge. Alles was wir sehen, ist Allwissenheit, manifestiert in diesem Körper. Wo ist das Wesen, das dort sitzt und urteilt, und warum sollte es urteilen? Wenn ich eine gute Tat tue, werde ich das Ergebnis ernten. Handle ich falsch, werde ich ebenso die Folgen kennenlernen. Es ist alles in den Gesetzen festgelegt. Möchte ich nicht die Folgen meiner schlechten Taten ernten, werde ich alles Nötige tun, um sie zu berichtigen. Ich werde wachsen, ich werde zu meinen Fehlern stehen, ich werde lernen. Wenn ich mich verpflichtet habe zu wachsen und zu lernen, gibt es niemanden zu fürchten. Warum sollte ich irgendjemanden fürchten, vor allem Gott? Versteht Er mich nicht, dann brauche ich Ihn auch nicht. Ich brauche keinen Gott, der mich verurteilt. Davon habe ich genug. Siehst du? Es gibt keinen Gott, der urteilt. Dafür gibt es die wirkenden Gesetze innerhalb der kosmischen Ordnung und der kosmischen Gerechtigkeit.

Hast du nicht eine Technik, die helfen könnte, den inneren Richter aufzugeben?

Ich denke, eine Meditation, in der ich mir selbst sage: „Ich vertraue der kosmischen Ordnung", ist hilfreich. Der allwissende Schöpfer, nennen wir Ihn die Allwissenheit, kümmert sich um Milliarden Seiner Geschöpfe auf der Erde, in den anderen Galaxien und im Rest Seines riesigen Kosmos. Er hat solch einen riesigen Kosmos in Seinen Händen, dass eine kleine Seele wie „ich" nicht einmal als Punkt zu sehen ist. Es ist wie mit dem Präsidenten eines Landes, dessen Macht mit der Hilfe seiner Mitarbeiter und Minister über das ganze Land reicht, obwohl er nur an einem Ort sitzt. Seine Minister sind die Sonne, der Mond, die Sterne, der Wind, das Feuer, die Erde und all die Elemente der Natur, die unser tägliches Leben beeinflussen, die dir den Lebensatem geben und dieses menschliche Leben ermöglichen. So sorgt Er für Ordnung in Seiner Schöpfung; alles gehorcht den Gesetzen, und darin bin „ich", diese einzelne kleine Seele, ganz natürlich mit eingeschlossen.

Zusammen mit Milliarden *Jivas* bin ich in Seiner Hand, und ich lerne, Ihn als meinen Führer, meinen Heiler, anzunehmen. Und ich bitte, dass sich Seine Göttlichkeit in diesem Körper manifestieren möge. Diese Form der Meditation, in der ich die kosmische Energie in mich aufnehme, in dem ich im Moment lebe, kann ein wunderbarer Heilungsprozess sein. Das ist die letztendliche Wirklichkeit, kannst du das sehen? Wenn wir auf diese Weise unseren Verstand einsetzen, kann es uns heilen und helfen, die inneren Urteile aufzugeben. Zur Heilung gehört auch die Einsicht, dass alles Geschehene Vergangenheit ist. Ich kann lernen, das Leben nicht mit der Haltung „Warum passiert das ausgerechnet mir?" zu betrachten. Dieses „Warum ich?" zeigt die Opferhaltung des Verstandes. Ich erlaube mir heute als Erwachsener zu leben, ich bin nicht hilflos. Als Erwachsener kann ich entscheiden, meine noch offenen Angelegenheiten mit anderen Leuten abzuschließen. Meine Angelegenheiten abschließen bedeutet, sie beizulegen und zu vergeben.

Zweitens muss das Konzept verstanden werden, dass jedes menschliche Wesen mit einer gewissen Schuld kommt, die es abzutragen gilt. Man kann diese Schuld nicht ständig weiter tragen, es ist kein Kreditsystem. Man muss seine Konten ausgleichen. Manchmal nimmt jemand ständig und verschwindet dann. Da er nun der Welt etwas schuldet, muss er wiederkommen und etwas zurückgeben. Das Abtragen *karmischer* Schuld ist ein sehr gutes Konzept in der indischen Kultur, weil es hilft, über eine Partnerschaft hinauszuwachsen, freundlich und menschlich zu sein und sensibel gegenüber den Schwächen und Begrenzungen anderer. Ich kann innerlich ruhig werden und ohne Urteile sein.

Sri Ramana sagte, der direkteste Weg zur Erkenntnis des Selbst sei die Selbsterforschung. Was kannst du über die Selbsterforschung sagen? Wie wendet man sie an?

Aus unserer Sicht war Ramana eine sehr ungewöhnliche Person, eine seltene Seele, ein *Mahatman* (große Seele). Er wusste schon in jungen

Jahren, dass er nicht der physische Körper war und dass er nach dem Tod des Körpers weiter existieren würde. Das wurde ihm ohne Meister gegeben, ohne eine ordentliche Unterweisung. Man könnte sagen, dies war so, weil er diese Unterweisungen bereits in früheren Leben erhalten hat, da er schon vorher viel Arbeit geleistet hatte. Alles was es noch brauchte, waren einige wenige Jahre der Kontemplation.

In der Tradition des *Vedanta* (vedische Philosophie) heißt es, dass die Erforschung des Selbst aus drei Elementen besteht. Das erste ist *Shravanam* (Zuhören), wenn die Natur des Selbst systematisch und strukturiert gelehrt wird. Diese Unterweisung gibt dir der *Guru*, wenn du in seiner Nähe lebst. Das bedeutet, dem Meister zuzuhören, über sich selbst etwas zu lernen und natürlich auch über das Selbst. Als Teil dieses Lernens tauchen dann Fragen auf, wie zum Beispiel: „Du sagst, dass ich nicht der Körper bin, doch ich fühle Schmerzen im Körper; was bedeutet das?"

Das zweite Element nennt man *Mananam* (Reflektion). Versteht mein Verstand, was die Schriften sagen und kann er ihnen folgen? Wenn nicht, werden diese Fragen vom Lehrer angesprochen. Wenn du es nicht verstehst, lernst du es noch einmal. Diese beiden Elemente sind mit dem Lehrer verbunden. Du schreitest mit der Hilfe eines wahren *Guru* weiter voran.

Selbst wenn du die Natur des Selbst verstanden hast, so wie sie in den Schriften beschrieben wird, kannst du immer noch alte Verhaltensmuster haben. Zum Beispiel weiß jemand, dass es schlecht ist zu rauchen, doch raucht er immer noch. So ähnlich ist es mit der Identifikation mit dem Körper, die die Seele über viele Leben mit sich trägt. Um meine Identifikation mit dem Körper aufzugeben, muss ich die Lehren praktisch umsetzen, dafür brauche ich ein kontemplatives Leben. Das dritte Element besteht deshalb aus Meditieren, der Erforschung des Selbst oder dem Studium der Schriften. So habe ich es gelernt: *Nididhyasanam* (Kontemplation). Wenn wir über Selbsterforschung sprechen, dann meinen wir traditionell diese drei Elemente – *Shravanam, Mananam, Nididhyasanam*. Die ersten beiden übst du mit der Hilfe eines Lehrers, das dritte alleine. Ramana Maharshi sprach nur über das dritte Element, denn das war alles, was er brauchte. Er hatte keinen Lehrer im Außen. Also denken viele Menschen, dass auch sie keinen Lehrer im Außen brauchen. Ramana war eine Ausnahme.

Sri Ramana pflegte zu sagen, dass der Arunachala sein Guru *war. Er sagte den Menschen auch, dass es hilfreich sei, einen lebenden* Guru *zu haben.*

Ja.

Als Sri Ramana gefragt wurde, wann man das Selbst erkannt hat, antwortete er: „Wenn die Welt, die das Gesehene ist, entfernt worden ist, wird die Erkenntnis des Selbst als das Sehende geschehen." Wie ist die Welt zu verstehen, und wie kann man sie beseitigen?

Wir müssen wirklich verstehen, was „beseitigen" bedeutet; es kann einmal bedeuten, dass die Welt nicht vorhanden ist, oder es kann bedeuten zu sehen, dass sie nur scheinbar vorhanden ist. Wenn ich verstehe, dass mein Schatten bloß ein Schatten ist, dass er nicht real ist, dann besteht keine Notwendigkeit, ihn zu „beseitigen", weil ein Schatten mich nicht verletzen kann. Wenn er da ist, lasse ich ihn einfach da sein. Ist er nicht da, ist es auch gut. Ich habe also den Schatten kognitiv, also gedanklich, entfernt, auch wenn ich ihn nicht physisch entfernt habe.

In den traditionellen Lehren heißt es: *Brahma satyam jagat mithya, jivo-brahmaiva na aparaha. Brahma satyam* bedeutet „Bewusstsein ist die Wahrheit". *Jagat mithya* bedeutet „Namen und Formen existieren nur scheinbar". Bist du Name und Form oder bist du die Wahrheit? Die zweite Hälfte besagt *jivo-brahmaiva na aparaha*: „Du bist die Wahrheit." Name und Form sind nicht die Wahrheit. Ich spreche ihnen keine eigenständige Realität neben dem Selbst zu.

Beseitigen der Welt bedeutet, dass du der sichtbaren Welt keine eigenständige Realität neben dem Seher gibst. Es gibt kein Gesehenes ohne den Seher, aber es gibt einen Seher ohne das Gesehene. Wenn es nichts zu sehen gibt, wird der Seher nicht Seher genannt, sondern er ist reines Bewusstsein. Reines Bewusstsein nimmt den Status des Sehers an, sobald es etwas zu sehen gibt. Die Welt zu beseitigen bedeutet also, dass man ihr keine eigenständige Realität zuschreibt. Die Welt existiert nicht unabhängig vom Seher, vom Bewusstsein. Wenn Bewusstsein die Wahrheit ist, ist die Welt nebensächlich; ob sie physisch gesehen oder nicht gesehen wird, ist nebensächlich. Ihre Realität ist abhängig vom bezeugenden, wahrnehmenden Bewusstsein. So lehrt es *Vedanta*.

Oft wird behauptet, dass der Verstand erst zerstört werden muss, damit Befreiung stattfinden kann. Hast du einen Verstand? Sri Ramana benutzte den Begriff Manonasha, *„zerstörter Verstand", um den Zustand der Befreiung zu beschreiben. Wie zerstört man den Verstand?*

Ich möchte es nicht „Zerstörung des Verstandes" nennen, auch wenn es *Manonasha* genannt wird. Das Problem bei dem Wort „Zerstörung" ist, dass es die Vorstellung erweckt, dass der Verstand nie wieder zurückkehren wird. Wie aber interagiere ich mit der Welt ohne Verstand?

Manonasha ist in Wirklichkeit die Entfernung des problematischen Verstandes, des Monologe haltenden, plappernden Verstandes. Mit Beseitigen meinen wir, ihn zum Schweigen zu bringen. Wenn der Verstand still und leise wird, frei von ablenkenden Gedankenmustern, führt das zu Stille, dem Wesen von *Atman*, dem Selbst. Es ist eher eine Auflösung als eine Zerstörung. *Manonasha* kann auch bedeuten, dass man versteht, dass der Verstand *Mithya* ist – nur scheinbar vorhanden.

Die nächste Frage wäre, ob du einen Verstand hast? (lacht) Ich denke, du hast einen Verstand.

Soll das ein Trick sein, um mich zu irgendetwas zu bewegen? (lacht)

Hier gibt es keine Tricks. Viele haben die Vorstellung, dass Erleuchtete und Heilige nicht wirklich denken würden, dass sie keinen Verstand hätten.

Es gibt keinen menschlichen Willen und keine Anstrengung. Weil es nichts zu erreichen gibt, müssen auch keine Entscheidungen getroffen werden. Wie beim Töpfern geschehen die Dinge einfach, und du bist nicht der Handelnde. Der Handelnde und Genießende ist *Jiva*, der Verstand, die Person. Aber jemand, der das Selbst als Bewusstsein kennt, ist ein Nicht-Handelnder, ein Nicht-Genießer. Das Selbst ist nicht der Handelnde, alles Tun geschieht durch das Nicht-Selbst. Ich bleibe Zeuge allen Geschehens, ich bleibe ein Nicht-Handelnder.

Lass uns die Sache von einem metaphysischen Blickwinkel aus betrachten: Wir sagen, dass das Selbst ein wahrnehmendes Bewusstsein ist, und dieses Bewusstsein handelt nicht. Es handelt nicht, sondern alle Handlungen gehen vom Körper-Verstand-Sinne-Komplex aus. Dieser Komplex ist der Handelnde, Genießende und Erfahrende. Das Selbst, *Atman*, macht und hat keine Erfahrungen. Um Erfahrungen zu machen, ist ein Körper-Verstand-Sinne-Komplex notwendig. Dieser kann nur das erfahren, womit er in Kontakt kommt. Er besteht aus den fünf Elementen, und die Welt besteht ebenfalls aus diesen fünf Elementen, also können diese zwei in Kontakt treten und es geschieht Erfahrung. Die Haut spürt Berührung, die Augen sehen Formen, die Ohren hören Geräusche und Klänge. Alle Handlungen finden auf der Ebene des Nicht-Selbst statt. Das Selbst ist kein Handelnder.

Wir sagen, dass Heilige den Seinszustand des Nicht-Handelns genießen und dass die Dinge durch sie geschehen. Das bedeutet, dass sie unberührt bleiben, wenn Handlungen passieren. Wenn mein Ich mit dem Bewusstsein identifiziert ist, statt mit dem Körper und seinem Verstand, dann gehört nichts von dem, was der Körper-Verstand tut, zu mir, dem Selbst. Das heißt nicht, dass der Körper-Verstand nichts tun wird; er wird tun, was er tun muss. Aber das Handeln gehört nicht dem Selbst, das Selbst handelt nie. Dinge geschehen, Dinge werden getan. Ich bleibe im Selbst, nichts geschieht.

Ich bin Bewusstsein und dieser Körper existiert innerhalb des Bewusstseins. Die Schöpfung ist innerhalb des Bewusstseins. Arunachala ist innerhalb des Bewusstseins. Die Sterne sind innerhalb des Bewusstseins. Du bist innerhalb des Bewusstseins. Innerhalb des Bewusstseins sind die Erde, die Sonne, der Mond, die Planeten, die Galaxien, das Ganze. Dieses Bewusstsein ist das Selbst – Punkt aus, keine Diskussion, da endet es alles. Es gibt keinen Raum für Handeln oder einen Handelnden, weil es nichts zu tun gibt. Alles Tun und Handeln gehört zum Körper-Verstand-Komplex, der nicht das Selbst ist und daher *Mithya*, nur scheinbar existent. Das Selbst ist *Satyam*, die Wahrheit, die Wirklichkeit.

Kannst du etwas über Vasanas *sagen, die Neigungen des Verstandes? Müssen diese erst vollständig entfernt werden, damit die Selbsterkenntnis dauerhaft bleiben kann? Oder reicht es, einen* sattvischen *(ruhigen und friedvollen) Verstand zu haben und seine* Vasanas *zu kennen, so dass sie nicht länger wirken können? Wie befreie ich mich von den* Vasanas?

Die dritte Voraussetzung für spirituelles Leben, die Selbsterforschung eingeschlossen, ist *Nididhyasanam*: Meditation über das, was ich über mich selbst weiß, so dass meine gewohnten Muster und die Identifizierung mit dem Körper im Licht meiner Kenntnis des Selbst als *Mithya* erkannt werden können. Dazu gehört das Entfernen der *Vasanas*, das Hinarbeiten auf einen Zustand des Verstandes, in dem sie nicht länger stören. Man muss es nur anders formulieren. *Vasanas* können gerne weiter bestehen, solange sie nicht die Ruhe des Verstandes stören. Du sitzt am Ufer eines Sees, schaust auf das stille Wasser und plötzlich steigt eine Luftblase an die Oberfläche und zerplatzt mit einem leisen Plopp! Danach ist der See wieder still. Nach einiger Zeit steigt wieder eine Luftblase empor, und wieder: Plopp! Wenn in der Meditation Dinge in dir emporsteigen, was machst du dann? Du beobachtest einfach. Sei ein Zeuge. Du musst nichts tun, um diese Luftblase zu entfernen. Es ist schlicht und ergreifend verweste Materie, die emporsteigt. Genauso sind *Vasanas* verweste Verhaltensmuster, die vor der Selbsterkenntnis existierten. Sie sind noch nicht verschwunden. Sie werden erst dann verschwinden, nachdem sie an die Oberfläche gekommen sind, also lasse sie aufsteigen. Na und? Ich bleibe der Zeuge, ich bin mir all dessen bewusst, was auch immer das Spielchen des Verstandes gerade sein mag. Ich beurteile es nicht, ich identifiziere mich nicht damit, ich bleibe lediglich ein Zeuge dessen.

Aber wir identifizieren uns mit ihnen.

Ja.

Meistens sogar!

Wir identifizieren uns, wir urteilen. „Oh Gott, ich denke immer noch so! Oh Gott, warum wird der Verstand noch immer gestört?"

Schau ihn an. Was ist es, das stört? Wenn du zum Beispiel eine Wunde an der Hand hast, die nicht heilt, zieht der Schmerz deine Aufmerksamkeit auf sich. Wäre da kein Schmerz, würdest du dich vielleicht nicht um die Wunde kümmern. Sehr bald müsste deine Hand amputiert werden. Schmerz ist ein großer Segen, er bittet um deine Aufmerksamkeit: „Hey, schau mal her! Du musst dich um mich kümmern! Es tut weh! Bitte schau her!"

Manchmal gibt es ein paar *Vasanas*, manchmal kommt etwas aus der Vergangenheit hoch, und wir urteilen darüber: „Hey, Schmerz, was willst du hier? Du solltest nicht da sein! Nach zehn Jahren spiritueller Arbeit bist du noch da! Ich werde meinen *Guru* verlassen! Es hat nicht funktioniert!" Du wirst böse auf den Lehrer: „Du hast mir nicht gesagt, dass mein Schmerz auch noch weitergeht, nachdem ich zehn Jahre bei dir gewesen bin! Du bist ein Schwindler!" Armer *Guru*.

Es gibt nichts zu beurteilen. Bleibe im bezeugenden Bewusstsein, wenn *Vasanas* in dir Themen aufwerfen. Es lässt dich sehen, auf was du achten musst, woran gearbeitet werden muss.

Die Vasanas *können also da sein, aber sie sind harmlos, wenn wir sie nur beobachten.*

Ja.

Aber wenn sie noch immer unsere Taten motivieren, sind wir weiterhin seine Opfer.

Ja. Und dann müssen wir es uns ansehen und es ansprechen. Wenn wir nicht in der Lage sind, als Zeuge anwesend zu bleiben und wir uns stattdessen damit identifizieren, bringt es Schmerz und Erinnerungen. Sie stören die Ruhe unseres Verstandes und wir müssen dann aus der Meditation aussteigen und die Themen ansprechen. Schau sie dir an, schreib sie in dein Tagebuch, mache Visualisierungen, rufe dir die Situation ins Gedächtnis zurück. Wenn etwas aus deiner Kindheit aufkommt, okay, es ist passiert, aber wie kann ich die Situation jetzt als Erwachsener korrigieren? Was kann ich tun, um dieses Kapitel meines Lebens abzuschließen, meine Schuld zu begleichen?

Weil mein Verstand meine Aufmerksamkeit auf diesen Schmerz lenkt, gehe ich durch diesen Prozess. Wenn ich es angesprochen habe, kann ich zurück in die Meditation gehen und wieder ruhen. Es wird nicht noch einmal zurückkommen.

Könnte es sein, dass es manchmal sehr starke, mächtige Themen oder Strukturen gibt, die von einer Art psychologischer Therapie bearbeitet werden könnten?

Ja. Die moderne westliche Welt hat wirklich einige gute Werkzeuge entwickelt. Auch wir haben viele Methoden, wie zum Beispiel die Rückführung in vergangene Leben. Wir haben auch Heilmeditationen, zum Beispiel auf weißes Licht oder *Reiki* (Heilen durch universelle Energie). Sie wirken Wunder. Einige der Themen sind nicht notwendigerweise nur mit diesem Leben verknüpft und bedürfen somit etwas mehr als nur der Beratung oder Seelsorge. Bestimmte Muster aus sehr starken Verletzungen sind verbunden mit Kernthemen aus vergangenen Leben. Man kann sie durch Rückführungen ansprechen: Deine innere Intelligenz bringt dich zurück zu diesen Situationen und hilft dir zu heilen.

Am Ende seines Buches „Self-Enquiry" (Die Selbsterforschung) sagt Sri Ramana: „Jemanden mit einem Verstand, der sehr fein unterscheiden kann, und der das Selbst tief erfahren hat, nennt man einen Jivanmukta." Ist das der Zustand, den man auch Selbsterkenntnis nennt?

Weiter heißt es: „Wenn ein Mensch in den Ozean der Glückseligkeit eingetaucht und ohne jede Abgrenzung Eins geworden ist mit ihm, nennt man ihn einen Videhamukta. Dieser transzendentale Zustand von Videhamukti *heißt auch* Turiya – *er ist das endgültige Ziel.* "*Kann man diesen Zustand auch Erleuchtung nennen?*

Ich möchte aus meiner Sicht darlegen, wie die Tradition diese beiden Äußerungen versteht. *Jivanmukti* ist der Zustand sicherer, beständiger, klarer Erkenntnis des Selbst als *Sat-Chit-Ananda* (Wahrheit-Bewusst-sein-Glückseligkeit), und ist damit frei von jeglichem *Karma* oder *Punya Papa*, guten oder schlechten Taten. Wenn ein *Jivanmukta* stirbt, verliert er die Verbindung mit dem Körper endgültig und er wird keinen weiteren Körper annehmen. Die Freiheit vom Kreislauf der Wiedergeburt nennt man *Videhamukti*.

Um es noch klarer zu machen, solltest du wissen, dass die Tradition das *Punya Papa* eines *Jiva*, einer Seele, in drei Typen unterteilt: Der erste nennt sich *Sancita Karma*, das *Karma*, das sich über mehrere Leben hin angesammelt hat.

Der zweite heißt *Prarabdha Karma* – die Menge des angesammelten *Karmas* im aktuellen Leben. Der dritte Typ wird *Agami Karma* genannt, und stellt ein neues *Punya Papa* dar, der von der betreffenden Person hinzugefügt wurde, indem sie im aktuellen Leben neues *Karma* erzeugt.

Im Falle eines Weisen jedoch hat die Selbstkenntnis bereits das *Sancita Karma*, das angesammelte *Karma*, zerstört. Das Ego, das annimmt, dass ich der Handelnde sei, der Genießer, existiert nicht mehr. Stattdessen gibt es da nur noch das Wissen, dass ich *Sat-Chit-Ananda Brahma* bin. Da außerdem der individuelle Kern fehlt und er nicht ein individueller *Jiva* ist, der *Karma* erzeugt, erschafft er also kein frisches *Agami Karma*.

In Wahrheit ist das einzige *Karma*, das den Weisen im Mensch-sein hält, das *Prarabdha Karma*, das ihn während des Zustandes des *Jivanmukti* Schmerz und Vergnügen erfahren lässt. Im *Jivanmukti* gehen die Erfahrungen von Schmerz und Vergnügen nicht vorüber, sie bestehen weiter fort.

Der Unterschied ist jetzt jedoch, dass der Weise erkennt, dass das *Prarabdha Karma* nur den Körper beeinflussen kann, nicht jedoch das Selbst. Sobald der Körper verlassen wurde, ist Wiedergeburt für einen

Weisen nicht mehr möglich, weil es weder frisches noch angesammeltes *Karma* gibt und auch das *Prarabdha Karma* mit dem Verlassen des Körpers vorbei ist. Man sagt dann, dass er *Videhamukti* genießt.

Es erscheint mir essentiell wichtig zu sein, einem **Guru** *zu begegnen und bei diesem* **Guru** *zu bleiben. Wer ist der* **Guru**? *Was ist seine Rolle? Wie erkennt man einen wahren* **Guru**?

Deine Frage beinhaltet drei Fragen zugleich! Okay, fangen wir mit der ersten an. Wer ist der *Guru*? Nun, wie es auch keinen Vater oder keine Mutter an sich gibt, so gibt es auch keinen *Guru* in dem Sinne. *Guru* ist vielmehr eine Rolle, die ein Mensch für ein anderes Individuum spielt oder annimmt, das sich als Schüler dieser Person sieht. So ist ein *Guru* nur für denjenigen ein *Guru*, der sich als Schüler dieses Lehrers versteht. Den „*Guru*" als solchen gibt es also nicht, das ist eine Sache, die wir verstehen müssen.

Was meinen wir außerdem, wenn wir über den *Guru* sprechen? *Gu* bezieht sich auf Ignoranz, Unwissenheit. *Ru* bedeutet Entfernen. Derjenige, der die Unwissenheit beseitigen kann, ist der *Guru*. Welche Unwissenheit? Du kannst einen Tanz-*Guru* oder einen Musik-*Guru* haben. Aber *Guru* ist der Begriff für jemanden, der deine Unwissenheit über das Selbst entfernt.

Die Rolle des *Guru* ist es, die Unwissenheit über das Selbst zu beseitigen, die Person durch *Shravanam* (die Lehre hören) und *Mananam* (die Lehre reflektieren) zu führen, die ersten beiden Teile in der Lehre des Wissens über das Selbst.

Wie erkennst du einen wahren **Guru**?

Arjuna fragt Lord *Krishna* in der *Bhagavad Gita*: „Sag mir, wie spricht er? Wie geht er? Wie sitzt er?" Geht er langsam, dann kann ich sagen: Ah, ich habe ihn gefunden. (lacht) Wenn er zu schnell geht: Nein, er kann kein *Guru* sein. Die Antwort von Lord *Krishna* ist sehr interessant, er sagt: „Derjenige, der mit sich selbst zufrieden ist, der für sich und aus sich selbst lebt, ist ein weiser Mann."

Das bedeutet, jemand hat alle menschlichen, vom Verstand kreierten Begierden aufgegeben, so dass er keinerlei Wünsche mehr befriedigen will. Seine Zufriedenheit wird also in keinster Weise von Wünschen beeinträchtigt. Ob sie erfüllt werden oder nicht: Er ist frei davon.

Ob dieser weise Mensch aber dein *Guru* wird, hängt davon ab, ob er bereit ist, seine Weisheit an dich weiterzugeben. Also sollte die Frage eigentlich lauten, wer ein weiser Mensch ist, und nicht, wer ein *Guru* ist. Der *Guru* ist der, der dich lehrt. Seine Rolle wird durch den Schüler definiert. Aber ein weiser Mensch ist jemand, der in Verbindung mit der Weisheit steht, und das spiegelt sich in seinem Leben wieder.

Würdest du sagen, dass der **Guru** *erscheint, wenn der Schüler bereit ist?*

Ja. Es ist Teil der kosmischen Gerechtigkeit, dass der Suchende niemals alleingelassen wird. Als Sucher gebe ich mein normales Leben, meinen Freundeskreis für die Suche nach der Wahrheit auf. Allerdings weiß ich nicht, was mich da ruft. Ich weiß auch nicht, wohin ich gehe oder woher die Antwort kommen wird. Ich weiß nicht, ob jemand mein Vertrauen ausnutzen wird. Es gibt so viel Unbekanntes auf der spirituellen Reise, oder? In jedem Stadium und an jedem Punkt kann mich jemand reinlegen. Die Schriften versprechen jedoch: Wenn ich wirklich bereit bin und die Voraussetzungen erfüllt habe, wenn aufrichtige Leidenschaftslosigkeit und Unterscheidungsfähigkeit erreicht ist, sowie die Bereitschaft zu Vergebung und Gebet, dann werde ich niemals im Leben alleingelassen. Dann werde ich meine Antworten finden. Zur richtigen Zeit wird die richtige Person auftauchen. Das muss so geschehen, das ist das Gesetz.

Würdest du sagen, dass dieses innere Feuer, diese innere Sehnsucht ein weiteres Element ist?

Ja, denn das ist die Botschaft. Dein Inneres ruft hinaus ins Universum, dass jemand kommen möge: „Ich bin bereit, bitte komme! Oh Gott, erfülle mich! Ich bin mit dem sogenannten normalen Leben endgültig fertig. Gib mir jetzt, was ich für die Vollendung meiner Reise brauche!"

229

Hast du das erst einmal in den Kosmos hinausgerufen, muss dein Ruf einfach beantwortet werden, denn dort wirkt die kosmische Intelligenz. In der Schöpfung herrscht Allwissenheit. Dieser Ruf wird aufgenommen und die richtigen Situationen ergeben sich und führen dich zu der richtigen Person. Daran gibt es keinen Zweifel!

Arjuna stellt diese Frage in der *Bhagavad Gita*. Er hat Zweifel. Wir lieben *Arjuna*, denn sehr oft klingt er wie wir selbst, voller Zweifel. Er fragt Lord *Krishna*: „Wenn ich alles aufgebe und mich ganz einlasse, was geschieht dann, wenn ich sterbe? Im weltlichen Leben habe ich es schon nicht erreicht. Was ist, wenn es mir auch im spirituellen Leben nicht gelingt, weil ich nicht den richtigen Lehrer gefunden habe? Was geschieht dann mit mir?"

Lord *Krishna* antwortet: „Du wirst niemals irgendetwas verlieren. Sogar wenn du heute stirbst, wirst du wiedergeboren werden und den Faden genau da wieder aufnehmen, wo du aufgehört hast." Auf der spirituellen Reise gibt es keinen Neuanfang. Das Rad wird nicht neu erfunden. Du bist schon so weit gekommen. Es gibt kein Zurück, es ist eine Einbahnstrasse.

Du sammelst einfach weiter Guthaben an.

Ja, so ist es.

Ramanas Verehrer empfanden sehr große Verehrung für ihn, genauso wie er für den Arunachala. Welche Rolle spielt Bhakti, *die Hingabe, auf der Suche nach dem Erwachen?*

Bhakti wird ganz unterschiedlich verstanden. Für viele Leute bedeutet Hingabe das Singen von *Bhajans* (Lieder aus Hingabe zu Gott).

Es gibt eine unsichtbare Verbindung, zwischen dem Suchenden und dem Guru. *Hat sie etwas mit Hingabe zu tun?*

Ja. Ich würde sagen, es gibt eine ähnliche Beziehung wie zu Gott. Die Beziehung eines Individuums zum Ganzen ist für jeden Menschen die wichtigste Beziehung. Jeder hat eine Beziehung zum Ganzen, unter dessen Gesetzmäßigkeit sich seine Geburt ereignete. Die fundamentale Beziehung eines jeden Individuums ist die mit dem Schöpfer. Im Grunde ist es eine Beziehung der Verehrung, die eines Geschöpfes zu seinem Schöpfer.

Wiederum, ähnlich wie beim *Karma Yoga*, müssen wir achtsam sein. Hingabe wird manchmal als Aktivität interpretiert. Lasst uns ein wenig Hingabe üben, ein paar *Bhajans* singen, ein paar Gebete sprechen, eine Kerze oder Lampe anzünden, oder die Füße des *Guru* massieren. Viele denken, dass *Bhakti* ein Akt der Verehrung sei. Es kann mit einem Akt der Verehrung beginnen, es endet jedoch nicht damit. Eine Handlung wird durchgeführt, um den Geist hinter der Aktion anzurufen.

Du benutzt ein Symbol, um deine Empfindung auszudrücken, denn Empfindungen sind sehr subtil. Das ist der Grund, warum so viele enge Freunde, Paare und Beziehungen auseinandergehen: Sie sind unfähig, sich das grundlegende Gefühl mitzuteilen, dass sie sich lieben. Sie können nicht darüber reden oder es irgendwie ausdrücken. *Bhakti* als ein Akt der Verehrung ist eine Form, die benutzt wird, um eine Empfindung hervorzurufen. Neuerdings sehe ich New Age-Gruppen, die Räucherstäbchen anzünden, sanfte Musik auflegen und das Licht dämpfen, wenn sie meditieren. Das kreiert ein Ambiente, eine Atmosphäre, die mir hilft, nach innen zu gehen. Räucherstäbchen allein bedeuten nicht Meditation, unterstützen mich jedoch, tiefer in mein Inneres einzutauchen. *Bhakti* nutzt die Form bestimmter Handlungen, die helfen, um eine bestimmte Haltung zum Schöpfer oder zu einem herausragenden Wesen wie Ramana Maharshi zum Ausdruck zu bringen.

Wenn Selbsterkenntnis zur wichtigsten Sache in meinem Leben wird, ist Gott immer in meinem Gewahrsein präsent. Ich bleibe immer in der Hingabe. Das Wissen verschwindet nicht, es bleibt. Die Empfindung wird zu einer inneren Haltung, nicht zu einer Handlung, so wie *Karma Yoga* eine Haltung und keine Handlung ist. *Bhakti* ist eine Haltung demjenigen gegenüber, dem du hingegeben bist. In diesem Fall geht es um die Hingabe an Gott. Ein Heiliger ist vermutlich der größte Verehrer Gottes, jemand, der Eins mit dem Herrn und sein treuester Diener ist.

Suchende haben oft seltsame Vorstellungen vom Zustand der Erleuchtung. Wie sieht dein Alltag aus, und wie nimmst du die Welt wahr?

(lacht) Mein typischer Tag hat nichts mit dem zu tun, was sich in mir befindet. Jeder Tag hat seinen eigenen Charakter, wie bei einem Kaleidoskop. Hast du jemals durch ein Kaleidoskop geschaut? Du wirst jede Form nur ein einziges Mal sehen. Jeder Moment ist ein eigenes eingefrorenes Muster, in seiner eigenen Schönheit, seiner eigenen Form, Gestalt und Farbe. Man versucht, das Muster wieder herzustellen, man dreht es rückwärts und denkt, dass das vorherige Bild wiederkommt. Doch es kommt niemals zurück. Also gibt es keinen typischen Tag. Tut mir leid, wenn ich dich enttäusche. (lacht) Jeder Tag ist neu. Jeder Tag ist frisch. Jeder Tag hat etwas zu bieten, von dem ich am Tag zuvor nicht einmal wusste, dass es existiert. Und ich lebe mein Leben Tag für Tag, von Moment zu Moment. Das ist alles, was ich zu sagen habe.

Ich danke dir.

Radha Ma

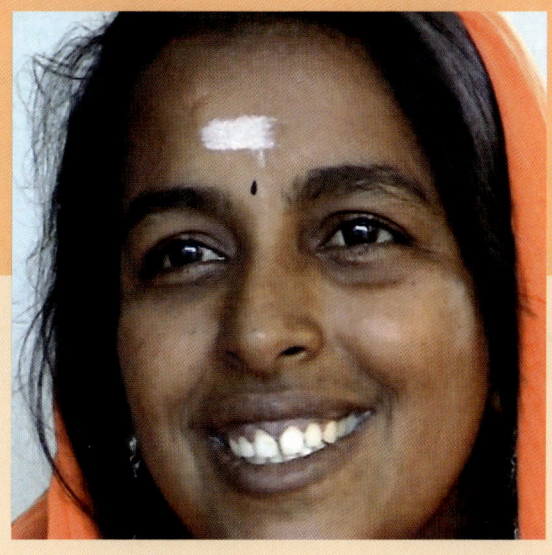

In dem Moment, in dem du eine Blaupause machst, frierst du ihn ein, du frierst den Moment ein, und dadurch geht seine Schönheit verloren. Du kannst keine Blaupause machen, da das Mysterium für jeden anders ist. Man kann das nicht verallgemeinern, jeder hat einen anderen Weg und eine andere Weise, man kann keine allgemeingültige Blaupause machen.

RADHA MA

Wir alle sind bereits DAS, wir sind nicht unwissend,
wir müssen nicht erleuchtet werden.

Radha Ma

Radha Ma

Radha Ma ist eine jung wirkende Frau, von der wir nicht wissen, wie alt sie tatsächlich ist (vielleicht Anfang 40). Sie stammt ursprünglich aus Bangalore, wo sie viele Jahre erfolgreich im Finanzamt gearbeitet hat. Dort lernte sie auch ihren Ehemann kennen, und um dem Druck der Familie zu entgehen, beschlossen sie zu heiraten. Nun ist er gleichzeitig ihr Anhänger und Schüler. Sie weist es stets zurück, ein *Guru* oder Meister zu sein, aber trotzdem kommen viele Menschen zu ihr.

Das Interview mit Radha Ma 2003 zu arrangieren, war ein wirklicher Genuss, denn sie erklärte sich sofort dafür bereit. Sie sagte: „Warum nicht jetzt?", und so saßen wir schon bald zusammen und hatten sehr viel Spaß. Während unserer Begegnungen in den letzten Jahren nahm ich in ihrer Präsenz immer unglaublich viel Liebe wahr. Am Tor ihres Ashrams ist auf einem Schild zu lesen: „Ich bin kein Guru. Statt deine Zeit mit dem Versuch zu vergeuden, mir zu begegnen, solltest du lieber zum Ramana-Ashram gehen!" Dass sie trotzdem meine Einladungen angenommen hat, in meinem Arunachala-Retreat zu sprechen, hat mich sehr berührt. Als weise Frau ist sie kompromisslos der Wahrheit ergeben, die sie in ihren Vorträgen trotzdem liebevoll und mit viel Humor ausdrückt.

Radha Ma, ich freue mich sehr, mit dir in deinem Haus „Shivaratri" zu sitzen, hier in Tiruvannamalai am Fuße des Arunachala. Du wolltest doch noch etwas über den Titel dieses Buches sagen, bevor wir mit dem Interview und den Fragen beginnen. Er lautet im englischen Original „Blueprints for Awakening" (Blaupausen für das Erwachen).

In dem Moment, in dem du eine Blaupause machst, frierst du ihn ein, du frierst den Moment ein, und dadurch geht seine Schönheit verloren. Du kannst keine Blaupause machen, da das Mysterium für jeden anders ist. Man kann das nicht verallgemeinern, jeder hat einen anderen Weg und eine andere Weise, man kann keine allgemeingültige Blaupause machen.

Ich stimme dir vollkommen zu. Wahrscheinlich ist jeder bei seinen Lehrern einen anderen Pfad gegangen, hat eine andere Erfahrung und eine andere Art von Erwachen gehabt. Meine Frage an sie alle ist, wie sie diese einzigartige Erfahrung erlebt haben.

Oh! Ich hatte gar keine Erfahrung, ich bin nicht erwacht! (lacht)

Das heißt, du hast gar keine Blaupause für das Erwachen?

Genau! Ich bin nicht erwacht, weil ich nie geschlafen habe!

Du bist also immer erwacht gewesen?

Ja. Erwachen kommt; es ist ein relativer Begriff, der voraussetzt, dass man geschlafen haben muss. Wer aber nie geschlafen hat, kann auch nicht erwachen. Für mich ist der Begriff Erwachen deshalb völlig bedeutungslos. (lacht)

Sri Ramana stellte die grundlegende Frage „Wer bin ich?" – Wer bist du?

Sri Ramana hat diese fundamentale Frage den *Sadhakas* (spirituell Suchenden) nahegelegt, um den Verstand zu kontrollieren, nicht den Meistern, die ja bereits erwacht sind. Wenn du mich fragst: „Wer bist du?", fange ich an, mich zu beschreiben. Ich beginne, das Unendliche zu begrenzen und versuche das Unbeschreibliche zu definieren, verstehst du? Trauigerweise geht dann die Schönheit verloren und alles wird unklar und hässlich. Es ist aber unendlich! Ich könnte sagen, dass ich Bewusstsein bin oder dies oder das – doch ich bin nichts davon. Ich bin nicht dies und ich bin nicht das: Ich bin, was ich bin! Die Frage ist also nur für den spirituell Suchenden gedacht, der versucht herauszufinden, wer er ist, und nicht für den, der es bereits weiß. (beide lachen)

Du sagst also, dass du weißt, wer du bist, auch, wer du im jetzigen Moment bist?

Nein, ich habe gesagt, dass es nicht möglich ist, „Wer bin ich?" mit dem Verstand zu begreifen. Man kann DAS nicht erklären, es ist unendlich! Wir Menschen können das Unendliche nicht erfassen, deshalb versuchen wir, es mit Worten zu beschreiben, wie „Ich bin mitfühlend", „Ich bin *Brahman*" (absolute Realität), „Ich bin grenzenlos" oder „Ich bin Bewusstsein". Stell dir vor, du würdest im Wörterbuch das Wort „Bewusstsein" durch das Wort „Dummheit" ersetzen, dann wäre ich auch Dummheit! Bewusstsein ist ein Begriff aus dem Wörterbuch, und wenn es stattdessen Dummheit lauten würde, wäre ich halt Dummheit. Diese Worte werden benutzt, weil der Verstand versucht, etwas zu begreifen, das man nicht begreifen kann.

Du bist, wer du in diesem Moment bist, das, was im jetzigen Moment ist, richtig?

Ja, ich bin immer ein und dasselbe; ich bin unveränderlich. Ich bin jenseits von Zeit, sei es Vergangenheit, Gegenwart oder Zukunft. Ich bin immer das unveränderliche Ich-bin.

Viele Menschen aus dem Westen kommen nach Indien auf der Suche nach Erleuchtung, als wäre sie lediglich eine Erfahrung. Was ist Erleuchtung?

Ein Spiel des Verstandes. Man könnte es die Aktien des Verstandes nennen, denn der Verstand will immer etwas noch Besseres: In der materiellen Welt will er reich sein, in der Welt der Gefühle will er geliebt werden und in der spirituellen Welt will er Erleuchtung. Der Verstand hat seine Aktien immer da, wo es scheinbar besser ist. Aber so etwas wie Erleuchtung gibt es nicht, weil es den Verstand in Wirklichkeit nicht gibt – wir sind nicht der Verstand. Und so gibt es auch keinen spirituell Suchenden, denn du bist bereits DAS. Wir alle sind bereits DAS, wir sind nicht unwissend, wir müssen nicht erleuchtet werden. Das Ganze ist ein Ego-Trip, mehr nicht. Wenn Menschen mit der materiellen Welt unzufrieden sind, probieren sie es mit Spiritualität, nur um dann herauszufinden, dass es so etwas wie Erleuchtung gar nicht gibt.

Meine nächste Frage klingt vielleicht ein bisschen absurd, denn wenn es keine Erleuchtung gibt, gibt es auch keine Voraussetzungen für Erleuchtung. Ich frage trotzdem: Gibt es irgendwelche Voraussetzungen für Erleuchtung?

Wer sollte denn irgendjemanden für die Erleuchtung qualifizieren? Wer könnte sagen, dass du und ich qualifiziert sind für die Erleuchtung? Meine Erleuchtung ist mir geschenkt worden, wo also sollte die Qualifikation hergekommen sein? Das alles ist doch nur Geschäftemacherei!

Ist es dann notwendig, eine spirituelle Praxis auszuüben? Ist eine Sadhana *(spirituelle Disziplin) notwendig?*

Notwendig ist nur zu erkennen, dass sie im Endeffekt nicht real ist, dass wir keine Erleuchtung brauchen! Erleuchtung ist eine Illusion, unser Verstand ist eine Illusion. Aber allein durch *Sadhana* wirst du das nicht als Realität erkennen. Doch sie ist notwendig, um die Wahrheit zu erkennen und zu verstehen.

Nehmen wir einmal an, du erzählst einem Bauern, er wäre Gott. Das würde er dir niemals abnehmen und er würde dich auslachen. Um diese letzte Wahrheit zu verstehen oder vielmehr zu akzeptieren, dass sie real ist, braucht er eine *Sadhana*. Der spirituell Suchende ist real, und um das zu erkennen, braucht er eine *Sadhana*. Er braucht sie nicht für die Erleuchtung.

Es ist also auf einer Ebene nützlich, den Verstand zu kennen, ihn zu sehen und zu wissen, wer du bist, so gesehen wäre **Sadhana** *nützlich?*

Ja, es ist wichtig zu verstehen, dass der Verstand letztendlich eine Illusion ist. Und um das zu erkennen und zu verstehen, braucht man eine *Sadhana*. Doch *Sadhana* wird dich nicht dazu bringen, den endgültigen Bruch zu machen und deine Identifikation loszulassen.

Ist es notwendig, den Verstand zu beruhigen, um zu einem sattvischen *(ruhigen und friedvollen) Verstand zu gelangen?*

Ja. Der Verstand ist zwar eine Illusion, aber wenn man das einfach so behauptet, akzeptieren die Menschen es natürlich nicht. Schließlich sehen sie sich jeden Tag mit ihrem Verstand ringen und kämpfen. Die *Sadhana* brauchst du, um aus deinem Feind, dem Verstand, einen Freund zu machen, das ist alles. Den Verstand selbst und die Illusion gibt es immer noch, ob Freund oder Feind, es bleibt eine Illusion. Aus dem Alptraum ist jetzt ein schöner Traum geworden, doch der Traum geht weiter.

Sri Ramana sagte, der direkteste Weg zur Erkenntnis des Selbst sei die Selbsterforschung. Was kannst du über die Selbsterforschung sagen?

Ich weiß nicht, ich habe die Selbsterforschung nie ausgeübt, deshalb kann ich nichts dazu sagen. (beide lachen) Wirklich, ich bin diesen Pfad nie gegangen, deshalb kann ich nicht sagen, was richtig ist und was nicht. Auch Ramana selbst hat die Selbsterforschung nie gemacht. Es war einfach nicht notwendig.

Siehst du jetzt, was passiert? Wenn du beginnst zu fragen: „Wer bin ich?", hilft dir das vielleicht, zunächst den Verstand zu kontrollieren, doch nach einer Weile – wenn du nicht wirklich verstanden hast, worum es dabei geht – wird es lediglich zu einer Autosuggestion. Die Gedanken werden zwar besser, aber du kannst sie nie ganz auslöschen.

Ich denke, die Idee der Selbsterforschung ist es, deine Aufmerksamkeit auf das zu lenken, was sich nie verändert.

Wenn du auf dem letzten Stück des Weges angekommen und bereit für das Erwachen bist, oder wie du es auch nennen magst, wird alles dich zum Erwachen bringen. Vielleicht ist es nicht die Selbsterforschung. Es kann Hingabe, Liebe oder Akzeptanz sein: Alles wird dich zum Erwachen bringen! Bist du einmal dafür bereit, wird dich sogar jeder Gedanke dorthin bringen. Nicht nur die Selbsterforschung kann das, sie ist nicht der einzige Weg.

Wenn du sagst „bereit dafür", was meinst du damit?

Dass du all deine *Sadhanas* gemacht hast und plötzlich diese letzte Wahrheit verstehst.

Das meinte ich mit der Frage, ob es irgendwelche Qualifikationen gibt. Ob etwas als Vorbereitung notwendig ist.

Die Vorbereitung geschieht von selbst. Es braucht nicht genau dies oder das zu sein, aber es sollte beständig sein. Wie macht man einen Studienabschluss? Zunächst musst du in den Kindergarten gehen, danach in die Schule, du gehst Schritt für Schritt weiter und schließlich am Ende bekommst du den Abschluss, nicht vorher. Niemand kann die Voraussetzungen dafür vorher festlegen. Ist es möglich, direkt vom Kindergarten zum Studium zu gelangen? Das ist schwer zu beantworten. Wir sind nicht hier, um das zu entscheiden.

Qualifikation ist ein irreführender Begriff. Wir sehen schließlich nur ein Leben, nur eine Szene des Filmes, und kennen unsere anderen Leben nicht. Da gibt es zum Beispiel jemanden, der ein Jahr lang meditiert hat und dann erwacht, während ein anderer vierzig oder fünfzig Jahre lang meditiert, doch trotzdem nie einen Schimmer der Wahrheit erfährt. Deshalb ist es nicht möglich, etwas über die Qualifikation auszusagen.

Würdest du sagen, dass du schon immer erwacht warst?

Ich habe nie gesagt, dass ich erwacht bin! (lacht)

Du sagtest, du hast nicht, beziehungsweise nie geschlafen, so dass du gar nicht erwachen konntest. Meinst du, dass dies das Ergebnis der anderen Teile deines Filmes war, deiner anderen Leben?

Du versuchst, mich dazu zu bringen, mich mit mir selbst zu identifizieren! Doch mein letzter Traum ist vorbei, ich bin jetzt wach. Mit welchem Traum soll ich mich denn identifizieren? Mit dem letzten oder dem davor? Ich habe keine Wahl und ich weiß auch nicht, wie ich mich mit irgendetwas davon identifizieren soll. Ich bin nichts davon, weder der Traum noch der Träumer. Du forderst mich auf, etwas über die Träume zu erzählen, aber das ist für mich vorbei. Es gibt keinen Grund zurückzugehen und mich wieder auf eine dieser Traumfiguren zu beziehen. Das ist schwierig für mich, kannst du das verstehen? Du sprichst über einen Traum von mir, doch ich weiß nicht, welchen du eigentlich meinst.

Na gut. Deine Antwort ist sehr frisch und unschuldig. Doch wenn du weiter lehren willst und Menschen aus dem Westen zu dir kommen sollen, wirst du eine Lehre finden müssen und ein paar Techniken, du wirst Bücher schreiben müssen (lacht), und auch einen Ashram *brauchen!*

Halt, Moment mal! Wenn du wirklich in der Wahrheit lebst, musst du keine Kompromisse machen, denn dann ist nichts wirklich wichtig! Alles, was du dagegen erzählst, sind Kompromisse. Wenn ich die Wahrheit spreche und Menschen mir glauben, dann lass sie glauben. Ich kann ihnen keine falsche Methode oder Technik aufschwatzen. Wenn ich Kompromisse in Bezug auf die Wahrheit mache, falle ich sofort aus ihr heraus.

Aber diese Erfahrung machst du doch bereits bestimmt mit Menschen aus dem Westen. Wenn Inder zu dir kommen, dann um dich zu verehren und zur göttlichen Mutter zu machen, und wenn die Westler kommen, wollen sie eine Technik, stimmt's? Sie wollen etwas über Erleuchtung wissen.

241

Das stimmt, aber wie ich bereits gesagt habe, gibt es Erleuchtung gar nicht. Und du bist weder unwissend, noch brauchst du Erleuchtung. Du bist bereits grenzenlos. Das ist die Wahrheit! Nur wenn ich feststellen würde, dass du schläfst oder dass du unwissend bist, müsste ich eine Methode finden, um dich aufzuwecken. Da ich jedoch sehe, dass du und ich dasselbe sind, gibt es keinen Unterschied: Du bist das Göttliche und ich bin das Göttliche. Jeder hier ist das Göttliche. Deshalb ist es nicht nötig, dir eine Technik zu verschreiben. Du tust so, als würdest du schlafen, doch du schläfst nicht wirklich. Es gibt für mich deshalb keinen Grund, Kompromisse mit der Wahrheit zu machen.

Aber als Mensch aus dem Westen bin ich darauf konditioniert, etwas zu tun. In meinem Leben geht es nur darum, etwas zu machen. Ich erwarte, dass ich meine Erleuchtung „herstellen" muss, verstehst du?

Ja, natürlich, aber das ist eben nur deine Konditionierung als Westler.

Du wirst als Lehrer nie erfolgreich sein, wenn du ihnen erzählst, dass es nur aus Gnade passiert!

Erfolg ist ein sehr weltlicher Begriff. Jemand, der in der Wahrheit lebt, kümmert sich nicht um Erfolg oder Misserfolg. Alles ist Wahrheit. Die Wahrheit ist die Wahrheit. Wenn sie akzeptiert wird, wird sie akzeptiert; wenn nicht, dann nicht. Das war's! In dieser Wahrheit gibt es keine persönliche Motivation, ich muss also gar nichts tun. Aus der Wahrheit lässt sich auch kein Geschäft machen. Verstehst du das?

Klar verstehe ich das, ich will dich nur provozieren! (beide lachen)

Es besteht einfach keine Notwendigkeit, irgendwelche Kompromisse zu machen, und es existiert auch kein persönliches „Ich", das irgendwelche Kompromisse machen müsste. Es gibt Wahrheit und Nicht-Wahrheit. Die Wahrheit entscheidet, und in ihr brauche ich keine Kompromisse. Ich lebe nicht mehr für irgendeinen persönlichen Gewinn. Erfolg und Misserfolg sind der Erfolg und Misserfolg der ewigen Wahrheit. Wenn ihr etwas misslingt, wen kümmert's? Wenn es misslingt oder nicht akzeptiert wird, kann es nicht die Wahrheit gewesen sein. Wirkliche Wahrheit ist ewig. Deshalb sollte man alles akzeptieren, denn es ist ohnehin nicht mein persönlicher Erfolg oder Misserfolg. Ich will kein Meister sein, ich will kein *Guru* sein. Die Frage, ob ich ein erfolgreicher *Guru* sein werde oder nicht, ist völlig unwichtig.

Als Sri Ramana gefragt wurde, wann man das Selbst erkannt hat, antwortete er: „Wenn die Welt, die das Gesehene ist, entfernt worden ist, wird die Erkenntnis des Selbst als das Sehende geschehen." Wie ist die Welt zu verstehen, und wie kann man sie beseitigen?

Das ist sehr einfach: Die Welt ist der Verstand, sie existiert nicht getrennt von ihm. Unser Verstand ist die Welt, er erschafft die Welt. In dem Moment, in dem du erkennst, dass es keinen Verstand gibt, siehst du: Das ist es! Du hast dich all die Jahre mit dem Verstand identifiziert, doch in dem Moment, in dem der Verstand verschwunden ist, ist auch die Welt verschwunden!

Und wie kann man die Welt beseitigen?

Jetzt geht es wieder um das, was wir *Sadhana* oder spirituelle Praxis nennen. Wir kommen also wieder zu all diesen langatmigen Prozeduren zurück, richtig?

Richtig.

Die ganze Zeit glaubst du, dass du X bist, stimmt's? Jetzt sage ich dir, dass du nicht X bist, sondern A. Wie fällt nun die alte Identifikation ab?

Nehmen wir an, du bist der verlorene Sohn eines Königs, ein Prinz also, doch du trägst ein Bettlergewand und weißt nicht, dass du ein Prinz bist. Da kommt eines Tages der König und erzählt dir: „Du bist kein Bettler. Du bist mein verlorener Sohn, der Prinz." In diesem besonderen Moment wirst du der Prinz, egal ob du ein Bettlergewand trägst oder nicht. In deinem Verstand wirst du sofort zum Prinzen, sobald der

König das sagt. Die Identifikation mit dem Bettler verschwindet genau in dem Augenblick, in dem der König es dir mitteilt. Warum sollte das nicht auch in unserem Fall so funktionieren? Ich sage dir, dass du nicht der Verstand bist, sondern das Selbst. Warum wirfst du die Identifikation mit dem Verstand nicht sofort von dir? Eigentlich sollte das genau im gleichen Moment passieren. Erkenntnis ist genauso einfach.

Wenn sie so einfach ist, muss man auch nicht jahrelang meditieren und Mantras *(heilige Klänge) singen, oder? Kannst du diese Wahrheit einfach in jedem Moment sehen?*

Ja.

Dass ich das Selbst bin?

Ja. Eine *Sadhana* ist nicht notwendig, nichts ist notwendig, um die Wahrheit zu sehen. Nur um diese Wahrheit zu akzeptieren, braucht man eine *Sadhana*. Stell dir vor, der König kommt und erklärt: „Du bist mein Sohn", dann wirst du ihm glauben. Stell dir vor, jemand anderes sagt: „Du bist kein Bettler, du bist der verlorene Königssohn, der Prinz." Das wirst du nicht akzeptieren, weil es eine Aussage von jemand anderem ist. Eine *Sadhana* ist notwendig, um die Wahrheit zu akzeptieren, nicht für die Wahrheit selbst.

Oft wird behauptet, dass der Verstand erst zerstört werden muss, damit Befreiung stattfinden kann! Hast du einen Verstand?

Nein. Der Verstand ist Illusion, er existiert nicht mehr. Und ich weiß auch nicht, was der Verstand ist.

Du sagst, du hast keinen Verstand. Doch wenn du in ein Auto einsteigen würdest, dann könntest du doch fahren, oder nicht? Und wenn du in einem Büro arbeiten würdest, könntest du mit Computern, Zahlen und Mathematik umgehen, oder? Um all diese Dinge tun zu können, brauchst du doch einen Verstand.

Auf jeden Fall, und ich vertrete ja sogar einen bestimmten Standpunkt, um deine Fragen zu beantworten, und bräuchte in meinem Kopf ein Wörterbuch, um all die dazugehörigen Wörter sprechen zu können, oder? Doch die Worte kommen spontan aus dem Bewusstsein, aus meinem inneren Wesen, nicht aus dem Verstand. Der Verstand manipuliert und urteilt ständig, doch hier geschieht nichts davon. Bevor ich eine Frage beantworte, muss ich nicht darüber nachdenken, ob ich Recht oder Unrecht habe. Das ist ja das Problem am Verstand: Er berechnet und manipuliert dauernd. Doch wenn die Worte einfach aus einer Spontaneität heraus entstehen, hat es niemals einen Verstand gegeben. Ich weiß nicht, ob ich deiner Meinung nach Recht oder Unrecht habe, und das ist mir auch egal. Hier sind keine Urteile, nichts. Es geschieht einfach!

Wenn du sagst, du hättest keinen Verstand, meinst du dann, du hättest keine Erinnerungen, keine Erfahrungen, Sorgen und Konditionierungen, kein Wissen, all diese Dinge, die du von anderen bekommen hast, von der Gesellschaft, von den Lehrern? Meinst du damit, du hast keinen Verstand, der zum Beispiel den Körper steuert, wenn das notwendig ist?

Ja, dafür ist gesorgt, auch wenn es viele Tage gab, an denen ich nichts zu essen hatte. Ich bin jenseits der Körperlichkeit und des Mentalen, der Verstand kann hier nicht existieren. All diese Emotionen und Anhaftungen sind transzendiert. Ich will damit nicht sagen, dass ich anders bin; in dem Moment, in dem ich sage, dass ich keinen Verstand habe, ist da das Gefühl, ich wäre anders als du. Es ist hässlich, das zu sagen, aber es ist wahr.

Würdest du sagen: „Ich bin an meinen Verstand nicht angehaftet?"

Nein, ich sage: Es gibt keinen Verstand, an dem man angehaftet sein könnte! Anhaftung ist etwas anders. Ich habe überhaupt keinen Verstand, es gibt ihn nicht, er ist eine Illusion. Und wenn sich diese Illusion einmal aufgelöst hat, wo kommt dann alles her?

Du sagst also, du hast seit deiner Jugend nie wirklich einen Verstand gehabt? Du hast nie wirklich in deinen Gedanken gelebt?

Es gab nie Gedanken. Ich weiß nicht, wie ich das noch besser erklären soll. Ich habe keine Worte, um das auszudrücken. Ich war, was ich war. Vielleicht ist das, was ich als kleines Kind war und was ich heute bin, dasselbe. In mir gibt es keinen Unterschied, ich bin dasselbe. Was du über den Verstand sagst, ist relativ. Für mich existieren die Welt oder der Verstand nicht, aber da dieser Körper in der Welt lebt, glaubst du, ich wäre in der Welt. Und weil ich spreche, glaubst du, ich hätte einen Verstand. Doch das ist nicht wahr, es scheint nur so.

Als du in einem Steuerbüro gearbeitet hast, muss das so ausgesehen haben, als hättest du einen Verstand, um all diese komplizierten Berechnungen durchzuführen.

Nichts in der Art. Es war für alles gesorgt. Tatsächlich habe ich nicht viel darüber gewusst, ich hatte nicht einmal Ahnung von Computern. Als ich etwas über Computer lernen wollte, belegte ich einen Computerkurs. Die Lehrer dort waren ziemlich ablehnend. „Du bist Steuerfachkraft und hast überhaupt keine Ahnung von Computern? Dann können wir dich unmöglich unterrichten!", meinten sie. Doch nach ein paar Tagen war ich die Beste in der Klasse. Ich war so gut, dass ich sogar den Lehrer korrigiert habe, wenn er falsch lag. Der war natürlich geschockt und dachte, ich hätte es vorher woanders gelernt und wolle ihn jetzt veralbern! (beide lachen) Das ist wirklich passiert, ich mache keinen Witz! Sie dachten tatsächlich, ich wäre nur zum Spaß dort, aber das war ich nicht. In dem Moment, als ich entschieden hatte, das zu lernen, kam das Wissen zu mir.

Da erkannte ich, dass Lernen für mich nicht notwendig ist. Ob in dieser Welt oder in einer anderen, nirgends ist es notwendig, etwas zu lernen. Immer steht alles zur Verfügung. Es ist wie bei einem Computer in einem Netzwerk: Der Computer erhält seine Daten vom Server – ganz einfach. Ich selbst, der Client-Computer, besitze nichts, ein Monitor reicht. Was auch immer der Server schickt, kommt zu mir, dem

Client, das war´s! Dafür brauche ich keinen eigenen Prozessor. Das Absolute kümmert sich darum.

Wenn Menschen aus dem Westen mit ihrem Verstand kommen, ihrem Leid, ihren Sorgen, Anspannungen und Ängsten, kannst du sofort sehen, dass all das Illusion ist und nicht wahr? Was sagst du ihnen?

Ob sie nun aus dem Westen kommen oder aus Indien: Leid und Schmerz sind nur Illusion. Du träumst und glaubst, du hättest einen Alptraum, weil ein Tiger hinter dir her ist, aber der Tiger ist ein Traumbild und die Angst auch. Bei jedem Leid, ob nun westlich, indisch oder was auch immer, ist es so: All das ist Illusion. Du glaubst, dass du leidest, das ist alles. Doch in Wahrheit gibt es kein Leid. In dir ist alles perfekt.

Alles ist genau, wie es sein soll!

Ja, alles ist perfekt! Ich kann tausendmal sagen, dass du nur träumst, und trotzdem wirst du weiter träumen und weiter Angst vor dem Tiger haben. Da kann man nichts machen, es ist perfekt und soll genau so sein.

Du selbst wirst eines Tages aus dem Traum erwachen und sehen, dass du immer nur vor einem eingebildeten Tiger weggelaufen bist. Aber für jetzt ist das alles perfekt. Es ist für dich sogar perfekt, immer noch Angst zu haben und in einem Alptraum zu sitzen.

Sagst du damit, dass du alles akzeptierst, ob es nun Glück oder Unglück ist, Traurigkeit, Wut oder Glückseligkeit?

Der Verstand ist Illusion, warum sollte man sich also um seine negativen Seiten kümmern, darum, dass er wütend, eifersüchtig oder misstrauisch ist und so weiter? Alles ist perfekt. Der Verstand kann wütend oder friedvoll sein, glücklich oder unglücklich – das ist alles Täuschung. Wie kannst du über eine Täuschung sagen, dass sie gut oder schlecht sei? Die Illusion ist immer Illusion, und alles, was auch immer geschieht, ist absolut perfekt.

Wenn Menschen zu dir kommen, was sagst du ihnen dann? Dass alles eine Illusion ist? Der Glaube und der Schmerz sind doch so stark, dass sie es nicht einfach über Bord werfen können. Was sagst du ihnen?

Ihnen sage ich genau dasselbe: Alles ist perfekt! Du hast gelitten – das ist perfekt. Du hast vertraut – perfekt. So viele Menschen sind auf der Suche, bis sie irgendwann frustriert feststellen: „Wir haben zehn Jahre lang meditiert, doch wir haben es nicht bekommen." Und auch dieser Frust ist perfekt. Ich kann dir versichern, dass die ganze Suche überflüssig ist, aber für dich ist das schwer zu verstehen. Mein Wissen und meine Wahrheit sind für dich nicht real, sie sind nicht deine Wahrheit. Du musst deine eigene Wahrheit finden.

Ich sage dir: Dein Suchen ist dumm, denn es gibt die Erleuchtung nicht. Und doch wird dein Verstand das niemals akzeptieren. Er funktioniert eher so: Vielleicht hast du eine Woche lang meditiert und siehst kein Erwachen, so dass dein Verstand fragt: „Warum sollte ich weiter meditieren?" Eine Woche später kommt dein Verstand dann und sagt: „Was du da machst, ist alles Müll, du musst dich hinsetzen und meditieren." So spricht der Verstand und du folgst ihm. Das wird dir vielleicht Glück bringen, doch mir nicht! Meine Wahrheit gehört mir, und deine Wahrheit gehört dir, und bis du selbst die Wahrheit herausgefunden hast, musst du deinen Weg gehen. Stell dir vor, du willst von Zuhause wegfahren, um dich auf die Suche nach deinem Zuhause zu machen, und ich erkläre dir: „Das ist dein Zuhause, du brauchst nicht wegzufahren." Du musst losziehen, du musst dessen überdrüssig werden und du musst frustriert an denselben Ort zurückkehren, von dem du gestartet bist, um zu erkennen, dass es tatsächlich dein Zuhause ist. Es ist perfekt! Doch du musst das selbst herausfinden. So funktioniert der Verstand.

Aber sagst du den Menschen auch, dass es nur Gnade ist, dass sie also eigentlich gar nichts tun können?

Weißt du, es gibt keine Möglichkeit, ihnen das zu erklären. Und Gnade ist auch nur ein Wort, das wir benutzen. Gnade ist nicht außerhalb von uns, Gnade sind wir, wir sind die Gnade.

Und wenn sie dann sagen: „Ich habe gewartet, was soll ich jetzt tun?", oder: „Warum erfährt jemand anderes Gnade, und ich nicht?", antworte ich, dass es wie bei einer Frucht am Baum ist: Wenn sie reif ist, fällt sie herunter, und bis zu diesem Moment musst du warten. Fällt sie nicht runter, heißt das, du bist noch nicht reif genug! Gnade ist nur ein Wort, weil es keinen anderen Ausdruck für dieses Warten gibt. Am Ende wird jeder an diesem Ort ankommen, es gibt also nichts, worüber man sich sorgen müsste, es ist perfekt. Heute bin ich es und morgen ist es jemand anderes, es gibt gar keinen Unterschied. Ich zum Beispiel habe diesen Zustand nicht durch eigene Anstrengung erreicht. Das Höchste sorgt für mich, wie es für alles sorgt. Die höchste Wahrheit, die für mich wahr ist, ist auch für dich wahr. Sie sorgt auch für dich.

Sogar für mich? (beide lachen) Mit all meinem Leid?

Warum denn nicht? (beide lachen)

Weil ich es nicht wert bin!

Dann bin ich es auch nicht wert. Ich bin eine recht wertlose Person.

Ich denke, dieses Gefühl von Wertlosigkeit…

… das kommt aus dem konditionierten Verstand.

Genau, das ist nur der Verstand. Es ist ein sehr weit verbreiteter Gedanke.

Der Verstand kennt viele Tricks! Wenn du ihn in die Ecke treiben würdest mit: „Ich bin nichts wert!", würde er erwidern: „Nein, ich bin am wertvollsten! Ich habe so viele Jahre lang meditiert! Ich bin höchst qualifiziert!" So ist der Verstand: Wenn du positiv denkst, wird er den Negativstandpunkt einnehmen, und wenn du negativ denkst, wird er positiv argumentieren.

Während du sprichst, kann ich das, was du sagst, in der Stille um dich herum spüren. Dein Blick, dein Lächeln, dein Lachen und auch die Art, wie du nichts tust.

Kannst du etwas über Vasanas *erzählen, die Neigungen des Verstandes? Müssen diese erst vollständig entfernt werden, damit die Selbsterkenntnis dauerhaft bleiben kann?*

Okay! (lacht) Du sprichst über *Vasanas*: Wer hat denn diese *Vasanas*? – Der Verstand hat die *Vasanas*, und das hat mit Selbsterkenntnis überhaupt nichts zu tun. Da der Verstand selbst eine Illusion ist, was sollen dann die *Vasanas* sein? Sie sind ein anderer Teil der Illusion. Vielleicht haben sie schon in dem Moment, da du realisierst, dass du das Selbst bist und es keinen Verstand gibt, niemals existiert.

Aber diese Vasanas *haben eine besondere Qualität, wie ich aus eigener Erfahrung weiß, auch wenn der Verstand bei mir seit mehreren Jahren kaum noch aktiv ist.*

„Wenig Verstand", das gibt es nicht! Entweder du hast einen Verstand oder du hast keinen. Du kannst nicht sagen, dass du wenig Verstand hast, das ist falsch ausgedrückt. Entweder bist du im Verstand oder du bist es nicht. Das ist alles!

Nun ja, ich als Engländer bin ziemlich bescheiden! (beide lachen) Ich kann also sagen, dass ich seit einigen Jahren keinen Verstand mehr habe. Und doch gibt es Zeiten, wo der Verstand da ist, und wenn ich hinschaue, sehe ich bestimmte Muster wieder und wieder. In meinem Fall zeigen sich zwei Muster schon mein ganzes Leben.

Obwohl ich also sagen kann, dass ich keinen Verstand habe, muss ich doch sagen, dass manchmal ein Sturm aufkommt. Eigentlich ist alles ruhig, doch plötzlich kommt ein Vasana *auf, ein konditioniertes, dummes Muster, und das nenne ich* Vasana *oder Neigung. Es ist sehr hartnäckig. Ich kenne einige Menschen, die länger bei Papaji waren. Seine Energie war sehr kraftvoll, so dass viele zum Selbst erwacht sind. Dann sind sie weggegangen und als sie wiederkamen, sagten sie: „Ich*

habe es verloren." Viele von ihnen haben die Erfahrung gemacht, dass
Vasanas *sie aus diesem Erwachen wieder herausgeholt haben. Kannst*
du in diesem Kontext etwas über Vasanas *sagen?*

Falls es immer noch *Vasanas* gibt, bedeutet das, du bist nicht aus dem
Verstand heraus. In dem Moment, in dem du deine wahre Identität
verloren hast, auch wenn es nur für einen Augenblick war, ist sie weg,
endgültig. In dem Moment, in dem du herausfindest, dass der Verstand
Illusion ist, existiert er nicht mehr für dich. Schon die Tatsache, dass du
sagst, du hättest noch *Vasanas*, bedeutet, dass du noch im Verstand bist.
Er mag ruhiger und freundlicher sein, doch solange *Vasanas* für dich
existieren, existiert der Verstand noch für dich.

Wenn du es hingegen einmal richtig und wahrhaftig erhalten hast,
kannst du es nicht mehr verlieren, auf keinen Fall! Du weißt dann,
dass der Verstand die Welt erschaffen hat, dass die ganze Schöpfung
aus dem Verstand kommt – es ist also leicht für ihn, hunderte von
Erleuchtungsmomenten zu erfinden. Du bekommst jede Menge Lob
und Glückseligkeit und fühlst dich beinahe erleuchtet, doch nach
einer Weile kommt der Verstand zurück. Und er kommt zurück, weil
alles innerhalb des Verstandes passiert. Einige Teile des Verstandes sind
aufgeregt und aggressiv, während andere friedvoll sind wie der Ozean
bei Windstille. Doch all das passiert immer noch im Verstand.

Du sagst also, man kann das Gefühl haben: „Ich bin erwacht!", aber
das Erwachen findet im Verstand statt, nicht jenseits des Verstandes?

Erwachen geschieht ausschließlich im Verstand, denn es ist der Verstand, der erwacht und erwachen will. Erwachen ist ein Begriff, der
sich auf den Verstand bezieht, nicht auf uns, auf das Selbst. Wenn du
von Erwachen sprichst, geschieht das im Verstand. Das ist also nicht
die Wahrheit. Wenn du sagst: „Ich bin erwacht", bedeutet das, du hast
vorher geschlafen. Doch es ist natürlich der Verstand, der geschlafen hat
und erwacht.

Wenn du wirklich die Wahrheit bist, weil du die Identifikation mit
dem Verstand verloren hast und weißt, dass du das wahre Selbst bist,

dann gibt es kein Erwachen und keine Erleuchtung für dich. Das geschieht nur im Verstand. Jedes Sprechen über *Vasanas* geschieht noch immer im Verstand. Er ist es, der mit dem *Karma* (Resultat aller Handlungen) geboren wurde, doch *Karma* und *Vasanas* sind Illusion. Wenn du darüber sprichst und sie dir real erscheinen, ist auch der Verstand Realität für dich. Du bist frei, aber du hast dich die ganze Zeit selbst mit einem Seil gefesselt. Das ist alles. Auch wenn das Seil hier und da Schmerzen verursacht, ist es nur ein eingebildetes Seil. Sobald du das siehst, wirst du keine blauen Flecken mehr an deinem Körper finden. Für den, der frei ist, gibt es keine Fesseln. Genauso wirst du keine *Vasanas* mehr finden, sobald du erkennst, dass der Verstand Einbildung ist. *Vasanas* sind die blauen Flecken der Illusion.

Am Ende seines Buches „Self-Enquiry" (Die Selbsterforschung) sagt Sri Ramana: „Jemanden mit einem Verstand, der sehr fein unterscheiden kann, und der das Selbst tief erfahren hat, nennt man einen Jivanmukta.*" Ist das der Zustand, den man auch Selbsterkenntnis nennt?*

Weiter heißt es: „Wenn ein Mensch in den Ozean der Glückseligkeit eingetaucht und ohne jede Abgrenzung Eins geworden ist mit ihm, nennt man ihn einen Videhamukta. *Dieser transzendentale Zustand von* Videhamukti *heißt auch* Turiya *– er ist das endgültige Ziel." Kann man diesen Zustand auch Erleuchtung nennen?*

Ich sage es noch einmal: Ich glaube nicht an Erleuchtung, ganz und gar nicht. Diese Frage ist damit irrelevant für mich. Ich glaube nicht an Erleuchtung und nicht an Erwachen. Der Verstand ist unwissend und er braucht die Erleuchtung, ist es nicht so?

Sagst du damit, dass es weder Selbsterkenntnis noch Erleuchtung gibt? Nichts davon existiert?

Das sind alles nur Begriffe, um den Verstand zu beschreiben und dann über ihn hinauszugehen. Es sind Worte. Wenn ich sage, dass du erleuchtet bist, bedeutet das, dich einzuschränken, weil ich damit behaupten würde, du wärst unwissend und benötigst Erleuchtung. Auch wenn ich sage, du bist erwacht, schränke ich dich ein, weil das hieße, dass du bis jetzt geschlafen hast. Aber du schläfst nicht. Siehst du den Unterschied? Ich glaube also überhaupt nicht an Erleuchtung!

Dann glaubst du sicherlich auch nicht an verschiedene Stufen der Erleuchtung?

Es gibt keine Stufen! Stufen sind ein Konzept des Verstandes. Diese Stufen, Techniken, Methoden, Erfolge und Misserfolge, was auch immer du sagst, sind nur für den Verstand wichtig, nicht für das Selbst. Das Selbst ist jenseits von all dem. Im Selbst gibt es keine Stufen! Wie kannst du beim Selbst von Stufen sprechen?

Swami Shivananda, ein berühmter Heiliger aus Rishikesh, spricht in einem seiner Bücher von sieben Stufen der Erleuchtung...

Angenommen, jemand erzählt etwas über einen bestimmten Ort hinter einem Berg. Da der Berg davor ist, kannst du den Ort nicht sehen. Um dich trotzdem dorthin zu führen, empfiehlt man dir, auf den Berg zu steigen, um den Ort sehen zu können. Bist du dann oben angelangt, heißt es: „Wenn du den Berg ganz überquerst, dann kannst du ihn sehen."

Auf diese Weise wirst du beginnen, dich auf den Weg zu machen. Wenn dir jedoch jemand sagen würde, dass es bis zu dem Ort noch hundert Kilometer sind, würdest du wahrscheinlich in Ohnmacht fallen. Also sagt er erstmal: „Du gehst zwanzig Kilometer bis zu einem Baum, dort erfährst du dann, wie es weitergeht." Wenn du dann den Baum erreicht hast, sagt der Führer, du müsstest noch einmal zwanzig Kilometer gehen. Dort wartet dann wieder jemand auf dich und so weiter, bis du das Ende des Weges erreicht hast. Auf diese Weise geht das die ganzen hundert Kilometer. Denke nicht darüber nach. Die „Stufen" sind nur Tricks, um dein Interesse zu wecken und dich über all das hinauszuführen. Es ist einfach eine Methode, Menschen in Bewegung zu bringen, eine Art Übung.

Du meinst, weil Swami Shivananda einen **Ashram** *hat, braucht er eine Lehre und deshalb auch ein Buch? (beide lachen)*

Mir ist es egal, was er sagt. Er ist ein Meister und er weiß, was er tut. Wir versuchen, etwas zu beschreiben, das man nicht beschreiben kann. Das macht es deshalb so schwierig für die Menschen. Du willst etwas verstehen, das über den Verstand hinausgeht! Doch es liegt jenseits des Verstandes, das macht es sehr schwierig. Aber er ist ein Meister, er weiß, was er tut.

In den Buchhandlungen findet man eine ganze Abteilung mit spirituellen Büchern, die voll mit solchen Aussagen sind, wie die über die sieben Stufen.

Gut.

Du meinst also, all diese Bücher sind Unsinn, weil sie versuchen zu beschreiben, was jenseits des Berges liegt?

Ich durchschaue dich. Du versuchst mich auf etwas festzulegen! (lacht) Aber ich glaube nicht an Stufen. Du bist DAS. Und wer kann innerhalb des Selbst irgendwelche Stufen finden? Ich will die Bücher dieser Autoren nicht lächerlich machen, ich kenne sie nicht, aber ich weiß ganz sicher, dass Wahrheit etwas ist, das keine Stufen hat. Entweder du bist du selbst oder nicht. Entweder du bist im Verstand oder nicht, das ist alles. Manche Menschen sagen: „Ich bin dem so nahe." Aber auch dieses Nahesein gibt es nicht. Es gibt kein „nahe an der Wahrheit".

Du musst mir versprechen, wenn ich in zehn Jahren für ein Interview wiederkomme, dass du immer noch keine Stufen hast, ja? (beide lachen) Ich kann dann hinten aus der Menge heraus rufen: „Hey, was ist mit den Stufen?"

Wer weiß? Vielleicht gibt es Menschen, die behaupten: „Sie ist noch im Kindergarten und hat keine dieser Stufen erreicht." Trotzdem werde ich dabei bleiben, auch wenn sie sagen werden: „Sie hat noch nicht einmal die erste Stufe erreicht, dabei gibt es hundert!"

Genau, das werden sie wahrscheinlich sagen!

Bestimmt!

Du wirst ein Buch brauchen, glaube ich. Vielleicht kann dein Mann eines schreiben, mit Stufen darin. (beide lachen)

Er soll über mich schreiben? Was für ein Unsinn! Was soll er denn über die Vergangenheit schreiben? Der Traum ist vorbei, was also hat es für einen Sinn, über diese Träume zu schreiben? Für mich ist alles vorbei. Was auch immer er schreiben wird: Es stimmt nicht! Außerdem kann er sowieso nicht über mich schreiben. (Premananda lacht) Das ist die Wahrheit. Was ich erfahren habe, weiß er nicht. Doch in dem Moment, in dem ich beginnen würde, darüber zu schreiben, wird es sofort hässlich und falsch. Schon jetzt, da ich beginne, es zu erklären: All das ist falsch, auch die Antworten auf deine Fragen, nichts davon ist wahr. Das ist die Wahrheit! Sobald ich beginne, das Unbeschreibliche zu beschreiben, schon in dem Moment, reduziere ich es auf Wörter, schon dann verliert es seine Schönheit und Wahrheit. Über die Wahrheit kann man nicht sprechen.

Ich stimme vollkommen mit dir überein. Das ist wirklich wahr.

Und trotzdem willst du ein Buch schreiben. (lacht) Bist du der Wahrheit vielleicht ganz nahe? Könnten wir das sagen: Du bist nah an der Wahrheit?

In der Einleitung des Buches können wir ja schreiben: „All das ist Unsinn. Kaufen Sie dieses Buch nicht!" Wäre das eine gute Methode?

Sicher! Das ist die beste Methode, um dein Buch zu verkaufen, du bist ja ein wirklich schlauer Geschäftsmann! (lacht) Die Leute werden umso mehr Interesse haben, wenn du Unsinn erzählst. Behauptest du aber, all das sei die Wahrheit, und forderst sie auf, es zu kaufen, werden sie es nicht tun.

Da hast du Recht! (beide lachen) Ich glaube, dies wird ein Bestseller, deine Antworten sind so spontan und frisch. Das ist sehr schön.

Glaubst du denn, dass ich diese Frische in zehn Jahren verloren habe?

Durchaus möglich, wir werden sehen. Ich werde dann kommen und an die Tür deines Ashrams *klopfen…*

Oh, halt mal, ich glaube nicht, dass ich einen haben werde.

Wirklich nicht?

Ein *Ashram* ist wie ein Käfig, er schränkt den Meister ein. Ich bin ein freier Vogel und will mich nicht mehr selbst beschränken. Sobald du einen *Ashram* hast, musst du Kompromisse mit der Wahrheit machen, den Menschen Techniken bieten, Geld verdienen…

Richtig, du brauchst eine große Meditationshalle, ein paar Übungen und Methoden…

Ja, der Weg zur Erleuchtung – ich werde ihn in zehn Stufen unterrichten! (beide lachen)

Du könntest dadurch berühmt werden, in dem du sagst, es gäbe keine Erleuchtung, keine Schritte und ganz sicherlich keine Stufen!

Ich will nicht auf diese Weise berühmt werden. Es ist die Wahrheit, die ich realisiert habe. Vielleicht werde ich berühmt, aber wen kümmert's?

Tatsächlich wäre das ein guter Buchtitel für das Buch nach diesem hier: „Keine Erleuchtung, keine Stufen, kein Garnichts".

256

Als erstes muss kommen: kein Verstand.

Kein Verstand und keine Erleuchtung?

Heute hat jemand mit mir über die Vernichtung des Ego gesprochen. Ich habe gesagt, dass das Ganze Illusion sei. Das Ego selbst sagt: „Töte mich!" Das ist nur ein weiterer Trick des Ego. Eine weitere Behauptung, die dem Ego gefällt. Doch das Ego selbst ist Illusion.

Jetzt kommt die perfekte Frage für dich: Es erscheint mir essentiell wichtig zu sein, einem Guru *zu begegnen und bei diesem* Guru *zu bleiben. Wer ist der* Guru*? Was ist seine Rolle? Wie erkennt man den wahren* Guru*?*

Ich habe nie einen *Guru* gehabt, deshalb kenne ich die Antwort nicht. Und auch ich bin kein *Guru*.

Glaubst du, es ist wichtig, einen Guru *zu haben?*

Ja und nein, es kommt drauf an. Manche Menschen sind wie Kinder, sie brauchen die körperliche Anwesenheit eines *Guru*. Menschen hingegen, die bereits stark und unabhängig genug sind, brauchen keinen *Guru*. Ich kann also nicht sagen, ob du einen *Guru* brauchst oder nicht, das hängt vom individuellen Wachstum und der inneren Stärke ab. Es kann auch vom *Karma* abhängig sein. Es gibt keine allgemeingültige Antwort.

Wenn du wirklich einen *Guru* suchst, wirst du in dem Moment, in dem du ihn triffst, wissen, dass er dein *Guru* ist. Der *Guru* ist der, der sich selbst nie als *Guru* bezeichnet. Kein wahrer *Guru* wird sagen: „Ich bin ein großer Meister und ich bin hier, um dich zu lehren." In dem Moment, in dem du deinem wahren *Guru* begegnest und sein Schüler wirst, entsteht ein Unterschied, nicht wahr? Und diesen Unterschied stellst du her! Denn eigentlich ist alles Eins, und der *Guru* kann niemals jemand anderem begegnen. Es gibt niemand anderen für ihn. Wenn du aufhörst zu suchen und deinem *Guru* erklärst: „Ich bin unwissend, erleuchte mich!", wird er nie das Gefühl haben, du seiest unwissend. Denn er weiß, dass du nur in der Illusion gefangen bist, unwissend zu sein. Er wird also nie sagen: „Ich bin dein *Guru* und werde dich retten." Er kann in der Welt keinen anderen finden, er selbst ist es, der überall existiert. Sobald du von einer *Guru*-Schüler-Beziehung sprichst, geht das immer von dir aus, der Schüler kreiert die Beziehung, nicht der *Guru*. Für ihn gibt es keine Beziehung, denn er denkt von sich selbst nicht „Ich bin ein *Guru*." Sobald er sagt: „Ich bin der *Guru* und du bist der Schüler", oder „Ich habe die Fähigkeit zu lehren", ist die Wahrheit verschwunden.

Wie ich dich verstehe, und so fühlt sich auch meine ganze Wahrnehmung unseres Gesprächs an, gibt es nur den jetzigen einen frischen Moment.

Ich bin vor deinem Haus aufgetaucht, du bist herausgekommen und nach ein paar Minuten habe ich dich gefragt: „Wie wäre es mit einem Interview?" Und du hast „Ja" gesagt, ganz unkompliziert, ganz einfach. So habe ich dich erfahren: Alles ist einfach und simpel, du entscheidest aus dem Moment heraus. Ich wäre bereit gewesen, nächste Woche wiederzukommen, aber der Moment ist jetzt, du machst es einfach jetzt. Und am Ende ist alles so.

Ich weiß nicht, wie es geschehen ist, es passiert einfach, das ist alles.

Suchende haben oft seltsame Vorstellungen vom Zustand der Erleuchtung, obwohl du ja sagst, dass es sie gar nicht gibt. Wie sieht dein Alltag aus, und wie nimmst du die Welt wahr?

Ich habe niemals existiert, und ich existiere überall. Wer sitzt da vor mir und stellt Fragen? Hier ist kein anderer, nur ich existiere, niemand sonst. Wenn es zu unbescheiden klingt oder du den Begriff „ich" nicht magst, kann ich auch sagen, dass nur Gott existiert, du bist Gott und alles hier ist Gott. Dieses „Ich" ist für viele Menschen verwirrend. Sie fragen, ob es das kleine oder das große Ich ist. (lacht) Also lass uns doch das Wort „Gott" benutzen. Nur Gott existiert hier, es gibt nichts anderes. Da ist nur einer, nicht viele. Dieser Gott existiert hier, und das ist es. Du bist Gott und ich bin Gott, Strahlen von der gleichen Quelle. Da gibt es überhaupt keine Unterschiede. Ich finde keinen Unterschied.

Ich empfinde dich die meiste Zeit über im Frieden. Gibt es auch Zeiten, in denen du traurig bist oder wütend oder andere Gefühle hast?

Ich denke nicht, dass eines dieser starken Gefühle für mich existiert. Ich lache, wenn ich mit jemandem schimpfe oder auf jemanden wütend bin. Das ist die Wahrheit, und ich genieße diese Momente. Aber da ist nie wirkliche Wut. Wirklich wütend werde ich nie, außer jemand braucht es. Da ist nichts, das wütend sein könnte. Alles ist perfekt, deshalb habe ich keines dieser starken Gefühle. Ich genieße alles, auch das Wütendsein. Das ist schön.

Was ist mit dem Lila, *dem göttlichen Spiel? Ist dein Leben eine Art* Lila?

Es ist ein göttliches Spiel, alles *Lila*. Es ist nur Spaß.

Nur Spaß, auch wenn du wütend bist oder glückselig?

Spaß ist Glückseligkeit. Glückseligkeit ist Spaß. Du brauchst nichts zu erkennen, außer der Glückseligkeit.

Und wütend sein ist auch Spaß?

Wut ist das, was die anderen wahrnehmen, weil ich vielleicht etwas in einem schroffen Tonfall sage, so dass sie glauben, ich sei wütend. Doch es ist nicht so, denn da ist keine Wut, kein Gefühl.

Wenn ich so spreche (Radha spricht mit leiser Stimme), interpretiert die Welt es als sanft und freundlich, sobald ich aber meine Stimme erhebe, sagen sie: „Jetzt ist sie wütend!" Doch das ist eure Wahrnehmung, nicht mein Verhalten, ich bin nicht wirklich wütend. Das passiert nie, weil ich nicht laut werden will, aber es gibt natürlich andere Menschen, die das tun. „Die Anderen" existieren für mich zwar nicht, doch da sie einen Verstand haben, kann ich nicht so streng mit ihnen sein. Außer dem Gefühl von Spaß habe ich keine starken Gefühle, obwohl mein Leben früher voll davon war. Das *Lila*, wie du es nennst, bestimmt wirklich mein Leben, ich habe die ganze Zeit Spaß! Aber ich kann auch verstehen, dass das für andere ein Problem ist. Wahrscheinlich sogar für meinen Ehemann! (beide lachen)

Möchtest du zum Abschluss unseres Gespräches noch etwas sagen?

Jetzt, wo du alle Antworten hast, hättest du vielleicht lieber andere Fragen gestellt, stimmt's?

Hättest du dir denn andere Fragen gewünscht? Haben wir etwas vergessen?

Ob wir etwas vergessen haben, weißt nur du.

Ich danke dir.

Ich danke dir auch!

Samdarshi

In der Nähe eines Meisters zu sein, ist nicht einfach, wirklich nicht einfach. Deshalb kommen nur die, die wirklich verbrennen wollen, denn sie wissen: „Er ist das Feuer, er ist der Tod, und wenn ich näher komme, wird mein „Ich" sterben." Aber eben das wollen sie ja, und darum lieben sie ihn und wollen bei ihm sein. Das kann nur mit einem lebenden Meister geschehen.

Es gibt nur ein einziges Verlangen, das alle anderen Verlangen beenden wird: ,,Ich will mich selbst erkennen.''

Samdarshi

Samdarshi

Samdarshi wurde 1961 in Kanpur, Nordindien, als ältester Sohn eines Stoffhändlers geboren. Seine spirituelle Reise begann mit 21 Jahren, ausgelöst durch den Tod seines Großvaters. 1983 nahm er *Sannyas* im Osho-Ashram in Puna, Indien. Nach sieben Jahren intensiver Meditation und Suche hatte er ein vollkommenes Erwachen. Er hat einen *Ashram*, in dem unter anderem Osho Meditationen und das Programm „Sieben Schritte zur Erleuchtung" angeboten werden, das Suchende aus der ganzen Welt anzieht.

Erst ganz zum Schluss, als das Buch am Strand von Goa seinen letzten Schliff bekommen sollte, tauchte Samdarshi auf und sagte spontan zu, mit ins Buch aufgenommen zu werden. Ich wusste, dass Osho sein Meister war und dass viele Anhänger von Osho Zeit mit ihm in seinem **Ashram** *in Manali verbrachten. Dieses Interview war unsere einzige Begegnung.*

Sri Ramana stellte die grundlegende Frage: „Wer bin ich?" – Wer bist du?

Ich möchte meine Antwort damit beginnen, zu erzählen, wie meine innere Reise begann. Ich war ein ganz normaler 21-jähriger junger Mann, der zwar ein eigenes Bekleidungsgeschäft hatte, aber ansonsten all das tat, was junge Leute auch tun: ins Kino gehen, sich mit Freunden zum Trinken treffen und ähnliches. Doch dann, als ich an einem Wochenende meine Eltern besuchte, hatte mein Großvater einen Herzinfarkt und starb.

Als mir erzählt wurde, dass er seinen Körper verlassen hat, fühlte ich mich zunächst ganz okay. Meine Trauer war eher gering.

Nun will es in Indien die Tradition, dass der Leichnam zu Hause aufgebahrt wird und Freunde und Bekannte vorbeikommen. In unserer Familie war viel Traurigkeit spürbar, es wurde viel geweint. Nur ich saß da und betrachtete den ganzen Tag lang neugierig den toten Körper meines Großvaters, wie er in Joghurt, Milch und Wasser gebadet wurde, um ihn für die Bestattungszeremonie vorzubereiten. Und ständig fragte ich mich, was da gerade passiert. Die Frage war so drängend, dass ich irgendwann sogar laut aufschrie: „Wo geht er hin?", worauf mich alle still ansahen und sich wunderten. Jemand sagte dann, ich solle damit aufhören, doch das konnte ich nicht. Ich konnte nicht aufhören zu weinen.

Als wir den Körper schließlich zum Verbrennungsplatz, zum *Ghat*, gebracht hatten, stieg in mir die Erkenntnis hoch: „Also, gestern Abend habe ich ihn noch gesehen, und nun ist er tot und wir verbrennen ihn. Wo ist er hingegangen? Ich bin jetzt einundzwanzig Jahre alt, und wie er werde auch ich eines Tages sterben. Wo werde ich dann hingehen? Stimmt es wirklich, dass wir Bewusstsein und Seele sind, und dass wir ein Teil Gottes sind? Wer war ich, bevor ich geboren wurde? Und wer bin ich jetzt?"

All diese Fragen kreisten die nächsten drei Tage und Nächte unermüdlich in meinem Kopf, so dass ich nicht schlafen konnte. Ich wollte es unbedingt wissen: Was passiert, wenn ich sterbe? Was war vor meiner Geburt? Wo war ich da? Wer bin ich?

Eines Tages gab mir ein Osho-Anhänger, der in meinem Haus ein Zimmer gemietet hatte, ein Buch von Osho. In diesem Buch schlug Osho vor, fünfzehn Tage lang täglich eine Stunde lang zu meditieren. Am sechzehnten Tag kann man dann meditieren oder nicht, ganz wie man will. „Fünfzehn Tage lang je eine Stunde, das ist keine große Sache", dachte ich und beschloss, es in einem Meditationszentrum zu tun. Als ich dort allein war mit dem Lehrer, forderte er mich zunächst auf, mich zu entspannen. Kaum hatte ich begonnen, meinen Körper zu entspannen, hatte ich das Gefühl, als berühre etwas das Dritte Auge; es folgte ein gewaltiger Schrei und danach flossen die Tränen. Ich habe jeden Tag geweint. Anschließend akzeptierte ich Osho als meinen Meister.

Diese Fragen habe ich mir immer wieder gestellt, acht Jahre lang, bis Osho seinen Körper verlassen hat. Dann, zehn Wochen später, kam die Antwort. Von da an wusste ich, was Tod ist und was nach dem Tod passiert. Wenn du weißt, was Tod ist, weißt du alles. Dann weißt du, wer du bist. Du weißt, dass das, was du bist, unsterblich ist, weil es immer da ist und niemals weggehen kann, selbst nach dem Tod nicht. Es ist einfach deine Natur. Doch darüber kann man nicht sprechen, es kann nicht in Worten ausgedrückt werden, es gibt nur die Erfahrung.

Nachdem das passiert war, kehrte ich zurück ins normale Leben, zu meiner Familie und zu meinem Geschäft.

Kannst du diese Erkenntnis beschreiben?

Das Erkennen ist in einem Moment passiert. Ich hatte den Körper für ungefähr dreißig Minuten verlassen, und als ich in ihn zurückkehrte, war plötzlich all das Wissen über *Krishna*, *Shiva* und andere Meister da. Diese Visionen kamen nachts und dauerten sechs Monate lang.

Zwei Jahre danach begannen Menschen zu mir zu kommen, und später, nach einem dreimonatigen Retreat in Kerala, fuhren wir zum Berg Arunachala. Bis dahin hatte ich eigentlich keine besondere Verbindung zu Ramana Maharshi gehabt, doch als ich dann in seiner Höhle saß, fühlte ich ihn. Er war einfach gekommen; seine Essenz, das was ihn ausmacht. Außerdem waren auch alle anderen Meister da, zu denen ich eine Verbindung hatte, zum Beispiel *Krishna* und *Shiva*.

*Ist die Essenz von **Krishna, Shiva** und **Ramana** dieselbe Essenz?*

Ja, dieselbe Essenz, dasselbe Bewusstsein. Der Körper, die Lehre, die Art zu sprechen und so weiter können verschieden sein, doch die Essenz ist gleich.

Viele Menschen aus dem Westen kommen nach Indien auf der Suche nach Erleuchtung, als wäre sie lediglich eine Erfahrung. Was ist Erleuchtung?

Erleuchtung ist die Rückkehr zu unserer wahren Natur. Wie aber konnten wir uns von ihr entfernen?

Der Verstand kreiert jede Menge Gedanken und emotionale Spiele, und auch die Gesellschaft erzeugt in uns ein falsches Ego: Du bist eine Frau. Du bist ein Mann. Du bist ein Arzt, ein Inder, ein Christ und so weiter, so dass wir es tatsächlich zu glauben beginnen. Dabei kommen all diese Identifikationen nur von außen, und sie sind allesamt falsch! Es ist immer nur das Ego. Wir wissen nicht wirklich, wer wir sind, und so sind wir alle unzufrieden und verspannt. Wenn wir wirklich wissen wollen, wer wir sind, und diese Frage wie ein Pfeil in unser Herz eindringt, macht uns das ruhelos.

Die Frage lautet: „Ja, ich bin – aber wer ist das, der existiert? Wer bin ich?" Wenn diese Frage auftaucht, hat die richtige Suche begonnen; und an dem Tag, an dem die Antwort kommt, wissen wir alles. Keine einzige Frage bleibt mehr unbeantwortet. Das ist wirkliche Befriedigung und Entspannung. Niemand ist mehr da, um das zu wissen. Das bezeichne ich als Erleuchtung. Sei mit dir selbst, komm zu deiner wahren Natur! Deine Natur ist es, einfach präsent, einfach in diesem Moment zu sein. Kein Verstand, keine Bewegung, keine Zukunft und keine Vergangenheit. Ausschließlich in der Gegenwart zu leben, führt uns automatisch zur Meditation, denn Meditation bedeutet präsent sein ohne Verstand. Wenn wir so leben, sieht die Existenz, dass wir reif sind, und eines Tages wird dann diese Öffnung passieren und wir sehen hinter den Vorhang.

Gibt es irgendwelche Voraussetzungen für die Erleuchtung? Es sieht so aus, als wenn du nahelegst, einen stillen Verstand, „No-Mind", zu erreichen, und dann bist du reif für die Erleuchtung.

Wenn der No-Mind-Zustand da ist, bist du fast erleuchtet – fast. Du bist dann tiefe Glückseligkeit ohne Verstand und ohne Ego. Aber etwas ist noch da, das erst sterben muss: Das Ich, das Ego. Von dem gibt es zwei Arten: Die erste heißt *Sabija*, das bedeutet „mit Samen", und meint, dass in aller Glückseligkeit noch der Samen von Verstand und Ego enthalten ist, so dass beide immer wieder wachsen können. Dieser Samen kann wachsen und auch wieder klein werden, deshalb ist ein weiterer Schritt notwendig: *Nirbija*, was „ohne Samen" bedeutet. Wenn man die Wahrheit kennt, verschwindet dieser Samen aus dem Körper und verbrennt im Raum. Dann ist alles zu Ende. Diese Person kommt niemals wieder.

Ist dazu eine **Sadhana** *(spirituelle Disziplin) notwendig? Wenn ja, welche Form empfiehlst du?*

Ja, eine spirituelle Praxis ist notwendig, weil der Weg zum Ziel einer inneren Reise gleicht. Diese Praxis hat viele Formen: Meditation oder, wie Ramana es empfiehlt, sich selbst befragen: „Wer ist ärgerlich?", „Wer ist glücklich?" Dann kommt nach und nach die Leerheit. Auch Hingabe und Gebete sind Techniken, die abhängig vom jeweils einzelnen Schüler benutzt werden können, um die Spitze des Berges zu erreichen. Es ist dabei egal, welchen Pfad man nimmt, denn alles bewegt sich in Richtung Bewusstsein. Sogar die, die überhaupt nicht bewusst sind, die nie in den Tempel gehen, nie meditieren, beten oder sich einem Meister anschließen, sogar die Bäume und Steine – alle sind auf einer langen, langen Reise. Und die, die ihrem Zentrum näherkommen, werden immer bewusster. Sie befinden sich auf ihrer *Sadhana*-Reise und begeben sich auf die Suche.

Sri Ramana sagte, der direkteste Weg zur Erkenntnis des Selbst sei die Selbsterforschung. Was kannst du über die Selbsterforschung sagen? Wie wendet man sie an?

Alle spirituelle Praxis ist Selbsterforschung, denn die Frage „Wer bin ich?" wird ganz von alleine kommen. Ich weiß es nicht, niemand weiß es! „Wer bin ich?" – das ist wirkliche Erforschung. Und dafür ist nur notwendig, sich ständig an die Frage zu erinnern. Wenn wir das bei all unseren Unternehmungen tun, wenn wir uns ständig beobachten, egal was passiert, wenn wir in jeder Situation wachsam sind, dann läuft alles richtig. Bei der Selbsterforschung – wie bei allen anderen Techniken und Wegen – ist nur eine Sache wichtig: sich ständig an das Selbst zu erinnern.

Wie aber machen wir das? Mit Hilfe der Selbsterforschung kannst du dich erinnern, die Erinnerung wird kommen. Egal welchen Pfad du wählst, alle inneren Wege, alle spirituelle Praxis, beruht auf der Erinnerung an das Selbst. Wenn die Erinnerung da ist, ist keine Befragung mehr notwendig. Wir müssen uns also nur erinnern, denn es ist ja schon da. Wir vergessen es nur immer wieder, weil wir ständig im Außen sind, nach draußen schauen. Niemand hat uns jemals gesagt: „Schau nach innen!", denn keiner will nach innen schauen.

Die Erinnerung an das Selbst kommt, wenn man Interesse daran hat, von ganz allein. Sei einfach bewusst. Habe Kontakt zu deinem Körper, beobachte alle seine Handlungen, dann wirst du allmählich sehr präsent. Wenn sich die Energien von Körper und Verstand treffen, gibt es einen Segen von Freude, den man auch im Körper als Freude und Glück spürt. Das ist die beste Technik, um sich zu erinnern. Sei den ganzen Tag mit der Aufmerksamkeit bei deinem Körper. Beobachte ihn beim Gehen, Arbeiten, Essen, Schlafen, bei allem! Und du wirst sehr schnell präsent sein.

Du hast erzählt, dass du dich morgens am Tor von Oshos Ashram *jeden Tag wieder aufs Neue gefragt hast: „Was will ich wirklich?" Und die Antwort war: „Ich will wissen, wer ich bin." Kannst du uns etwas über Prioritäten sagen?*

Ja, wenn du wirklich wissen willst, geht die Frage „Wer bin ich?" wie ein Pfeil in dein Herz. Dann gibt es keine Ruhe mehr. Da ist es gut, wenn man die spirituelle Praxis beibehält und mit den äußeren Umständen in Frieden ist. In deinem Inneren jedoch darfst du solange nicht zufrieden sein, bis die Frage für dich beantwortet ist. Wenn du das Wissenwollen zu deiner Priorität machst, egal was du nach Außen hin tust, dann wird die Reise sehr intensiv. Halte deinen Fokus dabei immer auf *Om*, dem kosmischen Urklang.

Dabei ist es sehr hilfreich, einen Meister zu haben, der einen an diese Priorität erinnert. Seine Arbeit besteht einzig und allein darin, dich aufzuwecken, das heißt, er wird dir nicht erlauben zu schlafen, sondern dich immer wieder am Einschlafen hindern. Mit einem Meister kommt auch die *Sangha*, Menschen, die zusammen auf der Reise sind. Das macht es einfacher. Wenn deine Priorität die innere Suche ist, dann fallen automatisch deine alten Freundschaften, die auf äußeren Dingen basieren, weg; dafür findest du Freunde mit derselben Priorität. Die Atmosphäre um dich herum ist sehr wichtig.

Das heißt, wenn die Aufmerksamkeit den ganzen Tag lang auf den Körper gerichtet ist, egal was man tut, dann kann die spirituelle Reise auch im normalen Leben stattfinden.

Ja, im ganz normalen Leben.

Es muss keine spezielle spirituelle Reise sein?

Nein, muss es nicht. Ich sagte ja schon, dass es Menschen gibt, die auf einer inneren Reise sind, ohne es zu wissen. Nur für diejenigen, die der Wahrheit dichter kommen, geschehen die Dinge bewusster. Diejenigen, deren Reise noch lang ist, sind mit anderen Dingen beschäftigt, und oft sagen sie sogar denen, die bewusster auf der Reise sind: „Bist du verrückt? Du verschwendest deine Zeit!" Aber die Bewussteren hören natürlich nicht darauf, sondern gehen weiter, auch wenn die ganze Welt sagt, sie lägen falsch.

Ich empfehle immer: „Was immer du auch tust, mach damit weiter. Gebe deine Familie nicht auf! Verliere deine Arbeit nicht! Lass nicht einfach alles stehen und liegen und gehe weg, sondern sei einfach bewusst! Schaue dich genau an, in dem was du tust! Erinnere dein Selbst!"

Wenn es dir gelingt, das ein bis zwei Stunden pro Tag zu tun, bleibt der Geschmack davon den ganzen Tag erhalten. Dann gibt es keinen Grund, alles aufzugeben und wegzulaufen. Behalte alles, was die Existenz dir gegeben hat. Wo immer du bist, mache einfach die Selbsterforschung, dann kommt die Erinnerung automatisch.

Als Sri Ramana gefragt wurde, wann man das Selbst erkannt hat, antwortete er: „Wenn die Welt, die aus dem besteht, was man sieht, entfernt worden ist, geschieht das Erkennen des Selbst, das der Sehende ist." Wie ist die Welt zu verstehen, und wie kann man sie beseitigen?

Für alle, die sich an das Selbst erinnern, die erwacht sind, bedeutet die Welt nichts. Sie sagen: „Wenn ich meine Augen schließe, ist es vorbei mit der Welt; öffne ich meine Augen, ist sie wieder da." Doch sie haben mit der Welt abgeschlossen, weil ihr Verstand einfach nicht mehr da ist; sie haben keine Beziehungen mehr, keine Emotionen, müssen nirgendwo mehr hingehen, es gibt einfach keinerlei Anhaftungen mehr. Die Welt existiert für die Menschen nur, weil sie angehaftet sind. Sie taucht auf, wenn Energie, Anhaftung und Gier da sind. Doch sobald der Verstand verschwindet, verschwindet auch die Welt, was nicht bedeutet, dass du nicht mehr in der Welt lebst oder dich jetzt hier nicht in diesem Raum befindest.

Wenn du an deiner Ehefrau hängst, bedeutet sie alles für dich. Verschwindet das Angehaftetsein, ist sie zwar noch da, aber die Energie geht nicht mehr dorthin; das ist vorbei. Menschen, die erwacht sind, haben keine Anhaftungen mehr. „Diese Welt ist falsch, sie ist nur ein Traum", sagen sie, „ein Drama, in dem ich in den nächsten sechzig Jahren viele verschiedene Rollen spielen werde. Ich werde ein Ehemann sein, ein Vater, ein Krieger, ein Kind, eine Mutter… Und wie für den Schauspieler in einem Film, gilt: Ist die Schießerei beendet, ist auch die Rolle beendet; Schluss mit Vater, Mutter, Krieger…"

Wenn wir das Selbst erkennen, wissen wir, wer wir sind. Dann wissen wir: Ich bin nicht der Körper, ich bin nicht der Verstand. Wie könnte ich den Körper dann noch als meinen ansehen? Wir spielen lediglich unsere Rollen. Wer erwacht ist, weiß: „Ich bin das nicht", also kann er seine Rolle perfekt spielen – ob Vater, Ehemann, Geschäftsmann – alles! Er liebt es einfach zu spielen. Was auch immer die Existenz ihm bietet, wo auch immer er hingehen muss und was auch immer er und sein Körper tun müssen: Er wird gehen und spielen. Doch sobald er seine Augen schließt, ist niemand mehr da.

Oft wird behauptet, dass der Verstand erst zerstört werden muss, damit Befreiung stattfinden kann. Hast du einen Verstand? Sri Ramana

Maharshi benutzte den Begriff Manonasha, *„zerstörter Verstand",*
um den Zustand der Befreiung zu beschreiben. Wie zerstört man den
Verstand?

Mit der Erleuchtung erwacht auch die vollständige Kapazität des Menschen. Die Energie seines Verstandes ist dann wie die eines Sternes am
Himmel, während das Bewusstsein, unsere Bewusstheit, wie der ge-
sammte Himmel ist. Wenn der Himmel sich also öffnet, wenn du zum
Himmel, zum Bewusstsein wirst, dann bläst es den Verstand einfach
weg – fertig!

Noch bedeutet der Verstand für uns alles, doch wenn das Gewahrsein da ist, wenn die Bewusstheit total ist, dann ist der Verstand bloß
noch ein winziger Stern in einer winzigen Ecke des Himmels, während
der Himmel selbst mit Millionen verschiedener Sterne übersät ist; Millionen von Menschen auf der Welt, Millionen von verschiedenen Ver-
standesformen.

Mano ist der Verstand, *Nasha* bedeutet „beenden" oder „zerstören".
Zerstöre den Verstand! Wenn das geschehen ist, kannst du dich fragen,
wie man ohne Verstand sprechen oder arbeiten kann. Ohne Verstand
kann man doch nicht einmal die Finger bewegen! Wir brauchen den
Verstand. Was bedeutet das also?

Gibt es Bewusstheit, dann ist der Verstand wie ein Stern. Zuvor war
der Stern alles, jetzt ist der Himmel alles: das unbegrenzte „Ich bin".
Und der Stern, der Verstand, ist sehr, sehr klein. Der Verstand ist zwar
da und arbeitet, doch ich bin nicht der Verstand. Ich bin sehr, sehr viel
mehr. Wenn also der Verstand so winzig ist, kann man sagen, dass er
fast bedeutungslos geworden ist. Und wenn er zerstört worden ist, hat
er überhaupt keine Macht mehr.

Kannst du etwas über Vasanas *sagen, die Neigungen des Verstandes?*
Müssen diese erst vollständig entfernt werden, damit die Selbster-
kenntnis dauerhaft bleiben kann? Oder reicht es, einen sattvischen
(ruhigen und friedvollen) Verstand zu haben und seine Vasanas *zu*
kennen, so dass sie nicht länger wirken können? Wie befreie ich mich
von den Vasanas?

Vasanas bedeutet Verlangen, Wünsche oder Tendenzen. Der Verstand ist eine Maschine, die immer wieder Verlangen produziert, unendlich viel Verlangen. Doch wenn wir uns auf unsere innere Reise begeben und *Sadhana* machen, verschwindet der Verstand allmählich und wir werden immer bewusster. Während das geschieht, wird auch das Verlangen schwächer, so dass unser Leben automatisch ruhiger und friedvoller wird. Dann wird immer mehr Wahrheit und Reinheit da sein. Du isst zum Beispiel nicht mehr, als du tatsächlich benötigst; du weißt, wieviel Schlaf du brauchst, wieviel du reden oder arbeiten musst. Du weißt es einfach. Alles wird systematisch, perfekt, es gibt keine Störungen mehr, das Leben geschieht einfach. *Sadhana* geschieht.

Es gibt nur ein einziges Verlangen, das alle anderen Verlangen beenden wird: „Ich will mich selbst erkennen." Es ist die Natur des Verlangens, dass es niemals erfüllt wird. Wenn du den Wunsch hast, bewusster zu werden, werden andere Wünsche automatisch weniger. Wird dieses Verlangen stärker, verschwinden alle anderen allmählich. Es ist wie bei einer Kerze: Dein Verstand ist das Wachs und der Docht ist dein Selbst. Wenn du dich selbst verbrennen willst, verbrenne deinen Verstand; dein Meister zündet dafür den Docht an – das ist seine Aufgabe: dich zu entflammen, so dass alles Verlangen verbrennen kann. Die Kerze schmilzt immer weiter herunter, bis am Ende Wachs und Docht verbraucht sind, so dass die Flamme ausgeht. Dann ist alles zu Ende.

Alle *Vasanas* verschwinden also und Schritt für Schritt wird dein Leben *sattvisch*, rein und klar. Diese Reinheit zeigt sich in deiner Arbeit, in deinem Handeln, in deinem Essverhalten. Bis es dann eines Tages passiert: Alles ist rein und leer geworden, die Kerze ist vollständig verbrannt. Damit wird auch derjenige, der wissen will, verschwunden sein. Es ist niemand mehr da, der sagen könnte: „Ich bin erleuchtet."

Viele Menschen glauben, der Wunsch nach Erleuchtung wäre etwas Ähnliches wie der Wunsch, ein Held, ein Schauspieler oder ein Präsident zu werden. Dabei ist Erleuchtung etwas völlig anderes. Statt: „Ich möchte erleuchtet sein", müsste es heißen: „Ich möchte beendet sein. Ich möchte sterben." Nur wenn du das wünschst, bist du auf dem richtigen Weg und wirst ihn auch bis zum Ende gehen.

Andererseits gibt es die kleinen segensreichen Erfahrungen, bei denen du sagen könntest: „Ich habe es geschafft!" Was immer aber auch als Erfahrung kommt, denke daran: es ist *Neti Neti* – nicht dies, nicht das. Mache weiter, bis niemand mehr da ist, der sagen kann: „Nicht dies." Dann ist es richtig! Damit einher geht viel innere Reinigung, negative Energie wandelt sich in positive, und eines Tages wird dieses Positive total sein.

Am Ende seines Buches „Self-Enquiry" (Die Selbsterforschung) sagt Sri Ramana: „Jemanden mit einem Verstand, der sehr fein unterscheiden kann, und der das Selbst tief erfahren hat, nennt man einen Jivanmukta.*" Ist das der Zustand, den man auch Selbsterkenntnis nennt?*

Weiter heißt es: „Wenn ein Mensch in den Ozean der Glückseligkeit eingetaucht und ohne jede Abgrenzung Eins geworden ist mit ihm, nennt man ihn einen Videhamukta. *Dieser transzendentale Zustand von* Videhamukti *heißt auch* Turiya *– er ist das endgültige Ziel." Kann man diesen Zustand auch Erleuchtung nennen?*

Ja.

Gut. (lacht) Es gibt einige Verwirrung darüber, ob die Erleuchtung einmal vollständig geschieht, oder ob es in Wirklichkeit Stadien der Erleuchtung gibt.

Es gibt keine Stadien der Erleuchtung. Lass es mich anhand der *Chakras* (feinstoffliche Energiezentren) erklären. Der Körper hat sieben *Chakras*, das vierte davon in der Nähe des Herzens. Oberhalb dieses vierten *Chakras* beginnen die Segnungen, der Geist beginnt über den Körper hinauszugehen. Hat jemand die Ebene des fünften *Chakras* erreicht, ist er schon sehr gesegnet, denn er weiß, wer er wirklich ist, auch wenn das Ich immer noch da ist. Auf dieser Ebene sieht er, dass der Verstand verschwunden ist: kein Verstand, kein Ego, kein Ich mehr. Das Einzige was noch da ist, ist ein winziger Keim, der das Potential in sich trägt, das Ego wieder zum Leben zu erwecken.

Hat man schließlich die Ebene des sechsten *Chakras* erreicht, ist das Dritte Auge geöffnet, man hat Visionen und kennt die Wahrheit. Auf dieser Ebene geschieht Erleuchtung. Auf dieser Ebene könnte man meinen, man hat es geschafft. Aber es ist immer noch ein kleines Stück zu gehen. Menschen, die die Ebene dieser beiden *Chakras* erreicht haben, sind kosmische Wesen. In Glückseligkeit mit dem Universum verbunden, wissen sie alles. Jemand im sechsten *Chakra* kann noch einmal zurückkehren, wenn er möchte, weil er zum Beispiel den Wunsch verspürt, der Welt etwas zu geben.

Das siebte *Chakra*, das *Nirvana* (der Ich-lose Zustand) wird nur sehr, sehr selten erreicht. Und jemand, der direkt vom Herz-*Chakra* ins *Nirvana* geht, kann nicht mehr in ein Ich zurückfallen. Solche Menschen waren vielleicht schon in vergangenen Leben im fünften und sechsten *Chakra*. Erleuchtung bedeutet also, dass wirklich nichts mehr da ist.

Am Ende seines Lebens sprach Osho viel von „jenseits der Erleuchtung".

Wie gesagt: Auch Erleuchtung muss verschwinden, denn niemand ist mehr da, der sagen könnte: „Ich bin erleuchtet." Das ist wirkliches *Nirvana*. Und wer das erreicht hat, kommt niemals wieder. Wenn man diese drei obersten *Chakras* erreicht hat, hat man im Prinzip den Gipfel erreicht, denn sie entsprechen dem Glückskörper. Nur ihre Funktion oder Qualität ist verschieden. Jemand der im Glückskörper ist, geht nicht mehr zu den Menschen, er sitzt einfach und lässt geschehen, was geschieht; die kommen wollen, kommen, und die nicht kommen wollen, kommen nicht.

Wir haben über Meditation und Selbsterforschung gesprochen, darüber, etwas zu tun, das mich zum Moment des Wissens bringt. Ich glaube, nach einem gewissen Punkt gibt es nichts mehr zu tun. **Nirvana kommt oder es kommt nicht. Ist das richtig?**

Nach Erreichen des Herz-*Chakras* gibt es nichts mehr zu tun. Etwas tun ist nur bis zum vierten *Chakra* notwendig, wo der Verstand noch da ist. Danach liegt es nicht mehr in unseren Händen. Dann bist du im Zustand der Glückseligkeit, wie ein *Avatar* (inkarnierter Gott) oder ein *Bodhisattva* (erleuchtetes Wesen), oder du wirst ein großer Meister – das kann niemand wissen. Wenn das Dritte Auge offen ist, geht man langsam ins *Nirvana*.

Das ist Gnade.

Das ist Gnade. Und es ist alles in unseren Samen, in den Genen festgelegt, ob man zu einer kleinen Pflanze wird oder zu einem großen Baum, zu dem die Menschen kommen, um Schatten zu finden. Das ist alles im Blueprint, im Bauplan festgelegt.

Im Englischen lautet der Buchtitel ja „Blueprints for Awakening". Du meinst also, in unseren individuellen Bauplänen ist schon alles festgelegt?

Ja, dort ist festgelegt, was für eine Blume oder was für ein Baum entstehen wird und wie groß er einmal sein wird. Am Beginn unserer Reise steht also schon fest, wie weit sie uns führt.

Erleuchtung bedeutet, dass der Samen aufgegangen ist; er weiß, dass er der Samen ist. Er weiß nur nicht, was er in sich trägt und was passiert, wenn er aufbricht. Solange der Verstand sagt: „Ich bin dies, ich bin das, ich tue dieses, ich will jenes", ist noch einiges zu tun. Doch wenn der Samen sich öffnet und der Verstand verschwunden ist, scheint die Wirklichkeit durch. Dann kann niemand mehr wissen, was passieren wird. Das ist existenziell schon im Keim, im Samen festgelegt.

Wer das verstanden hat, ist sehr entspannt und erfreut sich an dem, was geschieht, weil er weiß, dass er nicht der Handelnde ist. Die Dinge geschehen automatisch.

Wenn wir dieser höchsten Ebene Menschen zuordnen, würden sicher solche Namen wie Buddha, Jesus und Laotse fallen. Wen würdest du aus den letzten hundert Jahren dazuzählen?

In den letzten ein bis zweihundert Jahren gab es Sri Ramana Maharshi. Einige Jahre vor ihm gab es Shirdi Sai Baba, nicht zu verwechseln mit dem jetzigen Sai Baba.

Was ist mit Ramakrishna?

Ja, Ramakrishna gehörte auch zu dieser höchsten Ebene. Vor 500 Jahren gab es viele, wie Kabir und Farid.

Würdest du auch Osho dazuzählen?

Osho – ja, natürlich! Er gehört selbstverständlich dazu. Nach meiner Öffnung wusste ich, was Osho wirklich war, auf welche Weise er sich um uns gekümmert hat, denn in dem Moment ist man wie ein Neugeborenes. Eigentlich macht er nicht wirklich etwas, aber existenziell kümmert er sich vollkommen.

Glaubst du, dass es unbekannte Menschen gibt, die sich im Nirvana befinden und alleine im Wald oder in den Bergen leben?

Ja, das kommt vor. Manchmal sieht man auch einen Bettler am Straßenrand, in dreckigen und zerrissenen Sachen und sehr unangenehm riechend. Er kann sich kaum bewegen, sogar das Öffnen der Augen fällt ihm schwer. Wir nennen diese Menschen *Paramhamsa*. In ihnen scheinen tausend Sonnen. Sie haben absolut keinen Verstand, und den braucht man ja, um die Augen aufzumachen. Doch diese Menschen sind sehr selten.

Es erscheint mir essentiell wichtig zu sein, einem Guru zu begegnen und bei diesem Guru zu bleiben. Wer ist der Guru? Was ist seine Rolle? Wie erkennt man den wahren Guru?

Wie ich schon erwähnte, besitzen wir sieben *Chakras*. Für jedes der *Chakras* kann es einen *Guru* geben. Wenn jemand zum Beispiel im Dritten Auge erwacht ist, wird er nur Leute anziehen, die auch das dritte

Chakra erreicht haben. Für jedes *Chakra* gibt es den entsprechenden Meister, der dem *Chakra* entspricht, in dem wir schwingen. Unser Ego kann sich nur mit dem auflösen, dessen Ego sich schon aufgelöst hat, dessen Verstand schon total verschwunden ist. Es ist unser Herz, das den wahren *Guru* erkennt, und es geschieht ganz von selbst. „Ja, ich bin am richtigen Ort, dort wo das Ego schmilzt, wo ich alles loslassen kann", flüstert es vielleicht.

Würdest du sagen, dass der Guru *kommt, wenn man soweit ist?*

Der *Guru* kommt zu einem oder man findet ihn, beides kommt vor. Der Meister wird kommen, sobald du bereit bist! Er ist schon da, nur du bist noch nicht so weit. Wenn du durstig bist, wird es beginnen zu regnen. Der Meister, der *Guru*, ist immer da, der Schüler muss nur seine Augen öffnen und sehen. Du erhälst genau so viel, wie du nehmen kannst – nicht mehr, nicht weniger. Die Existenz ist sehr einfach.

Es gibt da diese Geschichte eines Mannes, der unbedingt einen Meister treffen wollte: „Ich gehe jetzt los und suche ihn", sagte er zu seiner Familie. Als er durch sein Dorf ging, sah er unter einem Baum einen sehr alten Mann sitzen. „Du bist sehr alt und weißt viel", sagte er zu ihm „kannst du mir auch sagen, wo ich einen richtigen Meister finden kann?"

Tatsächlich kannte der Alte einen Meister, den er dem Mann auch genau beschrieb: mit einem Bart und langen Haaren, seine Kleidung und so weiter. Der Mann bedankte sich und zog weiter, den Meister zu suchen – ergebnislos, er konnte ihn nicht finden. Bis er schließlich nach dreißig Jahren ein Dorf erreicht, in dem unter einem Baum endlich der Mann sitzt, der ihm beschrieben worden war. Er guckt sich um und sieht: Es ist sein Dorf! Und der Mann unter dem Baum ist der gleiche Mann wie vor dreißig Jahren, nur älter. Ziemlich ärgerlich erkennt er: „Du bist mein Meister."

„Ja, ich bin dein Meister", antwortet der Alte.

„Aber warum hast du mir das nicht schon damals vor dreißig Jahren gesagt, als ich dich gefragt habe?"

„Ich hatte dir alles gesagt, was du wissen musstest: wie sein Bart aussieht, welche Kleidung er trägt, wie seine Augen aussehen und alles andere. Ich hatte über mich gesprochen, aber du hast woanders hinge-schaut. Also empfahl ich dir, deiner Nase zu folgen. Und du hast dreißig Jahre gebraucht, um mich zu erkennen!"

„Du hast mich dreißig Jahre meines Lebens gekostet!", erwiderte der Mann immer noch zornig.

„Und was ist mit meinen dreißig Jahren?", fragte da der Alte. „Damals war ich sechzig Jahre alt, jetzt bin ich neunzig, und die ganze Zeit musste ich warten, dass du zurückkommst." (alle lachen)

Was ist die Rolle des Guru?

Der wahre *Guru* ist erwacht, sein Ego ist verschwunden. Die einzige Aufgabe, die durch ihn hindurch geschieht, besteht darin, alle ande-ren aufzuwecken. Und die, die erwachen wollen, kommen zu ihm; sie wollen bei ihm sein und sich an ihm erfreuen. Dann beginnt die Arbeit – von der wir keine festen Vorstellungen haben sollten, wie ein Mei-ster sie zu tun hat. Etwa, dass er so oder so sprechen und nicht dieses oder jenes essen sollte und so weiter. Er muss schließlich all die Kon-ditionierungen und Vorstellungen zerschlagen, die den Verstand aus-machen. Wenn das beginnt, dreht der Verstand natürlich durch, und man beginnt zu urteilen. Der Meister aber macht einfach nur seine Arbeit; er ist ein Botschafter der Existenz. Durch ihn erkennen und erinnern die Schüler ihr Selbst.

Hier in Indien ist es eine alte Tradition, zu einem **Guru** *zu gehen. Im Westen hingegen wird den Menschen erzählt, dass sie ihr eigener* **Guru** *sein können. Ihr Verstand arbeitet anders, sie haben diese Vorstellung von: „Ich kann das alleine schaffen. Ich bin mein eigener* **Guru**. *"*

Ja, das ist eine sehr starke Konditionierung. Von Kindheit an, wurde ihnen immer nur „ich, ich, ich" beigebracht. Bei der spirituellen Reise jedoch geht es darum, dieses „Ich" zu beenden. Und wie ich schon sagte, kann das Ego nur bei jemandem schmelzen, der kein Ego mehr hat. Die Konditionierung in Indien ist: „Ohne Meister ist es unmöglich." Ab einer gewissen Stufe kommt dein Ego immer wieder, und um das zu stoppen, braucht man einen Meister. Zur Konditionierung in Indien gehört auch, dass man sich vor jedem verbeugt. Deutsche zum Beispiel, die so eine Prägung nicht haben, kämpfen gewöhnlich dagegen. „Ich kann das nicht akzeptieren. Ich will das nicht tun", und ähnliches. Wenn also ein Deutscher die Füße eines Meisters berührt, ist das sehr aufrichtig und stark, das ist dann wirkliche Hingabe.

Ist es wichtig, einen lebenden Meister zu haben?

Das ist sehr wichtig, denn dann ist Feuer da, das etwas entfacht, wenn man sich in seinem Energiefeld, in seiner Aura befindet; das ist sehr stark. Wer auf dieser Reise weiterkommen will, muss einem Meister folgen, dem er vertraut. Bei einem echten Meister funktionieren deine ganzen Konditionierungen nicht mehr, er vernichtet all deine Vorstellungen und Prägungen, all das, was *Samskara* genannt wird. Er ist wie ein Ofen, der in dir und im Raum um dich die richtige Hitze erzeugt. Das ist die Liebe des Meisters. Er sagt: „Ich bin die Liebe, ich bin das Feuer. Ich bin der Tod. Sei einfach Eins mit mir." So etwas kann ein Foto nicht leisten.

In der Nähe eines Meisters zu sein, ist nicht einfach, wirklich nicht einfach. Deshalb kommen nur die, die wirklich verbrennen wollen, denn sie wissen: „Er ist das Feuer, er ist der Tod, und wenn ich näher komme, wird mein „Ich" sterben." Aber eben das wollen sie ja, und darum lieben sie ihn und wollen bei ihm sein. Das kann nur mit einem lebenden Meister geschehen. Wo auch immer die Flamme der Bewusstheit brennt – gehe um jeden Preis hin!

Sri Ramanas Schüler empfanden sehr große Verehrung für ihn, genauso wie er für den Arunachala. Welche Rolle spielt Bhakti, *die Hingabe, auf dem Weg zum Erwachen?*

Die meisten östlichen ebenso wie die westlichen Meister sagen: „Folge mir, trinke mich, esse mich, sei bei mir, öffne dein Herz!" Das Essen und Trinken kann nur in dem Maße geschehen, wie du ihm nahe bist, wie offen dein Herz ihm gegenüber ist. Wenn du offen bist, ist *Bhakti*, der Weg der Hingabe, der einfachste. Außer mit dem Meister zu sein, musst du nichts tun. Folge ihm einfach und sei offen, dann kommt das Licht ganz von allein. „Wo die Meditation endet, beginnt die Hingabe", heißt es im *Tantra* (Weg der Vereinigung des Männlichen und des Weiblichen), denn jede Meditation, jede Anstrengung führt in diese Hingabe. Schüler, die mehr im Herzen sind, gehen den Weg der Hingabe, während die, die mehr im Verstand sind, den Weg der *Sadhana* gehen: Suchen, suchen, suchen. Doch muss sich beides entwickeln: dein Herz muss offen sein, und dein Verstand wach. Dann wird die Reise erfolgreich sein.

Hingabe ist ein sehr schöner Weg. Ramanas Anhänger kannten nur die Hingabe, auf deren Höhepunkt du den Meister fühlen kannst. Es bist nicht du, der sieht, es ist der Meister, der durch dich sieht. Nicht du gehst, der Meister geht durch dich. Wenn du isst, ist es er, der isst. So einfach ist Hingabe! Und es funktioniert bei Indern und Westlern gleichermaßen. Wenn Inder nicht weinen, denken sie, dass nichts passiert; sie wollen weinen und sich verbeugen. Für Westler hingegen ist es schwierig zu weinen, sie denken sogar, dass es nicht okay wäre.

Jeder will Hingabe, aber jeder hat auch einen Verstand. Wenn wir im Verstand sind, denken wir nur: „Ich, ich, ich", und wenn wir im Herzen sind, denken wir: „Du, du, du." Manche Menschen sind mehr im Herzen, andere mehr im Verstand; aber jeder hat auch beides. Der Verstand sagt: „Ich brauche nichts. Ich bin mein eigener Meister. Ich kann alles." Sind wir aber im Herzen, heißt es: „Ich allein kann gar nichts, ich möchte jemandem folgen, der es mir zeigen kann." Sei wie ein Kind immer spielerisch und mach dir keine Sorgen – alles passiert von Moment zu Moment. Sobald der Verstand ins Spiel kommt, kommen Gefühle wie Verantwortung, Ich und Ernsthaftigkeit auf.

Suchende haben oft seltsame Vorstellungen vom Zustand der Erleuchtung. Wie sieht dein Alltag aus, wie nimmst du die Welt wahr?

Ja, die Menschen haben viele, viele Vorstellungen: Ein Erleuchteter sollte sich nur auf eine bestimmte Art und Weise bewegen, oder er sollte nur so und so sprechen, oder nur dieses oder jenes tun. Aber das sind eben nur Vorstellungen. Doch können sie fühlen, wenn jemand ihr Herz berührt und es öffnet, so dass sich all diese Vorstellungen dann auflösen. Diese Offenheit ist notwendig, damit ein Meister mit seiner wirklichen Arbeit beginnen kann. Deshalb lockt er die Schüler zunächst mit Ermutigung und unterstützt ihre Vorstellungen, doch dann nimmt er ihnen ihre Konditionierungen gnadenlos weg. Manchmal funktioniert das und die Menschen öffnen sich, und manchmal funktioniert das nicht.

Könntest du etwas über Sex sagen? Ist es erleuchteten Menschen möglich, Sex zu haben?

Alles ist für sie möglich. Aber warum sollte ein erleuchteter Mensch Sex wollen? Die Menschen wollen Orgasmen, weil es in diesem kurzen Moment weder Zeit noch Verstand und Ego gibt. Im Orgasmus verschwinden wir und berühren dabei ein kleines bisschen das *Hara*, unser Zentrum, das knapp oberhalb des Sexualzentrums sitzt und die *Kundalini*, unsere Lebensenergie, beherbergt. Es ist nur eine leichte Berührung, ein kleine Vibration, und trotzdem fühlen wir uns so glücklich, dass wir es immer wieder erleben wollen. Darum wollen alle Sex. Das *Hara* erwachter Menschen ist total offen und wach. Sie sind vierundzwanzig Stunden pro Tag auf diesem Höhepunkt, ohne Zeit, Verstand und Ego. Sie brauchen keinen Sex und deshalb wollen sie ihn auch nicht.

Aber natürlich ist es erleuchteten Menschen möglich, Sex zu haben. Der schon erwacht geborene *Krishna* zum Beispiel war verheiratet und hatte zwei Söhne, ebenso *Shiva*. Kabir heiratete als Erwachter eine erwachte Frau, weil er mit ihr zusammenleben wollte, was damals ohne Heirat schwierig war. Ihre beiden Kinder, ein Sohn und eine Tochter, waren dann auch erwacht, die ganze Familie war erleuchtet. Erleuchtung bedeutet, wie ein Vogel zu fliegen. Sex dagegen ist, in den Körper zu gehen, zur Erde, in die Energie des ersten *Chakras*, zu der all diese Emotionen von Besitzanspruch, Eifersucht und Wut gehören. Statt auf diese Ebene gehen Erleuchtete ins Herz, wo diese Energien kaum noch wirken.

Du hast gerade ausführlich über das Thema Erwachen mit uns gesprochen. Wenn du jemandem mit einer Leidenschaft für das Erwachen begegnen würdest, was wäre dein spontaner Rat an ihn?

Es ist ein Unterscheid, ob jemand die Leidenschaft hat und reif ist, oder ob nur Leidenschaft da ist. Die Leidenschaft sagt: „Ich will, und ich will es schnell." Der Verstand schaut immer in die Zukunft, nach dem Motto: „Wenn ich es erst einmal bekomme, dann..."

Mein Rat an so jemanden lautet, sich erst einmal hinzusetzen und hier zu sein. Er wird es auf alle Fälle bekommen, da muss er sich gar nicht sorgen. Doch sollte er sich zunächst entspannen und präsent sein, und das ist man nicht, wenn man es zu eilig hat.

Für jemanden hingegen, der wirklich reif ist, gibt es keinen Rat. So jemand sucht auch nicht nach Rat, sondern sagt nur: „Ich bin einfach bei dir, und was passieren soll, passiert." Für solche Menschen wird es ganz sicher geschehen. Je offener jemand ist, desto mehr wird er aufnehmen; er bekommt, was immer er benötigt. Jeder ist verschieden. Jeder stellt die gleiche Frage, aber es gibt keine vorgefertigte Antwort. Die Antwort hängt davon ab, was jeder braucht. Ich weiß nie, welche Antwort ich im nächsten Moment geben werde.

Vor zehn Tagen zum Beispiel hatte ein Mann im *Satsang* (Begegnung in Wahrheit) einen tieferen Einblick ins Bewusstsein. Zuvor hatte er gefragt, ob ich ihm das zeigen oder geben kann. Mein Rat war: „Komme jeden Tag und sitze, mehr nicht. Was auch immer kommt, akzeptiere es, akzeptiere auch, wenn es noch nicht passiert, denn dann bist du noch nicht reif dafür. Es wird genau dann passieren, wenn du dafür reif bist. Es kommt nie zu spät.

Gibt es noch etwas, das du hinzufügen möchtest?

Es war eine wundervolle Unterhaltung – gute Fragen, gute Antworten. Es hat mich sehr gefreut.

Vielen, vielen Dank. (lacht)

Ramana möchte, dass wir
herausfinden, wer wir wirklich
sind. Die Frage „Wer bin ich?"
soll uns verdeutlichen, dass wir
weder der Körper, der Verstand,
der Intellekt noch die Sinne sind.
Wir sind das Selbst. Wenn wir
das erkennen, haben wir alles
erkannt.

Wir sind ewig. Wir werden nie geboren
und wir werden nie sterben.

Swami Satchidananda

Swami Satchidananda

Nach einer Phase des Suchens und Kämpfens in seiner Jugend, traf Swami Satchidananda im Alter von 30 Jahren seinen Lehrer Papa Ramdas und diente ihm als *Sannyasin*, bis Ramdas seinen Körper verließ. Später half er Mataji Krishnabai den Ananda-Ashram in Nord Kerala zu führen, dessen Leitung er nach ihrem Tod 1989 selbst übernahm. Dank seiner überragenden Qualitäten und entsprechend dem göttlichen Wunsch von Papa und Mataji wurde Swamiji zur Seele des *Ashrams*.

Swami Satchidananda ist ein Mensch voller bedingungsloser Liebe. 2003 trafen wir uns an einem stillen Abend zu diesem Interview, das ungewöhnlich intensiv war und dadurch wunderschön. Seit dieser Begegnung habe ich viele Schüler zu ihm gebracht und alle waren von seiner Gnade sehr berührt. Trotz eines Schlaganfalls führt er weiterhin ein inspirierendes Leben. Es berührt mich immer noch sehr tief, dass er derjenige war, der mir den Namen Premananda gab: bedingungslose Liebe.

Sri Ramana Maharshi stellte die grundlegende Frage „Wer bin ich?" Darf ich dich fragen, lieber Swami: Wer bist du?

Ich bin mir nicht sicher, ob ich die Fähigkeit besitze, Sri Ramanas Lehre zu erklären, aber ich kann es versuchen. Ramana Maharshis Vorgehensweise ist ganz direkt. Er stellt immer nur diese eine Frage: „Wer bin ich?" Dadurch werden alle anderen Fragen beantwortet. Wenn wir wirklich verstehen, was wir sind, gibt es nichts mehr zu fragen.

Wir identifizieren uns mit unserem Körper, dem Verstand, unserem Intellekt und den Sinnen, aber das sind falsche Identifikationen.

Wir sind das Selbst; wir sind das, was den Körper, den Verstand, den Intellekt und die Sinne steuert. Ramana möchte, dass wir herausfinden, wer wir wirklich sind. Die Frage „Wer bin ich?" soll uns verdeutlichen, dass wir weder der Körper, der Verstand, der Intellekt noch die Sinne sind. Wir sind das Selbst. Wenn wir das erkennen, haben wir alles erkannt.

Darf ich dich also fragen, wer du bist?

Ich bin DAS. (beide lachen)

Das ist genau die richtige Antwort, vielen Dank! Viele Menschen aus dem Westen kommen nach Indien auf der Suche nach Erleuchtung, als wäre sie nur eine Erfahrung. Was ist Erleuchtung?

Erleuchtung können wir die Verwirklichung des Selbst nennen. Wir leben in einem Zustand der Dunkelheit, dort tappen wir herum und suchen das Licht. Wie aber finden wir das Licht?

Tatsächlich sind wir selbst das Licht, wir haben nur vergessen, dass wir es sind. Die Selbsterforschung wird uns zu diesem Licht führen. Uns selbst zu erkennen, das ist Erleuchtung.

Gibt es irgendwelche Voraussetzungen für die Erleuchtung?

Die einzige Voraussetzung für Erleuchtung ist die vollkommene Klarheit des Verstandes. Wenn der Verstand vollkommen klar wird, gibt es den Verstand als solchen nicht mehr. Dann geschieht Erleuchtung. Der Verstand mit seinem ganzen Schmutz, seinen Gedanken und *Vasanas* (Neigungen des Verstandes) steht unserem Wissen darüber, wer wir wirklich sind, im Weg. Erst wenn der Verstand absolut klar geworden ist, stehen wir der Wahrheit unmittelbar gegenüber, oder besser gesagt, dann sind wir Eins mit der Wahrheit.

Würdest du eine Zeitlang Sadhana *(spirituelle Disziplin) empfehlen, um den Verstand zu reinigen?*

286

Auf jeden Fall. Es gibt verschiedene Methoden und *Sadhanas*. Unser Meister Ramdas und auch andere Lehrer sagen, wenn man beginnt, den Namen Gottes zu chanten, wird der Verstand allmählich von seinem Trübungen befreit und schließlich vollkommen klar. Mit einem klaren Verstand können wir das Licht Gottes sehen. Wenn wir mit dem Chanten beginnen, fühlen wir uns noch von Gott getrennt. Wir sehen in ihm eine getrennte Person und empfinden uns selbst als seine Kinder, als seine Untergebenen. Wir glauben, anders zu sein als Er.

Diese Form der ausschließlichen Hingabe an Gott wird den Verstand klären. Gott ist für uns wie eine Mutter oder ein Meister; wir dienen und widmen unser Leben ausschließlich Ihm, wir denken Tag und Nacht an Ihn. Was auch immer wir tun, wir tun es für Ihn, und was auch immer wir denken, wir denken nur an Ihn. Darüber hinaus wissen wir, dass Er in allem enthalten ist und sich in jeder Form zeigt. So sind unsere Gedanken einzig von Ihm durchtränkt. Auf diese Weise unaufhörlich an Ihn zu denken, klärt unseren Verstand auf perfekte Weise und bereitet uns darauf vor, dass Er sich in uns zu erkennen gibt. Das ist die einfachste und sicherste *Sadhana*, und so hat sie unser Meister uns gelehrt.

Tatsächlich hat Ramdas ja diese Sadhana *viele Jahre lang selbst so praktiziert.*

Ja, das hat er. Ich möchte es so erklären: Wenn wir den Namen Gottes chanten, spüren wir allmählich Seine Präsenz in uns und außerhalb von uns, überall. Wir fangen an, Seine Präsenz überall zu spüren. Wir spüren, dass alles, was geschieht, Er ist und dass Seine Macht grenzenlos ist. Dadurch können wir verstehen, dass alles, was im Universum oder durch diesen oder irgendeinen anderen Körper geschieht, allein Sein Wille ist. Das ist die vollkommene Hingabe an Seinen Willen. Unser Meister hat es so gesagt: Die beständige Erinnerung an Gott und die vollkommene Hingabe an Seinen Willen lassen Gott sich in uns offenbaren.

Also schmilzt das Ego, als etwas von Gott getrenntes, einfach dahin?

Ja, das stimmt. Das Ego hat dort keinen Platz mehr. Wenn Gott erscheint, verschwindet das Ego. Solange wir uns intensiv an Gott erinnern, kann das Ego nicht eindringen, es verschwindet durch die Hinter-
tür. Doch hören wir auf, uns an Ihn zu erinnern, kommt es ganz schnell
wieder herein. (beide lachen)

*Würdest du sagen, dass das spirituelle Ego das gewöhnliche Ego voll-
kommen auslöscht?*

Im letzten Stadium können wir es „spirituelles Ego" nennen. In allen
Phasen davor jedoch ist es das „lästige Ego", das uns Probleme macht
und unsere Gotteserkenntnis behindert. Aber auch das spirituelle Ego
muss verschwinden, wenn wir es nicht mehr haben wollen und unser
Verstand vollkommen klar ist.

Wenn wir unser Einssein mit Gott erkannt haben, wird es immer
noch eine Art Ego geben: und das ist unsere Individualität. Dieses
Ego jedoch wird absolut rein sein und schadet uns nicht. Es ist einzig
dazu da, um im *Lila* (Spiel des Göttlichen) mitzuspielen. Nach deiner
Selbstverwirklichung siehst du Gott als deine Mutter, du nimmst
deinen Platz als Kind ein und gehst freudvoll deinen täglichen Aktivitäten nach.

*Wenn ich dir gerade so zuhöre, fühle ich mich mit meinem Buch-
projekt richtig gesegnet – ich darf so vielen großen Meistern begegnen und mit ihnen sprechen. Jeden von ihnen sehe ich als Ausdruck
Gottes, und dennoch ist jeder auf seine Art vollkommen individuell.
Es ist die gleiche Wahrheit, nur wird sie unterschiedlich erlebt und
beschrieben.*

Das ist wahr, denn Gott ist grenzenlos. Er ist ein Diamant mit vielen
Facetten. Wir können Ihn nur durch eine Facette sehen und auch nur
diese eine Facette beschreiben. Menschen erleben Ihn auf unterschiedliche Weise und drücken dieses unterschiedliche Erfahren auf ihre eigene
Art aus. Und niemand kann behaupten, wir hätten Ihn vollkommen
verstanden, denn Gott ist unendlich.

Du hast über das Lila *gesprochen, die göttliche Verspieltheit. Könntest du noch etwas mehr darüber sagen?*

So sehen die Verehrer Gottes die Welt. Sie sehen sie nicht als Illusion oder als nicht-existent. Sie sehen Gott, der sein nie endendes Theaterstück spielt. Und um das tun zu können, hat er unzählige Formen angenommen – und Er Selbst ist jeder einzelne Schauspieler. In all diesen unzähligen Rollen, die alle Er spielt, verleiht Er jeder Form ihren individuellen Ausdruck. Wobei Er völlig vergisst, dass Er in all diesen verschiedenen Formen immer nur Er Selbst ist. Das geschieht aufgrund von *Maya*, seiner eigenen, alle Illusionen erzeugenden Kraft, die Ihm die Welt als bedingt und begrenzt erscheinen lässt. So spielt Er dieses nie endende Theaterstück, in dem Er unzählige Rollen übernimmt.

Und wer ist der Beobachter dieses großartigen Theaterstückes? Dieser Beobachter ist niemand anderes als Er Selbst, und Sein Theaterstück wird niemals enden. Das ist die Sichtweise von denen, die Gott verehren.

Wir sehen konkrete Formen vor uns, deren Existenz wir nicht leugnen können; wir müssen mit ihnen zurechtkommen. Deshalb schätzen wir auch sehr, was die Verehrer Gottes über *Lila*, über dieses göttliche Spiel sagen. Aber ein *Jnani*, also einer, der das Selbst erkannt hat und der den Weg der Selbsterforschung gegangen ist, würde sagen, dass Gott überhaupt nicht existiert, sondern dass auch Er nur eine Erfindung des Verstandes ist.

Dieses Spiel verändert sich permanent. Was in dieser Minute geschieht, ist vollkommen anders als das, was in der nächsten passiert. Es ist ein Spiel, das sich ständig verändert.

Würdest du sagen, dass die Welt ein Krieg zwischen Gut und Böse ist und dass das göttliche Lila *sich durch beides zeigt?*

Es ist einzig und allein das göttliche *Lila*. In diesem göttlichen Spiel ist alles erlaubt. In ihm gibt es Tragödien und Komödien, und wir wissen zu schätzen, wie jede einzelne Rolle verkörpert wird. Spielt jemand die

Rolle eines Diebes und spielt sie gut, dann beglückwünschen wir ihn nach der Vorstellung: „Einfach toll, wie du deine Rolle gespielt hast!" In diesem Spiel ist alles möglich und alles notwendig.

Das wirft die Frage auf: Warum müssen wir leiden in der Welt? Und die Antwort lautet: Wer ist es, der leidet? Haben wir herausgefunden, wer wir sind, dann gibt es kein Leiden mehr. Angenommen, jemand spielt die Rolle eines Diebes. Eines Tages kommt ein Polizist vorbei und erschießt ihn, und der Dieb bricht auf der Bühne zusammen. Ist er jetzt wirklich tot? Nein, nur sein Körper, nicht seine Seele.

Wir sind ewig. Wir werden nie geboren und wir werden nie sterben. Wir haben einen Körper angenommen, für den es Geburt und Wachstum gibt, der zu einem Leichnam wird und zerfällt. Doch was geschieht tatsächlich? Der Körper betrifft uns nicht wirklich, und deshalb nennt man dies auch Gottes ewiges Spiel.

Es gibt verschiedene Aussagen über die Wirklichkeit der Welt. Manche nennen sie eine Illusion, für manche ist sie eine Manifestation Gottes. Gott Selbst manifestiert sich in verschiedenen Formen; sie alle sind Bewusstsein, das nur seine Form verändert hat. Wie bei einem Eisberg. Was ist ein Eisberg? Gefrorenes Wasser. Es wird zwar „Eis" genannt, aber es ist nicht verschieden von Wasser.

Genauso ist das Universum mit seinen Namen und Formen nicht verschieden vom Selbst, nicht verschieden von der Wahrheit, nicht verschieden von der Realität. Gott Selbst erscheint als verschiedene Namen und Formen, doch diese Namen und Formen sind nicht von Ihm verschieden – ebenso wie Eis nicht verschieden von Wasser ist. Deshalb sagt man, dass alles Gott ist. In den Schriften steht: *Sarvam Kavitam Brahman*, alles ist *Brahman* (absolute Realität), es gibt nur *Brahman*. Doch durch unsere Unwissenheit sehen wir alles als voneinander verschieden an. Ist unser Schauen klar und rein, dann sehen wir alles als eine Form Gottes.

Sri Ramana sagte, der direkteste Weg zur Erkenntnis des Selbst sei die Selbsterforschung. Was kannst du über die Selbsterforschung sagen? Ich sehe, dass in deinem **Ashram** *der Fokus eher auf der Hingabe, auf* **Bhakti***, liegt.*

Die Selbsterforschung ist ein Weg, ein sehr direkter Weg. Doch es gibt auch andere Methoden, wie zum Beispiel die der Hingabe. Es gibt viele Arten der Hingabe. Bei uns chanten wir den Namen Gottes. Wir singen: „*Om Sri Ram, Jay Ram, Jay Jay Ram*". *Ram* steht für das Höchste Selbst, *Om* ist das Höchste Selbst, das alles ist und über allem steht. *Ram* ist die Essenz der Manifestation und *Sri* ist die Manifestation selbst, die Kraft der Manifestation. *Om Sri Ram* deckt also alles ab: das Höchste Selbst, die Essenz der Manifestation und die Manifestation an sich.

Chantet man „*Ram Ram*", denkt man auf diese Weise an das Höchste Selbst und an das, was jenseits von allem liegt. Wenn unser Verstand allein damit beschäftigt ist, führt es ihn von den weltlichen Gedanken weg und er wird vollkommen geklärt. Das einzige Ziel unserer spirituellen Übungen ist das Klären unseres Verstandes; all der Schmutz, der sich über die Jahre festgesetzt hat, wird so fortgespült.

Wenn ein Mensch also von ganzem Herzen chantet, wird dann ein Zeitpunkt kommen, an dem der Verstand leer und sattvisch *(ruhig und friedvoll) wird?*

Ja, genau. Aber es ist wichtig, dass man es mit voller Aufmerksamkeit tut. Chanten allein reicht nicht aus, man muss es mit Liebe, Hingabe und voller Aufmerksamkeit tun. Wir können Seinen Namen singen, aber mit unserem Verstand gerade an etwas ganz anderes denken. Deshalb wird gesagt, dass man beim Chanten den Verstand immer fest auf die Eigenschaften Gottes richten soll. Also darauf, dass Er alles durchdringt, dass Er das endlose Universum ist, dass Er alles transzendiert, dass er in jedem Herzen wohnt. Das sind die Eigenschaften Gottes. Man kann ebenso sagen, dass Er absolute Liebe, reines Mitgefühl, vollkommene Barmherzigkeit ist.

Damit muss sich unser Verstand beschäftigen, um nicht vom Weg abzukommen oder über Materielles nachzudenken. Dann werden wir schnell Fortschritte machen und unser Verstand wird sehr klar werden.

Und wenn man mit dem Chanten aufhört, kommt der Verstand dann wieder zurück?

Er wird solange zurückkommen, bis er vollkommen geklärt ist. Wenn er vollkommen klar ist, dann hat er nichts mehr, worüber er nachdenken kann und er wird still bleiben – und das für eine ziemlich lange Zeit. Wir alle versuchen, zu dieser Stille des Verstandes zu gelangen, denn es ist genau in dieser Stille des Verstandes, dass Gott Sich Sich Selbst offenbart.

Als Sri Ramana gefragt wurde, wann man das Selbst erkannt hat, antwortete er: „Wenn die Welt, die das Gesehene ist, entfernt worden ist, wird die Erkenntnis des Selbst als das Sehende geschehen." Wie ist die Welt zu verstehen?

Die Welt, wie wir sie sehen, ist erfüllt von Vielfalt. Wir müssen uns darin üben, die alles vereinende Kraft zu erkennen, den vereinenden Geist, der die Essenz dieser ganzen Manifestation ist. Das ist das Selbst, die Wahrheit, Gott oder wie auch immer du es nennen magst. Es ist ein bisschen wie im Kino: Die breite Leinwand ist die Projektionsfläche für all diese Manifestationen. Und das, was hier im Universum geschieht, das sind die bewegten Bilder, das ist der Film dazu. Er wandelt sich andauernd, doch die Leinwand ist fest und beständig, so wie auch die Essenz all unserer Manifestationen immer gleich bleibt.

Wenn wir erkennen, dass das, was wir in der Welt sehen, sich ständig bewegt, und wenn wir das erkennen, was sich nicht bewegt, haben wir die Wahrheit erkannt. Dann betrachten wir die Welt nicht mehr in gleicher Weise. Wir sehen sie nur noch als ein sich bewegendes Etwas innerhalb der unbeweglichen oder unveränderlichen Existenz. Dann bekommt die Welt für uns eine andere Form, wir sehen sie nicht mehr als eine Vielfalt, sondern als ein Einziges.

Jnanis behaupten nicht, sie würden die Welt nicht sehen. Sie bewegen sich, sie können sehen, sie sprechen, sie unterhalten sich mit anderen; wie könnten sie also sagen, sie würden diese Welt nicht sehen? Sie sehen die Welt, aber sie sehen sie nicht als die Welt. Sie sehen sie als beständig sich wandelnde Namen und Formen, die eine unveränderliche Existenz hervorbringen. Die Verehrer Gottes drücken das anders aus. Sie sehen die Welt als Gott Selbst.

292

Unser Meister Ramdas hat ein Buch geschrieben, das er „World is God" (Die Welt ist Gott) nannte. Andere Menschen sehen die Welt als Welt, aber Heilige sehen die Welt als Gott.

Wie kann man die Welt beseitigen?

Wir müssen die Welt nicht beseitigen. Wir sehen die Essenz, die Gott ist, und wir sehen die Welt als Gott. Die Welt als Welt ist also beseitigt worden, und die Welt als Gott bleibt. Die Welt verändert sich nicht. Außer im Zustand des heiligen *Samadhi* (Versunkensein im Selbst). Wenn wir meditieren, verlieren wir unser Körper-Bewusstsein und verschmelzen für kurze Zeit mit dem nicht manifestierten Aspekt Gottes. Wir verschmelzen mit unserem eigenen Selbst. Dort existiert die Welt für uns nicht mehr.

Wenn wir wieder in das irdische Bewusstsein zurückkehren, dann sehen wir zwar die Welt, halten aber gleichzeitig Stille und Frieden in uns aufrecht. Das ist der Zustand aller Heiligen. Die Welt flieht nicht vor uns, sie ist immer noch vollkommen mit uns, aber auf ganz andere Weise als vorher.

Das ist eine sehr wichtige Aussage, denn es wird oft behauptet, dass der Verstand erst zerstört werden muss, damit Befreiung stattfinden kann!

Es geht nicht darum, den Verstand zu zerstören! Es geht darum, ihn vollkommen zu klären. Ist der Verstand von seinem Schmutz befreit, von seinen Neigungen und Sehnsüchten, dann ist er reines *Atman* (individueller Aspekt des Selbst).

Ich möchte dich etwas fragen: Hast du einen Verstand?

Ich bin noch kein *Jivanmukta* (zu Lebzeiten befreite Seele) geworden. (beide lachen)

Keiner hier wird dir das glauben!

Es ist so! Wenn die Gedanken vollständig verschwunden sind und der Verstand vollkommen in Gott aufgelöst ist, dann kann man sagen, dass jemand das Selbst verwirklicht hat. Aber bis dahin haben wir nicht das Recht, das zu behaupten.

Wie willst du den Verstand zerstören? Selbsterforschung ist eine der besten *Sadhanas*, die es gibt, wir können aber auch den Namen Gottes chanten. Mit dieser Praxis erreichen wir die vollkommene Klarheit des Verstandes. Alle Gedankenwellen werden verschwinden und der Verstand wird absolut klar. Er wird nicht zerstört, er wird nur geklärt.

Was sieht es mit Vasanas *aus, den Neigungen des Verstandes?*

Sie müssen alle verschwunden sein, bevor wir die Wahrheit erkennen können. Sie sind der Schmutz, den wir über all die Jahre hinweg angesammelt haben.

Willst du damit sagen, dass wir diese Vasanas *mit in unser Leben gebracht haben?*

Wir müssen sie über Jahre hinweg angesammelt haben. Wir kommen mit all diesen *Vasanas* auf die Welt und werden ihnen wohl noch ein paar hinzufügen. Die tragen wir dann mit uns herum, und das geht solange, bis das Ganze zerstört ist.

Und wie zerstöre ich die Vasanas?

Wenn wir den Verstand geklärt und erkannt haben, dass wir Eins sind mit der absoluten Wahrheit, dann sind die Vasanas zerstört. Das ist der einzige Weg.

Es ist also in gewisser Hinsicht eine ständige Klärung?

Ja, es ist ein ständiger Kampf, einen wirklich klaren Verstand zu bekommen.

Am Ende seines Buches „Self-Enquiry" (Die Selbsterforschung) sagt Sri Ramana: „Denjenigen, der einen Verstand hat, der sehr fein unterscheiden kann, und der das Selbst tief erfahren hat, nennt man einen Jivanmukta." Ist das der Zustand, den man auch Selbsterkenntnis nennt?

Das ist richtig. Das nennt man Selbsterkenntnis.

Weiter heißt es: „Wenn ein Mensch in den Ozean der Glückseligkeit eingetaucht und ohne jede Abgrenzung Eins geworden ist mit ihm, nennt man ihn einen Videhamukta. Dieser transzendentale Zustand von Videhamukti heißt auch Turiya – er ist das endgültige Ziel." Kann man diesen Zustand auch Erleuchtung nennen?

Soweit ich weiß, ist ein *Jivanmukta* eine verwirklichte Seele, die sich in einem Körper befindet; ein *Videhamukta* hingegen ist eine Seele, die in dem Moment, in dem sie den Körper verlässt, das Selbst erkennt. Ich weiß nicht, ob es sich so verhält, aber soweit ich weiß, ist das der Unterschied.

Der Tod allein befreit nicht. Der Tod dieses speziellen Körpers schenkt uns keine Befreiung. Das, was sterben muss, ist das Ego. Die physische Form, der Verstand, der Intellekt und die Sinne, all diese Körper müssen verschwinden, erst dann sind wir vollkommen befreit. Wenn der physische Körper stirbt, schleppen wir all die anderen Körper noch mit uns herum, den Astralkörper, den Verstand, den Intellekt. Wir sind noch nicht vollkommen tot, wir haben nur einen Teil unseres Körpers verloren; also sind wir noch keine befreiten Seelen.

Und dann nehmen wir einen anderen Körper an?

Bis wir einen anderen Körper annehmen, verweilen wir als feinstofflicher Körper, als Astralkörper. Dann kommen wir als Baby zurück und bringen alles mit, was wir in den früheren Geburten angesammelt haben. Wir werden erwachsen und müssen dann all das in unserem Leben bearbeiten.

*Wie können wir sagen, wer ein **Jivanmukta** ist und wer nicht?*

Für andere ist das schwer zu verstehen, und für uns auch.

*Wir alle würden sagen, dass du ein **Jivanmukta** bist, du aber sagst, du bist es nicht.*

Das stimmt. Für andere ist das schwer zu verstehen. Wir selbst wissen nicht, ob dies der Fall ist oder ob nicht.

Kannst du ein paar Richtlinien nennen für den Zustand des Jivanmukti?

Die Richtlinien sind folgende: Wenn wir wissen, dass wir die alles durchdringende Realität sind und dass wir Eins sind mit dem gesamten Universum, wenn wir also nicht länger von unserem Ego bestimmt werden, dann sind wir zu *Jivanmuktas* geworden, zu verwirklichten Seelen. Wenn wir jedoch einen anderen Menschen als von uns verschieden ansehen und denken: „Oh! Mit dem habe ich rein gar nichts zu tun!", dann sind wir im kleinen Selbst, in einem Leben, das kontrolliert wird vom Ego. Das ist nicht *Mukti* (Befreiung) oder *Jivanmukti*, das ist Unwissenheit.

Wir müssen aus der Unwissenheit herauskommen, aus diesem kleinen Selbst ausbrechen und das ganze Universum in unsere Arme schließen, weit über uns selbst hinaus. Wir können uns selbst erkennen – das ist nicht schwer. Ein Vogel im Käfig weiß, dass er in einem Käfig sitzt. Aber wenn der Käfig offen ist, fliegt er herum und genießt die Freiheit. Und wir können sie genauso genießen.

*Die Lehrer, die ich auf meiner Reise für die Interviews getroffen habe, scheinen alle die gleichen Eigenschaften zu besitzen: Völlige Offenheit, Stille, Frieden, sogar Verspieltheit. Es gibt ein **Lila** um sie herum, das sie von anderen Menschen unterscheidet.*

Ja, das ist ganz natürlich so, wenn man Eins mit dem gesamten Universum ist. Diese Lehrer sind nicht mehr von ihrem Ego bestimmt, nicht mehr von den Gegensatz-Paaren, die ihnen früher so viele Schwierigkeiten bereitet haben. Sie bleiben unbeeinflusst vom Spiel Gottes, deshalb nehmen sie alles so leicht. Stell dir vor, du kommst zu mir und beschimpfst mich. Warum sollten deine Worte mich beeinflussen? Ich bleibe unberührt von diesen Dingen. Feuer kann mich nicht verbrennen, Wasser kann mich nicht nass machen. Ich bin das Selbst.

Es heißt, dass Buddha so viel Geduld hatte, dass er einfach weiter lächelte, auch wenn ihn jemand beleidigte und beschimpfte. Wenn das Vokabular des Angreifers erschöpft war, fragte Buddha:

„Guter Freund, stell dir vor, dass du mir einen Apfel anbietest, und ich nehme ihn nicht an. Wo wird der Apfel dann bleiben?"

„Bei mir!"

Und Buddha antwortete: „Was immer du gerade zu mir gesagt hast, ich nehme es nicht an."

Jivanmuktas haben so viel Geduld! Sie fühlen weder Beleidigungen noch haben irgendwelche Angriffe eine Auswirkung auf sie, denn sie identifizieren sich einzig und allein mit dem Selbst; während wir uns mit unserem Körper identifizieren. Das ist der ganze Unterschied.

Wenn du mich hier so sitzen siehst, siehst du mich als das Selbst?

Wir sehen den Körper und die Essenz. Wir sehen, dass diese Essenz, das Selbst, die Grundlage des ganzen Universums ist. Wenn wir also Fortschritte auf dem Weg machen, verändert sich allmählich unsere Sicht. Sind wir schließlich ganz im Selbst angekommen, haben wir uns vollkommen verändert.

Willst du damit sagen, dass man allmählich in die Tiefe des Selbst hineintaucht?

Das stimmt, und zwar entsprechend der Klarheit unseres Verstandes. Wenn wir eine sehr dunkle Brille tragen, wird alles, was wir sehen, dunkel sein. Schwächen wir den Grad der Dunkelheit ab, sehen wir alles nach und nach klarer. Ist unsere Sicht schließlich vollkommen klar, erkennen wir die Wahrheit und sehen alles, wie es wirklich ist.

Ich dachte immer, dass es einen Aha-Moment geben würde, wenn Selbst-erkenntnis stattfindet. Du aber sagst, es sei ein allmählicher Prozess.

Es ist ein allmählicher Prozess, aber wenn du es schließlich erkennst, kommt es ganz plötzlich: Ah! Ich bin DAS! Du bist immer noch der Gleiche, du siehst immer noch so aus wie zuvor, nur wusstest du zuvor noch nicht, dass du DAS bist! DAS ist schon immer mit uns, nur wissen wir es nicht. Wir wissen nicht, dass wir selbst vollkommener Frieden und absolute Glückseligkeit sind. Erst wenn der Schmutz weggewischt ist, sehen wir, dass wir DAS sind und dass wir schon immer DAS waren.

Es ist wie bei einem Mann, der vergessen hat, dass er einen prall ge-füllten Geldbeutel in der Tasche hat und der sagt: „Ich habe überhaupt kein Geld. Ich bin ein Bettler."

Bis jemand zu ihm kommt und sagt: „Aber du hast doch die ganze Tasche voller Geld!"

Der Mann steckt seine Hand in die Tasche und merkt: „Oh! Ich habe ja ganz viel Geld, ich bin ein reicher Mann!"

Wir machen es genauso. Wir selbst sind tiefste Glückseligkeit, aber wir verhalten uns, als seien wir die armseligsten Gestalten auf dieser Welt. Bis wir dann einen *Guru* treffen und er uns zeigt, dass wir ganz und gar nicht armselig, sondern vollkommener Frieden und absolute Glückseligkeit sind. Wir hatten es nur vergessen! Meditiere über DAS und du wirst fähig sein, dein eigenes Selbst zu erkennen. Jenes Selbst, das absolute Glückseligkeit und unsterblicher Frieden ist.

Willst du damit sagen, wenn wir unseren Verstand vollkommen ge-klärt haben und wir innerlich bereit sind, werden wir einem **Guru** *begegnen? Und er sagt uns, wer wir sind und es wird dann diesen Aha-Moment geben, in dem wir die Wahrheit erkennen?*

Das ist richtig.

Und nach diesem Augenblick des Erkennens können wir einerseits klar sehen, aber andererseits gibt es immer noch ein Tiefergehen in dieses Erkennen hinein?

Jemand, der die Wahrheit und sein Einssein mit der alles durchdringenden Realität erkannt hat, kann zwar sagen: „Ich selbst bin tiefe Glückseligkeit." Doch da ist noch ein anderer Zustand, in dem er nicht das gesamte Universum als Gottes Form oder als seine eigene Manifestation akzeptiert.

Wenn du dich in einem Zustand befindest, der über das Körper-Bewusstsein hinausgeht, wenn du also im Selbst aufgelöst bist, ist das ein zutiefst beglückendes Erlebnis, in dem du alles Äußere vergisst. Das nennt man *Nirvikalpa Samadhi*. Kommst du dann aus diesem Zustand wieder heraus, vermischt du dich abermals mit der Welt, weil du diese Welt noch nicht als Gottes Form und als Ausdruck deines eigenen Selbst akzeptiert hast. Der Verstand fühlt sich beunruhigt und möchte zurück in die Stille. Machst du weiterhin spirituelle Übungen, erkennst du, dass all diese Manifestationen deine eigenen und nicht von dir getrennt sind. Dann kannst du in dieser Welt leben und dich in ihr bewegen, denn du akzeptierst alles darin als Gott Selbst. Ruhst du voll und ganz darin, bist du immer in vollkommenem Frieden, ganz gleich, ob du still oder aktiv bist. Das nennt man *Sahaja Samadhi*, das Ruhen im natürlichen Sein.

Du sagst also, dass es diesen Aha-Moment der Selbsterkenntnis gibt, und dass das vollkommene Aufgehen im Selbst die Erleuchtung ist: Es gibt also zwei unterschiedliche Zustände?

Du akzeptierst das gesamte Universum als die Manifestation Gottes und gehst vollkommen in ihr auf.

Das würdest du Erleuchtung nennen?

Das ist vollkommene Erleuchtung. Wer die Wahrheit erkannt hat, aber das Universum nicht als die Manifestation seines eigenen Selbst – als Gott – akzeptiert, den kann man zwar einen *Jivanmukta* nennen, denn seine Seele ist befreit. Aber erst wenn sein Ego vollkommen verschmolzen ist mit dem *Paramatman* (dem Höchsten Selbst) oder dem *Parabrahman* (der höchsten universellen Wahrheit) und er nicht mehr wiedergeboren wird, dann kann man ihn eine verwirklichte Seele nennen. Die vollkommenste Selbsterkenntnis geschieht jedoch, wenn man das gesamte Universum als Manifestation Gottes akzeptiert. Dann lebt man als freie und befreite Seele, obwohl man wie ein ganz normaler Mensch erscheint. Man unterscheidet sich nicht von anderen Menschen, außer, dass man immer sehr glücklich ist. Das nennt man *Sahaja Samadhi*.

Und das ist der natürliche Zustand des Menschen?

Ja, das ist sein natürlicher Zustand.

Also ist daran nichts Besonderes?

Vollkommen verwirklichte Seelen müssen sich nicht anstrengen. Alles was sie tun, ist spontan. Sie haben ihr Ego vollkommen ausgelöscht, es ist einfach weg! Es gibt nur noch Gott, der durch sie handelt. Es ist kein „Ich" mehr da. Das kleine „Ich" ist total verschwunden.

Würdest du sagen, dass das etwas sehr Seltenes ist, das nur sehr wenige Menschen erreichen?

Sehr, sehr selten! Das ist das höchste Ziel, und nur sehr wenige Menschen sind dort hingelangt. Ich kenne nur zwei. Ich hatte die große Ehre, mit ihnen eine Zeitlang zusammenzuleben – Ramdas und Mutter Krishnabai.

Kennst du noch andere, die das erreicht haben?

Schwer zu sagen, denn es ist nicht leicht, sie zu erkennen. Man kann sie nur daran erkennen, dass viele Menschen zu ihnen kommen und sie um Rat, Hilfe und Frieden bitten. Wenn wir bei ihnen sind und zu ihren Füßen sitzen, wird unser Verstand einfach still und all die Wellen der Gedanken verschwinden durch ihren Einfluss. Wenn jemand diese Erfahrung macht und sich in ihm grenzenloser Frieden ausbreitet, kann man sagen, dass das ein *Jivanmukta* ist, eine verwirklichte Seele, die sich im „natürlichen Sein" befindet. Nur so ist es möglich, das herauszufinden.

Es ist also möglich, dass es noch viele andere gibt, von denen wir nichts wissen, die einfach ein normales bescheidenes Leben führen und kein Aufsehen erregen?

Es mag welche geben, die niemand kennt. Aber wo ein Tropfen Honig ist, da sind auch Ameisen.

Wir sind die Ameisen! (lacht)

Sie können es nicht vermeiden.

Es erscheint mir essentiell wichtig zu sein, einem Guru *zu begegnen und bei ihm zu bleiben. Wer ist der* Guru*? Was ist seine Rolle? Wie erkennt man den wahren* Guru*?*

Für Menschen, die sich auf dem Weg befinden, ist es wirklich notwendig, von einem Erwachten geführt zu werden. Ihn nennt man den *Guru*. Aber wie ich schon sagte, einen *Guru* zu finden ist nicht leicht. Vielleicht sehen wir, dass viele Menschen ihn verehren und seine Nähe suchen. Und so können auch wir zu ihm gehen, uns bescheiden zu seinen Füßen setzen und den Frieden und die tiefe Glückseligkeit erfahren, die er ausstrahlt. Dann ist er derjenige, dem wir vertrauen können und der uns führen kann. Dann kann ich sagen, dass ich ihn als meinen *Guru* annehme, ihm dienen und ihn lieben werde und mich von ihm führen lasse.

Aber wir sollten nicht zu lange bei ihm bleiben. Wenn wir zu lange bei ihm bleiben, beginnen wir, Fehler an ihm zu finden. Zuerst erkennen wir ihn als das Göttliche, aber wenn wir zu lange bei ihm bleiben, fangen wir an, Fehler zu finden und ihn nur noch als einen einfachen Menschen zu sehen, und das ist für einen spirituell Suchenden nicht gut. Bleibe also eine Zeitlang bei einem *Guru*, dann gehe wieder fort

und übe das Erlernte irgendwo unabhängig für dich allein. Das ist hilf-
reicher. Aber kehre immer wieder zum *Guru* zurück, um weitere Führung zu erhalten.

**Du empfiehlst also nicht, zu einem anderen Guru zu gehen, sondern
allein zu bleiben?**

Das Beste ist, allein zu bleiben. Selbst wenn du zu einem anderen *Guru*
gehst, solltest du ihn als Manifestation des gleichen *Guru* sehen, als
Manifestation der gleichen Wahrheit. Es gibt nur einen *Guru*, aber seine
äußere Formen sind unterschiedlich. Der *Guru* ist Gott Selbst, und so
sollten wir ihn sehen.

Gewöhnlich geschieht folgendes: Der verehrungsvolle Schüler
bleibt solange bei einem Lehrer, bis entweder er bei diesem Lehrer
Fehler findet, oder bis der Lehrer dem Schüler etwas zeigt, das dieser
nicht sehen will. Dann kann es sein, dass er zu einem anderen Lehrer
geht. Das geschieht oft. Für den Suchenden ist das ein Sturz, von dem er
sich erst wieder erholen muss. Das dauert eine Weile und verschwendet
Zeit und Energie. Manchmal ist so sogar ein ganzes Leben vertan.

**Es ist also wichtig, bei einem Lehrer zu bleiben? Und es ist Zeitver-
schwendung, von einem Lehrer zum anderen zu gehen?**

Bleibe bei einem Lehrer. Hänge dich an ihn. Führe die *Sadhana* unabhängig, ernsthaft und perfekt aus, so, wie er es dir gezeigt hat. Jemand
schrieb unserem Meister Ramdas: „Ich habe von dir und deiner Groß-
artigkeit gehört. Ich habe vor zehn Jahren die Einweihung von einem
anderen Heiligen erhalten. Da ich mich nicht mehr weiterentwickle,
möchte ich zu dir kommen und dich um deine Einweihung bitten."
Außerdem sagte er noch: „Ich habe meinen *Guru* um Erlaubnis gebe-
ten, zu dir zu gehen." Sein *Guru* schrieb ihm: „Wenn es hilfreich für
dich ist, ist es in Ordnung, wenn du gehst und die Einweihung von
Swami Ramdas bekommst. Aber eines möchte ich sagen: Wärst du den
Anweisungen gefolgt, die ich dir bei deiner Einweihung gegeben habe,
dann wäre nicht das Bedürfnis da, woanders hinzugehen."

Swami Ramdas schrieb ihm zurück: „Wie dein *Guru* schon richtig gesagt hat: Hättest du seine Lehren wirklich befolgt, wäre nicht das Bedürfnis da, nach einem anderen *Guru* zu suchen. Selbst wenn du die Einweihung von Swami Ramdas bekommst: Folgst du seinen Anweisungen nicht, wird nichts passieren, es wird dir dann in keiner Weise helfen können."

Für den Suchenden auf seinem spirituellen Weg ist es sehr wichtig, die Anweisungen seines *Guru* genau zu befolgen. Auch intensive *Sadhana* ist absolut unumgänglich, denn ohne diese kann nichts erreicht werden.

Willst du damit sagen, dass es egal ist, welche Übungen man macht, allein die Hingabe an den Guru *ist notwendig?*

Hingabe ist absolut notwendig.

Und du sagst auch, dass es für den Schüler sehr wichtig ist, den richtigen Guru *zu finden?*

Ja.

Jemand sagte einmal: „Wenn der Schüler bereit ist, erscheint der Guru.*" Ist das auch deine Erfahrung?*

Das ist richtig!

Es ist also nicht wirklich notwendig, nach einem Lehrer zu suchen?

Vielleicht suchst du nach einem Lehrer, aber wenn du wirklich aus ganzem Herzen zu Gott betest: „Oh, Gott, führe mich zu einem Lehrer, der mir die Richtung zeigt, so dass ich Dich finden kann!", dann ist es Gottes Entscheidung, entweder den *Guru* zum Schüler zu bringen, oder den Schüler zum *Guru.* Irgendwie werdet ihr euch begegnen, du wirst ihn als deinen *Guru* akzeptieren und dann wird deine spirituelle Übung beginnen. Gott arrangiert alles, wenn es uns ernst ist.

Mit „ernst" meinst du, dass man in sich nur noch die Sehnsucht nach Befreiung trägt?

Ja, wenn wir in der Dunkelheit herumtasten, dann wissen wir nicht, wie wir die Tür öffnen sollen, weil es so dunkel ist. Also beten wir.

Sri Ramanas Schüler empfanden sehr große Verehrung für ihn, genauso wie er für den Arunachala. Welche Rolle spielt Bhakti, *die Hingabe, auf dem Weg zum Erwachen?*

Wenn es dem Schüler wirklich ernst ist, wenn er zu hundert Prozent dem *Guru* hingegeben ist, dann muss er im *Guru* Gott Selbst sehen. Er muss ihm dienen, Tag und Nacht an ihn denken und sein ganzes Leben ihm widmen. Und natürlich wacht der *Guru* über all seine Schüler, das ist automatisch so.

Auf dem Weg der Hingabe, dem Weg des *Bhakti*, lieben die Schüler den *Guru*. Manchmal kommt ein Schüler und fragt: „Was kann ich für dich tun?" Der *Guru* braucht nichts von ihm, also sagt er: „Mache deine *Sadhana* ordentlich und denke beständig an Gott, das reicht aus, um mich glücklich zu machen!" Das ist es, was der *Guru* wirklich will, er braucht keine anderen Dienste.

Was möchte der Guru *vom Schüler?*

Der *Guru* möchte vom Schüler, dass dieser in sich selbst die absolute Hingabe zu Gott findet. Wenn ich Gott hingegeben bin, denke ich immer an Ihn. Dann liebe ich jeden Menschen und diene jedem, so gut ich kann. Erst dann wird der *Guru* zufrieden sein. Wenn man sagt: „Ich bin Gott hingegeben, aber ich mag meinen Nachbarn nicht, ich mag meinen Bruder nicht", dann ist das keine echte Hingabe. Ein wahrhaft hingegebener Schüler liebt jeden!

Weil er in jedem Menschen Gott sieht?

Ja, und nicht nur in jedem Menschen, sondern in jedem Lebewesen.

Besteht vielleicht die Gefahr, dass der Schüler zu sehr an der Erscheinung des Lehrers festhält?

Ja, auch diese Gefahr besteht, aber der *Guru* hämmert dem Schüler von Anfang an ein, ihn nicht als einen Körper zu sehen, sondern als das Selbst. Er wird immer sagen: Halte dich nicht an diesem Körper fest, denn dieser Körper wird früher oder später sterben, und dann wird es dir damit schlecht gehen. Halte dich stattdessen an der Wahrheit in diesem Körper fest, klammere dich an die Wahrheit, nicht an den Körper.

Trotzdem gibt es hingegebene Schüler, die sich an der Erscheinung des Guru festhalten, und sie spüren natürlich die Trennung, wenn der Guru seinen Körper verlässt. Kurz bevor Sri Ramana seinen Körper verließ, waren seine Schüler sehr aufgebracht und baten ihn: „Geh nicht, bitte geh nicht!" Er antwortete: „Wohin sollte ich denn gehen?...

... Ich bin immer hier, ich bin in deinem eigenen Herzen!"

Ein wahrer Schüler wird das also verstehen, weil das auch seine eigene Erfahrung ist?

Genau.

Suchende haben oft seltsame Vorstellungen vom Zustand der Erleuchtung. Kannst du uns sagen, wie ein Erleuchteter die Welt sieht und sich in ihr verhält?

Ich kann nicht sagen, dass Erleuchtete in der Welt nichts sehen. Sie sehen die Welt, sie sehen die Namen und Formen, und sie wissen, dass all das Erscheinungen Gottes sind. Gott Selbst nimmt verschiedene Formen an, Gott Selbst spielt dieses unendliche Theaterstück – das ist ihre Sichtweise. Sie sind sich des physischen Teils des Universums genauso bewusst wie der spirituellen Essenz. Sie sind sich beidem bewusst.

Leben erleuchtete Menschen also immer in dieser tiefen Glückseligkeit, in der Gefühle und Gedanken zwar auftauchen, dann aber wieder verschwinden?

Sie sind gefestigt in ihrem eigenen Selbst. Doch wenn sie etwas wahrnehmen, das nicht richtig ist, dann geht es ihnen schlecht; sehen sie dagegen etwas, das gut ist, sind sie darüber sehr glücklich. Das ist ein Teil ihrer Natur, und sie sind Zeugen dessen, was in dieser Natur geschieht. Aber trotzdem identifizieren sie sich nicht mit dem Universum oder mit der Natur, denn sie bleiben immer der Beobachter. Dennoch empfinden sie gleichzeitig Schmerz, wenn etwas Schlechtes geschieht.

Unser Meister Ramdas hat zum Beispiel einmal zu jemandem gesagt: „Ramdas ist traurig, dass dein Vater gestorben ist." Ich habe ihn dann gefragt: „Warum bist du traurig, wenn du doch die Wahrheit kennst, dass alles vergänglich ist?" „Oh, selbst Traurigkeit ist ganz in Ordnung, es ist ganz natürlich, es ist ein Teil dieses Spiels; und gleichzeitig ist all das nicht wahr." Dieser Ausdruck unterschiedlicher Gefühle ist also auch in verwirklichten Seelen möglich, aber gleichzeitig ruhen sie vollkommen geborgen in ihrem eigenen Selbst, immer friedvoll, immer glückselig.

Können sie auch wütend werden?

Sie können auch wütend werden. Aber ihre Wut ist berechtigte Empörung. Sie ist harmlos und dazu da, andere wieder zurechtzurücken. Als Mutter Krishnabai vor ihrem Tod sehr krank war, wurde sie gefragt: „Mutter, wie geht es dir?" Sie antwortete: „Der Körper leidet sehr, aber ich bin voller Frieden und Glück." Die verwirklichte Seele weiß, dass sie nicht der Körper ist. Unwissende Menschen haben nur ihren Körper, sonst nichts.

Du hast gerade ausführlich über das Thema Erwachen mit uns gesprochen. Wenn du jemandem mit einer Leidenschaft für das Erwachen begegnen würdest, was wäre dein spontaner Rat an ihn?

Ich würde ihm sagen, dass er für die Erleuchtung etwas tun muss, dass er seinen Verstand klären muss, indem er eine Reihe von *Sadhanas* übt, die er allein zu diesem Zweck bekommen wird. Diesen Rat sollte er von einem Heiligen bekommen, er sollte die Einweihung erhalten, dann wird es ihm möglich sein, Erleuchtung zu erfahren. Auf diese Weise würde ich ihn führen.

Wenn du von Einweihung sprichst, meinst du damit, Sannyasin *(jemand, der der Welt entsagt) zu werden?*

Nicht unbedingt. Einweihung bedeutet, dass ein Schüler vor einen Heiligen tritt und ihn um spirituelle Hilfe bittet. Der Heilige wird ihm einen bestimmten Namen Gottes geben, den er zur Klärung des Verstandes wiederholen muss. *Sannyasin* zu werden ist auch eine Einweihung, aber das kommt zu einem späteren Zeitpunkt. Hat der Schüler seinen Verstand bis zu einem gewissen Maß geklärt, wird er, wenn er so weit ist, in einen *Sannyas*-Orden eingeweiht.

Bevor du gehst, möchte ich dir einen Text von meinem Meister Ramdas vorlesen. Er handelt davon, was ein Heiliger ist:

Ein Heiliger ist, wer das Ewige erlangt hat, wer im Ewigen lebt und das Ewige erkannt hat. Dieser höchsten Realität kannst du irgendeinen Namen geben: Das Ewige, Gott oder die Wahrheit. Ein solcher Heiliger ist ein wahrer Segen auf dieser Erde. Durch den Kontakt mit ihm werden Tausende aus der Umklammerung von Zweifel, Leid und Tod gerettet. Er lebt, was er predigt, und er predigt, was er lebt. Er übt einen wundervollen Einfluss aus und schafft in den Herzen der unwissenden Menschen eine Bewusstheit ihrer eigenen innewohnenden Göttlichkeit. Er erweckt die schlafende Seele zur Bewusstheit ihrer Unsterblichkeit und ihrer immer glücklichen Natur. Durch diese absolute Präsenz erhebt er die Herzen der Menschen aus ihren schamlosen und zügellosen Leidenschaften. Der Gläubige gewinnt am meisten, wenn er sich tief mit ihm verbindet.

Ich denke, dass du uns das heute Abend überreichlich gegeben hast. Vielen Dank, es war wirklich schön, mit dir zu sprechen. Du sprichst sehr klar und aus dem Herzen. Vielen Dank.

Om Sri Ram Jay Ram Jay Jay Ram.

Ma Souris

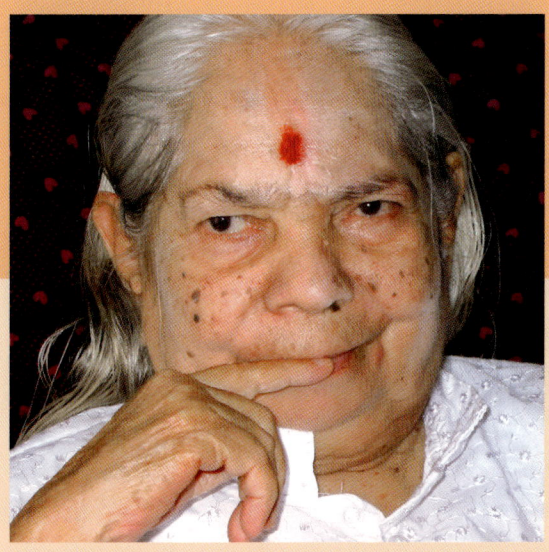

Wenn du vollkommen vertraust, dann kommt alles zu dir, in einem Augenblick. Doch wer hat schon dieses Vertrauen? Keiner will, dass seine Persönlichkeit ausgelöscht wird. Für das Erwachen braucht es ein ungeheures Verlangen, eine wirkliche Sehnsucht, eine Leidenschaft, ein Feuer. Ich habe mir die Augen ausgeweint, ich musste einfach immer weinen.

SOURIS

Wenn du bereit bist, wird der Guru in deinem Leben auftauchen.

Ma Souris

Ma Souris

Ma Souris kam im Mai 1938 durch ihren Vater Gudipati Venkata Chalam zu Ramana Maharshi. Als bekannter Schriftsteller und Künstler verehrte ihr Vater besonders starke Frauen, die sich für ihre Freiheit einsetzten. Er war ein Schüler Sri Ramana Maharshis, und später ein Schüler seiner Tochter Souris. Seine letzten Jahre verbrachte er am Arunachala. Obwohl Ma Souris ihre Geschichte in dem lesenswerten Buch „A Memory" (Eine Erinnerung) aufgeschrieben hat, ist nur wenig von ihr bekannt. Ma Souris verließ 2004 oder 2005 ihren Körper.

Als ich Ma Souris im Jahr 2003 zum ersten Mal traf, war sie schon Ende achtzig und lebte in sehr einfachen Verhältnissen zusammen mit einer kleinen Gruppe ihrer Schüler im Norden Andrah Pradeshs. Ich war nicht nur von ihrem schönen Gesang sehr beeindruckt, sondern auch davon, wie sie jeden Morgen die Blumen für die Schreine und die Pujas arrangierte. Während unseres Interviews hatte sie beinahe etwas Furchteinflößendes, ganz anders als bei einem Ausflug am Tag zuvor zum Strand, wo sie sich wie ein kleines Mädchen frech und lebendig gezeigt hatte.

Sri Ramana stellte die grundlegende Frage „Wer bin ich?" – Wer bist du?

Ich weiß es nicht. Ich weiß es wirklich nicht.

Viele Menschen aus dem Westen kommen nach Indien auf der Suche nach Erleuchtung, als wäre sie lediglich eine Erfahrung. Was ist Erleuchtung?

So etwas wie Erleuchtung gibt es überhaupt nicht. Du hörst einfach auf, etwas zu sein.

Kannst du erläutern, was du damit meinst?

Am Ende des Weges angelangt wirst du erkennen, dass du gar keine *Sadhana* (spirituelle Disziplin) ausgeübt hast, dass alles nur Einbildung war, weiter nichts.

Und wenn du von „Ende" sprichst, meinst du dann das Erwachen?

Ich meine das Ende meiner *Sadhana*, nicht das Ende von allem.

Viele Menschen suchen Erleuchtung. Kannst du darüber etwas sagen?

Sie müssen nach sich selbst suchen, und dabei kann ihnen nur der *Guru* helfen. Durch den *Guru*, der das Selbst ist, können sie erwachen. Ohne *Guru* erwacht niemand.

Willst du damit sagen, dass ein **Guru** *notwendig ist?*

Ja, natürlich.

Und wer ist der **Guru***?*

Der *Guru* bist du selbst. Und bis du das erkannt hast, brauchst du einen *Guru* im Außen, einen leibhaftigen *Guru*, so wie Bhagavan Sri Ramana Maharshi einer war.

Was ist die Rolle des **Guru***?*

Das weiß nur der *Guru*. Wer soll das sonst wissen?

Woran erkennt man einen **Guru***? Wie kann ich einen wahren* **Guru** *finden?*

Wie du ihn finden kannst? Ein Baby erkennt doch auch seine eigene Mutter: „Du bist meine Mutter." Das ist natürlich, das passiert einfach so. Wenn du deinem *Guru* begegnest, weißt du einfach, dass er dein *Guru* ist. Er kommt nicht zu dir und sagt, dass er es ist. Bhagavan hat nie zu jemandem gesagt: „Ich bin dein *Guru*."

Also erkennt man den Guru *einfach?*

Ja, es ist eine Erkenntnis. Und die erste Erkenntnis ist zu wissen, dass du in der Gegenwart deines *Guru* bist.

Gibt es irgendwelche Voraussetzungen für die Erleuchtung? Ist eine Sadhana *(spirituelle Disziplin) notwendig?*

Für mich war sie notwendig, aber ich kann nicht für andere sprechen. Jemand anderes könnte ganz plötzlich ohne jegliche *Sadhana* erwachen.

Sri Ramana Maharshi hat keinerlei Sadhana *ausgeübt.*

Richtig, er hatte keinen *Guru* und machte auch keine *Sadhana*. Es kam zu ihm, aber bei mir war es nicht so.

Welche Art von Sadhana *hast du gemacht?*

Die wirkungsvollste Übung: „Wer bin ich?" Ich begann damit im Alter von vierzehn Jahren.

Du hast die Selbsterforschung gemacht?

Ja. Ich hatte einige Bücher darüber gelesen, und dann kehrte mein Vater von einem Besuch im Ramana-Ashram zurück und erzählte mir, Bhagavan habe gesagt, man müsse sich selbst erkennen. Und so begannen wir mit der Selbsterforschung. Sie ist unbedingt notwendig, weil man die Gedanken eben nicht unterdrücken kann, sie kommen wie die Wellen des Ozeans immer wieder zurück. Dann sah ich plötzlich

Bhagavan vor mir. Ich war ihm nie zuvor begegnet, doch ich hatte es mir gewünscht. Ich sah seine Gestalt vor mir und im selben Augenblick durchströmte mich die Gnade des *Guru*. Von da an ging es mit meiner *Sadhana* richtig voran.

Hast du ihn besucht?

Ja, ein Jahr nach dieser Vision habe ich ihn besucht. Und ich erkannte, dass all das hier ein und dasselbe ist, es gibt nur DAS!

Sri Ramana sagte, die Selbsterforschung sei die direkteste Sadhana.

Ja. Andererseits erklärte er in seiner spirituellen Unterweisung „Upadesa Saram" zunächst Schritt für Schritt, wie man eine *Puja* (Anbetungszeremonie) durchführt, wie *Japa* (Chanten der Namen Gottes) und die Konzentration auf ein Bild ausgeübt werden; erst dann kommt die Selbsterforschung. Er geht Schritt für Schritt vor. Du kannst all diese Dinge tun, wenn du ein Bedürfnis danach verspürst. Ramana hat nie davon gesprochen, nur die Selbsterforschung zu machen, doch das bleibt dir selbst überlassen. Wenn du mit ihr vorankommst, ist sie das Richtige für dich, doch wenn nicht, dann mach lieber *Japa* oder eine andere Praxis, die er vorschlägt.

Aber du hast von Beginn an Selbsterforschung gemacht?

Ja.

Könntest du uns vielleicht erläutern, wie man das macht?

Ich schreibe niemandem vor, dass er Selbsterforschung machen soll. Die Menschen, die hierher kommen, kommen aus Hingabe. Sie bitten nicht um Anweisung. Nur wenige stellen mir eine Frage und die beantworte ich dann sehr individuell.

Aber könntest du sie nicht für andere Menschen erläutern?

Nein, eine solche Botschaft gebe ich grundsätzlich nicht! Denn es ist etwas Persönliches, das man nicht der Masse beibringen kann.

Kannst du es mir beibringen?

Dir?

Ja, kannst du mir zeigen, wie man die Selbsterforschung macht?

Hast du „Wer bin ich?", dieses Buch über die Selbsterforschung, gelesen?

Ja, natürlich.

Da steht jeder Schritt drin, und so wird es gemacht. Du bist nicht der Körper und nicht der Verstand, du musst also sehr tief in dir forschen. Dieses Erforschen ist keine intellektuelle Angelegenheit. Wenn du dich nun fragst: „Wer bin ich?", dann bringt dich das nicht in deinen Verstand, sondern zu dir selbst.

Beobachte die Gedanken, die in deinem Verstand auftauchen, und frage dich: „Wer denkt? Wem kommen diese Gedanken?" Es ist nicht wirklich eine Frage, doch du musst tief in dich hineinsinken, um nach der Quelle der Gedanken zu suchen. So habe ich das gemacht.

Also geht es darum, nach der Quelle der Gedanken zu suchen?

Ja, genau.

Jenseits der Gedanken?

Ja.

Kann man sagen, dass die Antwort auf diese Frage tiefe Stille ist?

Es gibt keine Antwort! (Premananda lacht) Du kommst nie zu einem Ergebnis! Wenn du eine Antwort erhältst und dabei stehenbleibst,

315

kann nichts Tieferes geschehen. Ich habe schon so viele Menschen in Tiruvannamalai gesehen, die ein paar kleine Erfahrungen gemacht hatten und dann glaubten, sie seien die Quelle. Das ist wirklich eine Illusion!

Also sollen wir damit fortfahren, diese Frage zu stellen, bis etwas geschieht? Oder bis nichts geschieht?

Nichts geschieht. Doch musst du erst durch all diese *Sadhanas* gehen, um zu erkennen, dass du gar keine *Sadhana* gemacht hast. Du hast nur gedacht, du hättest sie gemacht. Und genau das erkennst du dann.

Willst du damit sagen, man muss erst einige Jahre lang Sadhana *machen, um an den Punkt zu gelangen, an dem man sieht, dass das Ganze im Grunde nichts ist?*

Das ist meine Erfahrung. Und es ist nicht jedem bestimmt, dieses Wissen zu erlangen.

Und am Ende dieser Erforschung, wenn du siehst, dass nichts geschehen ist und dass es keine Antwort gibt, würdest du das dann Erleuchtung nennen?

Ich nenne es gar nicht! Da gibt es nichts in mir, das irgendetwas benennen würde. Alles ist verschwunden.

Keine Frage nach „erleuchtet" oder „nicht-erleuchtet"?

Man bekommt nichts. Falls du doch etwas bekommst, heißt das, dein Verstand arbeitet immer noch. Wenn da aber nichts ist, wer sollte denn da sein, der wüsste, ob er erleuchtet ist oder nicht? Ich fühle nicht immer, dass ich erleuchtet bin. Und nur wenn Menschen kommen, gebe ich ab und zu Antworten. Du kommst mit Fragen zur Selbsterforschung und all dem anderen, also antworte ich dir. Diese Antworten sind speziell für dich, jemand anderem würde ich eine andere Antwort geben.

*Als Sri Ramana gefragt wurde, wann man das Selbst erkannt hat,
antwortete er: „Wenn die Welt, die das Gesehene ist, entfernt worden
ist, wird die Erkenntnis des Selbst als das Sehende geschehen." Wie ist
die Welt zu verstehen, und wie kann man sie beseitigen?*

Während man schläft, ist man sich dann der Welt bewusst?

Während man schläft, nicht.

Nicht? Wo ist dann die Welt? Wenn man also schläft und es kein Bewusstsein von der Welt gibt, wo ist dann die Welt? Man wacht morgens
auf und der erste Gedanke ist: „Ich bin aufgewacht und muss meine
Arbeit erledigen." Gedanken beginnen aufzusteigen. Im Schlaf existieren überhaupt keine Gedanken.

*Willst du damit sagen, dass die Welt allein durch meine Gedanken
kreiert wird?*

Ja, durch dich.

Durch mich?

Ja.

*Um die Welt verschwinden zu lassen, muss ich also die Gedanken ver-
schwinden lassen?*

Ja, genau. Was ist denn wirklich da? Wenn du nicht da bist und ich
nicht da bin, gibt es auch keine Welt. Es sind unsere Gedanken, die
unser Leben und unser Handeln motivieren und Leiden kreieren. Ohne
Gedanken hätten wir kein Gefühl von Mangel und wir hätten auch kein
Verlangen.

*Oft wird behauptet, dass der Verstand erst zerstört werden muss, damit
Befreiung stattfinden kann.*

317

Nein. Denn wenn du in dir selbst aufgegangen bist, gibt es nichts zu zerstören. Hast du erkannt, dass es gar keinen Verstand gibt, wird er auch nicht mehr aktiviert, er hat sich einfach in dir aufgelöst.

Also geht es nicht darum, den Verstand zu zerstören, sondern das Selbst zu finden? Finde das Selbst und dann verschwinden die Gedanken?

Nein. Wenn die Gedanken verschwinden, bleibt nur eines: das Selbst. Dazu muss man die Gedanken beobachten. Wo kommen sie her?

Das ist die Selbsterforschung?

So habe ich *Sadhana* gemacht. Aber für jeden ist es anders.

Wenn wir uns fragen, woher die Gedanken kommen, sehen wir dann, dass sie aus dem Selbst kommen?

Wir sehen das nicht, wir fühlen es eher. Es gibt da nichts zu sehen.

Wenn es nichts zu sehen gibt, dann deshalb, weil das Selbst Leere und Stille ist? Weil es Nichts ist?

Nein, das Selbst ist alles: Es ist die Welt, und es ist du und ich, eben alles, was man sehen kann!

Ich möchte dir das gern veranschaulichen. Es ist wie bei einem Meer: Wellen schlagen übers Ufer und hinterlassen im Land einen See, das ist der Verstand. Wenn das Wasser zurückfließt, wo bleibt dann der See? Er hat sich im Ozean aufgelöst. Das ist alles, was passiert. Es gibt nichts, das man Verstand nennen könnte, es gibt nur dieses Bündel von Gedanken. Hat man keine Gedanken, gibt es auch keinen Verstand, und damit auch keine Welt.

Hast du einen Verstand?

Ich weiß nicht, ob ich einen habe oder nicht. Ich frage mich das nicht.

Aber um zu essen, zu gehen, den Körper zu bewegen, braucht man doch einen Verstand.

Ich benutze den Verstand nur für das alltägliche Leben.

Also gibt es einen Verstand, doch du bist nicht der Verstand?

Es gibt den Verstand. Verstand bedeutet Gedanken, und ich benutze die Gedanken einfach, um zu leben.

Erlebst du es manchmal, dass Gedanken aufsteigen?

Jetzt im Moment ist da nichts. Ich fühle mich wie jeder andere auch und denke nicht, ich sei eine erwachte Seele oder etwas Ähnliches. Ich spiele mit den Menschen, die zu mir kommen, und spreche mit ihnen. (beide lachen) Und manchmal bin ich auch sehr ungezogen.

Du bist ungezogen?

Ja, klar! Und die Leute mögen das sehr gern. (beide lachen) Sogar im Auto kann ich nicht anders als singen und Späße machen! Ich bin eine gute Sängerin. Ich habe sogar Aufnahmen gemacht von meinen Liedern.

Heute Mittag hatte ich das große Glück, eine Aufnahme von dir hören zu dürfen. Dein Gesang ist außergewöhnlich, er kommt von sehr tief in dir und ist sehr schön und sehr stark.

Das stimmt.

Könnte man sagen, dass nicht du es bist, die singt, dass nicht du die Sängerin bist, sondern der Gesang einfach erscheint?

Wie auch immer man es ausdrückt: Wenn ich singe, löse ich mich in dem Gesang auf. Ich vergesse mich selbst.

Kannst du etwas über Vasanas *sagen, die Neigungen des Verstandes? Müssen diese erst vollständig entfernt werden, damit die Selbsterkenntnis dauerhaft bleiben kann?*

Das hängt von deinem *Guru* ab. Er ist derjenige, der die *Vasanas* entfernt, nicht du. Das ist seine Aufgabe. Die *Vasanas* sind da, und ohne die Gnade des *Guru* kann man nichts machen, auch keinerlei *Sadhana*.

Einige der Menschen, die Sri Ramana Maharshi viele Jahre lang völlig hingegeben waren, haben das Selbst dennoch nicht erkannt. Anscheinend hatten sie Vasanas, *die sie vom Erwachen abhielten. Siehst du das auch so?*

Weißt du, die Menschen hören nicht gern, dass wir alle bereits erwacht sind. Ein Schüler fragte einmal Buddha: „Es gibt so viel Leid, warum schenkst du nicht einfach allen die Befreiung?" Buddha antwortete: „Wenn ich von Tür zu Tür gehen und den Menschen die Freiheit anbieten würde, keiner würde sie annehmen. Niemand will wirklich zum Selbst erwachen."

Aber einige dieser Menschen waren Sri Ramana dreißig oder sogar vierzig Jahre lang ergeben!

Ja, weil in der Atmosphäre dort ein solcher Frieden lag. Deswegen fühlten sie sich so stark angezogen, sie liebten einfach diesen Frieden!

Willst du damit sagen, dass sogar bei ihnen die Sehnsucht nach Freiheit nicht stark genug war?

Wenn du vollkommen vertraust, dann kommt alles zu dir, in einem Augenblick. Doch wer hat schon dieses Vertrauen? Keiner will, dass seine Persönlichkeit ausgelöscht wird. Für das Erwachen braucht es ein ungeheures Verlangen, eine wirkliche Sehnsucht, eine Leidenschaft, ein Feuer. Ich habe mir die Augen ausgeweint, ich musste einfach immer weinen.

Stimmt es, dass du die Befreiung vor deinem Vater erlangt hast?

Ja, noch vor ihm. (sie lacht) Und dann wurde ich sein *Guru*.

Bist du zuerst erwacht, weil dein Feuer und deine Sehnsucht stärker waren als die deines Vaters?

Mein Vater hatte so viele Sehnsüchte, besonders nach Frauen. Er war ein hervorragender Autor und hat zahlreiche Bücher geschrieben. Er begann sich zu fragen, ob es Selbsterkenntnis wirklich gibt. Als ich jung war, hatten wir einmal eine Auseinandersetzung, während der er mir vorwarf: „Du hängst dich an Ramana wie eine Süchtige ans Opium, und ich sehe bei dir weder Glückseligkeit noch irgendetwas." Er war der Meinung, die Selbsterforschung sei lediglich Autosuggestion. Ich erwiderte darauf heftig, dass ich ganz klar den Erfolg sehen würde und sehr wohl auch Glückseligkeit spürte.

Dein Vater hatte also Zweifel?

Er war immer schon ein Zweifler gewesen, ein Mensch, der ständig alles in Frage gestellt hat! Und solange du Dinge in Frage stellst, wirst du nicht wissen.

Du hast erwähnt, dass dein Vater die Frauen liebte. Müssen diese weltlichen Dinge auch aufgegeben werden?

Er war ein Künstler, der ein Auge für Schönheit hatte und den Sex liebte.

Meinst du, dass er an Schönheit und Sex interessiert war, weil er ein Künstler war?

Ja.

Und das stand seinem Erwachen im Weg?

Er hatte den Wunsch, dass eine Frau ihm den Weg weisen sollte, und er wollte eine Romanze haben – aber wie soll so etwas denn funktionieren? Ich sagte ihm, das könne so nicht klappen. Wenn beide miteinander verstrickt sind, wie sollen sie sich dann selbst befreien?

Ist das so wegen ihrer Erwartungen aneinander?

Ich erzählte dir ja gerade, dass mein Vater verstrickt und angehaftet war. Wie können wir Befreiung erlangen durch Frauen und Romanzen?

In der indischen spirituellen Tradition gibt es das Tantra *(Weg der Vereinigung des Männlichen und Weiblichen).*

Das ist etwas anderes, denn *Tantra* ist eine *Sadhana*.

Kann auch Sexualität, die als Sadhana *verstanden wird, zur Befreiung führen?*

Ja, du kannst alles zu deiner *Sadhana* machen und es wird dich dorthin führen. Sogar die Mutterschaft kann eine *Sadhana* sein. Wenn du fest davon überzeugt bist, dass es die Wahrheit ist, kann alles *Sadhana* sein – ein Weg zur Selbsterkenntnis.

Ich habe sehr alte Statuen aus Tibet gesehen, die den Buddha in sexueller Umarmung mit einer Yogini *(weiblicher* Yogi*) zeigen. Ist das* Tantra*?*

Ja, das ist *Tantra*. Sie suchen nach Befreiung durch Sex. Doch auch unabhängig vom Sex: Sie brauchen eine Frau an ihrer Seite.

Du sagtest, dass man einen Guru *braucht, um sich von den* Vasanas *zu befreien. Ist es denn nicht möglich, dass ich mich selbst von den* Vasanas *befreie?*

Nur ein *Guru* kann das, du kannst es nicht selbst machen.

Also ist ein Guru sehr wichtig.

Für mich, ja. Doch nicht für jeden.

Willst du damit sagen, dass Sri Ramana Maharshi dich von deinen Vasanas befreit hat?

Ich will damit gar nichts sagen. Ich habe mich ihm einfach nur hingege-ben, als ich einundzwanzig war, und ich habe an ihm niemals gezweifelt, was auch immer er tat! Hingabe muss auf natürliche Weise geschehen, ohne zu denken: „Ich muss mich hingeben!" Bis dahin hatte ich nicht gewusst, was einen *Guru* ausmacht und was nicht, denn mein Leben war damals nicht sehr spirituell gewesen.

Du hast dich Sri Ramana Maharshi vollkommen hingegeben. Könn-test du bitte erläutern, was du unter Bhakti, Hingabe, verstehst?

Es bedeutet, ihn aus vollem Herzen zu lieben. Das ist *Bhakti*. Kein Kommen und dann wieder Gehen.

Würdest du sagen, dass beide Wege wichtig sind: Selbsterforschung und Hingabe?

Jnana Marga, der Weg des Wissens, kann ohne *Bhakti Marga*, den Weg der Hingabe, nicht zum Ziel führen. Du brauchst *Bhakti* dafür.

Du brauchst Bhakti, um dich dem Guru hinzugeben?

Ja, denn wem kannst du dich ohne *Bhakti* hingeben?

Das ist ein sehr wesentlicher Punkt für Menschen aus dem Westen, weil sie Schwierigkeiten damit haben, sich hinzugeben. Für sie ist es nicht so einfach, einen Guru anzunehmen.

Wenn du bereit bist, wird der *Guru* in deinem Leben auftauchen.

Der Guru wird einfach so erscheinen?

Natürlich. Und er wird auch wieder verschwinden, wenn die Zeit dafür gekommen ist.

Wie du erzählt hast, ist Sri Ramana dir im Traum erschienen. War das wie eine Vision oder eher wie eine innere Stimme?

Er erschien wiederholt in meinen Träumen und führte mich. Ich wusste nichts über *Sadhana* oder dergleichen.

Und du hast nur bei ihm gesessen und nie mit ihm gesprochen?

Ja, ich saß einfach nur in seiner Präsenz. Wenn ich Zweifel hatte, stellte ihm jemand die passende Frage und meine Zweifel lösten sich durch seine Antwort sofort auf. So geschah das für viele Menschen.

Diese Menschen erhielten ihre Antworten durch sein Schweigen?

Ja.

Suchende haben oft seltsame Vorstellungen vom Zustand der Erleuchtung...

Ja, ich weiß! Ich habe in Tiruvannamalai jede Menge Leute gesehen, die glaubten, sie seien verwirklichte Seelen.

Was ist dein spontaner Rat an alle, die eine Leidenschaft für das Erwachen in sich tragen?

Dazu sage ich nichts. Die Menschen, die zu mir kommen, stellen mir diese Fragen nicht. Ich gebe keinen Rat, sondern ich zeige ihnen, wie sie weiter vorgehen können. Viele kommen einfach in Hingabe und fragen mich gar nichts; sie möchten es einfach genießen und nicht wirklich das Selbst erkennen. Jeder bekommt, worum auch immer er bittet.

Und falls sie in ernster Absicht um Verwirklichung bitten würden, was würdest du ihnen sagen?

Ein paar *Sadhus* (hinduistische Bettelmönche) aus Sri Lanka sollten als *Sadhana* zu ihrem Verstand sagen: „Sei still, halt den Mund!" Das ist eine sehr kraftvolle *Sadhana*.

Mein **Guru** *Papaji sagte auch immer: „Sei still!"*

Ja, sei still, halt den Mund! (lacht) Das ist die einfachste und kraftvollste *Sadhana*. Hast du ihn zu Lebzeiten gesehen?

Ja, ich verbrachte fünf Jahre mit ihm.

Sehr viele Menschen kamen von Papaji zu mir, kurz nachdem er gestorben war.

Ich lebte fünf Jahre lang bei Papaji in Lucknow. Während der ersten drei Treffen stellte ich ihm jeweils eine Frage. Beim dritten Mal passierte etwas und seitdem habe ich keine Fragen mehr. Ich wollte nicht von ihm weggehen, und so blieb ich einfach für die nächsten fünf Jahre in Lucknow. Das ist nun zehn Jahre her, und ich habe immer noch keine Fragen.

Das ist gut.

Es ist sehr schön, dir zu begegnen, denn wenn ich einfach still bin, kann ich dieses tiefe Verschmelzen mit der Stille spüren.

Das ist das Sinnvollste, was man tun kann: Still sein, ja!

Gibt es noch irgendetwas anderes, das du den Leuten sagen möchtest?

Für mich gibt es keine Leute, nur Freunde. Und wenn sie etwas möchten, dann tue ich mein Möglichstes. Wenn sie Geld brauchen, gebe ich ihnen Geld. Wenn sie sagen, dass sie Hunger haben, gebe ich ihnen zu essen.

Du hast ein wundervolles Leben gehabt.

Ja, das stimmt, von Kindheit an. Ich hatte einen wunderbaren Vater.

Ich finde es außergewöhnlich, dass du sein Guru *gewesen bist.*

Ja, das ist es. Er akzeptierte mich als seinen *Guru*, weil ich seine Tochter war. Danach hat er mich nie mehr als seine Tochter angesehen.

Er muss ein sehr ungewöhnlicher Vater gewesen sein.

Er war ein echter Draufgänger, er probierte einfach alles aus! Falls es dich interessiert, werde ich dir etwas erzählen: Meine Tante, mein Vater und die Mutter meiner Tante, eine Ärztin, lebten zusammen. Als ich zehn Jahre alt war, sagten sie zu mir: „Wir machen keine Pläne für die Zukunft, wir möchten kein Geld sparen für dich oder für ein Stück Land oder sonst etwas. Du musst für dich selbst sorgen!" Ich erwiderte: „Das trifft sich gut, denn ich möchte kein Stück Land. Falls ihr doch irgendetwas für mich tun wollt, dann legt mir etwas Geld auf ein Konto."

Kann man sagen, du hast immer voller Vertrauen gelebt? Hattest du Vertrauen in alles?

Ja, und ich kam auch ohne alles hierher, ohne einen *Paisa* (indischer Cent). Alles kam einfach und ich weiß nicht, wie.

Ich habe deine Lebensgeschichte gelesen. An einer Stelle heißt es: „Die Mutter (Ma Souris) sagte zu Ishwara *(Herr, Allmächtiger), dass sie das Absolute erkennen wolle. Ishwara entgegnete, wenn sie dafür bereit sei, würde der Verstand verschwinden und sie würde sich als das formlose, absolute Sein erkennen."*

Ist die Bedeutung von Manonasha, *dass der Verstand zerstört wird?*
Dass sich in dem Moment, in dem man dieses absolute Sein erkennt,
der Verstand vollkommen auflöst?

Ja.

Und kurz darauf sprichst du von dem Bewusstsein, das in das Herz
hinabsinkt, in die Quelle von allem.

Ja.

Kannst du erklären, was du mit „Herz" meinst?

Das Herz ist hier. (zeigt bei sich auf die rechte Seite der Brust)

Sri Ramana nannte die rechte Seite der Brust „die Ruhestätte" oder
auch „das spirituelle Herz". Ist das auch deine Erfahrung?

Ja, das ist es.

Woher weißt du, dass dieses Bewusstsein in dein Herz sinkt?

Das fühlt man. Das *Yoga Shastra* beschreibt sechs *Chakren* (Energiezentren im Körper): *Muladhara* (Wurzel-*Chakra*), *Svadhisthana* (Sakral-
Chakra), *Manipura* (Nabel-*Chakra*), *Anahata* (Herz-*Chakra*), *Ajna*
(Drittes Auge) und *Sahasrara* (Kronen-*Chakra*). Vom Kronen-*Chakra*
sinkt das Bewusstsein wieder zurück ins Herz, und dann kann der Lotus
des Herzens sich öffnen. Ein strahlendweißes Licht erscheint, in dem
der Verstand sich auflösen muss. Gleichzeitig entstehen Vibrationen
von Licht und Klang – das *Omkara* (kosmischer Urklang).

Du sagtest, dass zwanzig Jahre später Ishwara *erschien und sprach:*
„Jetzt werden sich sieben Schleier lüften." Und mit deinem inneren
Auge sahst du, wie sich sieben subtile Schichten in dir nacheinander
ablösten, und du hörtest eine Stimme sagen: „Ich bin tot." Daraufhin

entschwand die Welt an den äußersten Rand des unendlichen und unbegrenzten Bewusstseinsraumes.

Bis dahin hatte ich mich in einem Zustand tiefster Glückseligkeit befunden, und nun verschwand auch das. Es gab niemanden mehr, der die Glückseligkeit empfinden konnte, also verschwanden auch die sieben Schleier. Sie lösten sich auf, und ich konnte sie nicht mehr sehen.

Anfangs hattest du ja erlebt, wie Bewusstsein in dein Herz sinkt und dein Verstand mit deinem Herzen verschmilzt. Wer also hat die sieben Schleier wahrgenommen?

Du siehst sie einfach als der Zeuge.

Vorhin sagtest du auch, du hättest immer noch Gedanken, denn man bräuchte einige von ihnen für den Alltag, wie fürs Gehen und Essen.

Ja, ich nutze sie für meine Zwecke. Aber sie sind sehr fein, wie Wolken am Himmel. Sie binden mich an nichts.

Bei mir ist es so, dass noch immer Gedanken aufsteigen, ich aber nicht mehr von ihnen eingefangen werde.

Bis vor kurzem befand ich mich auch in diesem Stadium, doch jetzt sind da nicht einmal mehr Gedanken, alles kommt ganz automatisch zu mir. Jetzt in diesem Moment gibt es nichts.

Das klingt so, als gäbe es eine Selbsterkenntnis und später die Erleuchtung. Gibt es zwei verschiedene Stadien?

Nein, die gibt es nicht. *Ishwara* hat mir gesagt: „Ich halte die Kraft in dir, sonst würde dich die Enthüllung töten." Also musste ich zwanzig Jahre lang warten, und dann geschah es.

Während der zwanzig Jahre, gab es da eine Art Sich-Auflösen?

Ja, das gab es. Ich lebte in ständiger Glückseligkeit, aber selbst das verschwand; es gibt keinen Verstand, der die Glückseligkeit erfassen oder empfinden könnte.

In den letzten zehn Jahren, nach meiner Erfahrung mit Papaji, konnte ich auch eine Art Auflösen beobachten. Vor etwa sechs Jahren tauchten noch einige Gedanken auf. Heute erlebe ich jeden Tag viel Stille und Frieden; es gibt nur wenige Gedanken, die mich stören. Kannst du dazu etwas sagen?

Ich kann nicht über die Erfahrungen anderer Menschen sprechen. Bhagavan erwachte innerhalb einer Stunde.

Ich erlebe ein Mich-Auflösen. Ich erfahre in meinem Leben keine schwerwiegenden Probleme mehr, nur eine Hingabe ans Leben. Doch ich weiß es nicht, ich weiß wirklich nicht, was das ist. Als ich dich fragte: „Wer bist du?", hast du gesagt: „Ich weiß es nicht."

Ja, sicher.

Das ist eine sehr ehrliche Antwort.

Und jetzt ist es Zeit fürs Essen.

Ja. Und ich bedanke mich sehr für dieses Gespräch.

Swami
Suddhananda

Doch wo ist das Glücklichsein
zu finden? Es ist in deinem
Selbst. Also wonach suchst du
im Leben, nach Glücklichsein
oder nach deinem Selbst?
Nach deinem Selbst.
Findest du dein Selbst, so
findest du dein Glücklichsein.
Und das ist es, wonach jeder
Mensch sucht.

SUDDHANANDA

Ein Mensch, der aus eigener Erfahrung lernt, ist klug, aber jemand,
der aus der Erfahrung anderer lernt, ist noch klüger.

Swami Suddhananda

Swami Suddhananda

Swami Suddhananda, Anfang der 50er Jahre geboren, studierte die *Vedischen* Schriften an der *Vedanta*-Schule Sandeepani Sadhanalaya in Mumbai bei Swami Chinmayananda und Swami Dayananda Saraswati. „Ich war wie ein Verdurstender gierig nach einem Schluck Wasser", sagt er von sich, „bis ich herausfand, dass ich selbst das Wasser bin." Seitdem reist er um die Welt, um die *Vedanta*-Lehre zu unterrichten. Im August 2000 war er ein Delegierter bei der Millenium Friedenskonferenz der Vereinten Nationen in New York.

Swami Suddhananda ist ein ungewöhnlich humorvoller Lehrer mit einer geradezu strahlenden Präsenz. Nachdem wir unser Interview zunächst unter einem großen Baum begonnen hatten, gingen wir später in sein neues Haus, das Swamis Sinn für Kunst und Architektur wiederspiegelt mit der gelungenen Mischung aus traditionellen und modernen Elementen. Da er nicht nur ein ausgewiesener Kenner der Vedanta-*Lehre ist, sondern sich als weitgereister Lehrer auch in allen Belangen des menschlichen Verstandes auskennt, war es eine große Freude, ihm zu begegnen.*

Sri Ramana stellte die grundlegende Frage „Wer bin ich?" – Wer bist du?

Um diese Frage wirklich zu beantworten müsste ich schweigen. Diese Stille könntest du jedoch falsch interpretieren und annehmen, ich wüsste nichts zu sagen. Dabei würde „ich" sowieso nichts sagen, weil das, was ich bin, ein namenloses Wesen ist. So einfach ist das!

Das ist nicht nur bei mir so, sondern bei allem, was ist. Hier, diese *Mala* (Gebetsperlenkette) zum Beispiel, jemand fragt dich: „Was ist das?" „Eine *Mala*", wirst du antworten. Doch es ist keine *Mala*, es hat nur den Namen „*Mala*". Das, was es ist, ist namenlos. Seine Existenz hängt nicht von einem Namen ab. Genauso ist „Ich" nur mein Name, doch der, der ich bin, ist in Wirklichkeit ein namenloses Wesen, das ich „Ich" nenne. Und dieser Name ist derselbe für jeden von uns.

Habe ich das einmal wirklich verstanden, weiß ich, wer ich bin, weiß ich, wer du bist, weiß ich, wer jeder andere ist – eben dasselbe eine „Ich", denn das ist unser universeller Vorname. Fragst du jemanden: „Wer bist du?", muss jeder mit dem Wort „ich" beginnen. Das, was du hast und das, was ich habe, ist verschieden, doch das, was wir sind, ist ein und dasselbe. Ich gebe solch eine ausführliche Beschreibung, obwohl ich eigentlich schweigen sollte! Die Umstände erfordern es zu sprechen. Wenn ich wegen eines Visums zum Konsulat gehe und auf die Frage, wer ich bin, antworte: „Ich bin das Namenlose", werde ich kein Visum bekommen. Ich muss die Frage auf eine Weise beantworten, die mein Gegenüber verstehen kann. Ich weiß zwar, wer ich wirklich bin, aber wenn ich mit Menschen kommuniziere, muss ich eine Sprache wählen, die sie verstehen. Wenn ich sicher bin, dass du die Wahrheit erkennst, muss ich nichts dergleichen sagen.

Viele Menschen aus dem Westen kommen nach Indien auf der Suche nach Erleuchtung, als wäre sie lediglich eine Erfahrung. Was ist Erleuchtung?

Das ist eine sehr interessante Frage. Die meisten Menschen denken, dass Erleuchtung etwas mit Licht zu tun hätte. Also beginnen sie, je nach Vorstellung, nach einem roten, weißen oder gelben Licht Ausschau zu halten. Das ist nicht der Fehler des Suchenden. Ein Suchender macht niemals Fehler, denn er ist einfach nur unwissend. Ein unwissender Mensch hat ein Recht darauf, dumm zu sein. Es ist der Fehler des Lehrers, des *Guru*, wenn der Suchende Erleuchtung mit einer Erfahrung verwechselt.

Die Leute verbinden Erleuchtung mit einer bestimmten Art von Erfahrung. Wenn du ein rotes Licht siehst, bist du erleuchtet; wenn du ein gelbes Licht siehst, bis du erleuchtet. Wenn da kein Gedanke ist, bist du erleuchtet; wenn da ein bestimmter Gedanke ist, bist du erleuchtet. Wenn dein Körper zu taumeln und herumzuwirbeln anfängt, bist du erleuchtet. Außergewöhnliche, herausragende, bizarre Gefühle müssen es sein, fast wie Verrücktsein. Keiner, der sucht, weiß wirklich, wonach. Aber jeder ist verzweifelt. Wenn man jemandem, der verzweifelt nach Erleuchtung sucht, sagt, dass er ein inneres Licht sehen muss, weil das Erleuchtung ist, wird er sich hinsetzen, seine Augen schließen und beginnen, sich ein Licht vorzustellen. Man könnte ihm sagen, dass dieses Licht an seiner Nasenspitze, zwischen den Augenbrauen, oberhalb seines Kopfes oder am Ende der Wirbelsäule erscheinen soll. Das sind zwar alles gute Methoden, um die Konzentration zu stärken, doch gehen sie völlig am Ziel vorbei. Selbst wenn er sich erfolgreich dieses Licht vorstellt, wird es nicht bleiben.

Also wird man ihm weismachen, dass es nur im Himalaya, am Arunachala oder in den Schweizer Alpen passieren kann, weil kein anderer Platz die Möglichkeit zur Erleuchtung bietet. Das ist nicht der Fehler des Suchenden, denn so wird es ihm gesagt. Das ist wirklich eine Tragödie im Namen der Spiritualität! Erleuchtung ist dein Selbst, und dafür musst du nirgendwo hingehen. Es kann zu jeder Zeit und an jedem Ort erkannt werden, denn du bist es ja selbst!

Schau dir zum Beispiel Ramana Maharshi an. Er kam nicht wegen der Erleuchtung nach Tiruvannamalai, er war schon erleuchtet, als er hierher kam. Aber jetzt denken die Menschen, wenn sie Tiruvannamalai besuchen, werden sie erleuchtet. Doch sie müssen sich selbst erforschen, wo auch immer sie sind! Menschen sind sehr aufrichtig, sie suchen jemanden, der sie führen kann. Aber zuerst müssen sie wissen, wonach sie suchen; dann wird es sehr einfach.

Und was ist das?

Ah, sehr gut! Angenommen, ich bin in Deutschland, treffe dich dort und frage: „Premananda, bitte sage mir, welchen Weg ich gehen soll!" Nun, was kannst du tun? Du fragst mich dann: „Swamiji, wohin willst du denn?" Und ich sage: „Keine Ahnung. Sag du mir, welchen Weg ich gehen soll!" Nun, was wirst du sagen? Schließlich musst du doch dein

Ziel kennen, damit ich dir einen Weg nennen kann! Wenn ein Lehrer einem Schüler den Weg weisen soll, sollte der zunächst wissen, wohin er überhaupt will. Der Schüler muss wissen, wohin er in diesem Leben will. Weiß er das nicht, ist die erste Aufgabe des Lehrers, ihn dafür zu öffnen, was er eigentlich will. Wie man dorthin gelangt, ist dann der zweite Schritt.

Wenn du irgendjemanden fragst: „Was willst du im Leben erreichen?", wird er dir sofort antworten: „Ich will eine Ausbildung, ich will einen Job, ich will Geld!" Was aber machst du mit deiner Ausbildung? Ist sie abgeschlossen, weißt du immer noch nicht, was du tun sollst. Du suchst nach einer Arbeit und sagst: „Ich habe die Ausbildung nicht um der Ausbildung willen gemacht. Was ich wirklich suche, ist ein Job." Gut, du bekommst einen Job. Deine nächste Frage lautet: „Wie viel verdiene ich?" Du willst den Job nicht um seiner selbst willen, du willst damit Geld verdienen. Ich frage: „Na gut, wie viel Geld willst du haben?" „500 Millionen!" „Die sollst du haben, aber du kannst sie nicht ausgeben. Du musst sie auf einem Schweizer Bankkonto deponieren", antworte ich dann. Nun willst du aber auch das Geld nicht um des Geldes willen, sondern weil du Häuser, Autos, Flugzeuge und all diese Dinge haben möchtest: „Ich will nicht Geld, sondern Dinge!" „Aha, das hättest du mir ja auch gleich sagen können!", antworte ich und verspreche: „Okay, ich werde dir all diese Dinge geben, was immer du willst, es gehört dir. Aber du kannst das Haus nicht bewohnen, kannst das Auto nicht fahren, kannst das Flugzeug nicht fliegen." „Was soll ich dann damit?", fragst du mich. „Du wolltest es doch! Es gehört alles dir. Nach dem Gesetz ist alles deins." „Nein, Swamiji. Ich möchte in dem Haus leben, ich will das Auto fahren, ich will in dem Flugzeug fliegen und ich will in dem Pool schwimmen, denn nur dann kann ich glücklich sein." Aha! Nun also weißt du, was du wirklich willst. Jeder wünscht sich, ein glückliches Leben zu führen!

Ein anderer Mensch könnte sagen: „Nein, nein, ich bin kein Materialist! Ich will kein Haus und kein Auto, ich will nichts von all diesen Dingen. Ich will Gott!" Warum willst du Gott? Hat er dich jemals angerufen und gefragt: „Hallo, wie geht es dir?" Warum willst du Gott? Er will dich nicht. Weißt du, warum die meisten Menschen Gott wollen?

Weil sie das, was eine andere Person durch harte Arbeit zu erreichen sucht, durch Gnade und Gebet erlangen wollen. Das ist der Grund, warum Menschen Gott hinterherjagen. Niemand will Gott um Gottes willen. Auch hier geht es nur um bestimmte Dinge. Doch warum willst du diese Dinge haben? Doch nur, um glücklich zu sein.

Jeder wünscht sich, in seinem Leben glücklich zu sein. Wenn man das erst einmal klar sieht, ist die nächste Frage, wo ist dieses Glück? Wenn du eine Ausbildung willst, gehst du zur Schule. Willst du einen Job, bewirbst du dich bei einer Firma. Brauchst du Geld, gehst du zu einer Bank. Etwas zu Essen findest du im Supermarkt. Doch wohin kannst du gehen, um Glücklichsein zu bekommen? Wo gibt es das? Im weltlichen Leben heißt es: Sobald du deine Ausbildung abgeschlossen hast, wirst du glücklich sein, sobald du einen Arbeitsplatz hast, wirst du glücklich sein, sobald du genug Geld hast, wirst du glücklich sein, sobald du verheiratet bist, wirst du glücklich sein! Sobald du all das zu deiner Verfügung hast, wirst du sehr, sehr glücklich sein. Doch solltest du niemals Komfort mit Glücklichsein gleichsetzen, du könntest dich sonst in einem sehr bequemen und klimatisierten Albtraum wiederfinden. All diese Dinge funktionieren nicht. Warum nicht? Nun, wenn du deine Ausbildung abgeschlossen hast, bist du zwar ausgebildet, aber nicht glücklich. Wenn du genug Geld hast, bist du zwar reich, aber nicht glücklich.

An diesem Punkt der Geschichte wird die Religion ins Spiel kommen und sagen: „Oh, siehst du nicht, keines dieser Dinge wird dich wirklich glücklich machen. Aber wenn du meinem Gott, meiner Religion, meinem Glauben, meiner Praxis folgst, dann wirst du umgehend glücklich sein." Weltliche Menschen dagegen werden behaupten, Genuss bringe Glücklichsein. Aber beide, Religion wie Gesellschaft, weisen in die falsche Richtung.

Solange wir annehmen, dass Glück ein Ding ist, werden wir unglücklich sein. Denn was werden wir tun, wenn dieses Ding nicht da ist? Wenn mein Glücklichsein eine Ursache hat, werde ich dieses Glücklichsein verlieren, sobald die Ursache verschwunden ist. Etwas kann zum Beispiel deinen Glauben zerstören, die Zeit kann dir deinen Wohlstand, deinen Job, deinen Mann oder deine Frau rauben; all dem wirst du nicht gewachsen sein. Das ist der Grund, warum sich die meisten Menschen nicht dem Denken aussetzen wollen. Also, was machen sie stattdessen? Irgendjemand wird ihnen erzählen, dass wahres Glück nur innen zu finden sei. So wird sich ihre Suche vom Äußeren ab- und dem Inneren zuwenden. Doch auch diese Suche wird niemals enden.

Aber wenn ich dir sage, dass Glücklichsein in deinem Selbst liegt, dann ist das nicht bloß eine Feststellung. Das kann dir deine eigene Erfahrung bestätigen: In jedem Moment des Glücklichseins bist du ganz Eins mit deinem Selbst.

Lass uns noch kurz über das Unglücklichsein sprechen: Angenommen, ich wünsche mir ein Auto. Mir geht es wirklich schlecht wegen dieses Autos, das ich mir so sehr wünsche. Ich bin todunglücklich und der Gedanke an dieses Auto nagt pausenlos an mir. Da schenkt mir plötzlich jemand sein Auto: „Hier, dieses Auto gehört jetzt dir." „Das ist ja unglaublich!", sage ich und augenblicklich bin ich glücklich. Aber warum eigentlich? Was war es denn, was da so sehr an mir genagt hat? War es wirklich die Abwesenheit des Autos? Oder war es die Anwesenheit des Gedankens an ein Auto? Es war die Anwesenheit dieses Gedankens! Und nun, da ich das Auto bekomme habe, was verschafft mir jetzt diese Erleichterung? Die Anwesenheit des Autos oder die Abwesenheit des Gedankens? Würde die Anwesenheit eines Autos einen Menschen glücklich machen, dann müsste ein Autohändler der glücklichste Mensch der Welt sein, denn er hat ja schließlich Tausende von Autos!

An dieser Stelle machen wir einen weiteren Fehler: Wir nehmen an, dass die Abwesenheit eines Gedankens Glücklichsein bedeutet. Darum möchte jeder seine Gedanken loswerden. Aber es ist nicht die Abwesenheit von Gedanken, die uns glücklich macht. Was uns glücklich macht, ist die Anwesenheit, die Gegenwart des Selbst. Immer wenn wir glücklich sind, sind wir im Selbst.

Wonach du im Leben suchst, ist Glücklichsein. Doch wo ist das Glücklichsein zu finden? Es ist in deinem Selbst. Also wonach suchst du im Leben, nach Glücklichsein oder nach deinem Selbst? Es ist dein Selbst. Findest du dein Selbst, so findest du dein Glücklichsein. Und das ist es, wonach jeder Mensch sucht.

Gibt es irgendwelche Voraussetzungen für die Erleuchtung? Ist eine Sadhana (spirituelle Disziplin) notwendig? Wenn ja, welche Form empfiehlst du?

Die wichtigste Voraussetzung ist, dass du danach suchen musst. Das bedeutet, dass du sicher sein musst, was du in deinem Leben willst, denn das ist etwas, das dir kein anderer sagen kann. Wenn du einen Kricketschläger willst und ich dir sage, dass du selbst das Glück bist, wirst du mich für ein bisschen verrückt halten. Die Person muss danach suchen, das ist sehr wichtig.

Im *Sanskrit* nennt man das *Mumukshutwa*, das ist der Wunsch nach Freiheit. Lass mich frei sein! Lass mich ein für allemal glücklich sein, lass mich ein und für allemal frei sein! Es geht nicht darum, für eine kurze Zeit glücklich zu sein, manchmal glücklich, manchmal unglücklich. Du kennst diese Art von vorübergehendem Glück. Nein, ich will jetzt ein für allemal glücklich sein, ich will jetzt ein für allemal frei sein! Das ist alles, was ich im Leben will.

Wenn du das willst, wirst du erleben, dass plötzlich alles zusammenbricht, weil es da keine Beziehung mehr gibt, kein Objekt, nichts, das deine Erwartung erfüllen kann. Alles in deinem Leben wird zusammenbrechen. An diesem Punkt wirst du entdecken, dass du kein Objekt dafür verantwortlich machen kannst, denn wann hat dir jemals ein Objekt das Glück versprochen? Sag mir, hat das Gold jemals zu dir gesagt: „Bitte nimm mich mit nach Hause, ich werde dich glücklich machen!" Hat ein Diamant je zu dir gesagt: „Nimm mich an dich, ich werde dich glücklich machen!" Nein, denn wir sind es, die den Objekten so etwas aufzwängen. Wenn du einer indischen Kuh einen 500-Euro-Schein hinhältst, wird sie ihn auffuttern und vermutlich nicht einmal rülpsen. (beide lachen) Sie wird nicht sagen: „Oh Mann, ein 500-Euro-Abendessen, Wahnsinn!" Es ist nur ein dummes Stück Papier! Aber genau dafür bringen Menschen einander um! Das ist Konditionierung.

Eine Frau wird mich glücklich machen, ein Mann wird mich glücklich machen, verschiedene Dinge werden mir Vergnügen bereiten. Nein, das werden sie nicht tun! Und gib der Welt nicht die Schuld! Du selbst hast der Welt dein Glück aufgezwängt, darum bist du jetzt in

Schwierigkeiten. Das macht die Gesellschaft. Und während die Weltlichkeit behauptet, dass das Glück in den Objekten liegt, sagt uns die Religion, dass in den Objekten eben gerade kein Glück zu finden ist. *Samsara* (Rad der Wiedergeburt), *Dhuka* (Leiden) – die ganze Welt bedeutet Schmerz. Was für ein Unsinn! Du kannst einem Objekt weder Schmerz noch Vergnügen anhängen! Ein Mensch, der in die Welt hinausläuft, um in ihr nach dem Glück zu suchen, ist ebenso dumm wie einer, der vor der Welt davonläuft, weil er glaubt, dass sie nur Unglück bringt. Du kannst nicht weglaufen! Du musst du selbst sein! Nicht viele Menschen werden das allein erkennen. Ein reifer Mensch mag das aus eigener Erfahrung sehen: „Mein Gott! Ich habe alles erreicht, was ich wollte, Ausbildung, Geld, Job. Und was jetzt?" Dieser Mensch wird seine Verwirrung nicht verstehen.

Das ist der Punkt, an dem der Lehrer kommt und ihn in die richtige Richtung lenkt: „Deine Frustration ist ganz natürlich. Wende dich nun dir selbst zu." Der Lehrer weiß. Die meisten Menschen, wenn sie frustriert sind, experimentieren mit Drogen, Sex und Alkohol. Sie haben keine Führung. Doch ein vom Leben frustrierter Mensch ist ein idealer Schüler. Ein *Upanishad Rishi* (Seher der Upanishaden), ein Weiser, wird glücklich sein, wenn ein frustrierter Mensch zu ihm kommt: „Gut, dieser Mensch ist zumindest bereit."

Könnten wir das als einen Moment der Hoffnungslosigkeit bezeichnen?

Du kannst das nennen, wie du willst, aber du hast Recht. Jetzt kann er nach Hause zur Wahrheit kommen.

Du bist schon oft nach Indien gekommen, du weißt also, dass es hier viele heilige Plätze gibt, besonders an den Ufern von Flüssen. Weißt du, wieso das so ist? Immer da, wo der Fluss eine Biegung in Richtung seiner Quelle macht, ist ein heiliger Platz. Er symbolisiert jeweils ein Ereignis in deinem Leben, das dir hilft, eine Wendung in Richtung deines Selbst zu machen – das sind heilige Ereignisse. Vielleicht ist es der Tod deines Vaters, vielleicht der Zusammenbruch deines Geschäftes, vielleicht die Trennung von deiner Geliebten. Wenn dich das unmittelbar zu dir selbst führt, ist das ein vielversprechender Moment! Treibt es dich dagegen in den Alkohol oder in den Selbstmord, dann geht es in die falsche Richtung. Ein frustrierter Mensch kann in die Erleuchtung oder in die Depression gehen. Und wenn ein Lehrer da ist, kann er ihn zu sich selbst führen.

Ja, ich habe viele Male gesehen, dass eine heftige Situation im Außen nötig ist, damit sich jemand ehrlich betrachtet.

Das ist wahr. Es gibt zwei Sorten von Menschen. Die einen lernen aus ihrer eigenen Erfahrung; sie brauchen diese kräftigen Anstöße, um zu verstehen. Sie müssen frustriert sein, sie müssen ihr Geschäft verlieren, sie müssen ihre Angehörigen verlieren, sie müssen alles verlieren. „Oh Gott, nein! Nichts funktioniert mehr!" Sie sind intelligent, denn viele andere Menschen lernen nicht aus ihrer Erfahrung. Ein Mensch, der aus eigener Erfahrung lernt, ist klug, aber jemand, der aus der Erfahrung anderer lernt, ist noch klüger. (beide lachen)

Du reist sehr oft in den Westen. Daher siehst du wahrscheinlich, wie beschäftigt die Menschen dort mit ihren Beziehungen sind. Wenn diese Beziehungsgeschichten scheitern, gibt es eine Wahl: Du kannst einem neuen Mann oder einer neuen Frau nachlaufen oder dich deinem eigenen Selbst zuwenden.

Ja, das ist hundertprozentig wahr, die Geschichte ist überall gleich. Im Westen geschieht das nur häufiger, aufgrund der größeren Freiheit, die die Menschen dort genießen. Wenn wir hier „im Westen" oder „im Osten" sagen, dann mag ich das persönlich nicht so gern, denn wir alle sind menschliche Wesen, und menschliche Erfahrungen sind überall dieselben. Es gibt kein westliches oder östliches Gefühl, es gibt keinen westlichen oder östlichen Schmerz. Es ist einfach nur menschlich.

Die westliche Welt war nicht immer so. Vor fünfzig oder hundert Jahren lebten dein Vater und dein Urgroßvater genauso wie die Menschen im Osten heute leben. Es gab arrangierte Ehen und die Leute waren sehr sesshaft. Als ich in Frankreich war, habe ich diese mittelalterlichen Dörfer gesehen: wunderschön, fast wie in meinem eigenen

Dorf, in dem meine Familie seit Hunderten von Jahren lebt. Derzeit geschieht bei uns im Osten das Gleiche wie im Westen: Unsere Generation wandert so langsam aus. Diese Abwanderung ist unvermeidlich, weil du nun anderswo nach Liebe und Zuneigung suchen musst. Und das mit großem Aufwand!

Manchmal werde ich gefragt, was ich von arrangierten Ehen halte. Ganz einfach: Arrangierte Ehen haben Vorteile und Nachteile, genauso wie Liebesehen auch.

Die am meisten missbrauchte Behauptung in Literatur und Sprache ist auf der ganzen Welt: „Ich liebe dich." Das ist der größte Fehler, die größte Lüge. Mach eine Liste all jener, die du liebst. So eine Liste hat natürlich jeder; die Prioritäten wechseln, aber die Liste bleibt: Ich liebe meinen Vater, meine Mutter, meinen Mann, meine Frau, mein Geld, meinen Hund, mein Auto, meinen Job.

Wir alle lügen, denn man hat es uns so beigebracht. Aber worin besteht unsere Lüge? Ganz einfach: Nehmen wir an, ich besitze eine goldene Uhr, die ich sehr liebe. Ein bewaffneter Räuber bedroht mich und sagt: „Gib mir die Uhr oder ich töte dich!" Werde ich ihm sagen: „Lass meine Uhr in Ruhe, aber erschieße mich!" (beide lachen) Ganz bestimmt nicht! Ich werde stattdessen sagen: „Hier, nimm sie. Und du sollst nicht nur meine haben. Soll ich auch den anderen ihre Golduhren abnehmen und sie für dich einsammeln?" Warum? Nun, wenn ich als einziger meine Uhr loswerde, werde ich ziemlich unglücklich sein. Verliert hingegen jeder seine Uhr, ist es für mich wieder etwas angenehmer. (beide lachen) Liebe ich also meine goldene Uhr oder liebe ich mich selbst?

Auf diese Weise kannst du alles betrachten: „Ich liebe meinen Mann, ich liebe meine Frau." Gut, aber warum lässt du dich dann scheiden? Ich liebe sie, solange sie mir Sicherheit und Zufriedenheit gibt; ich liebe ihn, solange er mir Sicherheit und Zufriedenheit gibt. Aber in dem Moment, in dem der andere mir Unsicherheit oder Schmerz verursacht, lasse ich ihn fallen. Liebe ich also mich selbst oder liebe ich diesen Menschen? Ich liebe mich selbst. Es ist wichtig, das zu verstehen, denn mit diesen Vorstellungen müssen wir aufräumen, das ist sehr wichtig. Die Menschen glauben, sich selbst zu lieben sei egoistisch. Es gibt kaum eine Tatsache, die mehr missverstanden wird als diese. Aber nur wenn ich mich selbst liebe, kann ich auch irgendeinen anderen Menschen auf dieser Welt lieben. Der Grund dafür ist, dass ich nicht unsicher bin.

Nur wenn ich mich selbst liebe, nur dann kann die andere Person auch von mir geliebt werden. Bin ich hingegen abhängig davon, dass ein anderer mich liebt, bedeutet das, dass ich ihn brauche, um mich zu vervollständigen. Wenn dieser Mensch mich dann vervollständigt, fühle ich mich zuweilen ausgebeutet, denn vielleicht verlangt er etwas dafür, dass ich ihn brauche, dafür, dass er mich vervollständigt. So bin ich die ganze Zeit unsicher und in Angst. Und wird die Beziehung beendet, dann bin ich total am Boden zerstört.

Das Glück finde ich in mir selbst; das ist das Einfachste, was es gibt! Denn dann ist das, was ich liebe, auch die Quelle des Glücks. Wenn ich mich selbst liebe, liebe ich die Quelle des Glücks. Weil ich selbst die Quelle des Glücks bin, deshalb liebe ich mich selbst. Wir können dem nicht entkommen, jeder muss sich selbst lieben. Das ist ein Gesetz. Entweder du folgst ihm, oder du wirst nahe am Abgrund leben.

Wie sieht es mit einer spirituellen Praxis aus? Hilft sie uns weiter?

„Liebe dich selbst" ist spirituelle Praxis. Das ist genau das, worum es in der spirituellen Praxis geht. Wenn du glücklich mit dir selbst bist, bist du es auch mit jedem anderen. Du bist freundlich, du bist mitfühlend, du nutzt niemanden aus. Bist du glücklich mit dir selbst, musst du in dieser Welt niemanden ausbeuten. Fühlst du dich selbst unglücklich, wirst du andere Menschen ausnutzen müssen, und du wirst nicht damit aufhören können. Solange du dich selbst verletzt fühlst, kannst du nicht damit aufhören, andere zu verletzen. Fühlst du dich nicht verletzt, wirst du auch niemals einen andern verletzen. Niemand kann mich kränken oder beleidigen, wenn ich mich selbst liebe. Wenn ich mir meiner selbst sicher bin, warum sollte ich mich angegriffen fühlen, warum sollte ich ärgerlich sein?

Die höchste Form der Spiritualität ist, mich selbst als DAS zu sehen. Das ist es, was in der Welt gebraucht wird. Jeder einzelne Mensch, jeder von uns, muss sich selbst lieben; alles andere in unserem Leben wird durch die Umstände entschieden. Du kannst von einem Eskimo nicht verlangen, Vegetarier zu werden. Er kann im Eis weder Reis noch Blumenkohl anpflanzen. Er muss Fleisch essen und Blut trinken, er hat keine Wahl. In einem Land aber, in dem es viel Sonne und Regen und eine Vielfalt an Pflanzen gibt, besteht kein Grund, ein Tier zu töten.

Sri Ramana sagte, der direkteste Weg zur Erkenntnis des Selbst sei die Selbsterforschung. Was kannst du über die Selbsterforschung sagen? Wie wendet man sie an?

Das ist eine uralte Tradition, nicht etwas, das nur eine einzige Person gesagt hat. Man könnte ebenso behaupten, *Shankara* habe uns *Advaita*, die Lehre der Nicht-Dualität, gegeben. Würdest du *Shankara* fragen: „Was ist dein Beitrag zu *Advaita*?", so würde er antworten: „Keiner." Und warum? Weil die Lehre schon da war. Es steht schon in den *Veden*, in den *Upanishaden*. Er hat sie kommentiert, er hat geschrieben, um sie leichter verständlich zu machen, und er hatte einen brillanten Verstand. Er hat viele Worte geschrieben, aber die ursprüngliche Vision, dieser Zugang zur Einheit, der war schon da. Wenn *Shankara* von *Atman* spricht, vom Selbst, was meint er damit? Meint er: „Wer bin ich?" Was ist *Atman*? *Atman* ist das, was ich bin. Diese Art der Selbsterforschung existiert also bereits seit Tausenden von Jahren.

Ramana Maharshi hatte in Madurai eine tiefe Erfahrung. Er stellte sich eine Frage und bekam prompt die Antwort. Das ist wunderbar! Später hat er diese Erfahrung dann in Beziehung gesetzt zu den heiligen Schriften, zum *Bhagavatam* und zum *Periya Purana*. Die Selbsterforschung gab es schon immer, Ramana Maharshis Leben hat ihr eine neue Stoßkraft gegeben. In den *Upanishaden* wird nirgendwo der Name eines *Guru* angegeben, denn der wirkliche *Guru* ist kein persönliches Ding. Die Lehre wird beständig weitergegeben. In den *Upanishaden* fragt ein Schüler seinen Lehrer: „Wer hat dir gesagt, dass du das Ich des Ich, der Geist des Geistes bist, namenlos und endgültig? Wer hat dir gesagt, wer du bist?" Der Lehrer antwortet: „So haben wir es aus den Schriften vernommen." – „Und welcher *Guru* hat es geschrieben?" – „Der ohne Namen."

So heißt es in den *Kenopanishaden*. Du fragst mich, welche Praxis wir üben sollten? Wir sollten dieses Wort „Ich" verstehen. Das ist sehr wichtig. Wenn ich mir eine einfache Frage stelle, zum Beispiel: „Habe ich Angst vor dem Tod?", lautet meine Antwort: „Ja". Also frage ich: „Wer hat Angst? Der Körper oder ich?" Der Körper hat keine Angst vor dem Tod, er hat auch keine Angst vor dem Alter. Der Körper hat vor gar nichts Angst. Ich bin es, der Angst hat. Wer aber ist dieses „Ich"? Die Methode des Lehrens besteht darin, dieses „Ich" zu erkennen. Das ist die ganze Tradition, das ist die traditionelle Lehre, die wir *Guru Shishya Paramapara* nennen.

Selbsterforschung besteht natürlich nicht aus dem bloßen Wiederholen der Frage: „Wer bin ich? Wer bin ich?" Könnte jemand eine Antwort allein dadurch finden, dass er immer nur eine Frage wiederholt? „Wie heißt der Vater von Swamiji? Wie heißt der Vater von Swamiji?" So könntest du dich eine Million Jahre lang fragen – eine Antwort würdest du dennoch nicht bekommen. Niemand findet eine Antwort, indem er bloß eine Frage wiederholt. Andersherum funktioniert das ebenso wenig. Stell dir vor, jemand wiederholt immer nur eine Antwort. Manche Menschen wiederholen zum Beispiel *„So ham, so ham"*, „Ich bin DAS, ich bin DAS." Aber immer nur eine Antwort zu wiederholen, wird dich auch nicht ankommen lassen. Das ist der Sinn der Tradition des Lehrens: Jemand wird es dir enthüllen. Das ist *Guru Shishya Paramapara* – und deshalb ist ein Lehrer notwendig.

Als Sri Ramana gefragt wurde, wann man das Selbst erkannt hat, antwortete er: „Wenn die Welt, die das Gesehene ist, entfernt worden ist, wird die Erkenntnis des Selbst als das Sehende geschehen." Wie ist die Welt zu verstehen, und wie kann man sie beseitigen?

Die Schwierigkeit mit solcher Art Fragen ist, dass sie sich auf die Aussagen einer bestimmten Person beziehen, während das, was ich dir jetzt hier sage, zuweilen davon abweicht. Das könnte respektlos wirken. Denken wir logisch, dann bedeutet das „Entfernen der Welt" auch das Entfernen des Körpers. Könnte ich die Welt entfernen, ohne gleichzeitig meinen Körper zu entfernen? Also, was fragst du mich da? Du willst, dass ich tot bin, nicht wahr? Wenn Erleuchtung bedeutet, dass die Welt verschwindet, dann beinhaltet das auch meinen Körper, denn ich kann die Welt nicht verschwinden lassen, ohne dass gleichzeitig auch mein Körper verschwindet. Aber wenn mein Körper verschwindet, wozu ist dann all das Erkennen notwendig? Wozu sollte ich fahren lernen, wenn ich dann mein Auto verkaufe?

Der persönliche Bezug zu Bhagavan Ramana macht es für mich etwas schwierig, dazu eine Aussage zu machen. Letztlich ist es gleichgültig, ob die Welt da ist oder nicht, denn die Welt ist nicht das Problem. Oder ist es ein Problem, dass es hier einen Körper gibt? Nein, es ist kein Problem, dass es hier einen Körper gibt! Wenn ich hungrig bin, dann ist es nicht das Problem des Körpers, dass ich hungrig bin. Und dass der Körper stirbt, das ist für den Körper ebenso wenig ein Problem.

Du sagst also, dass das eigentliche Problem die Art ist, wie wir die Welt sehen?

Genau! Du musst dich selbst erkennen – der, der du bist. Dann kann die Welt einfach weiter bestehen. Warum sollte die Welt verschwinden? Macht das einen Unterschied? Warum sollten die Gedanken verschwinden? Warum sollte überhaupt irgendetwas verschwinden?

Erkenne den Sinn dieses „Ich", begreife, was dieses Wort „Ich" bedeutet! Dieses Wort ist das wichtigste Wort, das es gibt. Die *Upanishaden* und all die anderen vedischen Texte handeln nur davon. All die Entbehrungen nehmen wir nur auf uns, um das zu verstehen, um nach dem Absoluten, nach diesem einen Wort zu forschen. Dieses eine Wort ist *Om*. *Om* oder *Aham*, das ist das Gleiche. *Aham* bedeutet „Ich", und *Om* meint die Wahrheit in diesem Wort „Ich". Das klingt nach Fachchinesisch, aber eigentlich meinen alle diese Worte ein und dasselbe. Das bedeutet, sobald du dieses eine Wort verstanden hast, explodieren gleichzeitig all die anderen Worte und alles ist mit einem Mal erkannt.

Deine erste Frage an mich war: „Swamiji, wer bist du?" Meine Antwort muss mit dem Wort „Ich" beginnen. Würdest du dich fragen „Wer bin ich?", so müsste auch deine Antwort mit diesem „Ich" beginnen. Frage fünf Millionen Menschen: „Wer bist du?" Jeder muss seine Antwort mit „Ich" beginnen, das ist unser universeller Vorname. Wenn ich dieses eine Wort verstehe, dann verstehe ich alles.

Die Wahrheit in mir, die Wahrheit in dir, die Wahrheit in allem – ist ein und dieselbe. Was ich habe und was du hast, nur das ist verschieden. Mein Körper ist fünfzig Jahre alt, deiner ist sechzig Jahre alt, der eines anderen Menschen ist dreißig Jahre alt. Ich besitze fünf Millionen, du fünfzehn Millionen. Was wir „haben" ist verschieden, was wir „sind" ist gleichbleibend. Ich habe nicht, was du hast, ich habe nicht, was sie hat; aber zusammen haben wir alles. In einem Film sind alle Schauspieler, aber jeder hat eine andere Rolle. Einer ist König, einer ist Polizist, einer ist Musiker, ein anderer Elektriker, und irgendeiner stellt die Stühle auf. Jeder hat eine andere Rolle. Wer ist wichtiger? Niemand. Alle werden gebraucht, damit es eine tolle Show wird. Und jeder kann das Ganze sabotieren. Hunderte von Menschen werden benötigt, damit ein Flugzeug starten kann, aber eine einzige Person kann den ganzen Flug sabotieren. Billionen von Zellen sind nötig, damit der Körper funktionieren kann; ist eine einzige davon von Krebs befallen, kann dein ganzer Körper erkranken. So ist das auch in deinem Verstand.

Hunderte von Rollen machen dich zu dem, der du bist. Doch eine einzige Rolle kann dich zerstören; vielleicht die des betrogenen Ehemanns – und schon bricht deine ganze Persönlichkeit zusammen. Wenn du dich selbst erkannt hast, dann bist du der vollkommene Schauspieler – in welcher Rolle auch immer. Es besteht deshalb auch keine Notwendigkeit, dich von deinen Rollen zu trennen. Du brauchst deinen Körper nicht wechseln, nicht deine Religion, nicht deinen Glauben. Du musst überhaupt nichts wechseln oder verändern. Du bist von dieser Welt. Lass also alles genauso, wie es ist.

Es wird gesagt, dass der Verstand zerstört werden muss, bevor Befreiung geschehen kann. Ramana benutzte dafür den Begriff Manonasha, *was „zerstörter Verstand" bedeutet. Hast du einen Verstand? Und wie zerstört man den Verstand?*

Weißt du, es ist wirklich schwierig, dazu etwas zu sagen, denn wenn du jemanden zitierst und ich mit dieser Aussage nicht übereinstimme, wird das vielleicht als respektlos gegenüber dieser Person angesehen. Und die Menschen, denen diese Aussage heilig ist, werden sagen, ich sei ein Idiot.

Hast du einen Verstand?

Natürlich habe ich einen Verstand! Wie könnte ich sonst funktionieren? Wie könnte ich dir zuhören oder mit dir sprechen? Das sind Funktionen des Verstandes.

Es gibt die ziemlich hartnäckige spirituelle Vorstellung, dass der Verstand zerstört werden muss. Zum Beispiel sitzen tausende buddhistische Mönche jeden Tag in Meditation und versuchen, die völlige Freiheit von Gedanken zu erlangen, den Zustand des „No-Mind".

Zuerst musst du wissen, worüber genau du sprichst. Ich gebe dir ein einfaches Beispiel: Wenn du zum ersten Mal eine solche Perle in der Hand hast (er zeigt eine Perle seiner *Mala*), wird ein Gedanke auftauchen. Wenn ein Gedanke auftaucht, hast du selbstverständlich auch einen Verstand. Der Gedanke taucht in dir auf, und der Gedanke ist Wissen. Zuerst wird dir der Verstand den Gedanken „Was ist das?" zuwerfen, weil er keine Informationen darüber besitzt. Wie bei einem Computer wird er sagen: „Keine Daten gefunden." Ich sage dir, dass das eine Perle ist, und so kannst du diesem Gedanke den Namen „Perle" geben. Das ist Wissen. Hätte sie zuvor jemand bereits als „Perle" bezeichnet, wäre dieser Gedanke nicht in deinem Kopf aufgetaucht. Wenn jetzt jemand „Perle" sagt, wird dieser Gedanke unweigerlich in deinem Kopf auftauchen. Darin liegt also nicht das Problem.

Weißt du, wann das Problem beginnt? Dann, wenn du sagst: „Ich will diese Perle haben!" Dann wird ein einfacher Gedanke zu einem Verlangen. Wenn der bloße Gedanke an das Objekt sich in ein Verlangen wandelt, wird das Objekt des Gedankens begehrenswert. Damit fangen die Probleme an. Und warum? Weil zehn Personen die Perle haben wollen, und das treibt den Preis in die Höhe, nicht wahr? Nun steckst du in großen Schwierigkeiten, denn du musst diese Perle unbedingt haben! Du hast ein sehr starkes Verlangen, diese Perle zu bekommen. Und du bist wütend über all die Menschen, die dir nicht helfen, dieses Verlangen zu befriedigen. Jetzt ist aus deinem Verlangen Wut geworden. Du bist zerstört.

Wer hat dieses Verlangen erzeugt, wer diese Wut, wer diesen Hass? Wer hat den Gedanken in ein Verlangen verwandelt? Dieses „Ich" war es! Also, wenn du nun dieses Verlangen wieder beseitigen willst, was solltest du dann entfernen: das Objekt, den Gedanken an das Objekt oder denjenigen, der den Gedanken in ein Verlangen verwandelt hat, also das „Ich"? Warum willst du den Gedanken zerstören? Warum willst du den Verstand zerstören? Warum willst du das Objekt zerstören? Warum willst du die Welt zerstören? Du musst nicht einmal das „Ich" zerstören!

Begreife einfach, was dieses „Ich" ist. Dann wird es zu einem zweckmäßigen „Ich". Wasser, das fließt, nennen wir einen Fluss. Wenn da einfach Wasser ist, das nicht fließt, ist dieses Wasser dann auch ein Fluss? Wasser allein ist noch kein Fluss, aber fließendes Wasser ist ein Fluss. Das Bewusstsein ist dein Selbst, und das Fließen des Bewusstseins ist dein Verstand. Du kannst das Wasser im Fluss erkennen. Du kannst das Fließen sehen, du kannst aber auch das Wasser sehen, wie es ist. Wir brauchen beides.

Sei das Selbst, das Unveränderliche, und genieße die Veränderungen. Verwende die Veränderungen! Vorstellungen in der Art wie „der Verstand sollte verschwinden", „die Gedanken sollten verschwinden" machen Menschen komplett konfus, weil sie letztendlich versuchen, etwas zu zerstören, das vollkommen natürlich ist. Menschen müssen nicht lernen, „gar nicht" zu denken, sie müssen einfach nur lernen, richtig zu denken. Denken ist notwendig. Wie kannst du sonst wissen, dass du hungrig bist und wie du deinen Hunger stillen kannst? Das wird kaum gehen, wenn du nicht weißt, wie man denkt. Wenn du solche Vorstellungen auf diese Art analysierst, werden sie sich schnell als untauglich erweisen.

Aber man hört doch gewöhnlich, dass Heilige oder Weise keinen Verstand haben.

Das mag als sprachliche Wendung seinen Sinn haben, wörtlich genommen bringt es dich in ziemliche Schwierigkeiten.

Angenommen, du bist Milliardär und hast alles, was du haben willst. Ein armer Mann kommt zu dir und sagt: „Ich hatte heute ein schönes Stückchen Brot zum Frühstück, und dazu ein bisschen Käse." Wirst du ihm dann etwa antworten: „Was bist du für ein dummer Wicht, dich mit Brot und Käse zu begnügen? Du solltest ein Fünf-Sterne-Frühstück zu dir nehmen!" Wohl kaum. Wenn dieses Wenige das ist, was er hatte, dann ist das gut. „Wunderbar, ich freue mich, dass du dein Frühstück genossen hast!" So ist es auch mit der Erkenntnis. Bist du zufrieden und glücklich mit dir selbst, brauchst du den Standpunkt eines anderen Menschen nicht zu verwerfen. Einem Menschen, der seinen Verstand benutzt, solltest du also nicht sagen: „He, höre auf, deinen Verstand zu benutzen!" Was soll er denn tun, wenn er ihn nicht benutzt? Das, was du bist, hat nichts mit dem Zustand deines Verstandes zu tun.

Damit sagst du aber eigentlich, dass es ein Verständnisproblem ist, und weniger eine Praxis oder Übung. Ein spirituelles Leben ist für dich also keinesfalls ein Leben, in dem man als Mönch stundenlang sitzt und versucht, seinen Verstand zu zerstören?

Nein, nein! Ich möchte weder empfehlen noch abraten. Verstehe, was ich sagen will. Wenn wir mit so etwas anfangen, dann sieht es so aus, als würde ich etwas ablehnen. Gut, lass es mich so ausdrücken: Ich gebe dir eine Erklärung nur für dich. Und du nimmst sie ganz für dich. Und jeder andere, der sie hört oder liest, nimmt sie ebenfalls nur ganz für sich.

Zuerst nimm wahr, worin das Problem besteht; dann finde die Lösung. Hat dein Fahrrad einen Platten, dann pumpst du den Reifen auf, tauchst ihn in Wasser und dort, wo sich Luftblasen zeigen, dort musst du ihn flicken. Also: Wo ist der Punkt in deinem Leben, an dem sich die Luftblasen bilden, wo ist es undicht? Wo ist diese Leere, und woher kommt sie? Dein Körper ist kein Problem, die Welt ist kein Problem, deine Wahrnehmung ist kein Problem. Isoliere dieses „Ich" und schaue, was es ist. Wenn du versuchst, dich selbst zu sehen, werden alle möglichen Gedanken auftauchen. Deshalb werden verschiedene Übungen empfohlen, zum Beispiel, um den Verstand zu beruhigen.

In der Fahrschule beginnst du ja auch nicht sofort, mit hundert Stundenkilometern herumzufahren. Du fängst das Üben vielleicht mit einer Geschwindigkeit von zehn Kilometern an, aber der Zweck ist nicht, dein ganzes Leben mit einer Geschwindigkeit von zehn Stundenkilometern durch die Gegend zu fahren.

Wenn du dich selbst erkennen willst, ist es wichtig, deinen Verstand zu beruhigen. Also kannst du still sitzen, eine Musik hören, bestimmte Übungen machen, all das, was dir hilft, deinen Verstand zu beruhigen. Aber einfach nur den Verstand beruhigen, das wird das Problem nicht lösen. Einfach nur die Gedanken zu beseitigen, das wird das Problem nicht lösen. Das, was hilft, ist sich selbst zu kennen, sich selbst zu erkennen. Das ist unsere Lehre: Du musst dich selbst erkennen!

Viele spirituelle Menschen glauben, dass ihr glückseliges „Da ist nichts!" bereits das Höchste wäre. Im Tiefschlaf aber ist da ebenso nichts für die Dauer von acht Stunden. Wachst du deshalb etwa erleuchtet auf? Wieso also denkst du, du wärest erleuchtet, nur weil deine Gedanken für ein halbes Stündchen verschwunden sind? Du schläfst acht Stunden lang, aber nichts hat sich verändert, du wachst immer noch unwissend auf. Du sitzt in Stille, vielleicht verschwindet der Verstand irgendwo hin, vielleicht kommen keine Gedanken.

Dann sollte jemand da sein, dich anzuleiten. Hier kommt der Lehrer ins Spiel, jemand, der dir hilft zu verstehen. Dieses Verstehen kann dir niemand „geben", denn du hast es ja schon, du bist es ja schon! Ich sage nicht: „Ich brauche keinen *Guru*!" Nein, denn das wäre völlig falsch. Nichts in deinem Leben hast du nur durch dich allein gelernt. Nichts, denke einmal darüber nach! In allem, was du weißt, gibt es jemanden, der mehr darüber weiß. Es ist dein Haus, aber wahrscheinlich weiß der Architekt besser darüber Bescheid als du. Es ist dein Körper, aber vielleicht kennt dein Arzt ihn besser als du. Das Gleiche gilt für deinen Verstand. Du hast einen Verstand, du hast all diese Gedanken.

Ja, du kennst deine Gedanken besser als irgendjemand sonst – aber dennoch weißt du nichts über das Denken. Es gibt einen Unterschied zwischen Gedanken und Denken. Solange dies nicht verstanden wird, ist das der Schwachpunkt. Ich kann dir zwar meine Ideen vermitteln, aber das heißt noch nicht, dass du denken kannst. Religionen und Philosophien füttern uns mit Gedanken, aber sie lehren uns nicht zu denken. Das Schöne an den Wissenschaften ist, dass sie uns Konzepte vorlegen und uns gleichzeitig helfen, diese anzuwenden und mit ihnen zu experimentieren. In Malerei und Musik ist das ebenso.

Die meisten religiösen Konzepte hingegen werden niemals infrage gestellt. Das ist die Wurzel des Fanatismus: Du hast einen Gedanken, ein Konzept, und anstatt dass der Gedanke dich verteidigt, musst du den Gedanken verteidigen. Schließlich ist es ja der richtige Gedanke! Wer hat das gesagt? Irgendjemand hat es dir erzählt und du hast kein Recht, es infrage zu stellen. Wie wundervoll! Und wenn man dir die Idee „Es sollten keine Gedanken auftauchen!" eingibt, dann wirst du versuchen, dieses Versprechen zu erfüllen. Was für Kopfschmerzen muss das verursachen!

Wie sieht es mit **Vasanas** *aus, den Neigungen des Verstandes? Müssen diese erst vollständig entfernt werden, damit die Selbsterkenntnis dauerhaft bleiben kann?*

Dieselbe Frage, dasselbe Ding. Nichts muss entfernt werden. Zu behaupten, dass das „Ich", das Unendliche, unfähig ist, mit ein paar Gedanken klarzukommen, dass also erst alle Gedanken beseitigt werden müssen, bevor ich dieses Selbst erkennen kann – was für eine seltsame Idee ist das! Ebenso gut könnte ich behaupten, dass ich erst alle Wellen glätten muss, um das Wasser erkennen zu können. Nichts muss entfernt werden. Wenn überhaupt etwas zu entfernen ist, dann ist es diese Art von Gedanken. (beide lachen)

Der Verstand ist schließlich kein Ein-Zimmer-Appartement. Heute können wir das wunderbar vergleichen: Unser Computer hat vielleicht eine Kapazität von einigen Hundert Gigabyte, um all unsere Daten zu speichern. Wie groß aber ist die Kapazität unseres Gehirns? Eine Billion Gigabyte? Warum sollten wir da irgendetwas entfernen wollen? Lass es einfach da sein. Dass da ein Gedanke ist, ist kein Problem, dass dieser Gedanke missbraucht wird, das ist das Problem. Wenn ich glücklich mit mir selbst bin, was könnte dann ein Problem sein? Warum also sollte ich irgendeinen Gedanken entfernen wollen?

Es scheint sehr wichtig, einen **Guru** *zu finden und bei ihm zu bleiben. Wer ist der* **Guru**, *was ist seine Rolle und woran erkennt man einen wahren* **Guru**?

Das ist ein wunderbares Thema. Zunächst einmal: „*Guru*" ist weder ein Titel noch eine Rolle. Kürzlich hat mich jemand ganz direkt gefragt: „Swamiji, bist du ein *Guru*?"

„Bist du mein Schüler?", habe ich zurückgefragt, „Wenn ja, dann bin ich dein *Guru*." Hätte er gesagt, er ist nicht mein Schüler, wäre ich nicht sein *Guru*. Der *Guru* ist keine Person. Suchst du nach einem *Guru* oder suchst du nach Glück? Du suchst nach dem Glück in deinem Leben, aber du weißt nicht, wo es zu finden ist. Wer auch immer dir die richtige Adresse nennen kann, der ist ein *Guru*. Und das bringt dir wahre Erfüllung.

Wie kann ich wissen, wer ein wahrer **Guru** *ist?*

Es ist alles in dir, du kannst es also auch für dich selbst herausfinden. Du musst kein toller Koch sein, um bestätigen zu können: „Oh, das schmeckt aber gut!" Weder ein *Guru* noch sonst irgendjemand kann über eine Wahrheit sprechen, die nicht bereits in dir ist. Wenn ich spreche, sage ich vielleicht nicht, wo die Wahrheit zu finden ist; aber wenn ich zuhöre, dann weiß ich, wo sie ist. Die Frage ist: Macht dich das Zuhören abhängig oder macht es dich unabhängig? Macht es dich unabhängig, dann bleibe dabei. Macht es dich abhängig, zum Beispiel von einer Person oder von einer Praxis, von einem Wort, einem Gedanken oder einer Idee, dann nimm lieber gleich Reißaus! Ansonsten wirst du zu einem Klon, zu einer Kopie werden, du wirst zerstört und bist nur noch Teil eines Kultes.

Wahrheit ist nicht irgendein Etwas, nicht irgendein Ding! Sie ist weder ein Mensch noch eine Idee, sie ist weder ein Gedanke noch eine Vorstellung, weder ein Name noch ein Wort – nichts von all dem.

Wahrheit ist dein Selbst. Ich bin nicht der Einzige, der Wahrheit ist. Jeder ist dieselbe Wahrheit. Auch ein *Guru* ist da nichts Besonderes, er ist genau im gleichen Maße Wahrheit, wie es jeder andere ist. Der einzige Unterschied ist, dass der Lehrer das weiß, während der Schüler es noch herausfinden muss. Der Lehrer muss deshalb kein großes Ding aus sich machen oder sagen: „Ich bin der einzige *Guru*, der das weiß."

Nicht jeder kann ein großer Wissenschaftler sein, doch jeder kann er selbst sein. Das ist nichts Besonderes.

Sri Ramanas Schüler empfanden sehr große Verehrung für ihn, genauso wie er für den Arunachala. Welche Rolle spielt Bhakti, *die Hingabe, auf dem Weg zum Erwachen?*

Wahre Hingabe erwächst aus Wissen. Ganz gleich, ob es sich um die Hingabe an einen Baum, an ein Haus oder an eine Person handelt. Es ist wie in der Liebe: Du kannst niemanden lieben, den du nicht kennst. Angenommen, ich sage dir, dass eine bestimmte Person sehr liebenswert ist, dann kannst du nicht wissen, ob das wirklich stimmt. Erst, wenn du sie selbst mehr und mehr kennenlernst und feststellst, dass sie tatsächlich sensibel und freundlich ist, niemanden ausnutzt und jedermann hilft, je mehr du also selbst über sie weißt, umso mehr kannst du sie bewundern.

Dasselbe gilt für Gott oder die Wahrheit. Je mehr du darüber weißt, je mehr du erkennst, dass du diese Wahrheit, dass du das Absolute bist, umso mehr wird sich deine Bewunderung von ganz alleine darauf ausrichten.

Und umso mehr wirst du erkennen, dass dein Körper Teil eines absoluten Körpers ist, dass dieser Mikrokosmos Teil eines Makrokosmos ist und dass du nicht außerhalb stehst; der gesamte Körper trägt Sorge um jede noch so kleine Zelle. Und wo ist dieser Körper, wo ist er? Überall! Welcher Berg ist es? Jeder Berg! Welcher Fluss ist es? Jeder Fluss! Welches Blatt ist es? Jedes Blatt! Welcher Mensch ist es? Jeder Mensch! Welcher Moment ist es? Jeder Moment! Also, wem oder was gibst du dich hin? Ist da ein bestimmter Ort, um dich hinzugeben? Eine bestimmte Person, um dich hinzugeben? Nein. Du selbst bist Hingabe.

Jeder ist, was Gott ist. Er allein existiert. Das ist ganz natürlich. Sage nicht: „Dies ist der einzige Berg, dies ist der einzige Platz, hier ist die richtige Schwingung." Solche Behauptungen können dazu führen, das Menschern einander umbringen; zum Beispiel dann, wenn sie behaupten, dass dies der einzig wirklich heilige Platz auf der Erde ist, während alle anderen Plätze gänzlich unbedeutend sind.

Vor kurzem war ich in Jerusalem. Ich habe eine kleine Kirche gesehen, den Felsendom in Jerusalem, ein jüdisches Monument, den Tempel, die Klagemauer, die muslimische Moschee. Die kostbarste Ansammlung von Gebäuden auf der Welt. Und was geschieht dort? Ein wunderschöner Ort, und der Ort selbst hat kein Problem. Es sind die Menschen, die große Probleme haben. Und das überall auf der Welt; es ist immer das Gleiche.

Suchende haben oft seltsame Vorstellungen vom Zustand der Erleuchtung. Wie sieht dein Alltag aus, und wie nimmst du die Welt wahr?

Wenn die Lehrer es zulassen, dann haben Menschen auf der Suche oft seltsame Ideen. Ich kann dir ein einfaches Beispiel nennen: In der *Bhagavad Gita* fragt *Arjuna Krishna* das gleiche, das du mich gerade fragst: „Oh Herr, wie kann man einen weisen Menschen beschreiben? Wie spricht er? Wie bewegt er sich? Wie setzt er sich hin?" (Kapitel 2, Vers 54) *Krishna* hat diese Frage völlig ignoriert. Kannst du dir vorstellen, warum?

Wenn er gesagt hätte, dass ein weiser Mensch *Sanskrit* sehr langsam spricht, würden jetzt fünf Milliarden Menschen sehr langsam *Sanskrit* sprechen. Hätte er gesagt, er säße im Lotussitz, würde jetzt jeder im Lotussitz sitzen, und hätte er gesagt, dass ein weiser Mann sich sehr schnell bewegt, würde jeder versuchen, sich möglichst schnell zu bewegen.

Es ist wie mit Ghandis Gewand, dem *Khadar*. Wird jeder, der einen *Khadar* trägt, ein Mahatma Ghandi werden? Ein weiser Mensch mag auf eine bestimmte Weise gehen, sitzen oder sprechen, aber eine bestimmte Art dich hinzusetzen, zu gehen, zu sprechen und zu leben macht dich noch nicht zu einem Weisen. Der Weise kann einen bestimmten Lebensstil praktizieren, doch es gibt keinen bestimmten Lebensstil der

Weisen. Sei weise und praktiziere deine Art zu leben! Diesen besonderen Lebensstil des Weisen gibt es nicht.

Sei einfach weise und tue, was die Situation erfordert. Vielleicht machst du einen Spaziergang nach dem Aufstehen, kommst zurück, frühstückst ein wenig, gibst Unterricht, isst zu Mittag, unterrichtest weiter, triffst dich mit anderen Menschen. Vielleicht trägst du Verantwortung für eine Fabrik oder Firma – was macht das für einen Unterschied? Bist du erst einmal weise, kannst du jeden Lebensstil ausüben.

Und du bist glücklich: ein glücklicher Vater, ein glücklicher Ehemann, eine glückliche Ehefrau, ein glückliches Kind, ein glücklicher Angestellter; du unterrichtest glücklich, du bewegst dich glücklich, bei allem, was du tust, bist du glücklich.

Ein weiser Mann zu sein bedeutet nicht, dass du zwangsläufig unterrichten musst. Du kannst jede Rolle zufrieden annehmen und glücklich ausfüllen, so wie ein Schauspieler. Der Oskar wird nicht der Rolle verliehen, der Oskar wird dem Schauspieler verliehen!

Du hast gerade ausführlich über das Thema Erleuchtung mit uns gesprochen. Wenn du jemandem mit einer Leidenschaft für das Erwachen begegnen würdest, was wäre dein spontaner Rat an ihn?

Wäre ein solcher Mensch hier, so würde ich ihm raten, an dieser Leidenschaft festzuhalten, bis er sich selbst erkannt hat. Das muss er, denn das ist ein großer Segen. Wie ein Fluss, der eine Biegung macht, beginnt dieser Mensch, sich selbst anzuschauen, sich selbst zu suchen. Ist dieser Mensch offen, können wir alles Mögliche tun, um ihm zu helfen, denn in dieser Zeit ist er sehr verletzlich, ebenso wie eine Schlange, die sich häutet, verletzlich ist.

Ein Mensch, der sein Leben ändert und nach Orientierung sucht, ist verzweifelt und sehr beeinflussbar. Wenn er die falschen Menschen trifft, kann er zerstört werden. Falsche Menschen sind solche mit falschen Vorstellungen. Deshalb ist es so wichtig, niemals die eigene Intelligenz zu opfern. Bist du eines Tages überzeugt, dass das die richtige Lehre ist, dann ist das vollkommen in Ordnung und gut. Aber sage niemals von vornherein: „Ich werde nichts infrage stellen", denn du weißt nicht, wie viele Haie es dort gibt, die nur darauf warten, dich zu verschlingen. Das gilt für alle Bereiche, in denen es um Wissen und Erkenntnis geht. Nicht jeder Arzt ist ein guter Mensch. Manche heilen, manche töten. Ebenso im spirituellen Bereich. Du musst äußerst achtsam und vorsichtig sein. Macht mich dieser Prozess unabhängig oder abhängig? Das ist die große Frage. Wirst du unabhängig, gut, dann gehe weiter.

Doch letztendlich, wenn du wirklich ehrlich sagen kannst: „Ich bin frei", dann gibt es keine Bedingung.

„Bist du eine glückliche Frau?"

„Oh ja, ich bin glücklich, denn mein Ehemann liebt mich." Doch wenn dein Mann dich verlässt, dann bist du am Boden zerstört.

„Bist du ein glücklicher Mann?"

„Ja, ich bin glücklich."

„Warum?"

„Weil ich selbst das Glücklichsein bin."

Fantastisch! Das ist durch nichts zu übertreffen!

Vielen Dank! (lacht)

Thuli Baba

Alles ist Eins. Wir sind das Eine. Es gibt nichts als das Eine: Brahman, die absolute Realität. Im Meer gibt es Schaum und Wellen, das Grundelement von beiden ist jedoch einfach Wasser. Die Schöpfung birgt Millionen Arten von Lebewesen, aber der Grundstoff ist immer derselbe. Das Eine offenbart sich in unzähligen Formen.

Wenn man einem Erwachten zuhört, ist es immer authentisch.

Thuli Baba

Thuli Baba

Parama Pujya Thuli Baba wurde 1930 im südindischen Tirumandiram geboren. Als Kind schenkte er dem Lernen nicht viel Aufmerksamkeit, interessierte sich aber seit er acht war für *Bhajans* und ging voll im spirituellen Leben auf. Es war sein Vater Sri Vadivel Swami (Sri Gurudev), der die Enge der Anhaftung und das Ich-Gefühl zerstörte und später der *Satguru* seines Sohnes wurde. Als dieser sechzehn Jahre alt war, folgte er den Anweisungen Sri Gurudevs und benutzte niemals wieder das Wort „Ich" oder „mein" und deutete auch keine anderen persönlichen Identifizierungen mehr an; stattdessen sagte er nur noch „dieser", „wir" oder „uns", wenn er von sich selbst sprach.

Sein Kichern und seine grauen Dreadlocks erinnern an einen orientalischen Hexenmeister. Er ist kaum bekleidet, und so sieht es aus, als wenn gleichzeitig ein Kind und ein Weiser erscheinen. Nach mehreren Besuchen sind wir mittlerweile so vertraut miteinander, dass ich mit einem kräftigen Schlag auf den Rücken begrüßt werde! Thuli lebt in einem kleinen Ashram *mit einem Dutzend Schülern. Jeder kann tief seine Gnade, Einfachheit und Präsenz spüren.*

Swamiji, ich würde mich gerne mit dir über die Lehre Sri Ramana Maharshis unterhalten, besonders über das Buch „Wer bin ich?"

Darf ich also zuerst einmal fragen: Wer bist du?

Alles ist Eins. Wir sind das Eine. Es gibt nichts als das Eine: *Brahman,* die absolute Realität. Im Meer gibt es Schaum und Wellen, das Grundelement von beiden ist jedoch einfach Wasser. Die Schöpfung birgt Millionen Arten von Lebewesen, aber der Grundstoff ist immer derselbe. Das Eine offenbart sich in unzähligen Formen.

Viele Menschen aus dem Westen kommen nach Indien auf der Suche nach Erleuchtung, als wäre sie lediglich eine Erfahrung. Was ist Erleuchtung?

Jeder wünscht sich die Erleuchtung. Wir alle sind im Grunde einfach nur DAS, aber aufgrund unserer Unwissenheit sehen wir nicht, wer wir sind. Es ist von Unwissenheit verdeckt wie von einem Schleier. Sobald dieser verschwindet, erkennen wir, dass wir alle nur DAS sind. Aber selbst während die Unwissenheit da ist, sind wir einfach nur DAS. Es geht nicht darum, etwas zu erreichen oder zu gewinnen. Wir sind DAS, wir müssen nur den Schleier lüften.

Die Weisen sagen uns, dass es auf dem Weg zur Selbsterkenntnis hauptsächlich zwei Hindernisse gibt. Eines ist das Verlangen nach weltlichen Dingen wie Geld und Gold und ähnlichen Besitztümern, und das zweite ist das Verlangen nach Vergnügen mit dem anderen Geschlecht. Beides blockiert den Weg zur Erkenntnis. Man sollte Schritt für Schritt alles Verlangen nach Geld und dem anderen Geschlecht aufgeben. Danach ist es möglich, das Selbst zu erkennen.

Das heißt, Erleuchtung kann nicht durch äußere Faktoren erreicht werden?

Nein, niemals! Nur im Innern! Du bist DAS! Es ist kein Gegenstand, den wir empfangen können. Weder kann der *Guru* es seinem Schüler überreichen, noch kann der Schüler es empfangen. Es ist kein Objekt. Man muss nirgendwo hingehen, um die Erleuchtung zu erlangen. So funktioniert das nicht! Während der Regenzeit ist die Sonne völlig hinter den Wolken verborgen, also gibt es keinen Sonnenschein auf der Erde. Nach dem Monsun aber scheint die Sonne wunderbar. Genauso verbirgt unsere Unwissenheit das Selbst. Der *Guru* hilft uns nur, diese Unwissenheit und die Bindung an alles Weltliche zu überwinden, sonst tut er gar nichts.

Und wie überwindet man die Unwissenheit?

Nach und nach beseitigt der *Guru* unser Verlangen nach weltlichem Besitz und dem anderen Geschlecht. Dabei muss er Schritt für Schritt vorgehen, das kann er nicht von heute auf morgen. Wenn diese Arbeit unterbrochen wird, kommt alles wieder zurück – unter anderem Namen und in neuen Erscheinungsformen. Lässt man diese beiden Verlangen also nach und nach los, wird die Erfahrung des Selbst ganz natürlich eintreten.

Gott ist das Eine. Es gibt nur einen Gott, für alle! Überlasse alles Ihm, vertraue Ihm. Entweder vertraust du Gott oder du vertraust dem *Guru* – in welcher Form er auch immer erscheinen mag.

Also ist es unumgänglich, einen **Guru** *zu haben?*

Es gibt sechzehn Künste. Fünfzehn davon sind verschiedene Arten weltlicher Betätigung, wie zum Beispiel Medizin, Tanz, Musik oder Kampfsport. Sie alle haben mit unseren Sinnen zu tun. Die sechzehnte Kunst ist die Erkenntnis des Selbst. Für all die weltlichen Künste mag ein *Guru* wichtig sein oder auch nicht, das kann man nicht so absolut sagen. Aber ohne die Führung eines *Guru* ist es unmöglich, Selbsterkenntnis zu erlangen.

Und wer ist der **Guru**? *(lacht)*

Der *Guru* ist das Selbst. Der *Guru* ist der, der alles unterstützt. Alles liegt in seinen Händen.

Was genau ist die Rolle des **Guru**?

Es gibt zwei Arten von *Gurus* auf dieser Welt: die einfachen *Gurus* und den *Satguru*. Ein *Satguru* ist derjenige, der andere das Selbst erkennen lässt, den wahren *Guru*. Ein gewöhnlicher *Guru* wird dir immer mehr *Karma* aufladen. Er wird sagen, dass du zuerst das Weltliche genießen und dann mit einer spirituellen Praxis beginnen sollst. Der *Satguru* wird das nicht sagen, sondern nach und nach alle Aktivitäten reduzieren und dich anleiten, den Satz „Wir sind DAS, DAS wir sind" im Inneren zu erforschen. Er wird dich *Jnana* lehren, die Methode der Selbsterforschung, und sich um deinen Verstand kümmern und dich so zur Wahrheit führen. Du musst eine Zeitlang in der Gegenwart eines *Satguru* bleiben, um dich selbst zu erforschen. Später dann kannst du kommen und gehen. Leider findet man hauptsächlich gewöhnliche *Gurus*. Es passiert selten, dass man irgendwo auf der Welt einen *Satguru* findet.

Und wie erkennt man einen Satguru?

Man kann einen wahren *Satguru* nicht finden, dazu sind wir gar nicht fähig. Man wird seinen *Guru* einfach treffen, wenn man ein starkes Verlangen nach Selbsterkenntnis hat und nur deshalb auf die Erde kam, um Selbsterkenntnis zu erfahren.

Er erscheint wie ein ganz normaler Mensch, er isst, er trägt Kleider und sieht aus wie andere Leute auch. Darum können wir ihn nicht erkennen. Es ist das alles durchdringende Selbst, das den *Satguru* zum reifen Schüler, zur reifen Seele führt. Man sollte sich Gott oder dem *Guru* vollständig hingeben. „Ich bin nichts, ich bin niemand, ohne Deine Hilfe kann ich nichts erreichen." Man sollte an den *Guru* glauben und sich voll und ganz auf ihn verlassen. Er wird zuerst aus seiner Erfahrung heraus die Nicht-Dualität lehren. Dabei ist er wie eine Katzenmutter, die ihr kleines Kätzchen umsorgt. So arbeitet ein *Satguru*.

Nachdem der Schüler die Lehre des *Satguru* empfangen hat, muss er an dieser Lehre genauso entschlossen festhalten, wie ein Affenbaby sich am Fell seiner Mutter festhält.

Ist es notwendig, sich dem Guru vollkommen hinzugeben?

Ja, vollständige Hingabe ist erforderlich. Der Mensch ist nicht in der Lage, den *Satguru* zu erkennen. Also sollte er zum allmächtigen und alles durchdringenden Selbst beten, sich seiner anzunehmen und in der Gestalt des *Satguru* zu ihm zu kommen. Es ist einzig und allein das alles durchdringende Selbst, *Brahman*, das den Schüler leitet und schützt.

Gibt es irgendwelche Voraussetzungen für die Erleuchtung? Ist eine Sadhana, *spirituelle Praxis, notwendig?*

Das Eine manifestiert sich unter vielen Namen und in vielen Formen, und der Verstand hält an diesen Namen und Formen fest. Wenn unser Verstand an Namen und Formen angehaftet ist, dann wird alles davon beeinflusst. Sobald wir erkennen, dass all das nur Namen und Formen sind, wird es klar, dass die Essenz dieselbe ist. Das ist die Erkenntnis, die erlangt wird.

Gibt es eine bestimmte Sadhana, *die du dafür empfiehlst?*

Das Eine ist zeitlos, und um diese Zeitlosigkeit zu erreichen, muss man das Prinzip Zeit überwinden. Darum ist Geduld sehr wichtig. Ohne Geduld kann man gar nichts erreichen. *Sadhana* bedeutet hundert Prozent Geduld. Es gibt vier verschiedene Übungswege: *Viveka* (Unterscheidung), *Vairagya* (Abkehr von der Welt), Leidenschaftslosigkeit und *Shradda* (Vertrauen). Dabei ist es wichtig, die weltlichen Aktivitäten zu reduzieren. Je aktiver unser Verstand ist, desto mehr wird er sich nach außen orientieren. Doch kann er durch Disziplin gelenkt werden und man kann versuchen, durch Leidenschaftslosigkeit ungewollte Aufgaben und Interaktionen zu vermeiden. Dazu braucht man natürlich eine starke Sehnsucht, frei zu sein.

Meinst du damit, dass man ohne Verlangen sein soll?

Ja, doch darf diese Wunschlosigkeit dann nicht zu einem neuen Wunsch werden! Es geht darum, in *Shradda* zu sein, das heißt, die Schriften und das Wort des *Guru* vollständig und total zu akzeptieren. Was auch immer der *Guru* sagt, sollte man annehmen. Denn DAS kann man nicht mit den fünf Sinnesorganen wahrnehmen; es ist größer. Deshalb braucht man enormes Vertrauen und einen Verstand, der nur auf diesen einen Punkt ausgerichtet ist. Dafür ist es wichtig, seine Gedanken zu reduzieren. Man sollte nicht zu viel sprechen und dafür nicht zu viel Kraft verschwenden. Es ist wichtig, seine Zunge zu kontrollieren, sowohl beim Essen als auch beim Sprechen. Das sind die Grundübungen. Man sollte außerdem immense Geduld mitbringen. Sogar wenn du schon viele Jahre *Sadhana* hinter dir hast und nichts passiert ist, solltest du nicht ungeduldig werden.

Empfiehlst du Sadhana*, um die Gedanken zu verringern und den Verstand in einen* sattvischen*, also ruhigen und friedvollen Zustand zu bringen?*

Ja.

Denkst du dabei an eine bestimmte Sadhana?

Es gibt nur eine Methode: absolute Hingabe. Hingabe bedeutet: Alles gehört Gott. Wir haben nichts erschaffen. Alles was wir haben, wurde uns von Ihm gegeben, der Körper mit dem Verstand genauso wie die ganze Welt – alles kam von ihm. Man soll sich immer bewusst sein, dass alles, was man besitzt, Ihm gehört. Du selbst besitzt nichts. Wenn man sich dessen bewusst ist, gibt es kein „Ich" und kein „mein" mehr, und Ego (*Ahamkara*) und Streben nach Besitz (*Mamakara*) werden verschwinden. Übrig bleibt vollständige Hingabe. Das ist der einfachste Weg.

Geht man diesen Übungsweg, gehört alles Ihm und die Illusion verschwindet. Kommen hingegen „Ich" und „mein" ins Spiel, werden wir ärgerlich wegen all der Probleme, die auftauchen. Wenn aber alles *Bhagavan*, Gott, gehört, dann kann uns nichts erschüttern. Durch die Hingabe an Gott, können wir sogar die Wut loswerden. Das Ergebnis ist ein ausgeglichener Verstand.

Es gibt nur Eins, eine Wahrheit, ein Höchstes, das unterschiedliche Namen und Formen annimmt, aber tatsächlich nicht eigenständig existiert. Man kann es nicht mit *Sadhana* erlangen, denn es ist schon da.

Wir können nicht in dieser Welt leben, ohne miteinander zu interagieren. Doch sollte man sich dabei immer bewusst sein, dass alles Gott gehört und alles Gott ist. Mit einer solchen Einstellung wird es keine Probleme geben; Wut, Verlangen, alle diese Dinge werden nicht mehr auftauchen.

Die Methode der Selbsterforschung führt einen zu der Einsicht, dass das Ich als solches nicht existiert, sondern alles Gott ist. Ist das dasselbe?

Es werden gerade eine Reihe Bücher geschrieben, die versuchen zu interpretieren, was Ramana gesagt hat. Doch eigentlich sagte er nur: „Sei mit DEM." Man kann DAS nicht einfach so mit Hilfe von Selbsterforschung erlangen, man muss zuerst einmal all das verneinen, was nicht DAS ist. Wenn man alles andere ablehnt, dann bleibst am Ende nur du selbst übrig. Du wirst DAS sein. Die Wahrheit kann nicht mit Worten erklärt werden. Sei mit DEM und lass alle Worte, überhaupt alles, darin aufgehen. Hör auf zu fragen: „Wer bin ich?" Tue einfach gar nichts mehr. Alle Namen und Erscheinungsformen gehören *Bhagavan*. So reduziert man seine Interaktionen mit dem Außen.

Ramanas Worte sind oft missverstanden worden. Viele Menschen stellen die Frage „Wer bin ich?". Ihre Antwort lautet: Ich bin der und der, bin 1,65 groß und ich mache dies und das.

Aber du bist doch schon DAS. DAS ist schon dein Seinszustand. Folge dem Weg der totalen Hingabe. Gib auf, was nicht DAS ist.

Man gibt also alles auf, was nicht essentiell ist?

Ja. Alles sind nur verschiedene Manifestationen, die kommen und gehen. Das Wesentliche aber ist immer da, es kommt und geht nicht.

Als Sri Ramana gefragt wurde, wann man das Selbst erkannt hat, antwortete er: „Wenn die Welt, die das Gesehene ist, entfernt worden ist, wird die Erkenntnis des Selbst als das Sehende geschehen." Wie ist die Welt zu verstehen, und wie kann man sie beseitigen?

Die Welt um uns ist nicht wirklich existent. Mit der Welt ist es wie mit der Schlange und dem Seil. Nehmen wir an, es herrscht gerade Dämmerung, so dass man ein Seil nicht als solches erkennt und es darum für eine Schlange hält. Tatsächlich ist da aber gar keine Schlange. Ein *Jnani*, ein erwachter Wissender, kann das sehen. Er hat erkannt, dass unsere Welt, wie die Schlange, nicht real ist, sondern im Moment nur so erscheint. Ein *Ajnani* dagegen, ein Unwissender, hält die Schlange für echt.

Es ist überhaupt nicht nötig, irgendetwas aus dem Weg zu räumen – man muss nur seinen Blickwinkel ändern. Vor dem Erwachen hängt man an so vielen Sachen, die einem als wirklich erscheinen. Nach dem Erwachen ist man dann zwar immer noch mittendrin – man ist ja von denselben Dingen umgeben – doch weiß man jetzt, dass sie überhaupt keine reale Existenz haben, es erscheint nur so.

Wenn wir zum Beispiel schreiben oder Geld zählen, ist unsere vollständige Aufmerksamkeit auf diese Tätigkeit gerichtet. Selbst wenn eine Schlange käme, um uns zu beißen, würden wir das nicht bemerken. Das heißt, wenn sich unsere gesamte Aufmerksamkeit auf etwas Bestimmtes konzentriert, dann bleibt für die anderen Dinge nichts mehr übrig.

Genau so kann man sich auf die eine Wahrheit konzentrieren: Du stehst dann mitten in der Welt, doch für dich ist sie nicht wirklich. Die Welt selbst wird immer da sein, man kann sie nicht entfernen. Was sich verändert, ist nur unsere Art zu sehen, nachdem man die Wahrheit erkannt hat. Die Welt hat für uns dann keinerlei Bedeutung mehr.

Der beste Weg, die Welt zu entfernen, ist also die Ausrichtung auf das Selbst?

Es muss schon auch ein gewisses Maß an Verstehen da sein. Man kann sich nicht sofort auf das Selbst konzentrieren, man muss zuerst alles ausschließen, was man nicht ist. Das Selbst ist immer da, auch wenn man mitten in all den Formen und Namen aktiv ist. Man weiß dann, dass die Namen und Formen nur scheinbar existieren. Sobald den Namen und Formen keine Aufmerksamkeit mehr geschenkt wird, bleibt der Verstand von selbst im DAS und wird still. Die Aufmerksamkeit richtet sich automatisch auf das Selbst, während die Namen und Formen kommen und gehen.

Wenn du vom DAS sprichst, meinst du damit das Selbst?

Ja. Wenn der Verstand und alles andere sich zurückziehen, dann sind wir ausschließlich und nur DAS; und dieses DAS ist dein Selbst. Wir sind ausschließlich dieses Selbst.

Untersuche die Beschaffenheit all dieser Namen und Formen und du wirst sehen: Die Essenz ist immer nur das Selbst.

Es kann gut sein, dass man dreißig, vierzig oder fünfzig Jahre dafür braucht, aber wenn man dabei in seinem innersten Wesen bleibt, ist dieser Zustand jenseits von Zeit. Alles verschwindet, einfach weil man zeitlos geworden ist. Was auch immer man mit seinen fünf Sinnesorganen sieht, hört, riecht, berührt oder schmeckt – es ist, als ob es gar nicht existiert. Man wird zwar essen, aber nur um seinen Hunger zu stillen. Man wird hören, aber nur um des Zuhörens willen. Es wird nichts mehr geben, an dem man hängen bleibt. Der Verstand wird einfach nur in unserem innersten Wesen ruhen – im Selbst. Dieses dauerhafte Ruhen im Selbst nennt man *Swarupa Ananda* – ein Zustand, der nichts mit Freude oder Glück zu tun hat. Im Selbst ruhend gibt es vielmehr kein Suchen mehr, auch keine *Sadhana*. Es gibt gar nichts mehr, alles verschwindet einfach.

Es gibt die Ansicht, dass der Verstand erst vernichtet werden muss, damit Befreiung stattfinden kann. Sri Ramana benutzte den Ausdruck* Manonasha, *was „zerstörter Verstand" bedeutet. Ist das notwendig?

Das Ganze hat zwei Aspekte: *Manonasha*, die Zerstörung des Verstandes, und *Manolayam*, was bedeutet, dass der Verstand durch Meditation und *Yoga* unterdrückt wird. Dabei wird er vorübergehend stillgelegt, aber das hilft nichts, denn er kann jederzeit wieder aktiv werden.

Man muss erforschen, was wahr ist, *Satyam*, und was nicht wahr ist, *Mitya*. Geht man diesen Fragen auf den Grund, erkennt man, dass alle Namen und Formen nur flüchtig sind, also nur scheinbar existieren. Bleibt der Verstand nicht mehr an den Namen und Formen hängen, heißt das *Satyam Dhyanam*; der Verstand ist dann in der Wahrheit aufgegangen. Das wahre *Vasthu*, die wahre Natur, ist nur das Selbst, unser Selbst: *Atman*, DAS. Erst wenn unser Verstand dort ruht, wird er auf natürliche Weise vernichtet, und dann ist *Manonasha* erreicht.

Du sagst, dass dich die höchste Wahrheit durchströmt – aber hast du denn noch einen Verstand?

Ja, denn nur durch den Verstand können wir uns miteinander unterhalten – doch dieser Verstand ist mit der Wahrheit im Einklang. Hier wird der Verstand zu Weisheit.

Es geht also nicht darum, die Gedanken zu verhindern, sondern darum, nicht von ihnen abhängig zu werden?

Ein *Jnani* hat keinen Verstand, er hat nur Weisheit. In dem Maße wie die Zweifel verschwinden oder er mit den Menschen zu tun hat, kommt er aus dem ungeteilten Zustand der Einheit hinab in den Zeugenzustand, den göttlichen Zustand der Weisheit. Zwar hat die individuelle Seele einen Verstand, der sie bindet, doch schwingt die Weisheit eines *Jnani* anders als der Verstand.

Jnanis interessiert es nicht, aus welchem Land man kommt, oder ob jemand männlich oder weiblich ist. Für sie gibt es einzig und allein *Chaitanya*, das Bewusstsein; dieses *Chaitanya* ist es auch, das mittels Name und Form die Fragen stellt. Da sind zwar Gedanken vorhanden, doch anders als ein Unwissender halten *Jnanis* sie nicht für real. Wie könnten sie denn auch ohne Gedanken mit der Welt in Verbindung stehen?

Das ist ein wichtiger Punkt, denn viele Leute glauben, dass ein erwachter Mensch keinerlei Gedanken mehr hat.

Dieser Körper existiert, deshalb haben wir Hunger, empfinden Hitze und Kälte und alles, was dazugehört. Nur haben diese Sachen für uns kein Gewicht mehr, wir haben uns von ihnen gelöst, all das berührt uns nicht mehr. Wenn der Stoff trocken ist, kann der Dreck einfach abgeschüttelt werden.

Es gibt viele Menschen, die zwanzig oder dreißig Jahre damit verbringen, durch Meditation ihren Verstand auszulöschen.

Das ist keine Frage von *Yoga*, Meditation oder irgendeiner anderen Methode. Es ist notwendig, mit Hilfe von Selbsterforschung und Selbsterkenntnis vorzugehen.

In der *Vedanta*-Philosophie heißt das *Tat tvam asi. Tat* ist „DAS", *Tvam* bedeutet „du": Du bist DAS, Du bist das Allmächtige. Wenn man diesen Ozean mit anderen Dingen vergleicht, ist er unermesslich und beinahe alldurchdringend. Stell dir vor, es gäbe in diesem Ozean zwei Töpfe, einen großen und einen kleinen; beide sind mit Meerwasser gefüllt und der kleinere ist verschlossen. Das Wasser des großen Topfes vermischt sich dann ungehindert mit dem Wasser des Ozeans. Genauso nimmt das alldurchdringende, allmächtige, allwissende *Vasthu* die Form Gottes an, wenn man es in einem offenen Gefäß aufbewahrt. Diesem Gefäß kann man verschiedene Namen geben, Jesus oder Shiva, wichtig ist nur, dass es nicht verschlossen ist, damit sein Inhalt sich mit dem Ozean vermischen kann. Der Inhalt des kleinen Topfes dagegen kann sich nicht mit dem Ozean vermischen. So ist es auch mit *Jiva*, der individuellen Seele. Der Deckel ist der eiserne Verstand, das *Ahamkara*. Doch wenn du *Ahamkara* und *Mamakara*, das Streben nach Besitz, loswirst, steht dir alles offen.

Überwinden kannst du beides durch wahrhaftige Entwicklung (*Bhavana*). Dann kann sich das Wasser des kleinen Topfes mit dem Ozean mischen. Das ist *Tat tvam asi*, oder auch *Aham Brahmasi*: „Ich bin *Brahman*".

Die *vedischen* Schriften sagen, dass jedes *Jiva* schon diese absolute Wahrheit ist. Nur durch die Begrenzung unseres eisernen Verstandes glauben wir, ein begrenztes *Jiva* zu sein. Wenn man also zum grenzenlosen, alldurchdringenden Selbst werden will, muss man diese Begrenzung auflösen.

Und was ist mit den **Vasanas,** *den Neigungen des Verstandes? Muss man sich um sie kümmern oder reicht es, einen* **sattvischen** *Verstand zu haben und sie zu kennen, so dass man nicht länger an sie gebunden ist?*

Wenn wir die Wahrheit erforschen, verschwinden alle Neigungen. Für die meisten Menschen sind Namen und Formen wichtig, sie sehen die

Wahrheit nicht. Für Wahrheitssucher hingegen existieren Namen und Formen nur scheinbar. Die Vernichtung des gewohnheitsmäßigen Denkens nennt man *Vasana Nakshya*. Durch die Erforschung der Wahrheit räumt man mit seinen gewohnheitsmäßigen Irrtümern auf und erreicht *Manonasha*. Aber genau genommen vernichtet man nicht seinen Verstand – man kann durchaus noch mit der Welt im Austausch sein – man weiß nur einfach, dass die Namen und Formen nur Schein sind, *Mitya*.

Wenn man hilflos ist, sucht man immer zuerst die Hilfe eines Allmächtigen. Jeder beginnt erst einmal mit irgendeinem *Bhagavan* oder einem Gott, und durch diese Gnade findet man dann einen *Satguru*. Ohne die Hilfe des *Satguru* kann die Unwissenheit nicht überwunden werden. Die *Vasanas* können mit Hilfe unseres *Satguru* leicht überwunden werden. Er sieht die Probleme in unserem Verstand und kann sich unserer *Vasanas* auf sehr subtile Art annehmen, ohne dass wir etwas davon merken. Dafür muss man Vertrauen haben und leidenschaftslos sein. Nur so kann er einem zeigen, was man tun muss.

Es ist also unmöglich, ohne den Beistand eines Guru *Selbsterkenntnis zu erlangen?*

Ja. Es ist wichtig, einen lebenden *Guru* zu haben. *Gurus*, die tot sind, können einem nicht helfen, weil sie keine Fragen beantworten können. Nur ein *Guru* aus Fleisch und Blut kann unsere Probleme lösen. Tote *Gurus* können einem nicht *Jnana* schenken, die Methode der Selbsterforschung.

Das ist sehr wichtig. Viele Menschen folgen toten Gurus, *weil das viel einfacher ist, denn sie erzählen einem keine Sachen, die man nicht hören will.*

Ja, lebende *Gurus* können einem all das erzählen, was man gar nicht hören will! Das ist wahr. (lacht)

Gibt es verschiedene Etappen auf dem Weg des Erwachens?

Wenn viele *Vasanas* da sind, muss es auch verschiedene Phasen geben. Jeder Mensch hat eine Menge *Vasanas*: Wut, Gier, Lust, Vergeltung. Wenn man sich ausschließlich auf „Wir sind DAS, DAS sind wir" konzentriert, werden diese mentalen Eigenschaften allmählich weniger. Jeder muss diese Phase durchmachen. Jahre bevor man anfing, eine *Sadhana* zu praktizieren, hatte man vielleicht die Gewohnheit, immer sofort zu reagieren, oder man wurde schnell wütend und war reizbar. Durch *Sadhana* erkennt man jetzt, dass alles eine Form des Göttlichen ist, dass alles durch Sein Tun geschieht, alles Ihm gehört. Also kann man die Welt mit friedvolleren Augen betrachten. Alle Eigenschaften, die nicht sehr hilfreich sind, werden allmählich wegfallen. Letztendlich werden alle *Vasanas* verschwinden und man erkennt das Selbst. All das sind nur Etappen auf dem Weg. Man muss sich allerdings sehr anstrengen; all das erfordert eine Menge Arbeit und dauert viele Jahre.

Sri Ramana sagte, dass die Selbsterforschung der direkteste Weg sei, um das Selbst zu erkennen. Was kannst du über die Selbsterforschung sagen?

Wir haben keine Erfahrung mit Ramanas Selbsterforschung, deshalb können wir nichts dazu sagen. Alle großen Seelen haben ihren eigenen Weg gefunden, das Selbst zu erkennen.

Welche Methode empfiehlst du?

Es gibt zwei Methoden. Die erste ist der unerschütterliche Glaube an „Wir sind DAS" – die Welt an sich gibt es gar nicht, keine Namen, keine Formen. Wenn man sich dauerhaft auf „Wir sind DAS, DAS sind wir" konzentriert und darauf, dass wir die Welt nur durch die Aktivität unseres Verstandes wahrnehmen, wird man das Selbst erkennen.

Die zweite Methode ist, alles zu verneinen: Dies ist nicht wahr, das ist nicht wahr, und so weiter. Auch dann wird man das Selbst erkennen. Glaubt man immer fest „Wir sind DAS", wird allmählich alles Falsche abfallen. Ist alles Falsche verneint, bleibt nur die Wahrheit übrig.

Traditionell hatten die Schüler immer eine enorme Hingabe, Bhakti, *für ihren Meister. Könntest du bitte etwas über die Rolle von* Bhakti *im Hinblick auf das Erwachen sagen?*

Traditionell hatten die Schüler volles Vertrauen in einen Gott mit Namen und Form und so weihten sie Ihm ihr ganzes Leben. Auf diese Weise sollte allmählich all ihr *Karma* verschwinden. Wenn der Schüler sich ganz hingibt, kann der *Guru* die Unwissenheit beseitigen. Das ist dann wie mit grünen Blättern, die im Sonnenlicht getrocknet sind. Grüne Blätter brennen nicht, deswegen trocknet man sie in der Sonne. Der *Guru* ist wie ein Brennglas, das die Strahlen der Sonne auf den trockenen Blättern bündelt, so dass sie verbrennen. In den vergangenen Jahrhunderten folgten die meisten Schüler ausschließlich dem Pfad des *Bhakti*. [Das ist auch der Pfad, dem Thuli gefolgt ist. Er war ein Verehrer *Krishnas* und sein Vater wurde zu seinem *Guru*.]

Da die Leute aus dem Westen keinen Bezug mehr zu Gott oder etwas Ähnlichem haben, können sie den Pfad des *Bhakti* sehr schwer annehmen. Sie können keinen Gott mit Namen und Form annehmen. Für sie muss man es anders formulieren, etwa so: „Du glaubst daran, dass der Allmächtige das allumfassende Selbst ist." Doch wenn sie nicht einmal Jesus Christus annehmen können, wie können sie dann Hingabe praktizieren?

Siehst du einen Unterschied zwischen Menschen aus dem Osten und Menschen aus dem Westen?

Die Wege sind ein klein wenig unterschiedlich. Menschen aus östlichen Ländern wie Indien haben ein starkes *Bhakti*. Irgendwann einmal haben sie das Bedürfnis, die Welt zu genießen, und entschließen sich, im Westen geboren zu werden. Dann leben sie ihre Wünsche aus und werden letztendlich doch unzufrieden. Was auch immer in der Welt genossen wird, bringt eine unechte Freude, denn es bringt einem weder Frieden noch Glückseligkeit. Es ist der ewige Kreislauf von Glück und Leid. Dann kommen diese Menschen auf ihrer Suche nach bleibendem Frieden, höchster Wahrheit und Glückseligkeit nach Indien. So machen sie Fortschritte auf dem Weg der Selbsterkenntnis und erwachen. Tatsächlich wählen die Westler den Weg der Hingabe nicht mehr, weil sie ihn schon in einer früheren Inkarnation beendet haben. In dieser Inkarnation konzentrieren sie sich stattdessen auf das ununterbrochene „Wir sind DAS, DAS sind wir", das wie ein Strahl Öl kontinuierlich fließt. Das ist genug. Es ist nicht nötig, noch einmal zurückzukehren zum Weg der Hingabe.

Hier in Anbin Kudil (Heim der Liebe) leben indische und westliche Swamis zusammen. Kannst du einen Unterschied im Fortschritt der Menschen aus dem Westen bemerken, oder betrachtest du sie mittlerweile alle als Inder?

Jeder einzelne hat seine eigene Art, seine eigene *Sadhana*, seine eigene innere Einstellung. Das Ziel ist immer das Eine, aber die innere Einstellung ist bei jedem anders. Die Menschen aus dem Westen können nicht den Weg der Anbetung gehen, aber sie haben volles Vertrauen in den *Satguru*. Das ist ihre Berufung – volles Vertrauen in den Meister zu haben.

Auch du bist dabei, deine *Sadhana* zu erfüllen, und jetzt sitzt du hier. Du kannst nicht zurückgehen. Du kannst nicht nach Deutschland zurückkehren.

Meinst du mich? (alle lachen) Ich kann nicht nach Deutschland zurückkehren?

Bleib ein paar Tage, ein paar Monate oder ein paar Jahre, und deine Reise wird vollendet sein.

Ja, deshalb bin ich auch nur für einen Tag hierher gekommen! (lacht)

Wenn du ernsthaft am spirituellen Weg interessiert bist, dem Weg von Anbetung und Selbsterkenntnis, dann wird dein Verstand nicht wieder in die westliche Kultur zurückkehren. Die Kultur dort kann den Weg von *Bhakti* nicht annehmen.

Ich war fünfzehn Jahre mit Osho und fünf Jahre mit Papaji. Ich reise jetzt schon seit dreißig Jahren nach Indien und habe alles in allem zehn Jahre in Indien gelebt. Aber du siehst ja, dass das alles nichts genützt hat!

Wenn jemand Holzfäller ist, will er Bäume fällen. Er fällt wahrscheinlich viele Bäume in einem Wald, aber er geht, ohne einen einzigen Baum vollständig zersägt zu haben. So ist es auch bei dir: Du hast in Indien alles mögliche kennengelernt. Wenn man viele Heilige besucht und immer mehr Informationen sammelt, kann der Verstand keine Ruhe finden. Du bist nie bei einem Meister geblieben, deshalb kannst du nicht auf einen einzigen Punkt ausgerichtet sein.

Dein Verstand befasst sich nur damit, wie die Meister nach außen hin handeln, doch du gehst nicht in die Tiefe. Du musst anwenden, was du von den Meistern gelernt hast, doch nichts davon erreicht dein Herz. Was bringt dir das alles? Anstatt Wissen von vielen Meistern und Heiligen zu sammeln, solltest du nur eines lernen und dich nur darauf konzentrieren: auf eine Anweisung und eine Lehre. Du solltest bei einem Meister bleiben und alle seine Lehren vollständig beachten.

Angenommen, du hast ein oder zwei Morgen Land gekauft und möchtest dort einen Brunnen graben, um Wasser zu haben.

Du fängst also an, an einer bestimmten Stelle zu graben, und jemand kommt dazu und sagt: „Grab nicht hier, da drüben findest du Wasser." Also gehst du zu der anderen Stelle und gräbst dort. Dann kommt der nächste und erzählt dir: „Hier wirst du kein Wasser finden. Grab lieber da drüben." So geht es den ganzen Tag weiter, du gräbst und gräbst und am Ende hast du keinen Brunnen. (lacht) So verschwendest du dein ganzes Leben. Es ist nicht ratsam, immer mehr und mehr Lehren zu sammeln. Man sollte nur einer einzigen Lehre folgen. Dafür kann man zum Allmächtigen beten: „Bitte lass mich Dein Mitgefühl spüren! Ich will tief in eine Lehre eintauchen, ich will alle Lehren achten. Lass mich die Erfahrung machen, die mir entspricht."

Gräbst du hingegen immer weiter an vielen verschiedenen Stellen, wirst du nie Wasser finden. Bete zum Herrn und grabe nur einen Brunnen. Dann kannst du deinen Durst stillen.

Oh je, vielleicht sollte ich in meinem nächsten Leben als Inder geboren werden.

Nein, nein! Glaub nur nicht, dass du noch einmal wiedergeboren werden musst! Das ist nicht nötig! Diese Inkarnation ist die letzte Inkarnation. Wenn du allmählich alle deine Fragen reduzierst und allmählich aufhörst damit, alle Meister zu besuchen, wirst du garantiert zu einem *Jivanmukta* (zu Lebzeiten befreite Seele). Gib einfach nur deine Fragen auf.

Eine letzte Frage habe ich noch... (beide lachen) Suchende haben oft seltsame Vorstellungen vom Zustand der Erleuchtung. Wie sieht dein Alltag aus, und wie nimmst du die Welt wahr?

Wir haben keinen Heiligenschein, wir sitzen einfach nur still für uns. In Tamil sagen wir dazu *Summa Iru*: einfach nur mit sich selbst sein. Und wir sehen uns in allem. Es gibt keinen Unterschied, kein Niedriger oder Höher, keine Verschiedenheit. Wir betrachten jeden auf die gleiche Weise. Alles ist das Höchste Eine.

Gibt es etwas, das du noch hinzufügen möchtest?

Jnanis sprechen immer die Wahrheit und sie können das *Dharma*, die Lehre in nur wenigen Worten erklären. Doch sobald ein Schüler diese Worte aufschreibt, tauchen sie aus seinem eigenen Verstand auf und er wird ihnen seine *Vasanas* hinzufügen. Wenn man einem Erwachten zuhört, ist es immer authentisch.

In der indischen Tradition kann man jederzeit auf die *Rishis*, die alten Seher, und die *Vedas* zurückgreifen. Diejenigen, die gelernt haben, ihre Sinnesorgane zu meistern, werden ein Werkzeug dieser Wahrheiten. Das geschieht aber nicht durch mentales Lernen oder unsere Vorstellungskraft. *Jnanis* sind wie ein Werkzeug im wahrsten Sinne, sie fügen nichts hinzu. Sie erlauben lediglich der höchsten Wahrheit, ständig durch dieses Instrument zu wirken.

Wer bin ich?
Nan Yar

„Nan Yar – Wer bin ich?" ist eine allgemeine Einführung in die Lehren Bhagavan Sri Ramana Maharshis. 1901 stellte einer seiner Anhänger, Sivaprakasam Pillai, dem damals 21-jährigen zwölf Fragen, deren Antworten Sri Ramana einfach in den Sand am Fuße des Arunachala schrieb. Pillai rekonstruierte dieses „Gespräch" anschließend aus dem Gedächtnis und fasste es in einem Büchlein zusammen. Die Fragen und Antworten wurden 1920 noch einmal von Sri Ramana überarbeitet. „Nan Yar" ist somit einer der wenigen Texte, die Sri Ramana selbst bearbeitet und herausgegeben hat.

Alle Lebewesen wünschen sich, dauerhaft glücklich zu sein und frei von Leid. Augenscheinlich empfindet jeder tiefe Liebe zu sich selbst, und nur das Glück ist die Ursache dieser Liebe. Um dieses Glück zu erlangen, das unsere wahre Natur ist und das wir im Tiefschlaf erfahren, wenn kein Verstand mehr da ist, müssen wir unser Selbst erkennen. Die beste Methode, dies zu erlangen, ist der Pfad des Wissens, die Erforschung des Selbst mittels der Frage: „Wer bin ich?"

1. *Wer bin ich?*

   Der Körper, der aus den sieben Grundelementen, den *Dhatus* besteht, das bin ich nicht. Die fünf Sinnesorgane des Hörens, Tastens, Sehens, Schmeckens und Riechens, die ihre „Objekte" Klang, Berührung, Farbe, Geschmack und Geruch verarbeiten, das bin ich nicht. Die fünf Organe des Handelns, das heißt, die des Sprechens, der Fortbewegung, des Greifens, der Ausscheidung und der Zeugung, das bin ich nicht. Auch die fünf Lebenskräfte mit ihren verschiedenen Funktionen bin ich nicht, wie zum Beispiel *Prana*, das für das Einatmen sorgt. Ich bin nicht der denkende Verstand. Auch bin ich nicht das Unbewusste, das niemals handelt und in dem es außer den zurückgebliebenen Eindrücken von Objekten nichts weiter gibt.

2. *Wenn ich dies alles nicht bin – wer bin ich dann?*
   Ich bin das, was nach der Verneinung all des oben Erwähnten als „nicht dies, nicht das" allein übrig bleibt: Gewahrsein.

3. *Was ist die Natur dieses Gewahrseins?*
   Die Natur des Gewahrseins ist Sein, Bewusstsein, Glückseligkeit.

4. *Wann hat man das Selbst erkannt?*
   Wenn die Welt, die das Gesehene ist, entfernt worden ist, wird die Erkenntnis des Selbst als das Sehende geschehen.

5. *Ist es möglich, das Selbst auch dann zu erkennen, wenn die Welt noch da ist und als wirklich angesehen wird?*
   Nein, das ist nicht möglich.

6. *Warum?*
   Es ist wie mit dem Seil, das für eine Schlange gehalten wird. Dass die Schlange in Wirklichkeit ein Seil, also die Essenz, ist, kann erst erkannt werden, wenn der Glaube an die Schlange aufgegeben wird. Ebenso ist es mit der Erkenntnis des Selbst: Die allem zugrundeliegende Wahrheit kann erst erlangt werden, wenn der Glaube an die Wirklichkeit der Welt verschwunden ist.

7. *Wann wird das gesehene Objekt, die Welt, verschwinden?*
   Die Welt verschwindet, sobald der Verstand als Ursache aller Wahrnehmungen und allen Handelns still geworden ist.

8. *Was ist die Natur des Verstandes?*

Was „Verstand" genannt wird, ist die dem Selbst innewohnende wundersame Kraft, die alle Gedanken erzeugt und aufsteigen lässt. Der Verstand ist identisch mit den Gedanken, sie sind seine Natur. Außer den Gedanken gibt es so etwas wie Verstand nicht. Und ohne Gedanken gibt es keine unabhängige Entität, die man Welt nennt. So verschwindet im Tiefschlaf mit den Gedanken auch die Welt, um im Wach- und Traumzustand mit ihnen wiederzuerscheinen. Wie die Spinne ihre Fäden aus sich selbst heraus spinnt, so schafft der Verstand die Welt aus sich selbst heraus und löst sie dann wieder in sich selbst auf. Die Welt erscheint also dadurch, dass der Verstand das Selbst verlässt. Solange sie deshalb (als wirklich) erscheint, kann das Selbst nicht erscheinen. Wenn jedoch das Selbst erscheint, verschwindet die Welt.

Der Verstand, der auch als feinstofflicher Körper oder Seele (*Jiva*) bezeichnet wird, kann nicht allein existieren, er ist immer abhängig von etwas Grobstofflichem. Er löst sich auf, wenn man beständig seine Natur erforscht; übrig bleibt dann nur das Selbst: *Atman.*

9. *Wie trägt die Selbsterforschung zum Verständnis der Natur des Verstandes bei?*

Was als „Ich" in diesem Körper aufsteigt, ist der Verstand. Forscht man nach, wo im Körper dieser Ich-Gedanke zuerst erscheint, entdeckt man, dass sein Ursprung im Herzen liegt. Man gelangt sogar zu ihm, wenn man immer nur „ich, ich, ich…" denkt – den Gedanken, der noch vor allen anderen als erstes auftaucht. Der Ich-Gedanke ist die Voraussetzung für alle anderen Begriffe, wie „du", „er" oder „sie". Ohne das „Ich" gäbe es die anderen gar nicht.

10. *Wie wird der Verstand still?*

Durch die Untersuchung der Frage „Wer bin ich?". Denn dieser Gedanke zerstört alle anderen Gedanken. Er ist wie der

Stock, mit dem man ein brennendes Feuer anfacht: Am Ende verbrennt er selbst. Dann geschieht Selbsterkenntnis.

11. Wie kann man beständig an dem Gedanken „Wer bin ich?" festhalten?

Indem man anderen Gedanken, die auftauchen, nicht folgt, sondern sich vielmehr fragt, wessen Gedanke das ist, oder wer diesen Gedanken eigentlich denkt. Dabei spielt es keine Rolle, wie viele Gedanken auftauchen. Bei jedem fragt man sich, wem dieser Gedanke gekommen ist. Die Antwort, die gewöhnlich erscheint, ist: „ich" oder „mir". Fragt man dann wieder: „Wer bin ich?", kehrt der Verstand zu seiner Quelle zurück und der aufgetauchte Gedanke verstummt. Durch die ständige Wiederholung dieser Übung wird der Verstand schließlich dazu gebracht, in seiner Quelle zu bleiben.

Geht er durch das Gehirn und die Sinnesorgane hingegen nach außen, erscheinen aus ihm die grobstofflichen Namen und Formen; man spricht dann von „Veräußerlichung" (*Bahirmukha*). Bleibt er hingegen im Herzen, verschwinden die Namen und Formen, das nennt man „Verinnerlichung" (*Antarmukha*). Mit ihnen verschwindet auch das Ich als Ursprung aller Gedanken, und das immerwährende Selbst erstrahlt. Was immer man tut, sollte man deshalb ohne Ich-Bezogenheit tun. Dann wird einem alles als *Shiva*-Natur und göttlich erscheinen.

12. Gibt es keine anderen Methoden, die den Verstand still werden lassen?

Zumindest gibt es keine anderen Methoden, die genauso wirksam sind. Den Verstand mit anderen Mitteln zu kontrollieren, funktioniert zwar zunächst, doch wird er immer wieder einsetzen. So kann man ihn durch die Kontrolle des Atems zum Stillstand bringen, doch bleibt er eben nur so lange still, wie der Atem kontrolliert wird. Setzt die normale Atmung wieder ein, wird er durch die nachwirkenden Eindrücke dazu gebracht, wieder umherzuschweifen.

Das geschieht, weil Denken und Atem den gleichen Ursprung haben, und Gedanken die Essenz des Verstandes sind. Sein erster Gedanke ist „Ich", und das ist das Ego, die Ichheit. Daher ist der Verstand still, wenn der Atem unter Kontrolle ist. Dass der Atem im Tiefschlaf nicht aufhört, obwohl der Verstand still ist, geschieht nach dem Willen Gottes, damit der Körper erhalten bleibt und andere Menschen nicht glauben, er sei tot. Im Wachzustand und im *Samadhi* wird der Verstand still und der Atem, die grobstoffliche Form des Verstandes, ist unter Kontrolle. Der Verstand hält den Atem auch bis zum Zeitpunkt des Todes im Körper. Stirbt der Körper, erlischt mit dem Verstand auch der Atem. Daher ist die Kontrolle des Atems nur ein Mittel, den Verstand zu beruhigen (*Manonigra*), sie kann ihn jedoch nicht zerstören (*Manonasha*).

Wie die Kontrolle des Atems sind auch Meditation über die Formen Gottes, Rezitieren von *Mantras*, Nahrungseinschränkung usw. nur Techniken und Hilfsmittel, um den Verstand zu fokussieren und ihn so still werden zu lassen. Denn der Verstand will immer umherwandern. Wie man Elefanten beim Marschieren eine Kette mit dem Rüssel tragen lässt, damit sie beschäftigt sind und keinen Unfug machen, so greift auch der Verstand gern nach jedem Namen und jeder Form, die man ihm hinhält. Dehnt er sich jedoch in zu viele Gedanken aus, wird jeder dieser Gedanken schwach sein. Nur wenn die Gedanken sich ganz auflösen, ist der Geist zielgerichtet und stark. Für einen solchen Geist ist die Selbsterforschung sehr einfach. Die beste all dieser Methoden ist *sattvische* Ernährung in bescheidenen Mengen, denn sie bewirkt, dass der Verstand ruhig und friedvoll wird, und das ist bei der Selbsterforschung sehr hilfreich.

13. *Die nachwirkenden Eindrücke (Gedanken) von Objekten erscheinen endlos wie die Wellen des Ozeans. Wann werden sie zerstört sein?*
Die Gedanken werden zerstört, wenn die Meditation über das Selbst sich mehr und mehr vertieft.

14. Können die nachwirkenden Eindrücke von Objekten, die ja unendlich alt sind, aufgelöst werden, so dass man als reines Selbst zurückbleibt?

Ohne diesem Zweifel nachzugehen, ob es möglich ist oder nicht, sollte man unablässig an der Meditation über das Selbst festhalten. Selbst als großer Sünder sollte man sich nicht sorgen und klagen: „Ach, wie kann ich Sünder nur gerettet werden?" Man sollte vielmehr den Gedanken „Ich bin ein Sünder" vollständig aufgeben und sich stattdessen intensiv der Meditation über das Selbst widmen – was sicher zum Erfolg führen wird. Der Verstand ist nicht geteilt in einen guten und einen schlechten Teil; es gibt nur einen Verstand. Nur die nachwirkenden Eindrücke lassen sich unterteilen in positive und negative. Solange der Verstand unter dem Einfluss positiver Eindrücke steht, wird er „gut" genannt; herrschen negative Eindrücke vor, empfindet man ihn als „schlecht".

Man sollte dem Verstand nicht erlauben, zu den weltlichen Objekten und Angelegenheiten anderer Menschen abzuschweifen. Und wie schlecht andere Menschen auch sein mögen: Man sollte keinen Hass gegen sie empfinden. Ebenso wie Hass sollte auch Verlangen vermieden werden. Alles, was man anderen gibt, gibt man sich selbst. Wer wird anderen nicht geben, wenn er diese Wahrheit erst einmal verstanden hat?

Wenn das Selbst in einem aufsteigt, steigt alles auf; wird das Selbst in einem still, kommt alles zur Ruhe. Das Ergebnis ist abhängig von unserer Demut und Hingabe. Ist der Verstand erst einmal still, kann man überall leben.

15. Wie lange soll man die Erforschung praktizieren?

Die Selbsterforschung mit der Frage „Wer bin ich?" ist notwendig, solange es im Verstand Eindrücke von Objekten gibt. Tauchen Gedanken auf, sollten sie am Ursprungsort sofort durch Erforschung zerstört werden. Wenn man ununterbrochen über das Selbst kontempliert, bis es erkannt ist, ist das genug. Solange es in der Festung Feinde gibt, werden sie den

Frieden stören. Die Festung wird erst uns gehören, wenn sie vollständig vernichtet sind.

16. Was ist die Natur des Selbst?

Das Selbst ist das einzig wirklich Existierende. Wie der Silberglanz im Perlmutt erscheint, so erscheinen Welt, individuelle Seele und Gott im Selbst. Alle drei erscheinen zugleich und verschwinden zur gleichen Zeit wieder.

Im Selbst gibt es keinen Ich-Gedanken. Das wird „Stille" genannt. Das Selbst an sich ist die Welt; das Selbst ist „Ich"; das Selbst ist Gott. Alles ist *Shiva*, das Selbst.

17. Ist nicht alles das Werk Gottes?

Die Sonne geht auf ohne Anstrengung oder Verlangen. In ihrer absoluten Präsenz sendet sie uns ihr Licht, unter dem der Lotus erblüht, das Wasser verdunstet und die Menschen ihrem Tagwerk nachgehen oder sich ausruhen. Wie ein Magnet eine Nadel anzieht, werden die Seelen durch die drei (kosmischen) Funktionen oder durch die fünffach gefaltete göttliche Aktivität bewegt. Gottes absolute Gegenwart lässt sie tätig werden und lässt sie auch wieder ruhen. Und das in Übereinstimmung mit ihrem *Karma*. Gott selbst fasst keinen Entschluss und ist keinem *Karma* unterworfen – genauso wie die Sonne nicht von den Aktivitäten der Welt beeinflusst wird oder der alldurchdringende Raum nicht von den guten und schlechten Auswirkungen der anderen vier Elemente berührt wird.

18. Wer ist der größte Verehrer Gottes?

Am meisten verehrt Gott, wer sich ganz dem Selbst – Gott – hingibt. Sich selbst ganz Gott hinzugeben, bedeutet, ohne Gedanken beständig im Selbst zu ruhen und nur die Gedanken zuzulassen, die aus dem Selbst kommen.

Welche Last man Gott auch übergeben mag: Er trägt sie. Warum sollten wir uns dieser Allmacht nicht beugen, da sie es doch ist, die alles bewegt? Warum belasten wir uns ständig mit

Gedanken darüber, was getan und wie es getan werden sollte? Wir wissen doch, dass der Zug alle Lasten tragen kann! Warum balancieren wir also während der Fahrt unser Gepäck mühsam weiter auf dem Kopf, statt es abzusetzen und zu entspannen?

19. *Was ist Nicht-Anhaftung?*

Nicht-Anhaftung ist die Fähigkeit, Gedanken direkt an ihrem Ursprungsort restlos auszumerzen. Wie der Perlentaucher mit Hilfe eines Steins um die Hüften die Perlen vom Meeresgrund holt, sollte jeder von uns mit Hilfe der Nicht-Anhaftung in sich hinabtauchen, um dort die Perle des Selbst zu finden.

20. *Ist es Gott und dem* Guru *möglich, die Seele zu befreien?*

Nein, Gott und der *Guru* an sich befreien die Seele nicht, sie zeigen lediglich den Weg zur Befreiung. In Wahrheit sind Gott und *Guru* nicht voneinander verschieden. So wie die Beute im Rachen des Tigers nicht mehr entfliehen kann, so werden jene gerettet, die vom gnadenvollen Blick des *Guru* berührt wurden, und gehen nicht verloren. Doch um Befreiung zu erlangen, sollte der von Gott oder dem *Guru* gewiesene Weg aus eigener Kraft gegangen werden. Brauchte Rama etwa die Hilfe eines Spiegels, um zu wissen, dass er Rama ist?

21. *Ist es für die Befreiung notwendig, die Natur der Prinzipien (*Tattvas*) zu untersuchen?*

Jemand, der Müll wegwerfen will, muss ihn dafür nicht analysieren. Ein Suchender muss deshalb auch nicht die Prinzipien zählen oder ihre Eigenschaften untersuchen. Er muss einfach nur alles zurückweisen, was das Selbst verhüllt. Die Welt sollte dabei als ein Traum betrachtet werden.

22. *Gibt es einen Unterschied zwischen dem Wachzustand und dem Traum?*

Der Wachzustand dauert lange, ein Traum nur kurz; einen anderen Unterschied gibt es nicht. So wie die Ereignisse im

Wachzustand real erscheinen, so wirken auch die Traumereignisse real, solange man träumt. Der Verstand nimmt währenddessen einen anderen Körper an. In beiden Zuständen, Wachsein und Träumen, erscheinen Gedanken, Namen und Formen.

23. *Wie nützlich sind Bücher auf der Suche nach Befreiung?*
Alle Texte lehren, dass für die Erlangung von Befreiung der Verstand still werden muss. Hat man das einmal verstanden, gibt es keinen Grund mehr, endlos zu lesen. Um den Verstand zu beruhigen, muss nur die Selbsterforschung durchgeführt werden. Wie sollten Büchern bei dieser Suche nützlich sein? Das Selbst sollte man durch seine eigene Einsicht und Weisheit erkennen. Es wird von fünf Schleiern verhüllt. Bücher jedoch sind außerhalb davon. Da man das Selbst erforscht, indem man diese fünf Schleier lüftet, ist es nutzlos, danach in Büchern zu suchen. Irgendwann wird man ohnehin alles, was man gelernt hat, wieder vergessen müssen.

24. *Was ist Glück?*
Glück ist die wahre Natur des Selbst. Glück und Selbst sind identisch. In unserer Unwissenheit glauben wir, durch Objekte glücklich werden zu können, doch Glück kann nicht durch irgendein weltliches Objekt erlangt werden. Wenn der Verstand nach außen geht, erfährt er Leid. Nach Erfüllung seiner Wünsche kehrt er in Wirklichkeit an seinen Ursprungsort zurück und genießt das Glück, das das Selbst ist. Das Gleiche geschieht im Schlaf, im *Samadhi*, bei einer Ohnmacht oder wenn das ersehnte Objekt erlangt oder das abgelehnte verschwunden ist: Der Verstand geht nach innen und erfreut sich an der reinen Glückseligkeit des Selbst. So wandert er immer wieder ruhelos hin und her, verlässt das Selbst und kehrt wieder zu ihm zurück – wie ein Narr, der im Sommer dauernd zwischen dem angenehmen Schatten eines Baumes und der brennenden Sonne wechselt. Ein Weiser dagegen bleibt in *Brahman* wie

im kühlenden Schatten und verlässt ihn nie. Nur der Verstand des Unwissenden treibt durch die Welt, und weil er sich dabei unglücklich fühlt, kehrt er für kurze Zeit zu *Brahman* zurück, um Glück zu erfahren. Doch was wir Welt nennen, sind nur Gedanken. Verschwinden sie, verschwindet auch die Welt mit ihren Leiden, und der Verstand badet in Glück.

25. Was ist Weisheit durch Einsicht (Jnana-Drishti)?
Weisheit durch Einsicht zu erlangen, heißt still zu bleiben. Still zu bleiben heißt, den Verstand im Selbst aufgehen zu lassen. Weisheit durch Einsicht bedeutet nicht Telepathie, Hellsichtigkeit oder Wissen von vergangenen oder zukünftigen Ereignissen.

26. Wie ist die Beziehung zwischen Wunschlosigkeit und Weisheit?
Wunschlosigkeit und Weisheit sind identisch, es gibt keinen Unterschied. Wunschlosigkeit bedeutet, den Verstand davon abzuhalten, sich irgendeinem Objekt zuzuwenden. Weisheit bedeutet, dass keine Objekte aufscheinen. Mit anderen Worten: Nichtbindung oder Wunschlosigkeit bedeutet, nichts anderes als das Selbst zu suchen. Ständig im Selbst zu verweilen hingegen ist Weisheit.

27. Was ist der Unterschied zwischen Selbsterforschung und Meditation?
Selbsterforschung bedeutet, den Verstand im Selbst festzuhalten. Meditation ist, ständig daran zu denken, dass das eigene Selbst *Brahman* ist: Sein – Bewusstsein – Glückseligkeit.

28. Was ist Befreiung?
Die Natur unseres gefesselten Ich zu erforschen und zu erkennen, dass es in Wirklichkeit frei ist.

Glossar

Advaita

(wörtl.: nicht zwei) Schule des *Vedanta*, die die Einheit von Gott, Seele und Welt lehrt. Als Hauptvertreter gilt *Adi Shankara*.

Ahamkara

Das Ego, das sich fälschlich als Handelnder ansieht.

Ajna

Ajna-Chakra oder Drittes Auge; Energiezentrum zwischen den Augenbrauen; steht für Intuition und Wissen.

Ajnani

Jemand, der das Selbst nicht erkannt hat; ein Nicht-Erleuchteter.

Anahata

(wörtl.: ungebrochen; noch nicht zum Klingen gebrachter Klang) Herz-*Chakra*, das sich auf der Mitte des Brustkorbes befindet; steht für bedingungslose Liebe, Mitgefühl und Neutralität.

Ananda

Glückseligkeit; eine der drei Qualitäten des Selbst: *Sat-Chit-Ananda*.

Arjuna

Männliche Hauptfigur der *Bhagavad Gita*, die von *Krishna* Unterweisungen über die Natur des Seins und den Sinn des Lebens erhält. *Arjuna* steht damit stellvertretend für den in Unwissenheit gefangenen Menschen.

Artha

Eines der vier „Ziele des Lebens", das als edel angesehen wird, solange es der *vedischen* Ethik folgt. Es beinhaltet das Erlangen von Wohlstand und sozialer Anerkennung.

Artharthi

Jemand, der nach weltlichem Besitz (*Artha*) strebt.

Arunachaleswara

Berühmter *Shiva*-Tempel in Tiruvannamalai am Fuße des Berges *Arunachala*, der als Inkarnation *Shivas* gilt. Das innere Heiligtum, die Heimstatt *Shivas* und seiner Frau Parvati, ist mehr als 2.000 Jahre alt.

Ashram

Im alten Indien eine hinduistische Einsiedelei, in der Weise in Frieden und Stille zurückgezogen in der Natur lebten. Heutzutage bezeichnet der Begriff *Ashram* eine Einrichtung, einem Kloster ähnlich, in der sich Menschen spirituell entwickeln können; oft um einen spirituellen Meister oder Mystiker.

Atman	Individueller Aspekt des höchsten Selbst.
Avatar	Inkarnation („Fleischwerdung") eines Gottes bzw. des Göttlichen. Der *Avatar*-Begriff weist viele Ähnlichkeiten mit dem Messias-Begriff der anderen Religionen auf.
Bhagavad Gita	Teil des *Mahabharata*-Epos, in der *Arjuna* von *Krishna*, einer Inkarnation *Vishnus*, spirituelle Anweisungen erhält.
Bhagavan	Personale Form der absoluten Wahrheit; wird als Titel für hochangesehene Meister gebraucht.
Bhagavatam	Altindischer Text, in dem das Leben *Shivas* beschrieben wird.
Bhajans	(wörtl.: verehren) Volkslied religiösen Inhalts, das oft einzelnen Göttern gewidmet ist.
Bhakta	Verehrer Gottes; Anhänger eines spirituellen Lehrers oder *Guru*.
Bhakti	Hingabe, Liebe; einer der traditionellen Hauptwege zur Gotteserkenntnis.
Bhakti Marga	Weg der Hingabe.
Bhavana	Entfaltung und Kultivierung.
Bodhisattva	Einer, der vollständige Befreiung erlangt hat; erleuchtetes Wesen, das nicht mehr im Kreislauf der Wiedergeburt gefangen ist, doch aus Mitgefühl solange wieder inkarniert, bis alle anderen fühlenden Wesen erwacht sind.
Brahma	Neben *Shiva* (der Zerstörer) und *Vishnu* (der Erhalter) einer der drei hinduistischen Hauptgötter; steht für das Schöpfungsprinzip.
Brahma Bhava	Im Zustand von *Brahman* sein.
Brahma Sutra	Auch bekannt als *Vedanta Sutra*; kryptische Aussagen, die *Brahman* zu beschreiben versuchen.
Brahman	Die höchste absolute Realität, der unpersönliche Aspekt des Selbst.
Buddha	Bezieht sich gewöhnlich auf *Gautama Buddha*, den Begründer des Buddhismus, der meist nur „der *Buddha*" genannt wird. Ein *Buddha* (*Sanskrit*: erwacht) wird jemand genannt, der vollkommen erleuchtet ist.

Buddhi	Erwacht sein, verstehen; die weibliche Substantivform zu *Budh* - wissen.
Chaitanya	Bewusstsein; oder auch *Chaitanya Mahaprabhu*: Einer der bedeutendsten hinduistischen Heiligen aus dem 16. Jhd.; wurde bekannt durch seine tiefe Hingabe zu *Krishna*.
Chakra	(wörtl.: Rad oder Wirbel) Eines von sieben feinstofflichen Energiezentren im Körper, die sich entlang der Wirbelsäule vom Steißbein bis zum Scheitel befinden.
Deepam	Eines der ältesten Lichtfeste, das von Tamil-Hindus am Tag des Vollmondes im Monat Karthikai (Nov./Dez.) gefeiert wird. Endlose Reihen von Öllampen beleuchten die Häuser und Straßen. Eine riesige Flamme wird auf der Spitze des Berges *Arunachala* in Tiruvannamalai entzündet.
Dharma	Praktizieren oder auch Weg der Wahrheit.
Dhoti	Beinlanges Lendentuch; übliche Bekleidung der männlichen Tempelbesucher.
Dhyana	(wörtl.: Meditation) Bezeichnet die Erfahrung tiefer Versenkungszustände in der Meditation; äquivalent dazu ist „Zen" im Buddhismus.
Drisha	Welt der Objekte.
Dukha	Leiden.
Gunas	Die drei Qualitäten, die der gesamten Manifestation innewohnen: *Sattva* (Reinheit), *Rajas* (Aktivität) und *Tamas* (Trägheit).
Guru	Spiritueller Lehrer; der Begriff wird im Hinduismus, Buddhismus und Sikhismus verwendet, wo er für Wissen und geistige Führung steht. Den wahren *Guru* zu finden, gilt als wichtige Voraussetzung für die Erlangung von Selbsterkenntnis.
Ishwara	Herr; Allmächtiger.
Japa	Praxis des Wiederholens von Namen Gottes oder von *Mantras*; meist in einem murmelnden Tonfall rezitiert.
Jignasu	Sucher der Wahrheit.

Jiva	(wörtl.: lebendes Wesen) Die individuelle unsterbliche Seele, die sich bis zu ihrer endgültigen Befreiung immer wieder neu inkarniert. In ihrer Essenz ist sie Eins mit der universellen Seele.
Jivanmukta	Jemand, der noch zu Lebzeiten Befreiung erfährt.
Jivatman	Individueller Aspekt von *Atman*; der „Gegenpol" ist *Paramatman*, der absolute Aspekt von *Atman*.
Jnana	Das Wissen darüber, was real und was nicht real ist. Einer der wichtigsten traditionellen Pfade, um die letztendliche Realität, das Selbst, zu erkennen.
Jnana Marga	Weg des Wissens.
Jnana Vasistha	Lehre des Meisters und Heiligen *Vasistha*, der als Inkarnation *Brahmas* gilt; Titel des Buches, in dem die Lehre erläutert wird.
Jnani	Wissender; jemand, der das Selbst erkannt hat.
Kamana	Verlangen, Wunsch.
Karma	(wörtl.: Handlung, Tat) Kosmisches Gesetz von Ursache und Wirkung; Resultat vergangener Handlungen eines Wesens (*Jiva*), das auch in späteren Leben eintreten kann; die Summe aller Verdienste und Fehler aus vergangenen Handlungen.
Karma Yoga	*Yoga*pfad des Handelns, der darauf zielt, durch selbstlose Pflichterfüllung und Arbeit Befreiung (*Moksha*) zu erlangen.
Kashaya	Verborgene Wünsche.
Kenopanishaden	Eine der ältesten, ersten *Upanishaden*, die von *Shankara* kommentiert wurde.
Krishna	(wörtl.: anziehend, attraktiv) 57. Inkarnation *Vishnus*; in der Mythologie meist ein junger, Flöte spielender Kuhhirte oder jugendlicher Prinz, der philosophische Unterweisungen erteilt. *Krishna* steht deshalb für Wissen und Glückseligkeit.
Lila	Spiel Gottes, göttliches Spiel.
Lingam	Symbol des Göttlichen in Form eines Phallus, der die Schöpfungskraft *Shivas* repräsentiert.

Mahabharata	„Die große Erzählung vom Geschlecht der Bharata"; Indiens aus 106.000 Doppelversen bestehendes National-Epos, das in variierender Form seit mehr als zweitausend Jahren existiert. Bekanntester Text ist die *Bhagavad Gita*.
Mahatma	(wörtl.: große Seele) Großartiger Mensch, Heiliger.
Mala	(wörtl.: Perle) Gemeint meistens als *Japa Mala*; Gebetskette mit 108 Perlen ähnlich dem Rosenkranz, oft als Hilfe beim Rezitieren von *Mantras* benutzt.
Mananam	Reflektieren, Nachsinnen; zweite Stufe des dreistufigen Prozesses zur Selbsterkenntnis, um *Jnana* zu erlangen.
Manipura	Nabel-*Chakra*, das sich etwas über dem Nabel befindet. Steht für Lebenskraft, Wille und Transformation.
Manokara	Denkender Verstand.
Manolaya	Vorübergehender Zustand der Versunkenheit.
Manonasha	(wörtl.: zerstörter Verstand) Eigentlich aber Zerstörung der Illusion von einem getrennten Ich.
Mantra	(wörtl.: Werkzeug für den Verstand) Klangschwingung in Form einzelner Silben oder Wörter, die entweder mündlich oder nur gedanklich wiederholt werden und dazu dienen, den Verstand zur Ruhe zu bringen oder andere Effekte zu erzielen. Bekanntestes *Mantra* ist der Urklang *Om*.
Manushyatvam	Menschlichkeit. Alle Qualitäten, die den Menschen von anderen Lebewesen unterscheiden, einschließlich der höheren Werte, die den Menschen in seiner Essenz ausmachen.
Marga	Weg zur Befreiung.
Maya	Die Welt als Illusion, in der alle Formen als wirklich erscheinen; Unwissenheit über die Wirklichkeit.
Mithya	(wörtl.: nicht-real) Ausdruck für die Nichtrealität der Welt, wie wir sie sehen, die im *Vedanta* nur als Projektion Gottes gilt.
Moksha	Befreiung von *Samsara*, dem Kreislauf von Tod und Wiedergeburt, und damit allen Leiden und Begrenzungen in der weltlichen Existenz.

Mukti	Erlösung, Befreiung; siehe *Moksha*.
Muladhara	Wurzel-*Chakra*, das sich in der Region zwischen Genitalien und Anus befindet. Es steht für Erdung, Instinkt und Überleben.
Mumukshu	Jemand, der nach Befreiung strebt.
Mumukshutvam	Der Wunsch, Befreiung zu erlangen.
Nididhyasanam	Letzte Stufe des dreistufigen Prozesses zur Selbsterkenntnis; erfordert tiefe Meditation und *Mumukshutvam*.
Nija Bhava	Natürlicher Zustand.
Nitya	Ewig, unendlich, jenseits des Einflusses der Zeit.
Om	Kosmischer Urklang. Eines der bekanntesten und kraftvollsten *Mantras*.
Omkara	Die Silbe oder der Klang *Om*.
Papa	Sünde, Verbrechen, das Böse; oder die negativen Folgen von schlechten Handlungen.
Parabrahman	Höchstes *Brahman*.
Paramatman	Höchstes, göttliches *Atman*; Urseele.
Prakasha	Strahlender Glanz, Klarheit, Licht; auch die Fähigkeit, die Welt zu durchschauen, klar zu sehen, was ist.
Prakriti	Urenergie, essenzielle Natur aller Dinge.
Prakriyas	Lehrmethoden, die als Kern des *Vedanta* in den *Upanishaden* behandelt werden.
Pranayama	Lenken des Atems.
Prarabdha	(wörtl.: begonnen, unternommen) Eine der drei Arten von *Karma*; die Früchte, das Resultat all unserer vergangenen Taten; Schicksal oder Bestimmung.
Prasad	Süße Speise, die der *Guru* verschenkt, meist vergeben am Ende des *Satsangs*; auch zu religiösen Gelegenheiten an Tempeln und Schreinen.
Prem	Liebe.
Premananda	Bedingungslose Liebe und Glückseligkeit.
Puja	Hinduistische Zeremonie; Ritual, bei dem Opfergaben dargebracht und Gebete gesprochen werden.

Punya	„Gutes" *Karma*, das durch positive Gedanken, Worte und Taten erzeugt wird, durch Güte, Geben und einer Praxis des *Dharma*.
Purna	Fülle, Vollständigkeit, Vollkommenheit.
Purusharta	Menschliches Bemühen, individuelle Anstrengung, Ideal.
Rajas	Eines der drei *Gunas*; Qualität von Aktivität und Leidenschaft, Geburt und Kreativität. Das Resultat ist oft Schmerz, selbst wenn der unmittelbare Effekt Spaß und Vergnügen ist.
Reiki	Aus Japan stammende Heilform, die die Energie der Lebenskraft nutzt; dabei werden die Hände auf Körperstellen gelegt.
Sadguru/Satguru	Der *Guru*, der den Schüler zur Freiheit führt – zur Erkenntnis des Selbst.
Sadhaka	Spirituell Suchender.
Sadhana	Spirituelle Disziplin und Praxis.
Sadhu	(wörtl.: gut, richtig) Umherwandernder hinduistischer Bettelmönch, der sich vom weltlichen Leben zurückgezogen hat, um ganz auf Gott ausgerichtet zu sein.
Sahaja Samadhi	Höchster Erleuchtungszustand, da mühelos und permanent.
Sahasrara	(wörtl.: tausendblättriger Lotus) Kronen-*Chakra* am Scheitel des Kopfes; steht für höchstes Wissen und die Erkenntnis des Selbst.
Sakshat Sadhana	Praxis des direkten Weges zur Gotteserfahrung.
Samadhi	Nicht-dualistischer Zustand des Bewusstseins, in dem der Verstand still ist und das erfahrende Subjekt Eins ist mit dem erfahrenen Objekt. Auch die direkte Erfahrung des Selbst.
Samsara	Kreislauf von Tod und Wiedergeburt, verursacht durch Illusion und Verlangen.
Sangha	Gemeinschaft um einen *Guru*.
Sannyasin	Jemand, der der Welt entsagt. Traditionellerweise erhält der *Sannyasin* nach einer Initiation durch seinen *Guru*

einen Namen und verpflichtet sich, alle konventionellen Bindungen an die Gesellschaft zu lösen und seine Aufmerksamkeit allein auf Gott zu richten.

Sanskrit

(wörtl.: rein, geweiht, geheiligt) Alte Sprache der *Veden*, die im Hinduismus und Buddhismus als „Sprache der Götter" gilt. In der Gegenwart wird *Sanskrit* fast ausschließlich im religiösen und wissenschaftlichen Diskurs verwendet. Ursprung der meisten europäischen Sprachen.

Shastra

Heilige Schriften.

Sat

Wahrheit.

Satchitananda

Sat-Chit-Ananda: Wahrheit – Bewusstsein – Glückseligkeit; die drei Qualitäten des Absoluten (*Brahman*).

Satchitananda Brahma

„*Brahman* ist Wahrheit, Bewusstsein und Glückseligkeit."

Satori

(japanisch: Erleuchtung) Erwachen in die wahre Natur der Existenz.

Satsang

(wörtl.: Beisammensein in Wahrheit) Das Treffen eines *Guru* mit seinen Schülern.

Sattva

Höchstes der drei *Gunas*: Reinheit, Güte, Leichtigkeit.

sattvisch

Rein; eingedeutschtes Adjektiv zu *Sattva*.

Sattvika

Jemand, der voller Güte, rein und still ist.

Satya

Wahrheit.

Shakti

Kraft des Werdens, Schöpfungsenergie; als Göttin weiblicher Aspekt *Shivas*.

Shankara

Adi Shankara; bedeutender indischer Weiser des 9. Jhdt., der als wichtigster Vertreter des *Advaita Vedanta* gilt.

Shishya

Schüler oder Anhänger, der vom *Guru* geprüft und akzeptiert wurde.

Shiva

Neben *Brahma* (der Schöpfer) und *Vishnu* (der Erhalter) einer der drei hinduistischen Hauptgötter; steht für das Prinzip der Zerstörung.

Shradda

Glaube und Vertrauen.

Shradda Shastra

Vertrauen in die (*vedischen*) Schriften; insbesondere, dass die Texte Offenbarungswissen enthalten: die zeitlose,

„geschaute" Wahrheit. Im weitesten Sinne deshalb: Vertrauen in Gott.

Shravanam   Zuhören, Lauschen; die Lehre in sich aufnehmen. Erste Stufe des dreistufigen Prozesses zur Selbsterkenntnis.

Siddha   Jemand, der *Siddhi*-Kraft erlangt hat.

Siddhi   (wörtl.: Vollkommenheit) Übernatürliche Kraft und Fähigkeit, wie zum Beispiel Fliegen oder übers Wasser gehen.

Sloka   *Sanskrit*-Vers.

Stitha Pragna   Mensch mit tiefem Wissen.

Svadhisthana   Sakral-*Chakra*, das sich im Unterleib zwischen Nabel und Genitalien befindet; steht für Lebensenergie, Kreativität und Sexualität.

Swami   Religiöser Titel für Meisterschaft und Gelehrtheit.

Swarupa Ananda   Höchster Zustand der Glückseligkeit.

Tamas   Eines der drei *Gunas*; Qualität von Trägheit, Lustlosigkeit und Dunkelheit.

Tantra   (wörtl.: Gewebe, Kontinuum) Aus Indien stammende alte Lehre, die die gesamte Welt als Manifestation göttlicher Energie ansieht. Betont wird die Identität der absoluten mit der phänomenalen Welt. In der Praxis wird oft in ritueller Form versucht, diese göttliche Energie im menschlichen Mikrokosmos freizusetzen.

Turiya   Dem *Samadhi* ähnlicher Zustand reinen Bewusstseins.

Upanishaden   Sammlung *vedischer* Texte, die in 108 Lehrgedichten die gesamte Lehre des *Vedanta* zusammenfassen.

Upanishad Rishis   (*Rishi* wörtl.: Seher) Mythologische Gestalten, denen die *Upanishaden* zugeschrieben werden.

Upasana   (wörtl.: in der Nähe sitzen) Weg oder Art und Weise, in der jemand das Göttliche verehrt.

Vairagya   Nichtverhaftetsein, Leidenschaftslosigkeit gegenüber den Freuden und Schmerzen der materiellen Welt.

Vasanas   Emotionale und mentale Neigungen, Reaktionen und Begierden einer Person; man sagt, diese Muster wären Konditionierungen sowohl aus diesem als auch aus vergangenen Leben.

Vasthu	Natur, Ort.
Vedanta	Lehre und Philosophie, die sich auf die *Upanishaden* stützt.
Vedanta Shastra	Die *vedischen* Schriften.
Veden	(wörtl.: Wissen) Die vier Schriftsammlungen, auf die sich der Hinduismus begründet; sie gelten als Offenbarungswissen, das von den *Rishis* überbracht wurde.
Vichara	Suche, Erforschung.
Videhamukta	Zum Zeitpunkt des Todes befreite Seele.
Vishnu	Neben *Brahma* (der Schöpfer) und *Shiva* (der Zerstörer) einer der drei hinduistischen Hauptgötter; gilt als Beschützer und Erhalter der Welt.
Vitobha	Repräsentant von *Krishna* und *Vishnu*.
Viveka	Unterscheidungsvermögen zwischen dem, was real und dem, was nicht-real ist.
Vrittis	Wellen mentaler Aktivität.
Yoga	(wörtl.: Vereinigung) Lehre und Praxis, die aus der *vedischen* Philosophie hervorging.
Yoga Shastra	*Yogische* Schriften.
Yogi	Jemand, der *Yoga* praktiziert.

Kontaktadressen

Kontaktadresse des Autors

Premananda
Open Sky House
Rheinstr. 54
51371 Hitdorf
(zwischen Köln und Düsseldorf)
Deutschland
Telefon: 02173-40 99 204
E-Mail: office@premananda.de
Webseite: www.premananda.de

Kontaktadressen der Meister

Sri Hans Raj Maharaj
Sacha Dham Ashram
Tapovan Sarai PO
Laxman Jhula, Rishikesh 249192
Tehri Garhwal UT
Telefon: +91 135 2433184
E-Mail: omguru2001@yahoo.com

Ajja (Puttur Ajja) †
Ananda Kuteera
Village & PO Chikkamudnoor
Kemmai, Puttur 574203 DK Dist.
Karnataka
Telefon: +91 8251 237655
E-Mail: info@ajja.org.in
Webseite: www.myajja.org

Ramesh Balsekar
Apartment No. 10 Sindhuli Building
Nawroji Gamadia Road, Off Peddar Road
Mumbai 400 028
Telefon: +91 22 23517725
Webseite: www.rameshbalsekar.com

Sri Brahmam
Bhagavan Sri Ramana Maharshi Asramam
Tadipatri 515 411, Anantapur Dist.
Andrah Pradesh
Telefon: +91 8558227234
E-Mail: sri@brahmam.net
Webseite: www.brahmam.net

Swami Dayananda Saraswati
Arsha Vidya Gurukulam
Anaikatti, Coimbatore 641 108
Tamil Nadu
Telefon: +91 422 2657001
E-Mail: arsha1@vsnl.com
Webseite: www.arshavidya.in

Ganesan
Ananda Ramana
c/o Sri Ramanasramam PO
Tiruvannamalai 606 603
Tamil Nadu
Telefon: +91 4175 237853
E-Mail: anandaramana@vsnl.net

D. B. Gangolli †

Keine Kontakt-Adresse vorhanden

Sri Nannagaru

Sri Nannagaru Ashram
Ramana Maharshi Street No. 2
Rajiv Gandhi Nagar
Chengam Road
Tiruvannamalai 606 603
Telefon: +91 4175 235751
Webseite: www.srinannagaru.com

Swamini Pramananda

Tapasyalayam
Behind Rajarajeshwari Temple
Aham Road, Adiannamalai
Tiruvannamalai 606 604
Tamil Nadu
Telefon: +91 4175 235300
swaminipramananda@purnavidya.com
Webseite: www.purnavidya.org

Radha Ma

Gnaneshwari
Chicken Farm Road
Atiyandhal, Ramanashramam
Tiruvannamalai 606 603
Tamil Nadu
Telefon: +91 9443969248
E-Mail: radhagiridhar@aol.in

Samdarshi

House No. 499, P.
Sector 21, Panchkula (Chandigarh)
Telefon: +91 871376721
E-Mail: samdarshixx@yahoo.com
Webseite: www.samdarshi.com

Sammasati Dhyan Center
Naggar Road, Budh Ram house
Khakhnal Village (Manali)
VPO Khakhnal 175 143, Kullu Dist.
Himachal Pradesh
Telefon: +91 98909 88043

Kiran †

Webseite: www.kiranji.com

Swami Satchidananda †

Anandashram
Anandashram PO
Kanhangad 671 531, Kasaragod Dist.
Kerala
Telefon: +91 467 2203036
E-Mail: papa@anandashram.org
Webseite: www.anandashram.org

Ma Souris †

Keine Kontakt-Adresse vorhanden

Swami Suddhananda

Suddhananda Ashram
Self Knowledge Village
Adiannamalai
Tiruvannamalai 606 604
Tamil Nadu
Telefon: +91 4175 233553
E-Mail: suddhaji@gmail.com
Webseite: www.selfknowledge.in

Thuli Baba

Anbin Kudil
253/2 Mettur-Bhavani Main Road
Komboor, Nevinjipettai
Bhavani Taluk 638 311, Erode Dist.
Tamil Nadu
Telefon: +91 4256 227655
E-Mail: anbinkudil@yahoo.co.in

Sri Ramana Maharshi †

Sri Ramanasramam
Sri Ramanasramam PO
Tiruvannamalai 606 603
Tamil Nadu
Telefon: +91 4175 237200
E-Mail: ashram@sriramanamaharshi.org
Für Buchbestellungen:
bookstall@sriramanamaharshi.org
Webseite: www.sriramanamaharshi.org

ARUNACHALA
PILGERREISE RETREAT

Dieses Satsang-Retreat ist die Gelegenheit, drei Wochen lang in einer gemeinschaftlichen Atmosphäre am heiligen Berg Arunachala in Tiruvannamalai, Südindien, zu leben. Der Arunachala ist seit 2000 Jahren ein kraftvoller Ort der Selbsterforschung. Wir sind in einem schönen Ashram untergebracht. Satsang findet auf dem Dach des Ashrams statt, mit direktem Blick auf den Arunachala. Jeden Morgen gibt es stille Meditation, Yoga und Satsang. Die Nachmittage verbringen wir alleine oder mit gemeinschaftlichen Aktivitäten. Außerdem gehen wir auf eine magische fünftägige Busreise, die uns zu fünf indischen Heiligen führen wird. Auf dieser Reise sehen und erleben wir die indische Kultur und Landschaft.

www.india.premananda.de

Wer bin ich?

open sky house
Sei Wie Du Bist

Das Open Sky House ist eine Satsang- und Kunst-Gemeinschaft, die in einem Anwesen aus dem 17. Jahrhundert am Ufer des Rheins in einem kleinen Dorf zwischen Köln und Düsseldorf lebt. Es findet regelmäßig Satsang und Energie-Darshan mit Premananda statt. Zusätzlich werden während des ganzen Jahres Intensiv-Wochenenden und Retreats abgehalten. Im Rahmen eines Kunstprogramms werden außerdem Malerei, Musik, Theater und Tanz angeboten.

Die Bewohner betreiben im Haus gemeinsam verschiedene Gewerbe: Open Sky Press, Rhine River Guesthouse, Flow Fine Art Galerie und Open Sky Seminare. Alle Aspekte der Arbeit und des alltäglichen Lebens dienen als Hintergrund, um die roboterhafte Natur unserer Handlungen zu erkennen. Wenn wir frei von unseren gewohnten Reaktionen und Verhaltensmustern sind, wird der Verstand still.

Du bist als Gast oder als freiwilliger Helfer willkommen.

www.openskyhouse.org

Sei Wie Du Bist

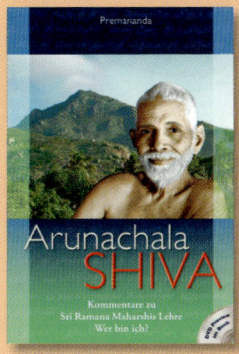

Filme zum Buch *und* Video-Webseite

Die Filme zum Buch sowie die Webseite zeigen das Original-Filmmaterial der Interviews und ermöglichen, die Meister zusätzlich in ihrer energetischen Präsenz zu erleben.

Facetten des Erwachens – Das Wissen der Meister: Was die Interviews im Buch nur indirekt vermitteln können, wird hier sichtbar: die Lebendigkeit und Präsenz freier Menschen. Der Film zeigt die wichtigsten und interessantesten Ausschnitte der sechzehn Interviews.

Facetten des Erwachens – Dem Meister begegnen ist eine Filmreihe, in der sich jeder Film einem Meister widmet. Gezeigt werden die kompletten Interviews, sowie zusätzliches Filmmaterial über das Leben der Meister.

Video-Webseite: www.blueprintsforawakening.org
Zweihundert Interview-Ausschnitte mit Antworten auf die zwölf Fragen geben einen umfassenden Einblick in das Wissen und die Güte der Meister.

Auf dem DVD-Sampler enthalten:

Film-Trailer für *Facetten des Erwachens – Das Wissen der Meister*, dem Film zum Buch.

Video-Webseite: www.blueprintsforawakening.org
Interaktive Felder geben Zugang zu kurzen Filmausschnitten der Antworten jedes Meisters zu den Fragen aus *Facetten des Erwachens*. Weitere Informationen auf der Webseite.

Portraits: Fotografien aller Meister in hoher Qualität.